탁트이는 보카 마스터

VOCA MASTER

어원편

김형탁 지음

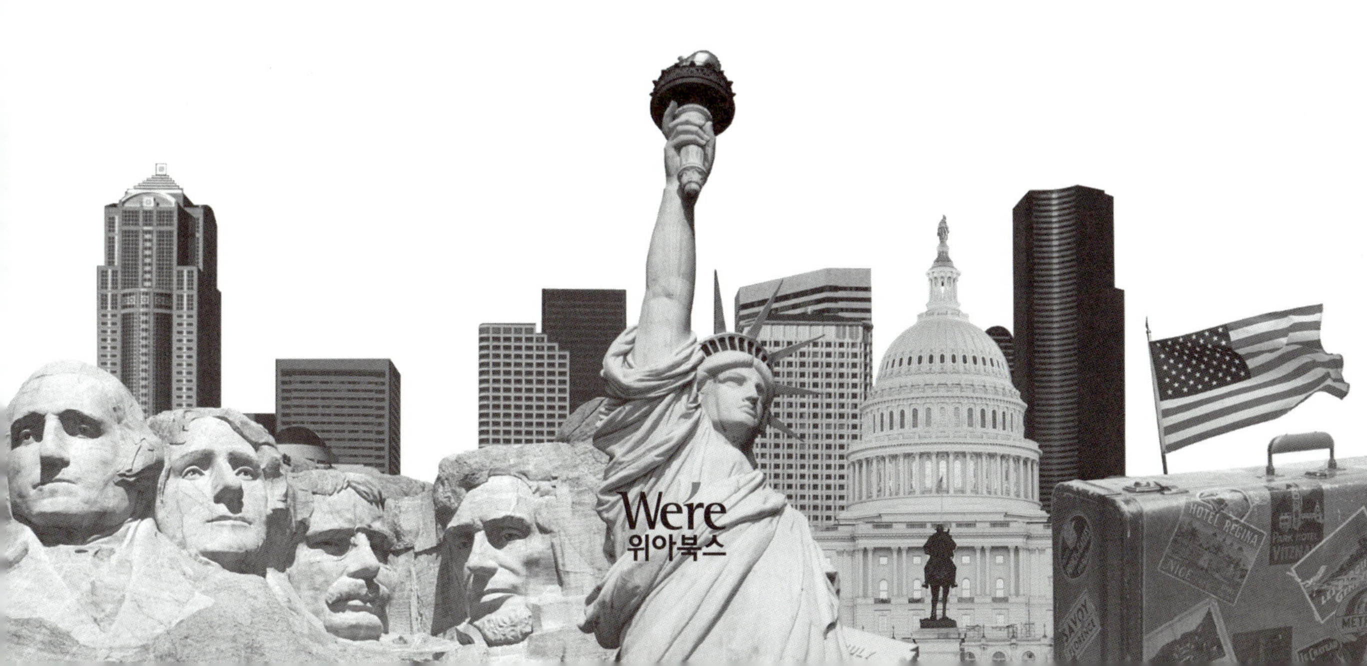

Were
위아북스

PROLOGUE

"선생님~! 영어 단어 잘 외우는 방법은 없나요?"
"일주일만 지나면 까맣게 잊어버려요. 오래가는 단어 암기법은 없나요?"

이것이 수년간 강의를 해 오면서 학생들로부터 가장 많이 들었던 질문이자 하소연이었습니다.

영어 단어도 하나의 인격체다!

저자는 강의 첫 시간마다 다음과 같은 이야기를 합니다.

"누군가를 내 사람으로 만들려면 얼굴만 자주 본다고 되겠어요? 관심을 갖고 시간을 들여서 그 사람의 가족 관계, 가치관, 살아온 얘기 등을 들어 봐야 진짜 그 사람을 이해하게 되고 결국은 내 사람이 되는 거겠죠? 영어 단어도 마찬가지입니다. 무작정 많이 읽고 스펠링만 여러 번 써 본다고 머릿속에 남는 게 절대 아닙니다. 그 어휘가 어떤 배경에서 탄생했고, 원뜻은 무엇이며, 실제 어떤 의미로 쓰이고, 시험엔 어떻게 나오는지를 제대로 이해해야만 비로소 내 단어가 되는 겁니다."

이처럼 영단어 암기법에 대한 학생들의 목마름과 저자의 오랜 고뇌, 그리고 단어를 내 것으로 만들기 위해 쏟아야 하는 막대한 시간과 정성을 '책으로 대신해 주겠다'는 저자의 결연한 의지 속에서 탄생한 것이 바로 보카 마스터입니다.

"단어가 머리에 쏙쏙 들어와요. 이렇게 신나게 공부해 보긴 처음이에요~!"
"요즘은 어휘 시험에서 한두 개 틀릴까 말까 해요. 완전 감동이에요!!"

실제로 보카 마스터를 먼저 공부해 본 학생들이 저자에게 해 준 가슴 벅찬 이야기들입니다.
이 책에 감히 〈대한민국 명품보카〉라는 타이틀을 건 이유도 바로 "이 책 한 권만 제대로 공부하면 어떤 시험에서도 어휘 때문에 낭패 볼 일은 없다"는 자신감이 있기 때문입니다.

어휘 학습의 새로운 패러다임, 보카 마스터!

보카 마스터의 어휘 학습법은 기존 어휘책들의 단순 나열 주입식이 아닙니다.
각 어휘가 탄생된 배경, 원뜻, 실제 의미와 이를 즉각 연상시켜 주는 이미지를 '한 번에' 보여
주는 ONE SHOT 학습법을 통해 '시간 대비 암기 효과'를 극대화함으로써 오래가는 기억을 만
들어 주는 획기적인 어휘 암기법입니다.

각 어휘에 대한 최고의 암기법을 만드는 것!
영단어 암기가 스트레스가 아닌 유희가 되도록 해 주는 것!
책다운 책을 만들어 어휘 학습자의 짐을 최대한 덜어 주는 것!

저자가 평생 키워 온 이 꿈들은 보카 마스터를 통해 비로소 빛을 보게 되었으며, 앞으로도 높은
완성도의 수준별 보카 시리즈를 통해 끊임없이 진보하게 될 것입니다.
미래를 준비하는 모든 분들이 보카 마스터를 통해 하루라도 빨리 자신의 꿈을 이루는 것이야
말로 이 책이 존재하는 이유이며 저자의 간절한 꿈입니다.
보카 마스터로 어휘를 공부하는 모든 분들의 미래가 무한히 창대해지기를 두 손 모아 기원합
니다.

ABOUT THIS BOOK 보카 마스터의 특징 및 구성

보카 마스터의 특징

보카 마스터는 〈유래편〉과 〈어원편〉이라는 양대 체제(Dual System)를 택했다.

이는 시험에 나오는 방대한 어휘들을 특성별로 나눠 학습함으로써 기존 어휘책들의 '어원 접근법 일색'이라는 한계와 어휘 나열식 'List 책'이라는 맹점을 동시에 극복하고, 어휘 특성별 맞춤 암기를 통해 시간 대비 암기 효과를 극대화하는 체제다.

그동안 시험에 나왔던 모든 어휘들을 철저하게 분석해 본 결과, 전체 어휘의 반 정도는 어근 자체나 신화, 인물, 지명, 동·식물 등에서 나온 **유래어휘**들이고, 나머지 반은 접두어(prefix)가 있는 **어원어휘**들이었다. 그렇다면 당연히 두 부류의 어휘를 암기하는 방법도 달라야만 한다. 즉, 유래어휘는 반드시 설명과 이미지를 통해 그 어휘가 생겨나게 된 유래를 이해한 후에 암기해야 하며, 어원어휘는 접두어와 어근(root)의 의미 조합을 통해 실제 의미를 이해하고 추가로 이미지의 도움을 받아 외워야 한다.

보카 마스터의 구성

[출제 횟수]
시험에 몇 번 출제되었는지를 별표 개수로 표시하여 중요도를 보여 줌.

[표제어]
시험에 기출된 어휘들만 철저한 분석을 통해 엄선.

[출제 분야]
어느 시험에 출제되었는지 또는 출제 예상되는지를 한눈에 보여 주는 체크박스

[원뜻]
실제 그 어휘가 갖고 있는 고유의 의미를 풀어 놓음.

[이미지]
표제어의 암기를 뒷받침해 주는 딱 맞는 이미지 선정.

[동의어]
시험에서 실제로 답이 될 수 있는 동의어들만 정리.

[파생어]
표제어에서 비롯된 파생어 가운데 기출 또는 출제 가능한 어휘들만 정리.

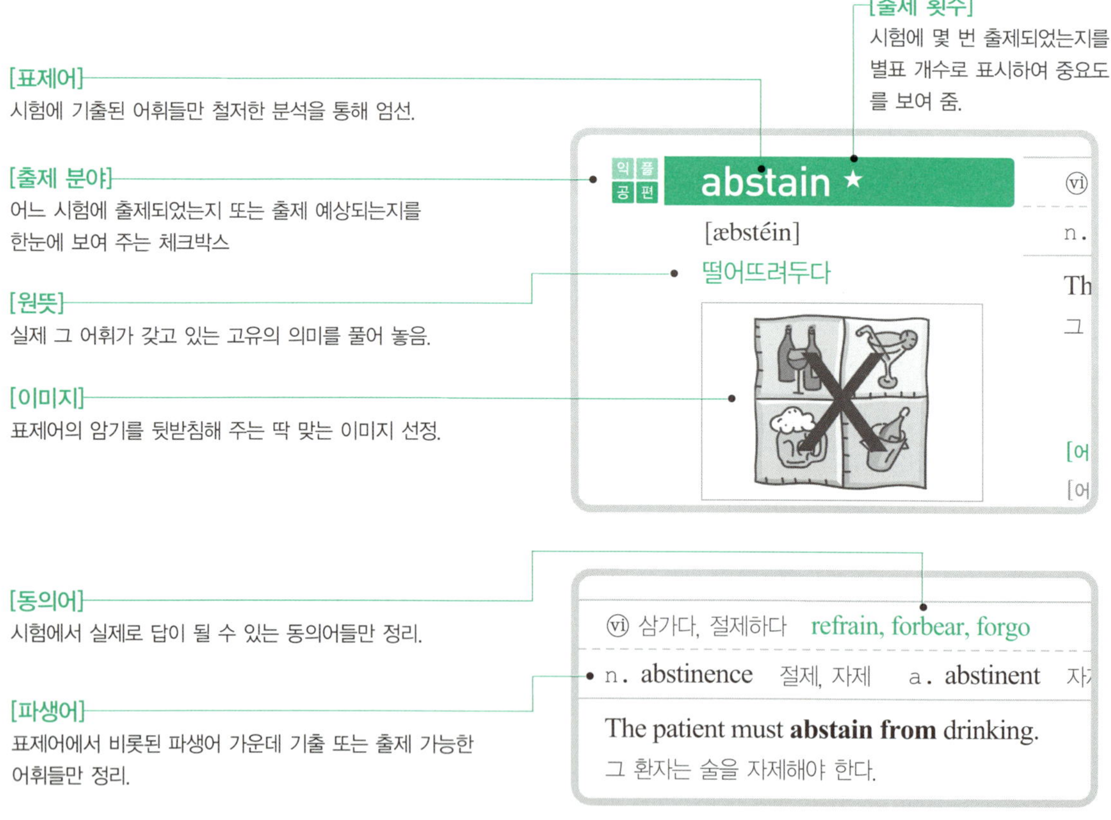

[어원]
표제어의 어원적 의미를 쉽고 간결하게 설명.

[TIP]
의미가 생겨난 배경이나 암기법을 쉽게 풀어 놓은 친절한 TIP.

[상상⁺]
표제어와 동일한 어근을 가진 다른 어휘들을 함께 공부함으로써
어휘력을 최대로 확장시킴.

Her acting in the movie won great **acclaim**.
그 영화에서 그녀의 연기는 대단한 호평을 받았다.
- [어원] 『ac<ad(to) + claim(shout) → ~에게 외치다,
- [TIP] acclaim은 applaud(박수를 보내다)와 함께 외우
- [상상⁺] **claim** 요구[주장]하다 / **clam**or 외침 / **clam**or

[뉘앙스]
표제어와 비슷해 보이지만 엄연히 의미가 다른 어휘들을
명쾌하고 깔끔하게 풀이한 설명.

They **assented** to our offer. 그들은 우리의 제안어

- [어원] 『as<ad(to) + sent(feel) → 감정이 ~에게 다가
- [뉘앙스] assent (고민해본 후) 동의하다 – 권한을 지닌 측
          consent (자발적으로) 동의하다 – 동등한 관계에서

[어법]
실제 문장에서 어떻게 쓰이는지를 명확히 제시해 줌.

[비교]
표제어와 스펠링이 비슷해서 혼동하기 쉬운 어휘를
명확히 비교해 줌.

젊은이들을 협박해 그에게 투표하게 하다
- [어원] 『in(안) + timid(겁 많은) → ~ 안에 겁을 넣다 →
- [어법] intimidate A into ~ing : A를 협박해 ~하게 하
- [상상⁺] **tim**orous 소심한, 겁 많은(diffident)
- [비교] intimate A to B : A를 B에게 넌지시 비추다

[음원]
어원이 암기에 별 도움이 안 되는 어휘의 경우
한글 발음을 따서 외우는 참신한 방법.

[출제포인트]
실제 시험에 출제되는 것만 꼭 짚어 주는 코너.

- [음원] **loud**(큰 소리로) → **laud**(칭찬하다)
- [TIP] laud는 loud와 스펠링과 발음이 비슷하므로 함께
        또한 laud는 praise보다 좀 더 격식을 차린(form
        교황은 사람들의 laud(칭송하다)의 대상이다.
- [출제포인트] 동사 **laud**와 형용사 **laudatory**가 함께 출제

HOW TO USE 보카 마스터 120% 활용하기

보카 마스터는 [이미지+유래+원뜻]을 한 번에 새겨 넣는 ONE SHOT 학습법을 도입했다.
이는 무작정 텍스트만 외우던 기존 어휘책들의 맹점에서 과감히 탈피한 입체적 암기 방식으로서 어휘 암기의
틀을 바꿀 획기적인 학습법이다.

보카 마스터 최적 학습법

1 통째로 파악하라!

[표제어→원뜻→이미지] 순으로 시선을 이동해 가면서 일차적으로 어휘에 대한 개념을 잡은 다음,
ONE SHOT 학습법을 통해 표제어와 실제 뜻 사이에 튼실한 기억의 연결 고리(Memory Chain)를 만든다.

2 [어원]과 [TIP]을 활용하라!

이 책의 또 다른 강점인 정확한 [어원] 풀이 및 암기에 실질적 도움을 주는 [TIP]을 통해 방대한 어휘들 하나
하나를 완전히 내 것으로 만든다.

3 실전 감각을 키워라!

[출제포인트/어법/비교/뉘앙스/발음주의] 등을 통해 표제어에 대한 이해를 한 단계 업그레이드함으로써 어떤
시험에도 완벽하게 대비할 수 있는 실전 감각을 키운다.

4 4회독을 목표로 하라!

어떤 공부에서든 가장 중요한 것은 책을 '끝까지 다 보는 것(1회독)'이다.
보카 마스터는 ONE SHOT 학습법에 따라 입체적으로 구성되었기 때문에 오감을 즐기며 재미있게 공부하다
보면 1회독이 가뿐히 끝나고 4회독도 즐겁게 달성할 수 있다.

▶1회독 _ 절대 욕심 내지 말고 표제어의 뜻이 무엇인지만 파악한 채 속도감 있게 진도를 나간다.
표제어를 기준으로 하루에 20페이지씩 한 달 정도면 1회독이 가능하다.

▶2회독 _ 표제어와 원뜻 및 실제 의미와 동의어까지 공부하면서 어휘력을 늘린다.
표제어 중 암기된 단어는 점검만 하고 넘어가되 암기되지 않은 단어는 다시 본다.

▶3회독 _ 표제어의 동의어를 점검해 가며 [상상⁺]를 공부한다.
[상상⁺]를 통한 깊이 있고 효율적인 어휘 학습은 학습자의 어휘력을 두세 배로 확장해 줄 것이다.

▶4회독 _ 모든 어휘들을 망라해서 학습한 후 문제를 풀어 본다.
엄선된 기출문제를 통해 아직도 암기되지 않은 단어가 있는지, 있다면 어떤 것들인지 최종적으로
파악하여 다시 한 번 학습함으로써 실전에 임할 만반의 태세를 갖춘다.

보카 마스터 최적 활용법

1 유래편

유래편은 시험 출제 빈도에 따라 3개의 장으로 구성하였다. 각 장의 어휘들은 찾아보기 쉽도록 스펠링 순으로 정리되어 있다.

▶1장 – **2회 이상 기출어휘**: 시험에 2회 이상 출제된 어휘만을 선별해 놓았다. 앞으로 다시 출제될 가능성이 대단히 높은 어휘들이므로 철저한 암기가 요구된다.

▶2장 – **1회 기출어휘**: 시험에 1회 출제된 어휘들로서 언제든지 다시 출제될 수 있는 어휘들이다.

▶3장 – **출제 예상 및 고급 어휘**: 아직 시험에 출제되지 않은 어휘이거나 난이도는 높지만 꼭 알아야 할 어휘들만 엄선해 놓았다.

2 어원편

어원편은 범용 접두어와 소수 접두어의 2개 장으로 구성되어 있다. 시험에 출제된 어휘들은 표제어 오른쪽에 별표로 출제 빈도를 표시하여 강약 조절 학습이 가능토록 하였다.
(★: 1회 기출, ★★: 2회 기출, ★★★: 3회 이상 기출)

▶1장 – **Major 접두어**: 많은 어휘들을 거느리고 있는 중요 접두어의 어원어휘들을 스펠링 순으로 정리했다.

▶2장 – **Minor 접두어**: 적은 어휘들을 거느리고 있는 까다로운 접두어들은 별도 관리하여 시간 대비 학습 효과를 최대화하도록 했다.

출제 분야 표시

〈유래편〉과 〈어원편〉 모두 편입, 공무원, 토익, 토플 중 어느 시험에 주로 출제되는 어휘인지를 보여 줌으로써 학습 목표에 맞게 강약 조절 학습이 가능하도록 구성하였다.

시험 대비 막판 학습 요령

본 교재 학습 후 시험이 임박한 시점에는 출제 빈도가 높은 어휘들만 다시 한 번 점검한다. 기획 단계부터 철저하게 시험에 focusing된 어휘 수험서이므로 어떤 시험에서든 최고의 결실을 거둘 수 있을 것이다.

1 〈유래편〉에서는 2회 이상 기출어휘와 1회 기출어휘들을 최종적으로 점검한다. 시험 출제 가능성이 대단히 높은 어휘들이므로 모르는 어휘가 한 개도 안 나오도록 꼼꼼하게 점검해야 한다.

2 〈어원편〉에서는 별표가 표시되어 있는 어휘들 위주로 최종 점검을 한다. 시험에 출제되었던 어휘는 다시 출제될 확률이 높으므로 적어도 별표 표시된 어휘들만큼은 확실히 점검하고 시험에 임해야 한다.

3 〈유래편〉 3장과 〈어원편〉에서 별표가 없는 어휘들은 시간적인 여유가 있는 수험생이라면 추가로 점검해 볼 것을 권한다.

보카 마스터는 어휘 암기의 패러다임을 바꿀 책이다!
지금껏 어떤 책도 어원과 이미지를 동시에 보여 주지 못했다. 이 책은 대한민국 어휘 교재의 틀을
바꾸는 동시에 단어 학습법을 한 단계 업그레이드시켜 줄 것이다.

박현상

보카 마스터를 만나기 전까지 어휘는 무조건 무식하게 외우는 거라고 생각했다.
하지만, [어원/유래/음원] 접근법과 단어에 딱 맞는 그림을 통해 통째로 각인된 단어는 정말 머리에
박히는 느낌이다.

김범수

수만 개 어휘를 미친 듯이 외워야 했던 고통의 세월! 탁샘만의 땀과 노하우로 탄생된 보카 마스터로
공부한 후, 요즘은 많이 틀리면 한 개 정도 틀린다(적어도 어휘에서는…ㅎㅎ).

김종준

지긋지긋하던 어휘 암기가 재밌어지는 책!
굳이 외우려 애쓰지 않고 읽기만 해도 연상되는 마법 같은 책!
이런 책 만들어 주신 탁샘, 정말 고마워요~^^

한혜윤

보카 마스터를 덮는 순간, 어휘에 대한 자신감이 나를 흥분시켰다!
보카 마스터와 함께라면 진정 "어휘는 껌이다!"

박세경

단어 뜻을 저절로 연상시켜 주는 너무 완벽한 이미지와 필수 동의어 정리, 거기에 어원과 음원은 물론
출제포인트까지! 한꺼번에 '다섯 마리 토끼'를 잡게 해 준 보카 마스터는 어휘 암기에 100% 자신감을
불어 넣어준 책이다.

추승세

단어 암기가 지루하다는 편견을 날려버린 책!
유래 설명, 이미지, 음원을 결합한 보카 마스터의 암기법은 어원으로 외울 수 없었던 수천 개 단어들을
한방에 해결해 주었다. 이 책과 함께라면 단어 암기도 즐거울 수 있다!

박혜미

막연한 어휘 리스트가 아닌, 선생님만의 노하우와 정성이 배어 있는 보카 마스터!
'외워도 외워도 끝이 없던' 단어와의 지루하고 고독한 전쟁에 희망의 불빛이 되어 주었다.

임선아

VOCA MASTER

CONTENTS

CHAPTER 1

CHAPTER 2

VOCA MASTER

CHAPTER
1
Major 접두어

ab-

분리 · 이탈 (away)

[스펠링 변화] ab- 접두어는 발음의 편의상 abs-나 a-로 변형되는 경우가 있다.
1. abs- : **abs**tract 추상적인 / **abs**tain 절제하다
2. a- : **a**vert 피하다, 돌리다

---

abdicate

[金bdikèit]
떨어지겠다고 말하다

ⓥ (왕위 · 책임을) 포기하다, 퇴위하다

resign, renounce, surrender, relinquish

n. abdication   퇴위; (책임) 거부

force the king to **abdicate** his throne
왕에게 왕위를 포기하도록 강요하다
He continues to **abdicate** his responsibility.
그는 계속해서 자신의 책임을 거부하고 있다.

[어원] 『ab(away) + dic(speak) → (지위에서) 떨어지겠다고 말하다』
[TIP] abdicate는 왕위 또는 책임에서 떨어지겠다고 말하는 것!
즉, 왕위는 포기하겠다는 것이고 책임은 지지 않겠다는 것이다.
영국의 Diana 왕세자비는 **abdicate**를 한 대표적인 인물이다.

---

abduct

[æbdˈʌkt]
멀리 끌고 가다

ⓥⓣ 유괴[납치]하다   kidnap, snatch

n. abduction   유괴, 납치

abduct a child for ransom 몸값을 받기 위해 아이를 유괴하다

[어원] 『ab(away) + duc(lead) → (사람을) 멀리 끌고 가다』
[TIP] abduct(유괴 · 납치하다) → hostage(인질) → ransom(몸값)
사람을 납치하여 인질로 붙잡아 두고 몸값을 요구하다
[상상+] con**duct** 수행하다; 안내하다; 행동하다 / de**duct** 공제하다
de**duce** 추론하다 / in**duct** 취임시키다 / in**duce** 유도하다
re**duce** 줄이다 / se**duce** 유혹하다 / tra**duce** 비방하다

aberrant ★

[ǽbər-, əbérənt]
딴 데로 벗어난

ⓐ (정상에서) 이탈한, 비정상적인 abnormal, deviant, eccentric

n. aberration 이탈, 비정상

his **aberrant** behavior 그의 비정상적인 행동

[어원] 「ab(away) + err(stray : 이탈하다) → (정상에서) 벗어나 이탈한」
[발음주의] '애버런(트)' 라고 발음하는 것이 요즘 추세(trend)다.
[상상⁺] **err**or 잘못, 에러 / **err**oneous 잘못된 / **err**atic 불규칙적인

abhor ★★

[æbhɔ́ːr]
떨어져 몸을 떨다

ⓥⓣ (몹시) 싫어하다, 혐오하다 abominate, detest, loathe

n. abhorrence 혐오   a. abhorrent 혐오하는

I **abhor** any kind of violence. 나는 어떤 식의 폭력도 혐오한다.

[어원] 「ab(away) + hor(shudder) → ~에서 떨어져 몸서리치다」
[TIP] 우리말의 '몸서리치게 싫어하다' 와 같은 뉘앙스다.
[상상⁺] **hor**ror 공포 / **hor**rible, **hor**rific, **hor**rid 무시무시한
[출제포인트] 동사와 함께 명사 abhorrence(혐오)도 출제되었다.

abject

[ǽbdʒekt]
멀리 내던져진

ⓐ 1. 비참한 miserable, wretched, hopeless

2. 비굴한 servile, mean, subservient

people living in **abject** poverty 비참한 가난 속에 살고 있는 사람들
an **abject** apology 비굴한 사과

[어원] 「ab(away) + ject(throw) → (신세가) 멀리 내던져진」

abolish ★★

[əbáliʃ / əbɔ́l-]
오래된 것을 없애다

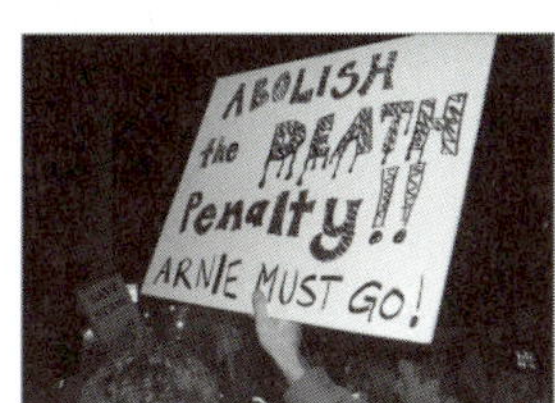

ⓥⓣ 폐지하다 abrogate, repeal, annul, invalidate

n. abolition 폐지

Slavery should be **abolished**. 노예 제도는 폐지되어야 한다.

[어원] 「ab(away) + ol(d)(오래된) → 오래된 것을 없애다」

abominate

[əbámənèit, əbɔ́m-]
불길한 것을 멀리하다

ⓥ 혐오하다   abhor, loathe, detest

n. abomination   혐오   a. abominable   혐오할 만한   terrible

abominate uncivilized, primitive behavior
미개하고 원시적인 행동을 혐오하다

[어원] 『ab(away) + omin<omen(불길한 징조) → 불길한 징조이므로 멀리하다』
[출제포인트] 형용사 **abominable**(혐오할 만한)이 특히 많이 출제되므로 확실히 알아
　　　　　두자!
[상상⁺] **omin**ous 불길한

abortion ★★

[əbɔ́:rʃən]
태어난 것을 없앰

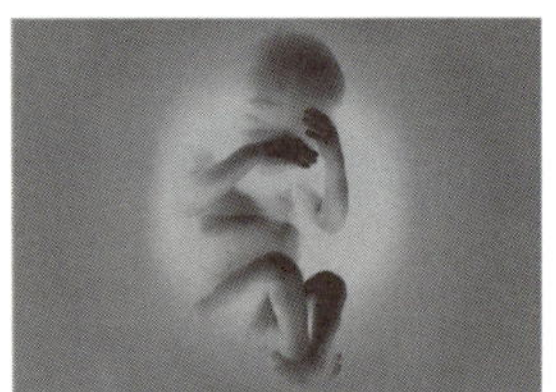

ⓝ 낙태   termination

a. abortive   실패한   unsuccessful

vt. abort   중단시키다; 유산[낙태]하다

She decided to have an **abortion**. 그녀는 낙태하기로 결심했다.

[어원] 『ab(away) + or(born) → 태어난 것을 없애는 것』
[출제포인트] abortion과 더불어 abortive도 자주 출제된다.
[상상⁺] **or**iginal 최초의, 본래의 / **ori**ent 동양; 지향하다
[비교] miscarriage 유산

aboriginal

[æ̀bərídʒənəl]
원래부터 있던

ⓐ 토착의, 원주민의   indigenous, native

n. aborigine   (호주) 원주민

the island's **aboriginal** inhabitants   그 섬의 원주민들

[어원] 『ab(from) + original(원래의) → 원래부터 있던』

abrasive

[əbréisiv]
문질러 닳게 하는

ⓐ 1. (표면이) 거친   rough, coarse   2. 무례한, 불친절한   rude, harsh

v. abrade   (문질러) 닳게 하다   chafe   n. abrasion   찰과상; 마모

an **abrasive** paper   표면이 거친 연마용 종이
Harry is **abrasive** and arrogant.   해리는 무례하고 거만하다.

[어원] 『ab(away) + ras<rad(scrape) → 문질러 닳게 하는』
[TIP] 1. 표면이 거칠어 → 다른 것을 닳게 하는
　　　2. 행동이 거칠어 → 다른 사람의 감정을 상하게 하는

abrogate

[ǽbrəgèit]
떨어뜨리도록 요구하다

ⓥ 폐지하다   abolish, repeal, nullify, invalidate

Both governments decided to **abrogate** the treaty.
양국 정부는 그 조약을 폐지하기로 결정했다.

[어원] 『ab(away) + rog(요구하다) → 떨어뜨릴 것을 요구하다』

abrupt ★

[əbrʌ́pt]
터져 나오는

ⓐ 1. 갑작스러운, 예기치 못한   sudden, unexpected

2. 퉁명스러운   blunt, brusque, curt

The machine came to an **abrupt** end. 그 기계가 갑작스레 멈췄다.
Sorry, I didn't mean to be so **abrupt**.
미안해, 그렇게 퉁명스럽게 말하려던 건 아니었어.

[어원] 『ab(away) + rupt(burst) → 갑자기 터져 나오는』
[TIP] 터지는 이미지가 원래 1. **갑작스러운**이고,
입에서 말이 갑자기 터져 나오는 것이 2. **퉁명스러운**이다.

abscond ★

[æbskánd / -skɔ́nd]
딴 데로 도망치다

ⓥ 도망치다, 도주하다   flee, defect, decamp, run off

A boy **absconded from** the house.
한 소년이 그 집으로부터 도망쳤다.

[어원] 『ab(s)(away) + cond(hide) → 딴 곳으로 도망쳐 숨다』
[어법] abscond form : ～에서 도망치다
[상상⁺] re**cond**ite 심오한, 난해한

absolve

[æbzálv]
풀어주다

ⓥ (죄 · 책임에서) 벗어나게 하다, 면죄시키다

exempt, acquit, exonerate, relieve

n. absolution 면죄

absolve the teenagers **of** their wrongdoing
10대들을 그들의 잘못에서 면죄시켜주다

[어원] 『ab(away) + solve(풀다) → (죄 · 책임에서) 풀어주다』
[어법] absolve A of[from] B : A를 B에서 면죄시키다
[상상⁺] re**solve** 해결하다; 결심하다 / in**solve**nt 파산한

abstain ★

[æbstéin]
떨어뜨려두다

ⓥ 삼가다, 절제하다   refrain, forbear, forgo

n. abstinence   절제, 자제   a. abstinent   자제하는   abstemious

The patient must **abstain from** drinking.
그 환자는 술을 자제해야 한다.

[어원] 『ab(s)(away) + tain(hold) → (~로부터 자신을) 떨어뜨려두다』
[어법] abstain from : ~를 삼가다, 절제하다

abstruse ★

[æbstrú:s]
(구체에서) 끌어낸

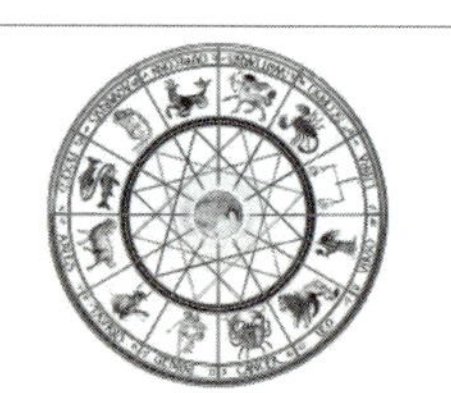

ⓐ 심오한, 난해한   difficult, profound, recondite

an **abstruse** theory 난해한 이론

[어원] 『ab(s)(away) + trus<tract(draw) → (구체적인 것에서) 끌어낸』
[TIP] abstract에서 abstruse가 그대로 유래했음을 이해하면 쉽다. **추상적인** 것은 **심오하고 어렵게** 마련이다. 서양에서는 하늘의 별자리를 이용해 점을 치는 Zodiac(12궁도)이라는 것이 있는데 이 역시 심오하고 난해하다.

absurd ★★★

[æbsə́:rd, -zə́:rd]
떨어져서 못 듣는

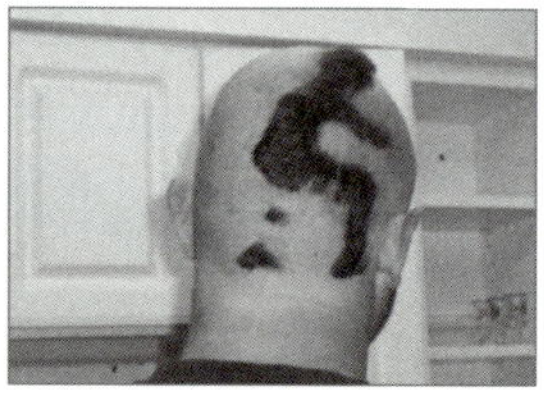

ⓐ 우스운, 어리석은   foolish, ridiculous, ludicrous, inane

n. absurdity   어리석음

What an **absurd** idea! 얼마나 어리석은 생각이란 말인가!

[어원] 『ab(away) + surd(deaf) → 떨어져서 듣지 못하는』
[TIP] absurd는 상대방의 말을 잘 못 알아듣는다는 의미에서 결국 '어리석은, 우스운'의 의미가 된 것이다.

abundant ★★★

[əbʌ́ndənt]
흘러넘치는

ⓐ 풍부한, 풍족한   affluent, plentiful, copious, opulent

vi. abound (in)   많이 있다, 풍부하다

an **abundant** supply of fresh water 신선한 물의 풍부한 공급

[어원] 『ab(away) + und(wave) → 흘러넘치는』
[상상+] red**und**ant 남아도는, 과잉의 / in**und**ate 범람[침수]시키다
undulate (파도치듯) 오르락내리락하다

 avert ★★

[əvə́ːrt]
딴 데로 돌다

⑩ 1. (사고 등을) 피하다, 막다 prevent, preclude, forestall
2. (눈을) 돌리다, 피하다 turn away

n. aversion 혐오   a. averse 싫어하는

The fire could have been **averted**. 그 화재는 피할 수 있었다.
He **averted** his eyes. 그는 눈을 돌렸다.
[어원] 「a<ab(away) + vert(turn) → ～에서 딴 데로 돌다」
[상상+] con**vert** 바꾸다, 전환하다 / di**vert** 변경[전환]하다
re**vert** 되돌아가다 / sub**vert** 전복시키다

---

ad-

방향 · 접근 (to, toward)

[스펠링 변화] ad- 접두어는 다음 자음에 따라 스펠링이 바뀐다.
abbreviate 축약하다 / **ac**claim 환호하다 / **af**fable 상냥한
aggravate 가중시키다 / **al**leviate 경감시키다 / **an**nul 무효화하다
appease 진정시키다 / **ar**rogant 거만한 / **as**sent 동의하다
attest 증언[입증]하다

 abandon ★★

[əbǽndən]
지배권을 넘겨주다

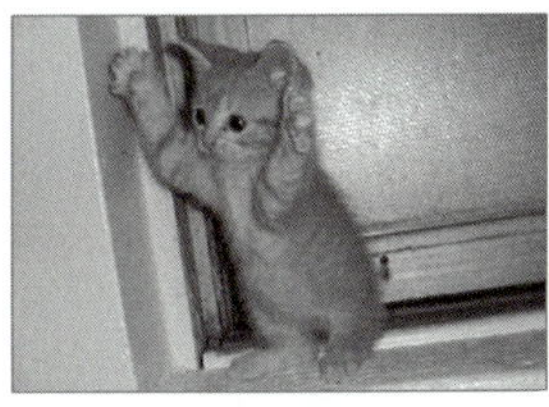

⑩ 버리다, 포기하다 surrender, forsake, discard, desert

How could she **abandon** her own child?
그녀는 어떻게 자기 아이를 버릴 수 있었을까?

[어원] 「a(d)(to) + ban(d)(control) → ～에게 지배권을 넘겨주다」
[상상+] **ban** 금지하다 / **ban**ish 추방하다 / contra**band** 밀수품
bandit 무법자

 abbreviate ★★

[əbríːvièit]
～를 짧게 하다

⑩ (글자 수를) 줄이다, 축약하다 shorten

n. abbreviation 축약   a. abbreviated 축약된

'Kilometer' is usually **abbreviated** to 'km'.
'킬로미터'는 보통 'km'으로 축약된다.
[어원] 「ab<ad(to) + brev(short) → ～를 짧게 하다」
[비교] abridge (내용을) 요약하다
[상상+] **brief** 간결한 / **brev**ity 간결함
[출제포인트] 명사 abbreviation(축약)도 동사와 함께 출제되었다.

abet

[əbét]
미끼를 주다

ⓥ 부추기다, 선동하다   agitate, incite, instigate, goad

n. abettor   선동자, 교사자

aid and **abet** a crime 범죄를 도와주고 부추기다

[어원] 『a(d) + bet(bait) → 미끼를 주어 꼬드기다』
[TIP] abet에서 bet–이란 부분이 bait가 짧게 발음되어 변한 형태임을 이해하면 abet을 쉽게 외울 수 있다.

abiding ★

[əbáidiŋ]
머무르고 있는

ⓐ 지속적인   lasting, enduring

vi. abide   머무르다; 견디다   [숙어] abide by   ~을 따르다, 지키다

his **abiding** concern for her 그녀에 대한 그의 지속적인 관심

[어원] 『a(d)(to) + bid(stay) → ~에 머무르고 있는』
[상상⁺] **abode** 집, 주거지
[출제포인트] 숙어 abide by도 잘 외워두어야 한다!

abridge ★

[əbrídʒ]
간결하게 하다

ⓥ (내용을) 요약하다   summarize, condense, compress, epitomize

a. abridged   요약된

an **abridged** version of the masterpiece novel
그 명작 소설의 요약판

[어원] 『a(d)(to) + bridg(brief) → ~를 간결하게 하다』
[어법] abridge는 항상 과거분사 형태(abridged)로만 쓰인다.

acclaim ★

[əkléim]
~로 외치다

ⓥ 환호하다, 갈채를 보내다   commend, compliment, hail

ⓝ 갈채, 호평   praise, laud

The movie was **acclaimed** by many critics.
그 영화는 많은 비평가들의 갈채를 받았다.
Her acting in the movie won great **acclaim**.
그 영화에서 그녀의 연기는 대단한 호평을 받았다.
[어원] 『ac<ad(to) + claim(shout) → ~에게 외치다, 환호성을 지르다』
[TIP] acclaim은 applaud(박수를 보내다)와 함께 외우면 효과적이다.
[상상⁺] **claim** 요구[주장]하다 / **clam**or 외침 / **clam**orous 시끄러운

accolade

[ǽkəlèid]
목에 갖다 대는 것

ⓝ 영예, 포상   honor, award

the highest **accolade** 최고의 영예

[어원] 『ac<ad(to) + cola(neck) → (칼을) 목에 갖다 대는 것』
[TIP] 옛날 서양에서 기사(knight) 작위를 수여할 때 기사의 양쪽 어깨를 칼로 가볍게 내리친 것에서 유래했다.

accomplice ★

[əkámplis / əkɔ́m-]
함께 엮인 자

ⓝ 공범   a person who helps criminal

The culprit escaped in a stolen car driven by an **accomplice**.
그 범인은 공범이 운전한 도난 차량을 타고 도주했다.

[어원] 『ac<ad(to) + com(together) + plic(fold) → (범죄에) 함께 엮인 자』
[비교] accessory 방조범, 뒤에서 범행을 도와준 자

accost

[əkɔ́(:)st, əkást]
옆으로 다가가다

ⓥⓣ (다가가서) 말을 걸다   address

I **was accosted by** four youths.
네 명의 젊은이가 내게 다가와 말을 걸었다.

[어원] 『ac<ad(to) + cost(side) → ~의 옆으로 다가가다』
[TIP] accost에서 cost는 coast(해안)를 연상하면 쉽다.
coast(해안)는 바다 '옆에' 있는 땅이니까, '사람 옆으로 다가가는 것' 이 accost라고 외우자!

accrue

[əkrú:]
더해져 커지다

ⓥⓘ (이익·이자가) ~에게 붙다, 늘어나다   increase, augment, add

n. accretion, accrual   (자연적) 증가

interest **accruing** in my saving accounts
내 은행 계좌에서 늘어나고 있는 이자

[어원] 『ac<ad(to) + crue < cre(grow) → ~에 더해져 커지다』

accumulate ★

[əkjúːmjəlèit]

〜에 쌓아 올리다

ⓥ 누적[축적]하다   amass, hoard, garner

n. accumulation   누적, 축적   a. accumulative   축적하는

He continued to **accumulate** wealth.   그는 계속해서 부를 축적했다.

[어원] 『ac<ad(to) + cumul(heap up) → 〜에 쌓아 올리다』
[상상⁺] **cumul**ative 누적의

accuse ★

[əkjúːz]

〜을 고소하다

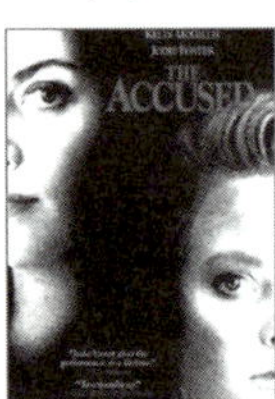

ⓥ 1. 고발하다   charge, indict, prosecute, arraign

2. 비난하다   criticize, condemn, censure, denounce

n. accusation   고발; 비난   n. the accused   (형사) 피고

They **accused** the official **of** corruption.   그들은 그 관리를 부패 혐의로 고발했다.
Steve **accused** her **of** lying.   스티브는 거짓말한 것에 대해 그녀를 비난했다.

[어원] 『ac<ad(to) + cuse(lawsuit) → 〜에게 소송을 걸다』
[어법] accuse A of B : A를 B의 혐의로 고발[비난]하다

acquaint ★

[əkwéint]

〜을 잘 알게 하다

ⓥ 1. 익숙하게 하다   accustom, familiarize

2. 알리다, 통지하다   inform, apprise, notify

I **acquainted myself with** the new surroundings.
난 새로운 환경에 익숙해졌다.
acquaint the police **with** the fact
경찰에 그 사실을 알리다

[어원] 『ac<ad(to) + quaint(know) → 〜을 잘 알게 하다』
[어법] acquaint oneself with : 〜에 익숙해지다
　　　 acquaint A with B : A에게 B를 알리다
[상상⁺] **quaint** (옛날 것이라서) 진기한, 독특한

acquiesce ★★

[ǽkwiés]
조용히 있다

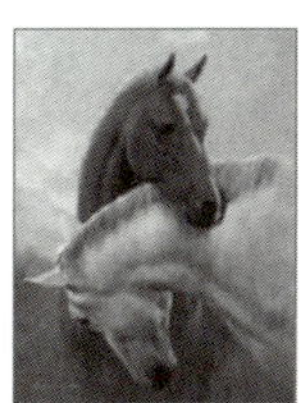

ⓥⓘ 묵묵히 따르다, 묵인하다　agree, accede, consent

acquiesce in his decision
그의 결정을 묵묵히 따르다

[어원] 『ac<ad(toward) + quie(quiet) → (〜의견 안에) 조용히 들어가다』
[어법] acquiesce in[to] : 묵묵히 따르다, 묵인하다

acquit ★

[əkwít]
그만두게 하다

ⓥⓣ 석방하다, 무죄로 하다　absolve ⇔ convict　유죄를 선고하다

n. acquittal　석방

The jury **acquitted** Dave **of** murder.
배심원단은 데이브의 살인 혐의에 대해 무죄를 선고했다.

[어원] 『ad(to) + quit(그만두다) → (처벌받는 것에서) 그만두게 하다』
[어법] acquit A of B : A를 B에서 석방하다
[상상⁺] **quiet** 조용한 / tran**quil** 고요한 / ac**quie**sce 묵묵히 따르다

addict ★

[ədíkt]
(반복하여) 말하다

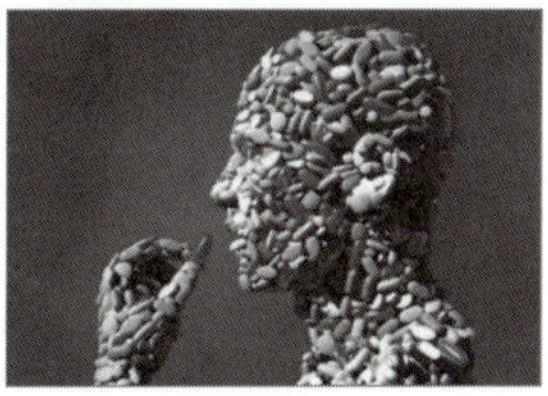

ⓥⓣ 중독시키다　unable to stop taking harmful things

n. addict 중독자　　　a drug **addict** 마약 중독자

n. addiction 중독　　　a. addictive 중독성이 있는

Over 10 million Koreans **are addicted to** nicotine.
천만 명 이상의 한국인들이 니코틴에 중독되어 있다.

[어원] 『ad(to) + dict(speak) → 〜을 (반복적으로) 말하다』
[TIP] 무언가를 반복적으로 말한다는 것은 곧 그것에 중독되어 있음을 의미한다.
[어법] be addicted to : 〜에 중독되다

adept ★★★

[ədépt]
〜에 적당한

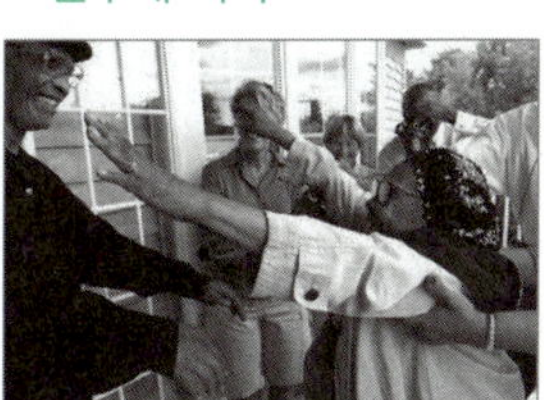

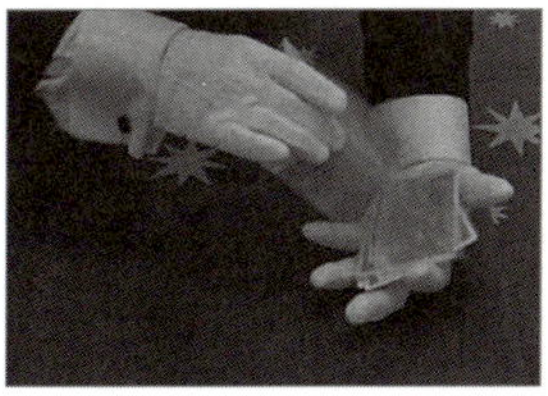

ⓐ 능숙한, 숙달된　proficient, adroit, dexterous, deft

He is **adept at** dealing with difficult customers.
그는 까다로운 고객들을 다루는 데 능숙하다.

[어원] 『ad(to) + ept(적당한) → (사람이) 〜에 적당한』
[TIP] 사람이 '〜에 적당하다는 것'은 그 일을 잘 한다는 의미이다.
[비교] adapt 적응시키다 / adopt 채택하다, 입양하다
[상상⁺] in**ept** 부적당한

 **adduce ★**

[ədjúːs]

~로 끌어내다

ⓥⓣ 인용하다, 제시하다   cite, quote, present

The suspect **adduced** no evidence.
그 용의자는 어떠한 증거도 제시하지 못했다.

[어원] 『ad(to) + duc(lead) → (증거를) ~로 끌어내다』

 **adjacent ★★★**

[ədʒéisənt]

~을 던질 만한 거리인

ⓐ 인접한   next, nearby, contiguous

the building **adjacent to** the library
도서관에 인접해 있는 건물

[어원] 『ad(to) + jac<ject(throw) → ~을 던질 만한 거리인』
[TIP] 숙어 중에 「a stone's throw from ~에서 돌 하나 던질 거리 → 가까움, 인접함」이 있다. 이에 딱 맞는 어휘가 adjacent이다!

 **adjourn**

[ədʒə́ːrn]

날짜를 ~로 보내다

ⓥⓣ 연기하다, 휴정하다   delay, postpone, defer, put off

The trial was **adjourned** until next month.
그 재판은 다음 달까지 연기되었다.

[어원] 『ad(to) + journ(day) → 날짜를 ~로 보내다』
[상상+] **journ**al 일지, 저널 / **journ**ey 긴 여행 / so**journ** (일시적) 체류

 **adhere**

[ædhíər]

~에 달라붙다

ⓥⓘ 1. 달라붙다   stick, cling   2. 신봉[고수]하다   follow

n. adherence   고수   n. adherent   신봉자, 지지자
n. a. adhesive   접착제; 접착성의   n. adhesion   접착

The eggs of fish **adhere to** leaves. 물고기 알들이 잎들에 달라붙는다.
adhere to the principles of equality 평등 원칙을 고수하다

[어원] 『ad(to) + her(stick) → ~에 달라붙다』
[어법] adhere to : ~에 달라붙다; ~를 고수하다

administer

[ædmínistər, əd-]
~을 위해 일하다

(vt) 1. 관리[집행]하다 manage
2. (약을) 투약하다 give someone a medicine; medicate
n. administration 관리, 경영; 행정부; 투약
a. administrative 관리의 an **administrative** cost 관리비

administer his estate 그의 재산을 관리하다
administer justice impartially 재판을 공정하게 집행하다
administer a painkiller 진통제를 투약하다

[어원] 『ad(to) + minister(serve) → (주인·국민을) 위해 일하다』
[TIP] minister는 원래 하인, 종(servant)의 의미에서 다음과 같이 발전했다.
1. 왕을 위해 일하는 하인, 종 → 장관(신하)
2. 하나님을 위해 일하는 하인, 종 → 성직자, 목사
[상상+] **ministr**y (정부) 부처; 목회(牧會)

admonish

[ædmániʃ, əd- / -mɔ́n-]
(잘잘못을) 보여주다

(vt) 경고하다, 주의시키다 caution, warn

admonish the witness **for** perjury 증인에게 위증죄에 대해 주의시키다

[어원] 『ad(to) + moni(monitor) → (옳고 그름을) 보여주다 → 주의시키다』
[상상+] **mon**ster 괴물 / **mu**ster 소집하다 / **mon**ument 기념물

adopt

[ədápt / ədɔ́pt]
~를 선택하다

(vt) 1. 채택하다 choose, select, embrace
2. 입양하다 take someone else's child into your home
a. adopted 입양된 his **adopted** son 그의 양아들

adopt a resolution of the committee 그 위원회의 결의안을 채택하다
Sally was **adopted** when she was four. 샐리는 네 살 때 입양되었다.

[어원] 『ad(to) + opt(선택하다) → ~를 선택하다』
[상상+] **opt**ion 선택(권), 옵션

익 플 공 편

adorn ★

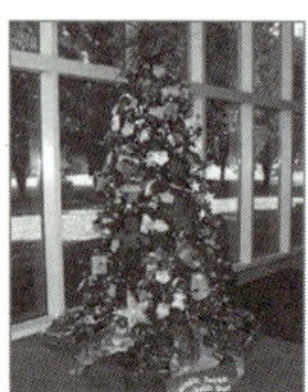

ⓥⓣ 장식하다 decorate, embellish, bedeck

[ədɔ́ːrn]

~을 장식하다

the Christmas tree **adorned** with many presents and cards

많은 선물과 카드로 장식된 크리스마스트리

[어원] 「ad(to) + orn(decorate) → ~을 장식하다」

[상상⁺] **orn**ament 장식(물); 장식하다 / **orn**ate 장식된, 화려한

[비교] adore 사랑하다, 몹시 좋아하다

[출제포인트] 명사 adornment가 출제되었으며 ornamentation(장식, 장식물)이 답이었다.

익 플 공 편

adroit ★

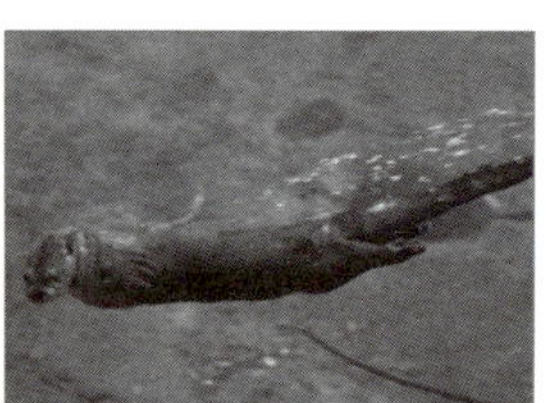

ⓐ 능숙한, 숙달된 proficient, adept, deft, dexterous

[ədrɔ́it]

오른손으로 하는

an **adroit** negotiator 능숙한 협상가

[어원] 「ad(to) + roit(right) → 오른손으로 하는」

[TIP] 오른손으로 하면 빠르고 숙달된다는 의미!

익 플 공 편

adulterate ★

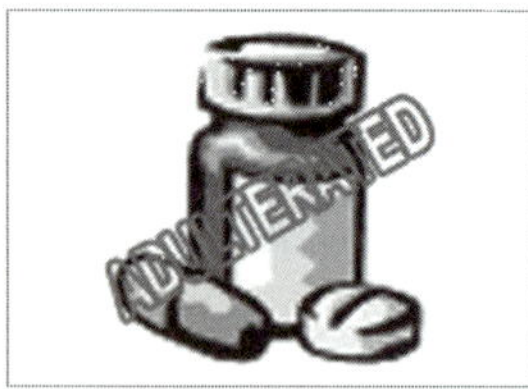

ⓥⓣ (불순물을 섞어) 질을 떨어뜨리다 debase, dilute

[ədʌ́ltərèit]

다른 것을 섞다

a regulation against **adulterated** cosmetics

불순물이 들어간 화장품에 대한 규제

[어원] 「ad(~에) + ulter<alter(other) → ~에 다른 것을 섞다」

[어법] adulterate A with B : A에 B를 섞어 질을 떨어뜨리다

[상상⁺] **adulter**y 간통(love affair) / un**adulter**ated 불순물이 섞이지 않은

익 플 공 편

advent ★

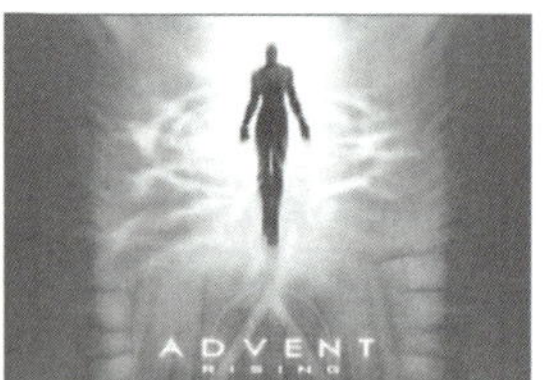

ⓝ 도래 the coming of something extremely important

[ǽdvent, -vənt]

~로 온 것

the **advent** of the internet age 인터넷 시대의 도래

[어원] 「ad(to) + ven(come) → ~로 온 것」

[상상⁺] **ven**ue 개최지, 행사장 / con**ven**e 모이다, 소집하다

re**ven**ue (정부 · 기업의) 수입 / sou**ven**ir 기념물

adverse ★

[ǽdvə́ːrs]
~로 도는

@ 1. 반대의, 역의　opposite, converse, reverse

　　2. 불리한　unfavorable

n. adversity　불운, 역경　　n. adversary　적, 상대편　opponent

an **adverse** effect 역효과
an **adverse** outcome to us 우리에게 불리한 결과

[어원] 『ad(to) + vers(turn) → ~로 도는 → (돌면) 반대의』
[출제포인트] 명사 파생어 adversity, adversary도 눈여겨 봐두자!
[상상⁺] con**vers**e 반대(의) / in**vers**e 반대(의) / re**vers**e 반대(의); 거꾸로 하다

advocate

[ǽdvəkèit/ -kət]
~쪽으로 소리치다

ⓥⓣ 지지[옹호]하다　support, encourage, countenance, recommend

ⓝ 지지자, 옹호자　proponent, exponent, supporter

advocate the principles of the market economy
시장 경제 원칙을 지지하다
a strong **advocate** of the Korea-U.S. alliance
한미 동맹의 강력한 지지자

[어원] 『ad(to) + voc(call) → ~쪽으로 (편들어) 소리치다』
[TIP] 1. advocate은 영국에서 '변호사'의 의미로도 쓰인다.
　　　2. devil's advocate – 좋은 토론을 이끌어 내기 위해 일부러 남의 의견에
　　　　　　　　　　　반대하는 사람

affable ★★★

[ǽfəbəl]
~에게 말을 걸 수 있는

@ 상냥한, 싹싹한　pleasant, amiable, genial

n. affability　상냥함

an **affable** girl 상냥한 여자

[어원] 『af<af(to) + fa(speak) → ~에게 말을 걸 수 있는』
[TIP] 부담 없이 쉽게 말을 걸 수 있는 사람은 성격이 상냥한 사람!
[상상⁺] **fa**ble 우화 / **fa**bulous 놀라운, 대단한 / ine**ffa**ble 형언할 수 없는

affiliate ★

[əfílièit]
아들로 하다

ⓥ 합병[제휴]하다　merge, annex, amalgamate

ⓝ 자회사, 지사　branch

n. affiliation　합병, 제휴　alliance

The venture company is **affiliated with** the conglomerate.
그 벤처 회사는 대기업과 제휴했다.
[어원]『af<ad(to) + fili(son) → ～를 아들로 하다』
[상상+] **feli**city 큰 기쁨 / **fili**cide 자식 살해 / **fec**und 비옥한
[출제포인트] 명사 affiliation이 출제되었다.

affinity

[əfínəti]
끝이 가까움

ⓝ 1. 유사성　similarity　　2. 애착, 애정　affection, love

his remarkable **affinity** for animals 동물들에 대한 그의 각별한 애정

[어원]『af<ad(to) + fin(end) → 끝(경계)에 가까이 있는 상태』
[TIP] 예를 들어, 옆집은 우리집과 경계에 있는 가까운 사이이다.
　　　가깝다는 것은 1. **유사성**이며, 가깝기 때문에 2. **애정**이 생긴다.
[상상+] con**fin**e 한정[제한]하다 / de**fin**e 정의를 내리다
　　　de**fin**ite 명확한 / re**fin**e 개선하다; 정제하다 / in**fin**ity 무한

afflict ★★

[əflíkt]
～를 때리다

ⓥ 괴롭히다, 고통을 주다　hurt, harry, harass, pester

n. affliction　고통; 병

She has been **afflicted** by her disease.
그녀는 병으로 고통을 겪어왔다.

[어원]『af<ad(to) + flict(beat) → ～를 때리다, 강타하다』
[상상+] con**flict** 상충(되다) / in**flict** (타격을) 입히다 / pro**flig**ate 방탕한
[출제포인트] 동사와 함께 명사 affliction도 출제되었다.

affluent ★

[ǽflu(:)ənt, əflú:-]
흘러넘치는

ⓐ 부유한, 풍요로운　wealthy, plentiful, opulent

n. affluence　풍요　wealth

an **affluent** society 풍요로운 사회

[어원]『af<ad(to) + flu(flow) → (돈이) 흘러넘치는』
[TIP] affluent는 실제로 '돈이 많아 넘치는(rich)' 의 의미다.

affront

[əfrʌ́nt]

면전에 가하는 것

ⓥ 모욕을 주다　mortify, humiliate

ⓝ 모욕　indignity, insult

I **was affronted by** the question.　나는 그 질문으로 모욕을 받았다.

[어원] 『af<ad(to) + front(앞:면전) → ~의 면전에 가하는 것』

[TIP] TV드라마(soap opera)에서 가끔 상대방 얼굴에 물을 뿌리는 장면이
　　　나오는데 그것이 딱 affront의 예다.

[상상⁺] con**front** ~에 직면하다

aggravate ★

[ǽgrəvèit]

무겁게 하다

ⓥ 악화[가중]시키다　exacerbate, deteriorate

a. aggravated　가중된　　**aggravated** punishment　가중 처벌

Air pollution may **aggravate** a child's asthma.
대기오염이 유아 천식을 악화시킬 수 있다.

[어원] 『ag<ad(to) + grav(heavy) → (더욱) 무겁게 하다』

[상상⁺] **grave** (분위기가) 무거운, 심각한 / **gravity** 중력
　　　　grieve 슬퍼하다 / ag**grieve** 고통을 주다; 화나게 하다

[비교] aggregate 총계(가 ~에 달하다)

aggregate

[ǽgrigèit]

다 더해 모으다

ⓥ 총계가 ~에 달하다　amount

ⓝ 합계, 총계　the total amount; sum

ⓐ 총계의　total, gross

n. aggregation　종합, 총계

The profit **aggregated** approximately $500,000.
총수익이 대략 50만 달러에 달했다.

get an **aggregate** of 3,000 votes
총 3천 표를 획득하다

a decrease in the **aggregate** production
총생산량의 감소

[어원] 『ad(to) + greg(flock) → ~에 모두 더해 모으다』

[TIP] aggregate는 품사가 다양해서 복잡해 보이지만, 모두 '총계'라는 의미가
　　　핵심이므로 문장에서 품사만 구별해서 보면 쉽다.

aggression

[əɡréʃən]
강하게 다가감

ⓝ 공격, 침략　attack, assault, onslaught, raid, incursion

a. aggressive　공격적인; 적극적인

Computer game violence can encourage **aggression** in children.
컴퓨터 게임의 폭력이 아이들의 공격성을 키울 수 있다.

[어원] 『ag<ad(to) + gress(go) → ～에게 (강하게) 다가가는 것』

aggrieve ★

[əɡríːv]
무겁게 하다

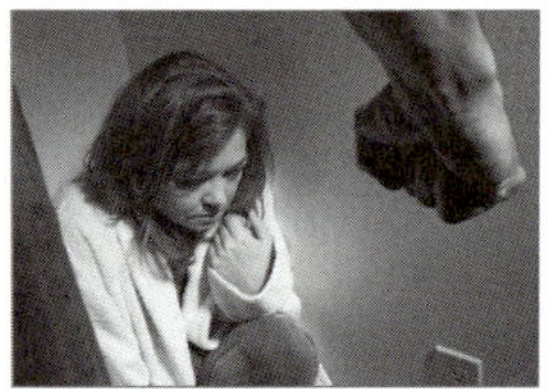

ⓥⓣ 1. 괴롭히다, 고통을 주다　distress, afflict, harass, pester

2. 화나게 하다　irritate, provoke

a. aggrieved　괴롭힘을 당한, 학대 받은　mistreated

the **aggrieved** people 고통 받은 사람들
an **aggrieved** tone of voice 화난 듯한 목소리

[어원] 『ag<ad(to) + griev(heavy) → (감정을 더욱) 무겁게 하다』
[TIP] grieve → (감정을) 무겁게 하다 → 슬프게 하다
　　　 aggrieve → (감정을 더욱) 무겁게 하다 → 화나게 하다
[출제포인트] 형용사 aggrieved가 출제되었음에 유의하자!

allay

[əléi]
내려놓다

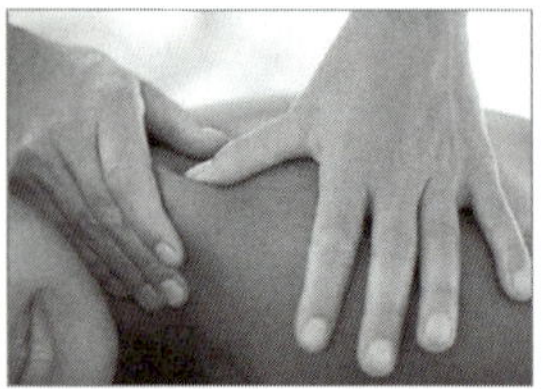

ⓥⓣ 가라앉히다, 경감[완화]시키다　relieve, alleviate, soothe, console

allay the people's anxiety 국민들의 걱정을 가라앉히다

[어원] 『a(l)(강조) + lay(놓다) → (걱정·고통을) 내려놓다』
[TIP] allay에서 접두어 al–은 강조의 의미임을 다시 한 번 기억하자!

allege ★

[əlédʒ]

법정에서 다투다

ⓥ (근거 없이) 주장하다   assert without proof

n. allegation (근거 없는) 주장   a. alleged 주장된

ad. allegedly 전해지는 바에 따르면

The newspaper **alleged** that the mayor accepted bribes.
그 신문은 시장이 뇌물을 받았다고 주장했다.

[어원] 「al<ad(to) + leg(law) → 법정에서 다투다」
[TIP] 법정에서 서로 다투는 모습은 곧 자신의 말이 옳다고(무죄라고) 주장하는 모습이다.
[상상⁺] **leg**al 합법적인 / **leg**acy 유산 / il**leg**itimate 불법적인 / privi**leg**e 특권

─[뉘앙스]─

affirm (공공연히) 확언[확인]하다
– The president **affirmed** rumors of a merger.
　그 회장은 합병에 대한 소문들을 확인시켜주었다.
assert (확신에 차서) 강하게 주장하다
– I **assert** that Korean food is the best in the world.
　나는 한국 음식이 세계 최고라고 주장한다.
allege (근거 없이) 주장하다
– It was **alleged** that the company discriminated against women workers.
　그 회사가 여성 노동자들을 차별했다는 주장이 제기되었다.

allegiance

[əlí:dʒəns]

군주에게 맹세함

ⓝ 충성, 충절 loyalty, fidelity, fealty

⇔ treason, treachery 배반, 반역

pledge **allegiance** to the king 왕에게 충성을 맹세하다
pledge **allegiance** to the flag 국기에 대한 맹세를 하다

[어원] 「al<ad(to) + legi(liege군주) → 군주에게 맹세하는 것」

alleviate ★★

[əlí:vièit]
가볍게 하다

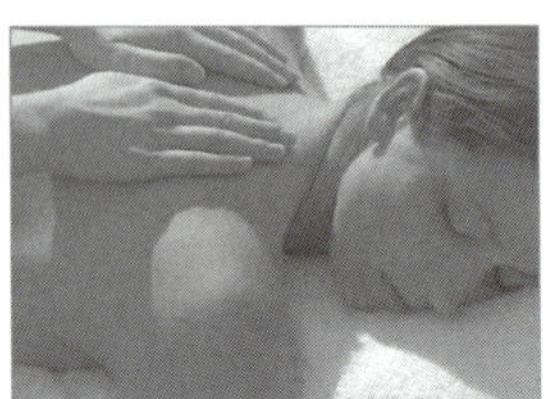

ⓥⓣ 경감시키다, 완화하다   relieve, assuage, soothe, palliate

⇔ aggravate   가중시키다

n. alleviation   경감, 완화

measures to **alleviate** traffic congestion 교통 완화 대책

[어원] 『al<ad(to) + levi(light) → ~을 가볍게 해주다』
[상상⁺] **elev**ate 들어 올리다 / **lev**y 부과[징수]하다 / **lev**er 지렛대

allocate ★

[ǽləkèit]
(필요한) 장소에 놓다

ⓥⓣ 분배[할당]하다   allot, apportion, assign, ration

n. allocation   할당(량)

The government **allocate** 40 billion won **for** disaster relief.
정부는 피해 복구 자금으로 400억 원을 할당했다.

[어원] 『al<ad(to) + loc(place) → (필요한) 장소에 놓다』
[상상⁺] **loc**al 지역의 / **loc**ate 위치시키다; 위치를 찾아내다

allure

[əlúər]
미끼로 유혹하다

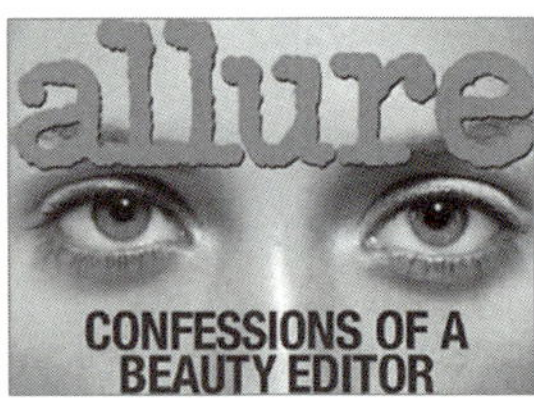

ⓝ 매력, 매혹   temptation, charm, fascination

ⓥⓣ 매혹시키다   captivate, bewitch, enchant, mesmerize, hypnotize

the **allure** of foreign travel 외국 여행의 매력
her performance to **allure** the audience
관객을 매혹시키는 그녀의 공연

[어원] 『al<ad(to) + lure(미끼) → ~에게 미끼를 주어 유혹하다』
[TIP] allure는 패션, 뷰티 등의 정보를 담은 잡지 이름이기도 하다.

amass ★

[əmǽs]
덩어리로 만들다

ⓥⓣ 축적하다   accumulate, hoard, garner

He has **amassed** a fortune. 그는 많은 재산을 축적했다.

[어원] 『a(d)(to) + mass(덩어리) → 덩어리로 만들다』
[TIP] mass가 큰 덩어리라는 뜻이니까 '큰 덩어리를 만들다' 로 외우면 쉽다.
[상상⁺] **mass**ive 커다란, 부피가 큰(bulky)

ameliorate ★

[əmíːljərèit, -liə-]
더 나아지게 하다

ⓥ 개선하다   improve, enhance, refine ⇔ **deteriorate**   악화시키다

ameliorate working conditions 작업 상황을 개선하다

[어원] 『a(d)(to) + melior(better) → 더 나아지게 하다』
[TIP] ameliorate(개선하다)와 enhance(향상시키다)는 동의어로 꼭 함께 외우자!

---

amenable

[əmíːnəbəl, əménə-]
이끌어 갈 수 있는

ⓐ 순종적인, 말 잘 듣는   obedient, compliant, tractable, meek

a very **amenable** child 말을 아주 잘 듣는 아이

[어원] 『a(d)(to) + men(lead) → ~로 이끌어 갈 수 있는』
[TIP] 상대방을 내 맘대로 이끌어 갈 수 있다면 그 사람은 순종적인 사람이다.

---

annihilate

[ənáiəlèit]
완전히 없애다

ⓥ 완전히 파괴하다, 물리치다   destroy, defeat, eliminate, wipe out

n. annihilation   파괴, 전멸

We have the power to **annihilate** our enemies.
우리는 적을 물리칠 수 있는 힘이 있다.

[어원] 『an<ad(to) + nihil(nothing) → 아무것도 없게 만들어버리다』
[상상+] an**nul** 무효화하다, 취소하다 / **nul**lify 무효화하다, 취소하다

---

annul

[ənʌ́l]
아무것도 없게 하다

ⓥ 무효화하다, 취소하다   cancel, invalidate, nullify, call off

n. annulment   무효화, 취소

Their engagement was **annulled** last year.
그들의 약혼은 지난해 파기되었다.

[어원] 『an<ad(to) + nul<null(none) → 아무것도 없게 하다』
[TIP] annul과 nullify는 nul(none)이라는 같은 어근을 지닌 어휘로서
두 단어의 의미는 완전히 같다.

appall ★

[əpɔ́ːl]
창백하게 하다

ⓥ 소름 끼치게 하다, 큰 충격을 주다   horrify, terrify, frighten, scare

a. appalling   소름 끼치는, 무시무시한   horrible

The way we kill animals **appalls** a lot of people.
우리가 동물을 죽이는 방식은 많은 사람들을 소름 끼치게 한다.

[어원] 『ap<ad(to) + pal(l)(pale) → (~의 얼굴을) 창백하게 하다』
[상상⁺] **pal**lid 창백한

apparel ★★

[əpǽrəl]
~에 맞는 옷

ⓝ 의상, 복장   clothes, clothing, attire

We sell a full range of sports **apparel**.
우리 매장에서는 모든 종류의 스포츠 의류를 판매합니다.

[어원] 『ap<ad(~에) + par(prepare) → (특정 목적에) 맞는 옷』
[상상⁺] pre**par**e 준비하다 / ap**par**atus 장치; 기구

apparent ★★

[əpǽrənt, əpɛ́ər-]
나타나 보이는

ⓐ 1. 분명한, 명백한   distinct, manifest, specific, lucid
　 2. 겉으로 보이는   seeming

vi. appear   나타나다; ~로 보이다 ⇔ disappear   사라지다

the **apparent** failure of the device 그 장치의 명백한 고장
his **apparent** lack of interest 겉으로 보이는 그의 관심 부족

[어원] 『ap<ad(to) + p(e)ar(show) + ent (형접) → 나타나 보이는』

apparition

[æ̀pəríʃən]
나타난 것

ⓝ 유령, 환영(幻影)   ghost, phantom

a ghostly **apparition** of a woman 어떤 여자의 유령 같은 환영

[어원] 『app(e)ar(나타나다) + (i)tion → 나타나 보이는 것』
[TIP] 우리말에서도 '유령이 나타났다!'고 하듯이, 나타나 보이는 것이 바로
유령이다.

appease ★★

[əpíːz]
평화롭게 하다

ⓥ 진정[완화]시키다   soothe, abate, placate, mollify

U.S. tried to **appease** international opposition.
미국은 국제적인 반대를 진정시키고자 했다.

[어원] 『ap<ad(~에) + pease(peace) → ~에 평화를 주다』
[TIP] pease가 peace(평화)의 변형임을 알면 쉽게 외울 수 있다.
[상상⁺] **paci**fy 진정시키다

applaud

[əplɔ́ːd]
박수를 쳐주다

ⓥ 박수갈채하다, 환호하다   clap, acclaim, hail

n. applause   박수갈채

The audience **applauded** loudly his speech.
청중은 그의 연설에 큰 박수를 보내주었다.

[어원] 『ap<ad(to) + plaud(clap) → ~에게 박수를 쳐주다』
[상상⁺] **plaud**it 박수갈채 / **plaus**ible 그럴듯한

appreciate ★

[əpríːʃièit]
가치를 부여하다

ⓥ 1. 인식[인정]하다   realize, recognize

2. 감사해 하다   thank

ⓥ (값이) 오르다   increase ⇔ **depreciate**   평가절하하다; 하락하다

n. appreciation   이해(력); 감사; 상승

a. appreciative   감상력이 있는; 감사하는

a. appreciable   인정될 수 있는, 중요한

appreciate the significance of the contract
그 계약의 중요성을 인식하다
I really **appreciate** your help.
도움 주셔서 진심으로 감사드립니다.
Stock prices are expected to **appreciate**.
주가가 상승할 것으로 예상된다.

[어원] 『ap<ad(~에) + preci(price) → ~에 가치를 부여하다』
[출제포인트] 타동사의 의미뿐만 아니라 자동사로 '오르다' 의 뜻도 있음을 놓치지 말자!

 **appraise** ★★

[əpréiz]

가치를 매기다

(vt) 평가[산출]하다　evaluate, assess, estimate

n. appraisal　평가

appraise the environmental costs
환경 비용을 산출하다

[어원] 『ap<ad(~에) + praise(price) → ~의 가치를 매기다』
[TIP] appraise에서 praise는 '칭찬하다'가 아니라 price(가치)의 스펠링이
변형되어 들어간 것임을 주의해서 이해하자!

 **apprehend** ★★★

[æ̀prihénd]

~를 붙잡다

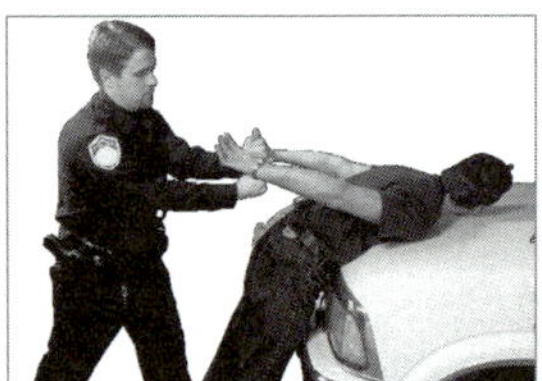

(vt) 1. 체포하다　arrest

2. 이해하다　understand, grasp, figure out

n. apprehension　체포; 걱정　anxiety

a. apprehensive　걱정[염려]하는

apprehend the culprit 범인을 체포하다
apprehend the dangerous situation 위험한 상황을 이해하다

[어원] 『ap<ad(to) + prehend(seize) → ~를 붙잡다』
[TIP] apprehend의 기본 그림은 무엇을 붙잡는 것이다.
범인을 붙잡으면 → 체포하다
내용을 감 잡으면 → 이해하다
미래의 안 좋은 상황을 알게되어 → 걱정
[상상⁺] com**prehend** 이해하다 / re**prehend** 비난하다

 **apprise**

[əpráiz]

~에게 알게 하다

(vt) 알리다, 통지[통고]하다　inform, notify

I **apprised** him **of** all details.
나는 그에게 모든 세부 사항들을 통지했다.

[어원] 『ap<ad(to) + pris(seize) → (사실을) ~에게 잡게(알게) 하다』
[어법] apprise A of B : A에게 B를 알리다, 통지하다
[상상⁺] ap**pren**tice 수습생 / ap**prehend** 체포하다; 이해하다

appropriate ★★

[əpróuprièit]
자신의 것으로 하다

ⓐ 적당한, 적절한   suitable, pertinent, germane, apposite

⇔ inappropriate   부적당한

ⓥⓣ (공금을) 유용하다, 개인적으로 쓰다   steal, embezzle

clothes **appropriate** for a job interview
입사 면접에 적당한 옷
He is suspected of **appropriating** government funds.
그는 정부 자금을 유용한 혐의를 받고 있다.

[어원] 『ap<ad(to) + propri(own) → 자신의 것으로 만들다』
[상상⁺] **proper** 적당한, 적절한 / **property** 소유물; 부동산; 속성
　　　 propriety 예의 바름(decency, courtesy) / ex**propri**ate 빼앗다

approximate ★★

[əpráksəmèit / -rɔ́k-]
~에 가까이·가다

ⓥⓘ ~에 근접하다, 가깝다   to be close to; approach

ⓐ 대략의   rough

ad. approximately   대략　　　n. approximation   어림값

Our expense **approximates to** $10,000.
우리 비용이 만 달러에 가깝다.

[어원] 『ap<ad(to) + proxim(come near) → ~에 가까이 가다』
[어법] approximate to : ~에 근접하다
[상상⁺] **proxy** 대리인

apropos

[æprəpóu]
목적에 맞춰

ⓐⓓ ~에 맞춰, 때마침   at an opportune time; timely

Apropos of nothing, he burst into laughing.
난데없이 그는 웃음을 터뜨렸다.

[어원] 『a(d)(to) + propos(purpose) → ~의 목적에 맞춰』
[어법] apropos of : 에 맞춰, 때마침
[주의] apropos는 부사임에 주의하자!

arrogant ★★

[ǽrəgənt]

함부로 요구하는

ⓐ 거만한   insolent, imperious, haughty, supercilious

vt. arrogate   (함부로) 요구하다

an **arrogant** attitude 거만한 태도

[어원] 『ar<ad(to) + rog(요구하다) → ~에게 함부로 요구하는』

[상상⁺] **rog**ue 불량배 / ab**rog**ate 폐지하다 / de**rog**ate (가치를) 떨어뜨리다
inter**rog**ate 심문하다 / pre**rog**ative 특권 / sur**rog**ate 대리인

ascribe

[əskráib]

~에 있다고 쓰다

ⓥ 1. (원인을) ~에 돌리다   attribute, impute, accredit

   2. (작품 · 말 등을) ~의 것이라 여기다   attribute

a. ascribable   ~에 기인하는

ascribe the current difficulties **to** outside factors
현재의 어려움들의 원인을 외부적 요인들에 돌리다
the quotation that is **ascribed to** Shakespeare
셰익스피어가 한 말로 여겨지는 인용문

[어원] 『a(d)(to) + scribe(write) → (책임이) ~에 있다고 쓰다』
[어법] ascribe A to B : A의 원인을 B에 돌리다

aspersion

[əspə́ːrʒən, -ʃən]

~에게 퍼붓는 것

ⓝ 중상, 비방   slander, libel, censure, denunciation

cast **aspersions** on his behavior 그의 행동에 비난을 퍼붓다

[어원] 『a(d)(~에) + sparse(흩어진) → ~에 흩뿌리다』
[TIP] 원래는 '성수(聖水)를 뿌리는 것'이었지만 반어법적으로 '비난을 퍼붓는
것'으로 발전했다.
[상상⁺] **disperse** 흩어지게 하다(scatter)

aspire ★

[əspáiər]

~를 향해 숨쉬다

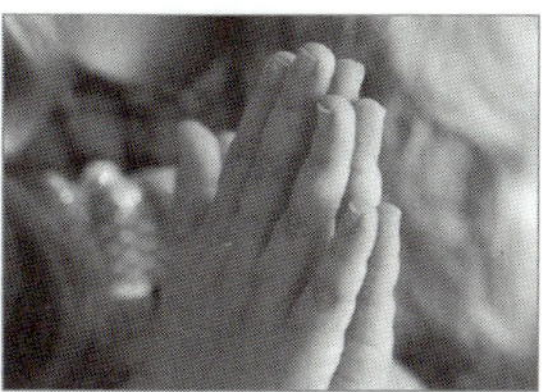

ⓥⓘ 열망하다   crave, long for

n. aspiration   열망   n. aspirant   열망자

a. aspiring   (성공을) 열망하는

The candidate aspires to be a President.
그 후보는 대통령이 되기를 열망한다.

[어원] 『a(d)(to) + spire(breathe) → ~쪽을 향해 숨을 쉬다』

[어법] aspire to be + 명 : ~이 되기를 열망하다

　　　 aspire to V : ~하기를 열망하다

assault ★

[əsɔ́:lt]

~에게 달려드는 것

ⓝ 1. 공격   attack, aggression, onslaught, raid

　　 2. 폭행   physically attacking someone

ⓥⓣ 공격[폭행]하다   attack, strike

vt. assail   공격하다   n. assailant   공격자

sexual **assaults** on women   여성들에 대한 성폭행
a successful **assaults** on the enemy   적에 대한 성공적인 공격
assaults him with an iron bar   쇠파이프로 그를 폭행하다

[어원] 『as<ad(to) + saul(jump) → ~에게 달려드는 것』

[TIP] assault는 원래 동사 assail의 명사형인데, 워낙 많이 쓰이다 보니 다시
　　　 동사의 의미가 생긴 것이다.
　　　 assail ⓥⓣ 공격하다 → assault ⓝ 공격; 폭행 → ⓥⓣ 공격[폭행]하다

[출제포인트] 명사 assailant(공격자)가 출제되었다.

assent

[əsént]

감정이 다가가다

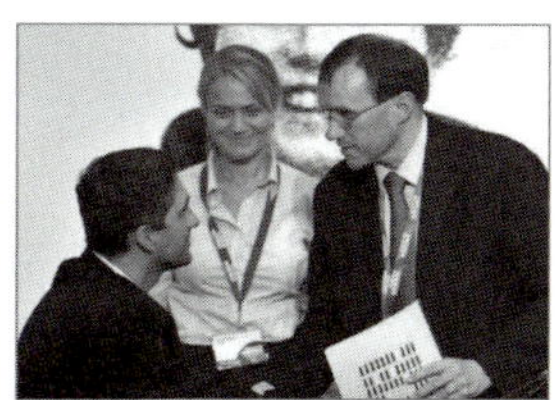

ⓝ 동의   agreement, accord, consent, accession

ⓥⓣ 동의하다   agree, accede, acquiesce, connive ⇔ dissent   반대하다

Congress gave its assent of war.   국회는 전쟁을 치르는 데 동의했다.
They assented to our offer.   그들은 우리의 제안에 동의했다.

[어원] 『as<ad(to) + sent(feel) → 감정이 ~에게 다가가다』

[뉘앙스] assent (고민해본 후) 동의하다 – 권한을 지닌 측에서 해주는 동의
　　　　 consent (자발적으로) 동의하다 – 동등한 관계에서 하는 동의

 assess

[əsés]

～옆에 앉다

ⓥⓣ 평가[감정]하다   *appraise, evaluate, estimate*

n. **assessment** 평가, 감정

assess profitability of the new project
새로운 프로젝트의 수익성을 평가하다

[어원] 『as<ad(to) + sess(sit) → (평가할 대상의) 옆에 앉다』
[TIP] 보석을 감정하든 집의 가치를 평가하든, 평가 대상의 옆에 앉아 이것저것을 찬찬히 살펴보고 결과를 내는 것이 assess 다!

 assiduous ★★★

[əsídʒuəs]

～에 (계속) 앉아 있는

ⓐ 부지런한, 근면한   *diligent, industrious*

an **assiduous** student 근면한 학생

[어원] 『as<ad(to) + sid(sit) → ～에 (계속) 앉아 있는』
[상상⁺] dis**sid**ent 반대자 / in**sid**ious 음흉한 / sub**sid**y 보조금
      sub**sid**e 가라앉다, 잠잠해지다 / sub**sid**iary 보조의; 지사
      re**sid**ue 나머지, 찌꺼기

 assimilate

[əsíməlèit]

비슷하게 하다

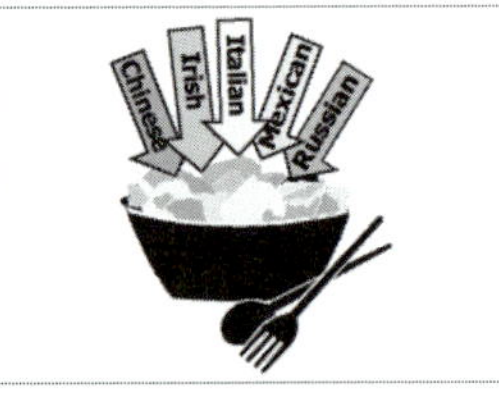

ⓥⓣ 1. (지식을) 흡수[이해]하다   *absorb*

     2. (공동체에) 동화시키다[되다]   *become part of a group*

n. **assimilation** 흡수; 동화

assimilate all the facts 그 모든 사실들을 이해하다
assimilate into the new community 새로운 공동체에 동화되다

[어원] 『as<ad(to) + simil(similar) → ～를 비슷하게 하다』
[상상⁺] **simil**e 직유 / **simul**taneous 동시의
      simulate 흉내 내다, 똑같이 해보다 / dis**simul**ate (감정을) 숨기다

 assort ★

[əsɔ́ːrt]

종류별로 나누다

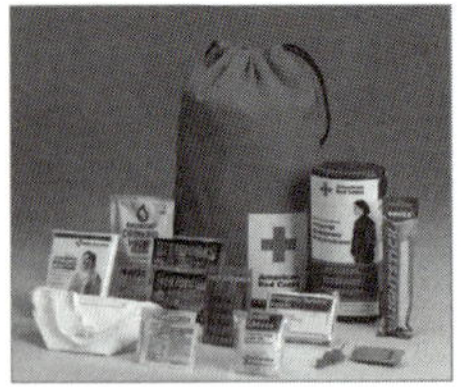

ⓥⓣ 분류하다   *classify, categorize, group*

n. **assortment** 분류   a. **assorted** 분류된

a box of **assorted** bandages 종류별로 분류된 밴드 상자

[어원] 『as<ad(to) + sort(종류) → 종류별로 나누다』
[TIP] assort는 주로 형용사 assorted(분류된) 형태로 쓰인다.

assuage

[əswéidʒ]
(고통을) 달게 하다

(vt) 진정[완화]시키다   appease, pacify, alleviate, placate, mollify

assuage investors fearing a recession
불황을 두려워하는 투자자들을 진정시키다

[어원] 『as<ad(to) + suag(sweet) → (쓴 고통을) 달게 해주다』
[TIP] assuage에서 suage-란 부분은 sweet(달콤한)이 불어화되는 과정에서 변형된 스펠링임을 이해하면 쉽다.
[발음주의] 어수이지(X) → 어스웨이지(O)

attenuate ★★

[əténjuèit]
얇게 하다

(vt) 약화시키다   weaken, diminish, sap

Their relationship has been **attenuated**. 그들의 관계가 약화되었다.

[어원] 『ap<ad(to) + tenu(thin) → ~를 얇게 하다』
[상상⁺] **tenu**ous 약한, 엷은 / ex**tenu**ating (죄를) 경감시키는

attest ★

[ətést]
증언[증명]하다

(vi) 증명[증언]하다   prove, testify, verify

His car **attested to** his wealth. 그의 차가 그의 부를 증명했다.

[어원] 『at<ad(to) + test(witness) → 증언[입증]하다』
[상상⁺] **test**imony 증언 / **test**ament 입증

attrition

[ətríʃən]
~에 문질러진 것

(n) 소모, 마모,

the process of gradually destroying by friction; abrasion

wage a war of **attrition** 소모전을 치르다

[어원] 『at<ad(to) + trit(rub) → ~에 문질러진 것』
[상상⁺] **trit**e 낡은, 진부한 / con**trit**ion (죄를) 뉘우침 / de**tri**mental 해로운

익플공편 attire ★

[ətáiər]

순서대로 입은 옷

ⓝ 옷, 복장 clothes, clothing, apparel

a. attired (정장으로) 차려입은

business **attire** 비즈니스 정장
He appeared suitably **attired** in a suit.
그는 적절한 정장으로 차려입고 나타났다.

[어원] 『at<ad(to) + tire(order) → 순서대로 갖춰 입은 옷』

[뉘앙스]

clothes (일반적 의미의) 옷
– buy new **clothes** 새 옷을 사다
apparel (공식적 표현으로) 의복
– wear protective **apparel** 보호복을 입다
attire (공식적 표현으로) 복장
– the **attire** of a traditional warrior 전통적인 전사의 복장
costume (특정 시대·지역에서 입는) 옷, 의상
– national **costume** 전통 의상
garment (속옷·겉옷 등 한 겹의) 옷
– a loose outdoor **garment** 헐렁한 외출용 옷

익플공편 attribute ★★

[ətríbjuːt]

~에게 주다

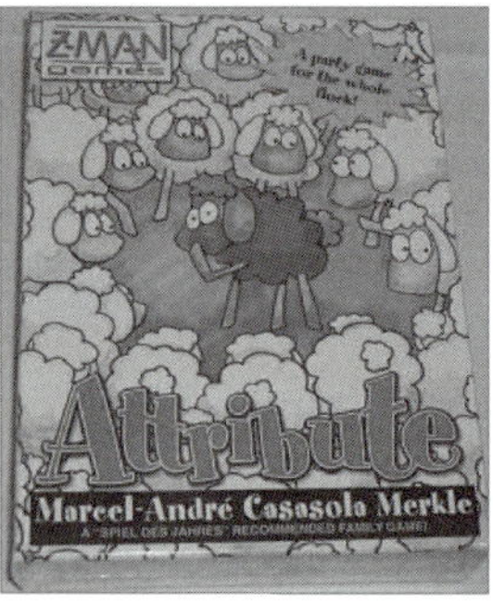

ⓥⓣ 1. ~의 탓[덕]으로 돌리다 ascribe, impute
　　2. (출처가) ~인 것으로 추정하다 presume

ⓝ 속성, 특징 characteristic, property

a. attributable (to) ~에 기인할 수 있는

attribute one's success **to** luck
자신의 성공을 행운의 덕으로 돌리다
a masterpiece **attributed to** Leonardo da Vinci
레오나르도 다빈치의 작품으로 여겨지는 걸작
the **attributes** of a leader 리더의 특징들

[어원] 『ad(to) + tribut(give) → (~을) ~에게 주다』
[어법] attribute A to B : A를 B의 탓[덕]으로 돌리다
[출제포인트] attribute는 동사의 어법(A to B)에 주의해야 하며, 명사 '속성, 특징'
의 뜻도 자주 출제되고 있다.

aver

[əvə́ːr]

진실이라고 말하다

ⓥ (진실임을) 단호하게 말하다, 확언하다   declare, avow, vouch for

The witness **averred** that he is the culprit.
그 증인은 그가 범인이라고 확언했다.

[어원] 『a(d)(to) + ver(true) → ~이 진실이라고 말하다』
[상상+] **ver**ify 입증하다 / **ver**acious 진실한 / **ver**dict 평결; 판단

avow

[əváu]

~에 맹세하다

ⓥ 공언[맹세]하다   swear, aver, vouch for

n. avowal   공언, 맹세

avow one's commitment to the religion
종교에 대한 헌신을 맹세하다

[어원] 『a(d)(to) + vow(맹세하다) → ~에 맹세하다』
[상상+] ad**voc**ate 지지[옹호]하다 / **vouc**h for 확언[보장]하다

com-, con-

1. 함께 (together)
2. 강조 (intensive)

[스펠링 변화] 1. com- 접두어는 다음 자음에 따라 스펠링이 바뀐다.

collapse 붕괴, 폭락 / **correlate** 상호 연관성이 있다 / **corroborate** 확증하다

2. 발음이 불편할 경우 com-에서 'm'이 탈락되고 co-로 쓰인다.

cogent 설득력 있는 / **coincide** 동시발생하다

coalition ★

[kòuəlíʃən]
함께 자라는 것

ⓝ 연합, 제휴 alliance, combination, confederation

v. coalesce (하나로) 융합되다[하다]

form a **coalition** government 연합 정부를 형성하다

[어원] 『co(m)(together) + ali(grow) → 함께 모여 자라는 것』
[상상+] **ally** 동맹국; 동맹하다 / **ali**ment 자양분 / **ali**mony 위자료

coerce ★

[kouə́:rs]
완전히 가둬두다

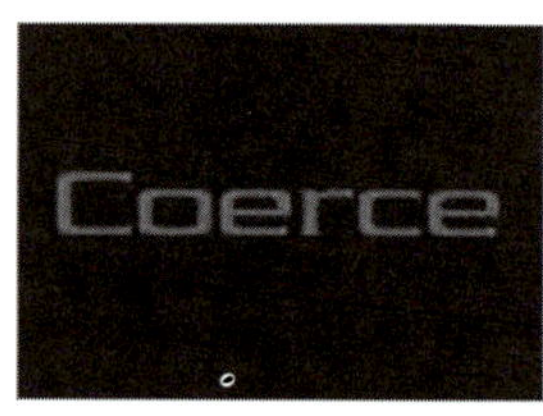

ⓥ 강요하다 compel, force, oblige, constrain

a. coercive 강제적인 compulsory

The thief **coerced** her **into** hiding him from the police.
도둑이 경찰로부터 자신을 숨겨달라고 그녀에게 강요했다.

[어원] 『co(m)(강조) + erc<arc(shut up) → 완전히 가둬두다』
[TIP] coerce : 사람을 완전히 가둬두고 협박하여 행동을 강요하는 것!
[어법] coerce A into ~ing : A를 강요해 ~하게 하다
[상상+] **arc**ane 비밀의, 불가사의한

cogent ★

[kóudʒənt]
행동하게 만드는

ⓐ 설득력 있는 convincing, persuasive

his witty, **cogent** argument 그의 재치 있고 설득력 있는 주장

[어원] 『co(m)(together) + (a)g(drive) → 행동하게 만드는』
[TIP] 상대방의 말이 나로 하여금 행동하게 만들면 그의 말은 '설득력 있는'
말이 된다.

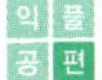

cognizant ★★

[kάgnəzənt / kɔ́g-]
잘 알고 있는

ⓐ 알고 있는, 인식하고 있는 conscious, aware, mindful

n. cognizance = cognition 인식, 지각   a. cognitive 인식하는

I was **cognizant of** the peculiarities of the case.
나는 그 사건의 특이성을 알고 있었다.

[어원] 『co(m)(강조) + gni<gno(know) → 잘 알고 있는』
[상상⁺] reco**gni**ze 인식하다; 인정하다 / inco**gni**to 신분을 숨기고

cohere ★★

[kouhíər]
서로 달라붙다

ⓥ 1. (서로) 달라붙다 stick together

2. 앞뒤가 맞다, 논리적이다 be logical

a. coherent 논리적인; 결속하는   a. cohesive 결집하는

n. coherence 논리정연함; 결속(력)   n. cohesion 응집

make the two surfaces **cohere**
두 표면을 붙이다
The hypothesis doesn't **cohere** with his theory.
그 가설은 그의 이론과 맞지 않는다.

[어원] 『co(m)(together) + her(stick) → 서로 달라붙다』
[출제포인트] 시험에는 형용사 **coherent**가 가장 많이 출제된다.
[상상⁺] ad**here** ∼에 달라붙다; 고수하다 / in**here**nt 타고난, 본질적인
　　　　 hesitate 주저하다, 망설이다

collapse ★

[kəlǽps]
완전히 무너지다

ⓝ 붕괴, 폭락 breakdown, fiasco

ⓥ 무너지다, 폭락하다 fall down suddenly

the **collapse** of Soviet Union　소련의 붕괴
The stock market has **collapsed**.　주식 시장이 폭락했다.

[어원] 『col<com(강조) + lap(fall) → 완전히 무너져 내리다』
[상상⁺] **lap**se 착오, 실수; 경과(하다) / e**lap**se 경과하다
　　　　 col**lap**se 붕괴[폭락]하다 / re**lap**se 재발하다

coincide ★

[kòuinsáid]
동시 발생하다

ⓥⓘ 1. 동시에 발생하다 concur 2. 일치하다 correspond

a. coincident 동시 발생의

n. coincidence 우연의 일치; 일치

If our vacations **coincide**, let's travel abroad.
우리 휴가 기간이 같으면 함께 외국 여행 가자.

His views **coincided with** my thinking.
그의 견해는 나의 생각과 일치한다.

What a **coincidence**!
정말 우연의 일치다!

[어원] 『co(m)(together) + incide(발생하다) → (두 사건이) 동시에 발생하다』

[어법] coincide with : ~와 일치하다

[상상+] ac**cid**ent 우연; 사고 / in**cid**ent 사건
　　　　de**cad**ence 퇴폐, 타락 / re**cid**ivist 상습범

collate

[kəléit]
함께 가져다 보다

ⓥⓘ 대조하다 contrast, compare

n. collation 대조

collate relevant information 관련 정보를 대조해보다

[어원] 『col<com(together) + lat(bring) → 함께 가져다놓고 보다』

[상상+] di**late** 넓히다; 상세히 설명하다 / e**lated** 몹시 기뻐하는
　　　　re**late** 말하다; 관련시키다 / trans**late** 번역하다

collide ★

[kəláid]
서로 부딪치다

ⓥⓘ 충돌하다 conflict, crash into, run into, bump into

n. collision 충돌

His car **collided with** a tree. 그의 차가 나무와 충돌했다.

[어원] 『col<com(together) + lid(strike) → 서로 부딪치다』

[어법] collide with : ~와 충돌하다

[비교] collusion 공모

collude

[kəlúːd]

함께 짜고 하다

ⓥⓘ (나쁜 일을) 공모하다 conspire, plot

n. collusion 공모

collude with the murderer 살인범과 공모하다

[어원] 『col<com(together) + lud(play) → 함께 짜고 하다』
[어법] collude with : ~와 공모하다

commend

[kəménd]

확실한 믿음을 주다

ⓥⓣ 1. 칭찬[표창]하다 praise, laud, extol, compliment

2. 추천하다 recommend

a. commendable 칭찬할 만한   n. commendation 칭찬, 표창

commend him **for** his brave behavior
용감한 행동에 대해 그를 칭찬하다
I **commend** this book **to** you.
당신에게 이 책을 추천합니다.

[어원] 『com(강조) + mend(entrust) → 확실한 믿음을 주다』
[어법] commend A for B : B에 대해 A를 칭찬[표창]하다
　　　 commend A to B : B에게 A를 추천하다

commence ★

[kəméns]

(처음) 시작하다

ⓥ 시작[개시]하다 initiate, launch, embark on, kick off

n. commencement 시작 ; 졸업식, 학위 수여식 graduation

The company will **commence** production of the car next year.
그 회사는 내년에 그 자동차의 생산을 시작할 것이다.

[어원] 『com(강조) + men(begin) → 완전 처음으로 시작하다』
[뉘앙스] commence는 begin보다 좀 더 공식적인(formal) 말이다.

commensurate ★

[kəménʃrit]
같은 크기의

ⓐ 동등한, 상응하는 equal, proportionate, tantamount

The wage increase will be **commensurate** with employees' performance.
임금 인상은 사원들의 성과에 상응하게 될 것이다.

[어원] 『com(together) + mens(measure) → 같은 크기의』
[상상⁺] **dimens**ion 치수; 측면; 차원 / im**mense** 거대한

commotion ★

[kəmóuʃən]
거센 움직임

ⓝ 소란, 소요 agitation, tumult, turmoil, fuss

I heard a **commotion** outside. 밖에서 소란한 소리가 들렸다.

[어원] 『com(강조) + motion(움직임) → 거센 움직임』
[TIP] com-의 뜻이 '강조'라는 것을 다시 한 번 기억하자!
[상상⁺] **mob** 군중; 폭도 / **mot**ive 동기 / e**motion** 감정
　　　　　pro**mote** 승진시키다; 홍보하다 / re**mote** 먼

compartment ★

[kəmpáːrtmənt]
여러 부분으로 된 것

ⓝ 구획, 구분 section , segment

The fridge is divided into separate **compartments**.
그 냉장고는 따로따로 구분된 칸들로 나뉘어 있다.

[어원] 『com(together) + part(부분) → 여러 부분으로 나눈 것』
[TIP] compartment는 우리 생활에 아주 다양하게 쓰인다.
　　　　기차나 식판의 나뉘어 있는 부분도 compartment를 쓴다.
[상상⁺] de**part**ure 출발 / im**part**ial 공정한 / im**part** 주다; 전하다
　　　　　particle 미립자, 분자 / **parc**el 꾸러미, 소포

compassion ★

[kəmpǽʃən]
같은 감정을 느낌

ⓝ 동정, 연민 sympathy, commiseration, pity

a. compassionate 동정심이 있는

compassion for the poor 가난한 사람들에 대한 연민

[어원] 『com(together) + pass<path(feel) → 같은 감정을 느낌』
[상상⁺] **pass**ion 열정 / **pass**ive 수동적인 / **pat**ient 환자; 참을성 있는

compelling ★★

[kəmpéliŋ]
밀어붙이는

ⓐ 강력한, 주목할 만한   powerful, noteworthy

vt. compel 강요하다

present the **compelling** evidence 강력한 증거를 제출하다

[어원] 『com(강조) + pel(push) → 강하게 밀어붙이는, ~하게 만드는』
[비교] compulsory 강제[의무]적인

compensate ★

[kámpənsèit / kɔ́m-]
함께 무게를 달다

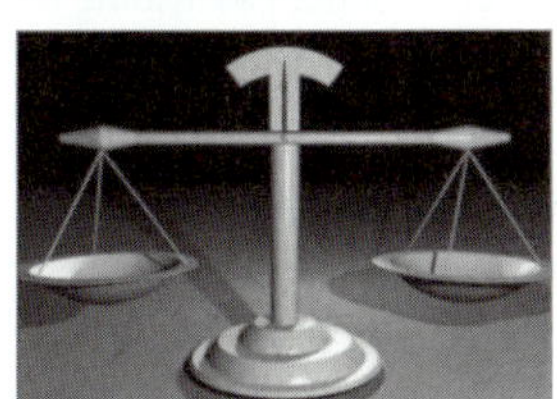

ⓥ 1. 보상하다   recompense, indemnify, requite, remunerate

2. 보완하다, 메우다   make up for

n. compensation 보상(금); 보완; 보수

compensate the victims **for** their loss   피해자들의 손실을 보상하다

[어원] 『com(together) + pens(weigh) → 함께 무게를 재 균형을 맞추다』
[TIP] 양팔 저울(balance scale)에 손실(-)이 난 부분만큼 보상(+)해주어 균형을 맞추는 것 → 손실 부분만큼 보상해주다.
[어법] compensate A for B : A에게 B에 관해 보상하다
compensate for : ~에 대해 보완하다

complacent ★★★

[kəmpléisənt]
완전히 기뻐하는

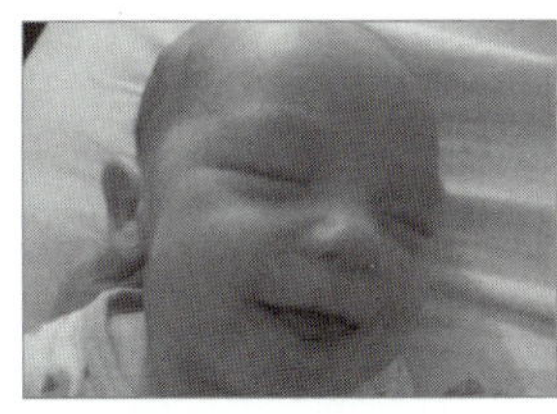

ⓐ 자기만족의   self-satisfied , 변화하려 하지 않는   indifferent

n. complacency 자기만족   contentment

a **complacent** attitude about one's achievement
자신의 업적에 대해 스스로 만족하는 태도

[어원] 『com(강조) + plac(please) → 완전히 기뻐하는』
[비교] complaisant 상냥한, 사근사근한
[상상+] **plac**id 평온한 / **plac**ate 진정시키다 ⇔ im**plac**able 진정될 수 없는

compliant

[kəmpláiənt]
잘 휘는

ⓐ 순종적인, 고분고분한   docile, meek, tractable, amenable

ⓥ comply ~을 따르다, 순종하다   n. compliance 순종

Our company is **compliant with** the new environment standard.
우리 회사는 새로운 환경 기준을 잘 따르고 있다.

[어원] 『com(강조) + pli(bend) + ant(형접) → 잘 휘는』
[어법] compliant with : ~을 잘 따르는, 순종적인
[출제포인트] 형용사 compliant뿐만 아니라, 동사 comply with(~에 따르다)와 명사 compliance(순종)도 함께 출제되었다.

complicated ★

[kámpləkèitid / kɔ́m-]
여러 겹으로 접힌

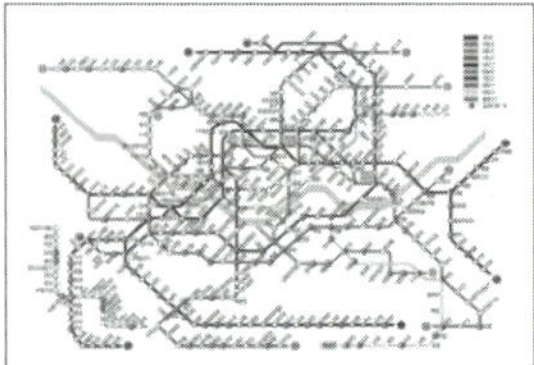

@ 복잡한 complex, intricate, knotty

vt. complicate 복잡하게 하다   n. complication 복잡함; 합병증

Our brain has a **complicated** structure.
우리의 뇌는 복잡한 구조를 갖고 있다.

[어원] 『com(together) + plic(fold) → 여러 겹으로 접힌』
[TIP] complex와 어원과 뜻이 같으므로 외우기 쉽다.
[상상+] im**plic**it 함축적인; 절대적인 / ex**plic**it 명백한
      ex**plo**it 개발하다; 착취하다 / re**plic**a 사본, 복제

compliment ★

[kámpləmənt / kɔ́m-]
한껏 채워주는 것

ⓝ 칭찬, 찬사   praise, laud

vt. 칭찬하다, 찬사를 보내다   extol, commend, pay tribute to

a. complimentary 칭찬의 ; 무료의   free

pay the greatest **compliment** 최고의 찬사를 보내다
Jason **complimented** me **on** my new clothes.
제이슨은 내 새 옷을 칭찬했다.
a **complimentary** ticket   무료 티켓(초대권)

[어원] 『com(강조) + pli<ple(fill) → (기분을) 한껏 채워주는 것』
[TIP] 누군가에게 칭찬을 받으면 기분이 한껏 좋게 채워진다.
      complimentary의 '무료의' 라는 의미 역시 '받으면 기분을 좋게 해준다'
      는 의미로 이해하면 쉽다.
[비교] complement 보충(하다)
[어법] compliment A on B : A를 B에 관해 칭찬하다.

comprehend ★★★

[kàmprihénd / kɔ̀mpr-]
완전히 감 잡다

ⓥ 이해하다, 파악하다   grasp, catch on, figure out, get the picture

n. comprehension 이해력

a. comprehensive 광범위한, 포괄적인   extensive, inclusive

a. comprehensible 이해하기 쉬운

I didn't fully **comprehend** the answer.
나는 그 답을 완전히 이해하지 못했다.

[어원] 『com(강조) + prehend(seize) → (뜻을) 완전히 붙잡다』
[출제포인트] 형용사 **comprehensive**가 집중 출제된다!

compress ★

[kəmprés]
함께 누르다

ⓥ 1. 압축하다   make more compact by pressing

2. 요약하다   summarize, condense, epitomize

n. compression 압축; 요약   n. compressor 압축기

Compress your files to reduce their size.
크기를 줄이려면 파일들을 압축해라.
compress the first chapter
첫 장을 요약하다

[어원] 『com(together) + press(누르다) → 함께 누르다』
[상상⁺] de**press** 감명을 주다 / op**press** 억압하다
　　　 im**press** 의기소침하게 하다 / ex**press** 표현하다; 급행의
　　　 re**press** 억누르다 / sup**press** 진압하다

comprise

[kəmpráiz]
함께 붙잡고 있다

ⓥ 1. 포함하다, ~로 이루어지다   include, contain, consist of

2. 구성하다   compose, constitute, make up

The book **comprises** 20 chapters.
그 책은 20개의 장으로 이루어져 있다.
Hindus **comprise** 82% of India's population.
힌두교도들이 인도 인구의 82퍼센트를 구성한다.

[어원] 『com(together) + pris(take) → 함께 붙잡고 있다』
[TIP] comprise는 타동사뿐 아니라 be comprised of(~로 구성되다)라는 수동
　　　 태로도 많이 쓰인다.

compunction

[kəmpʌ́ŋkʃən]
마구 찔리는 것

ⓝ 양심의 가책, 후회   scruple, remorse, penitence, contrition

commit a crime without any **compunction**
어떠한 양심의 가책도 없이 범죄를 저지르다

[어원] 『com(강조) + punct(prick) → (마음이) 마구 찔리는 것』

 **concede** ★★

[kənsíːd]

완전히 가게 하다

ⓥ 1. 내주다, 양도하다 grant, cede, hand over

2. 인정하다 admit, acknowledge, own up

n. concession 양보; 특권; 《英》 할인 reduction

n. concession (stand) (극장·건물의) 구내 매점

The king **conceded** his power **to Parliament**.
그 왕은 자신의 권력을 의회에 넘겨주었다.
I **conceded that** I had made a mistake.
나는 내 실수를 인정했다.

[어원] 『con(강조) + ced(go) → (상대에게) 완전히 가게 하다』
[어법] concede A to B : A를 B에게 넘겨주다
　　　 concede that절 : that절을 인정하다
[출제포인트] **인정하다**와 **양보**의 뜻이 출제되었다.

 **conciliate** ★

[kənsílièit]

함께 불러들이다

ⓥ 달래다, 회유하다 pacify, placate, propitiate

a. conciliatory 회유하는　　　n. conciliation 회유, 무마

take measures to **conciliate** the unions
노조를 회유하기 위한 조치를 취하다

[어원] 『con(together) + cil(call) → 함께 불러들이다』
[TIP] conciliate는 council(위원회, 회의)에서 유래한 어휘로서,
　　　 사이가 안 좋은 양자를 함께 불러들여 의견을 조정한 데서 유래했다.
[상상⁺] **council** 위원회, 회의; 지방 의회 / **reconcile** 조정하다; 화해시키다

 **concise** ★

[kənsáis]

모두 잘라낸

ⓥ 간결한 brief, succinct, terse, pithy

His account was clear and **concise**.
그의 설명은 분명하고 간결했다.

[어원] 『con(together) + cis(cut) → (불필요한 말을) 모두 잘라낸』
[상상⁺] pre**cise** 정확한 / in**cise** 절개하다 / ex**cise** 잘라내다
　　　 res**cind** 폐지하다, 무효로 하다

concoct ★

[kənkɔ́kt / kənkákt]
요리해 만들어내다

ⓥ 1. 꾸며내다, 날조하다   fabricate, forge, contrive, manufacture

2. 요리하다   cook

Doris **concocted** a perfect excuse for being late.
도리스는 늦은 것에 대해 완벽한 변명을 꾸며댔다.
concoct a great meal from the leftovers
남은 음식들로 훌륭한 음식을 요리하다

[어원] 『con(together) + coc(cook) → 함께 요리해서 만들어내다』
[TIP] concoct의 원래 의미는 '요리하다'가 맞다. 이 의미가 '이야기를
　　　요리해(만들어)내다'의 의미로 발전하여 '날조하다'가 된 것이다.
[상상⁺] **cui**sine (특별) 요리 / **cul**inary 요리의 / pre**coc**ious (아이가) 조숙한
[출제포인트] concoct는 **날조하다**의 뜻이 출제된다.

concomitant

[kɑnkámətənt]
함께 동행하는

ⓐ 동반[수반]되는   attendant, accompanying

ⓝ 동반되는 것, 부수물   something that happens with something else

his failed business and the **concomitant** financial hardship
그의 사업 실패와 그에 동반되는 경제적 어려움
Bad eyesight is a **concomitant** of old age.
시력 저하는 나이가 들면 동반되는 것이다.

[어원] 『con(together) + comit(accompany) → 함께 동행하는』

concur ★

[kənkə́:r]
함께 달려가다

ⓥ 1. 일치하다   correspond　　　2. 동시에 발생하다   coincide

n. concurrence 동시 발생; 동의　　　a. concurrent 동시의; 동의하는

Their views totally **concurred with** ours.
그들의 견해는 우리와 완전히 일치했다.
The two accidents **concurred**.
두 사고는 동시에 발생했다.

[어원] 『con(together) + cur(run) → (둘이, 두 사건이) 함께 달려가다』
[어법] concur with : ~와 일치하다

condemn

[kəndém]

손상을 입히다

ⓥ 1. (강하게) 비난하다　disapprove, reproach, censure, denounce

2. 형을 선고하다　sentence

n. condemnation　(강한) 비난, 반대

a. condemned　(형을) 선고 받은

condemn the needless waste of money
불필요한 돈 낭비를 강하게 비난하다
The felon was **condemned** to death.
그 중범죄자는 사형 선고를 받았다.

[어원] 『con(강조) + demn(damage) → 확실히 손상을 입히다』
[상상⁺] in**demn**ify 변상하다
[비교] **convict** 유죄 판결하다; 범인, 죄수

condense ★

[kəndéns]

밀집시키다

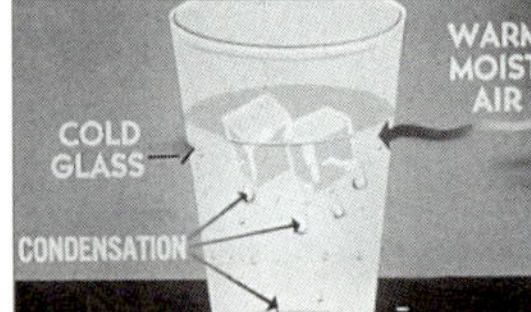

ⓥ 1. 요약하다　abridge, summarize, compress, epitomize

2. 응축하다, 액화되다　liquefy; become liquid

n. condensation　요약; 응축　　n. condenser　응축기; 축전기, 콘덴서

condense all his writings **into** one book
그의 모든 글들을 한 권의 책으로 요약하다
The **compressed** gas is cooled and condenses into a liquid.
압축된 기체가 냉각되면 액체로 응축된다.

[어원] 『con(강조) + dense(밀집한) → 밀집시키다』
[어법] condense A into B : A를 B로 요약하다
[TIP] 응축이란 기체(증기)가 액체로 변하는 것을 말한다.

 **condone** ★★

[kəndóun]
함께 내주다

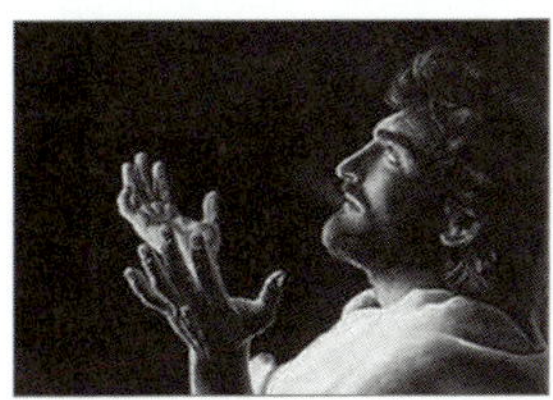

(vt) 용서[용납]하다　*forgive, remit, overlook*

I cannot **condone** the use of violence under any circumstances.
나는 어떤 상황에서도 폭력의 사용을 용납할 수 없다.

[어원] 『con(together) + don(give) → (처벌하지 않고) 함께 내주다』
[상상⁺] **don**ate 기부하다 / **don**or 기부자 / par**don** 용서하다
　　　 dose (약의) 1회 복용량 / anti**do**te 해독제

 **confer** ★

[kənfɔ́:r]
함께 옮기다

(vt) 수여하다　*bestow, grant, present, award*

(vi) 협의하다　*discuss something with other people*

n. conference 협의, 회의　　　n. conferment 수여; 협의

confer an honorary degree **on** the prime minister
총리에게 명예 학위를 수여하다
confer with the attorney
변호사와 협의하다

[어원] 『con(together) + fer(carry) → 함께 옮기다』
[어법] confer A on B : (상·학위 등을) 함께 옮기다 → 수여하다
　　　 confer with + 사람 : (생각을) 함께 옮기다 → 협의하다
[상상⁺] de**fer** 연기하다; 순종하다 / dif**fer** 다르다 / in**fer** 추론하다
　　　 of**fer** 제공하다 / pre**fer** 더 좋아하다 / trans**fer** 옮기다

 **confide** ★

[kənfáid]
완전히 믿고 말하다

(v) (비밀을) 이야기하다, 털어놓다　*tell someone a secret*

a. confidential 비밀의　*classified*　　n. confidant 막역한 친구

He **confided in** me about some problems in his marriage.
그는 나에게 자신의 결혼 생활의 몇 가지 문제들을 털어놓았다.
[어원] 『con(강조) + fid(trust) → 완전히 믿고 말하다』
[TIP] confide는 '완전히 믿고 있다'에서 '믿고 말하다'의 의미로 발전한 것으로,
　　　 비밀을 말할 수 있는 사람이라면 정말 믿는 사람이다.
[어법] confide in + 사람 : ~에게 (비밀을) 털어놓다
[출제포인트] 시험에는 주로 형용사 **confidential**(비밀의)이 출제된다.

 confine ★

[kənfáin]

끝을 확실히 하다

(vt) 한정[제한]하다　limit, restrict, circumscribe

a. confined 한정된, 제한된　　n. confinement 감금, 억류

confine the discussion **to** the facts　토론을 사실에만 국한시키다

[어원]『con(강조) + fin(end) → 끝을 확실히 정하다』
[어법] confine A to B : A를 B로 한정[제한]하다
[상상⁺] **fin**ite 유한한 / in**fin**ite 무한한 / **fin**esse 교묘한 솜씨
　　　　de**fin**e 정의를 내리다 / in**fin**itesimal 극소의

 confiscate ★

[kánfiskèit, kənfís]

완전히 국고화하다

(vt) 압수[몰수]하다　take private property away from someone; seize

n. confiscation 압수, 몰수

confiscate all illegal weapons　모든 불법 무기들을 압수하다

[어원]『con(강조) + fisc(treasury 국고) → 완전히 국고화하다』
[TIP] 부정 축재자의 재산을 국가가 환수하는 것이 대표적인 confiscate의 예가
　　　된다.
[상상⁺] **fisc**al 재정의, 회계의

 conform

[kənfɔ́ːrm]

같은 모양을 형성하다

(vi) 따르다, 순응하다　comply, obey, abide by

n. conformity 순응, 복종　　　　n. conformation 형태, 구조

conform to global standards on environmental protection
환경 보호에 있어 국제적 기준을 따르다

[어원]『con(together) + form(형성하다) → 같은 모양을 형성하다』
[어법] conform to[with] : ～에 따르다, 순응하다(자동사임에 유의!)
[상상⁺] de**form** (모양을) 일그러뜨리다 / in**form** 알리다, 통지하다
　　　　re**form** 개혁(하다) / trans**form** 변형하다
[비교] confirm 확인하다

 confront ★★★

[kənfrʌ́nt]

서로 마주하다

(vt) ～에 처해 있다, 직면해 있다　face especially in challenge

n. confrontation 대결, 싸움

We **are confronted with** new environmental problem.
우리는 새로운 환경 문제에 직면해 있다.

[어원]『con(together) + front(앞) → 서로의 앞을 마주하다』
[상상⁺] **front**ier 국경; 미개척 분야 / fore**front** 최전방, 선두
　　　　af**front** 모욕(을 주다) / ef**front**ery 뻔뻔함
[출제포인트] 동사뿐만 아니라 명사 confrontation도 출제되었다.

confound

[kənfáund / kɔn-]

함께 들이붓다

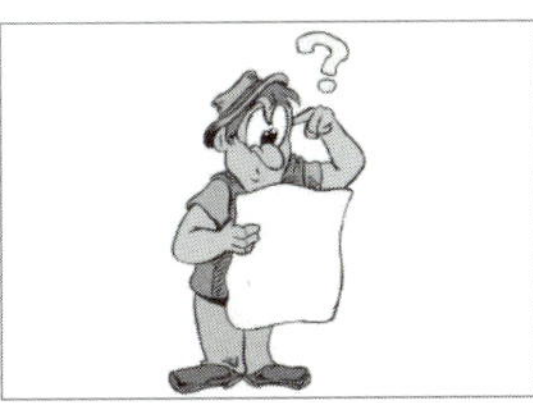

ⓥ 당황[어리둥절]하게 하다   baffle, bewilder, embarrass, perplex

The reporter's question completely **confounded** me.

그 기자의 질문이 나를 완전히 당황하게 했다.

[어원] 『con(together) + found(pour) → 함께 들이붓다』

congenial ★

[kəndʒíːnjəl]

상냥한 사람과 함께 하는

ⓐ 1. 마음 맞는, 친절한 affable, amiable   2. 쾌적한 pleasant

n. congeniality 합치; 쾌적함

a **congenial** colleague   마음 맞는 동료
a **congenial** atmosphere   쾌적한 분위기

[어원] 『con(together) + genial(상냥한) → 상냥한 사람과 함께 하는』
[TIP] congenial은 genial(상냥한)을 먼저 외우는 것이 관건이다.
    1. 상냥한 사람과 함께 하면 → 마음이 맞는
    2. 사람에게 좋은 환경이면 → 쾌적한
[비교] congenital (병이) 선천적인

congest

[kəndʒést]

함께 옮기다

ⓥ 1. 붐비게[혼잡하게] 하다 overcrowd, clog

2. 충혈시키다 cause an excessive accumulation of blood

n. congestion 혼잡; 충혈   traffic **congestion** 교통 혼잡

The exhibition **is congested with** many people.

그 전시회는 많은 사람들로 붐빈다.

congested eyes 충혈된 눈

[어원] 『con(together) + ges<ger(carry) → (여러 개를) 함께 옮기다』
[어법] be congested with : ~로 붐비다, 혼잡하다

congenital

[kəndʒénətl]
함께 태어난

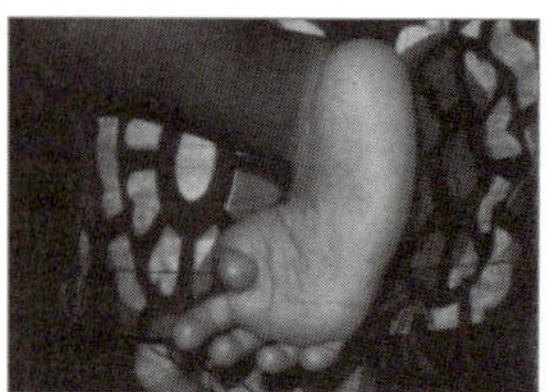

ⓐ (병·결함이) 선천적인 innate, inborn, inbred, inherent

ad. **congenitally** 선천적으로

a **congenital** heart defect 선천적인 심장 결함

[어원] 『con(together) + gen(birth) → (병과) 함께 태어난』

[TIP] 그림만 보더라도 congenital은 congenial(마음 맞는, 친절한)과 엄청나게 다르다. 따라서 두 어휘를 결코 혼동해서는 안 된다.

───[뉘앙스]───

congenital : (병·결함이) 선천적인
　– a **congenital** facial deformity 선천적인 얼굴 기형
innate, inborn : (능력·특성을) 타고난
　– an **innate[inborn]** ability to learn language
　　언어를 배우는 타고난 능력

conglomerate

[kənglámərət / -glɔ́m-]
함께 달라붙어 큰 공이 된 것

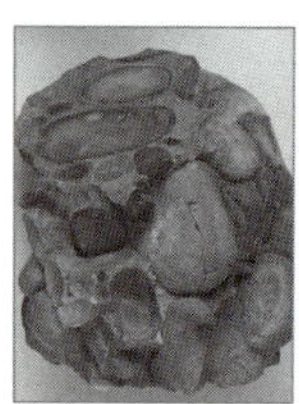

ⓝ 대기업 a large company

become the chairman of a **conglomerate** 대기업의 회장이 되다

[어원] 『con(together) + glom(ball) → 함께 달라붙어 큰 공이 된 것』

[TIP] conglomerate은 원래 진흙, 자갈, 모래 등이 서로 달라붙어 형성된 바위 (역암)를 뜻하는 단어인데, 이것이 여러 분야의 사업체들이 모여 이루는 하나의 큰 기업(대기업)이라는 의미로 쓰이게 된 것이다. 두 의미의 공통점은 '작은 것들이 모여 커진 것' 이다.

congregate ★★

[kǽŋgrigèit / kɔ́ŋ-]
함께 모이다

ⓥⓘ 모이다 gather, assemble, convene, converge ⇔ disperse 흩어지다

n. **congregation** 군중

Crowds **congregated** to hear the President's speech.
대통령의 연설을 듣기 위해 사람들이 모였다.

[어원] 『con(together) + greg(flock) → 함께 모이다』

[상상⁺] **greg**arious 사교적인 / ag**greg**ate 총계(가 ~에 달하다)
　　se**greg**ate 격리시키다 / e**greg**ious 지독한, 끔찍한

congruent ★

[kángruənt / kɔ́ŋ-]

함께 일치하는

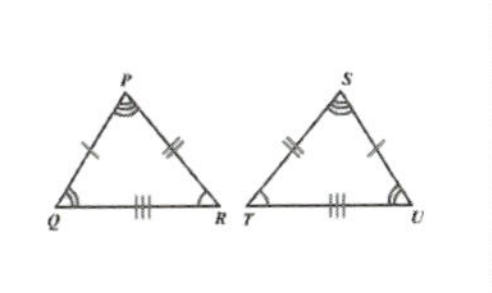

ⓐ 일치[조화]하는　harmonious, corresponding, congruous

⇔ incongruent　일치[조화]하지 않는

n. congruence 일치, 조화

The policy isn't **congruent with** the people's interests.
그 정책은 국민들의 관심과 일치하지 않는다.

[어원] 『con(together) + gru(agree) → (의견이) 함께 일치하는』
[어법] congruent with : ~와 일치하는
[TIP] congruent에서 어근 **gru**가 **agree**의 의미라는 것을 알면 쉽다.
　　　congruent와 congruous는 함께 쓰인다는 것도 알아두자!

conjecture ★

[kəndʒéktʃər]

함께 던져보다

ⓝ 추측　speculation　　ⓥ 추측하다　guess, surmise, presume

a. conjectural 추측하는 speculative

What he said was pure **conjecture**.　그가 말한 것은 순전히 추측이다.
We may **conjecture** many things about the accident.
우리는 그 사고에 대해 많은 것들을 추측해볼 수 있다.

[어원] 『con(together) + ject(throw) → (생각들을) 함께 던져보다』
[TIP] 영어권 사람들은 머릿속의 생각을 밖으로 던져보는(보내는) 것을 '추측'의
　　　개념으로 여긴다.

conjugal ★

[kándʒəgəl / kɔ́n-]

함께 엮어주는

ⓐ 부부간의, 결혼의　marital, connubial, nuptial, matrimonial

conjugal love　부부간의 사랑

[어원] 『con(함께) + jug(yoke) → 함께 멍에로 묶는』
[TIP] conjugal은 두 마리의 소를 한 데 묶는다는 것에서 남녀를 하나로 묶어
　　　주는 '결혼의'라는 의미로 발전하였다.
[상상⁺] sub**jug**ate 정복하다, 복종시키다

connoisseur

[kànəsə́:r, -súər]
잘 아는 사람

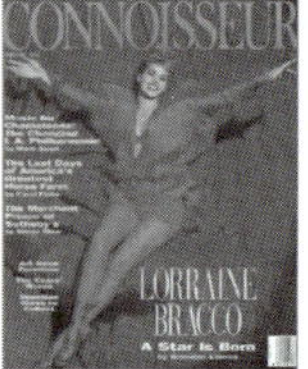

ⓝ 감식가, 감정인   expert, pundit

a wine **connoisseur**   와인 감별사

[어원] 『con(잘) + noi(know) → 잘 아는 사람』
[TIP] connoisseur는 불어에서 유래한 단어로 스펠링이 좀 특이하다.

consanguinity ★

[kànsæŋgwínəti / kɔ̀n-]
같은 피를 가진

ⓝ 혈족, 친척   kin, relative

a. consanguineous 혈족[동족]의

notify the **consanguinity** of his death   혈족에게 그의 사망을 알리다

[어원] 『con(together) + sanguin(blood) → 같은 피를 가진 상태』
[상상⁺] **sanguine** 낙천적인 / **sanguin**ary 피비린내 나는

consecrate ★

[kánsikrèit / kɔ́n-]
신성하게 하다

ⓥⓣ 신성하게 하다   sanctify ⇔ desecrate   신성모독하다

The priest was buried in **consecrated** ground.
그 목사는 신성한 땅에 묻혔다.

[어원] 『con(강조) + secr(sacred) → 완전히 신성하게 하다』
[TIP] consecrate는 먼저 sacred(신성한)를 외워두는 게 관건!
　　　그래야 consecrate와 desecrate를 함께 외울 수 있다.
[상상⁺] **saint** 성인(聖人) / **sanct**um 밀실 / **sanct**uary 성소

consecutive ★

[kənsékjətiv]
함께 이어지는

ⓐ 연속되는, 잇따른   continuous, ensuing, successive, sequential

It had snowed for three **consecutive** days.
3일 동안 계속 눈이 왔었다.

[어원] 『con(together) + secu(follow) → 함께 이어져 나가는』
[비교] consequent 결과로서 일어나는, 필연적인

consensus

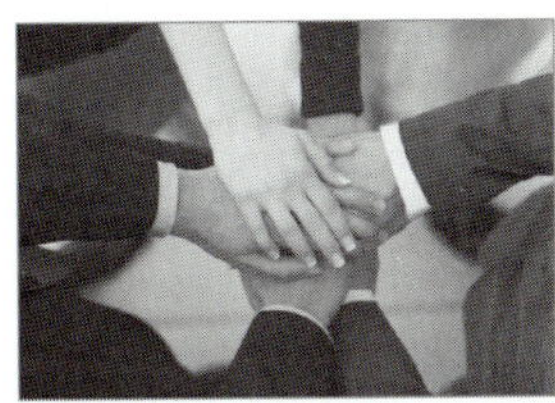

[kənsénsəs]
똑같이 느끼는 것

ⓝ (의견의) 일치, 합의 agreement, accord, assent, accommodation

reach to a **consensus** on the problem
그 문제에 대한 합의에 도달하다

[어원] 『con(together) + sens(feel) → 똑같이 느끼는 것』
[TIP] consensus는 요즘 '컨센서스' 라는 외래어로도 많이 쓰인다.

conserve

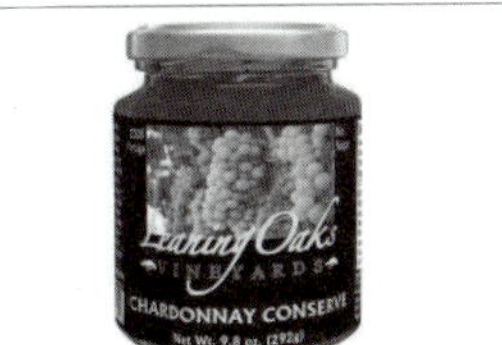

[kənsə́:rv]
잘 지키다

ⓥⓣ 보존[보호]하다 protect from loss or harm; preserve

ⓝ (과일) 잼 a jam made of fruits stewed in sugar

n. conservation 보존, 보호   n.a. conservative 보수적인; 보수주의자

conserve rare animals   희귀 동물들을 보호하다

[어원] 『con(강조) + serv(keep) → (해를 입지 않도록) 잘 지키다』
[상상⁺] de**serve** ~ 받을 만하다 / con**serve** 보존하다
　　　　re**serve** 예약하다; 남겨 두다 / sub**serv**ient 복종하는; 부차적인

consign ★

[kənsáin]
확실히 표시하다

ⓥⓣ 보내다, 위탁하다 commit, transmit, dispatch

n. consignment 위탁 상품

consign the artistic work **to** the museum
그 예술 작품을 그 박물관에 보내다

[어원] 『con(강조) + sign(어원) → 확실히 표시해두다』
[TIP] consign은 물품에 확실히 표시를 해두어 어딘가로 보내는 것이다.
[어법] consign A to B : A를 B에게 보내다, 위탁하다
[상상⁺] as**sign** (임무를) 할당하다 / en**sign** 기(旗) / re**sign** 사임하다

console ★

[kənsóul]
완전히 편하게 해주다

ⓥⓣ 위로[위안]하다 comfort, soothe, relieve, assuage

n. consolation 위로, 위안

Nothing could **console** her when her husband died.
그녀의 남편이 죽었을 때 아무것도 그녀를 위로해줄 수 없었다.

[어원] 『con(강조) + sol(comfort) → 완전히 편안함을 주다』
[상상⁺] **sol**ace 위로, 위안 / discon**sola**te 매우 슬픈

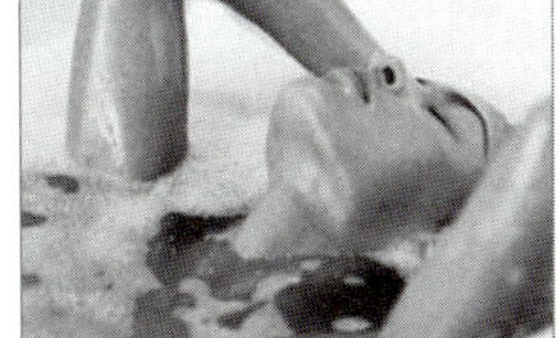

consolidate

[kənsálədèit / -sɔ́l-]
보다 견고히 하다

ⓥt 1. (입지를) 굳히다, 강화하다   strengthen, reinforce, fortify
2. 합치다, 통합하다   combine, unify, merge, integrate

n. consolidation   강화; 통합

consolidate the alliance with U.S. 미국과의 동맹을 강화하다
consolidate four separate agencies into a department
네 개의 분리된 기관들을 하나의 부서로 통합하다

[어원] 『con(강조) + solid(견고한) → 보다 견고히 하다』

conspire

[kənspáiər]
호흡을 맞추다

ⓥi 음모를 꾸미다   collude, plot, intrigue, contrive

n. conspiracy   음모   cabal

conspire to commit a crime 범죄를 저지르기 위해 음모를 꾸미다

[어원] 『con(together) + spire(breathe) → 함께 호흡을 맞추다』

constrict ★

[kənstríkt]
세게 조이다

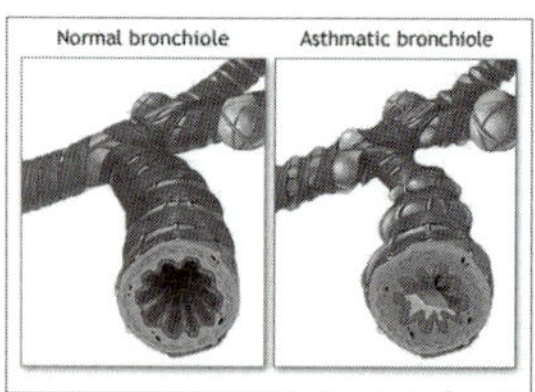

ⓥt 수축시키다   contract   압박하다   restrict, constrain, restrain

n. constriction   수축, 압박

Smoking **constricts** the blood vessel in your body.
흡연은 몸의 혈관을 수축시킨다.

[어원] 『con(강조) + str(bind tight) → 세게 조이다』
[TIP] restrain(억누르다, 제한하다)과 함께 외우면 더욱 효과적!
[상상+] **str**ict 엄격한 / **str**ingent (매우) 엄격한
strain 긴장, 압박; 손상[혹사]시키다

construe ★

[kənstrú:]
(의미를) 짓다

ⓥt 해석하다   interpret ⟺ misconstrue   잘못 해석하다

his remarks that could be **construed** as racist
인종차별주의자로 해석될 수 있는 그의 발언

[어원] 『con(together) + stru<struct(build) → (의미를) 함께 짓다』
[TIP] construe는 construct(건축하다)와 어원이 같으므로 함께 외우면 쉽다.
construct 건물을 짓다 → 건축하다
construe 의미를 짓다 → 해석하다

consummate

[kánsəmèit / kɔ́n-]
가장 높은 곳에 오른

ⓐ 완성된, 완벽한 complete, perfect, flawless, impeccable

ⓥⓣ 완성[성취]하다 accomplish, achieve

win the game with **consummate** skill 완벽한 기술로 게임에서 이기다
consummate his love 그의 사랑을 성취하다

[어원] 『con(강조) + sum(highest) → 가장 높은 곳에 오른』
[상상⁺] **sum** 합계 / **sum**mit 정상; 정상 회담

---

contagious ★

[kəntéidʒəs]
함께 접촉하여 옮는

ⓐ (접촉성) 전염성의 communicable, infectious

a highly **contagious** disease 전염성이 높은 질병

[어원] 『con(together) + tag(touch) → 함께 접촉하여 옮기는』
[상상⁺] con**tig**uous 인접한 / con**tam**inate 오염시키다
　　　　con**ting**ent ～에 달려 있는; 우연한

---

contaminate

[kəntǽmənèit]
함께 만지다

ⓥⓣ 오염시키다 pollute, taint, foul

n. contamination 오염

chemicals that **contaminate** the water 물을 오염시키는 화학 물질들

[어원] 『con(together) + tam<tac(touch)) → (여러 사람이) 함께 만지다』
[TIP] 여러 사람이 마구 만져대면 더러워지게 마련이다.

---

contempt ★

[kəntémpt]
완전 경멸하는 것

ⓝ 경멸, 모욕 disgrace, scorn, indignity, disdain

a. contemptible 경멸할 만한 despicable

Paul showed **contempt** for politicians.
폴은 정치인들에 대해 경멸감을 표했다.
contempt of court 법정 모독죄

[어원] 『con(강조) + tem(n)(despise) → 완전히 경멸하는 것』
[TIP] contempt는 요즘은 잘 쓰이지 않는 contemn(경멸하다)의 명사형이다.
　　　 tempt(유혹하다)와는 아무 연관이 없다는 것을 명심하자!
[출제포인트] 시험에는 형용사 contemptible도 출제된다.

contentious ★★★

[kənténʃəs]
서로 손을 뻗치는

ⓐ 1. 논란이 되는 controversial   2. 싸우기 좋아하는 argumentative

v. contend 경쟁하다; 주장하다

n. contention 주장; 논쟁   the issue in **contention** 논쟁 중인 문제

An animal clone has become a **contentious** issue.
동물 복제는 논란을 일으키는 문제가 되어왔다.
a **contentious** old man 싸우기 좋아하는 할아버지
[어원] 『con(together) + tent(stretch) → (가지려고) 서로 손을 뻗치는』
[상상⁺] in**tens**e 심한(severe) / in**tens**ive 집중적인(concentrated)

contingent

[kəntíndʒənt]
~에 함께 붙어 있는

ⓐ 1. ~에 의존하는, 달려 있는 dependent, conditional

2. 정해지지 않은, 우연한 accidental, fortuitous, adventitious

ⓝ (본대에 속한) 파견대 a group of soldiers sent to help a larger group

n. contingency 우발 사건

the bill that **is contingent on** the approval of Congress
의회의 승인에 달려 있는 법안
The result of the negotiation is **contingent**.
협상 결과는 불확실하다.
A small **contingent** of troops was dispatched.
소규모의 파견 부대가 급파되었다.

[어원] 『con(together) + ting(touch) → ~에 함께 붙어[달려] 있는』
[TIP] 1. ~에 달려 있다는 것은 주된(main) 것에 의해 결정되므로 그 결과는 어떻게 될지 모르는 2. 정해지지 않은, (필연적이 아닌) 우연한의 의미가 된다. 또한, 명사의 의미로는 3. (본대에 함께 속해 있는) 파견대를 뜻한다.
[어법] be contingent on : ~에 달려 있다.
[출제포인트] ~에 달려 있다의 의미로 출제된다.

contiguous ★

[kəntígjuəs]
함께 닿아 있는

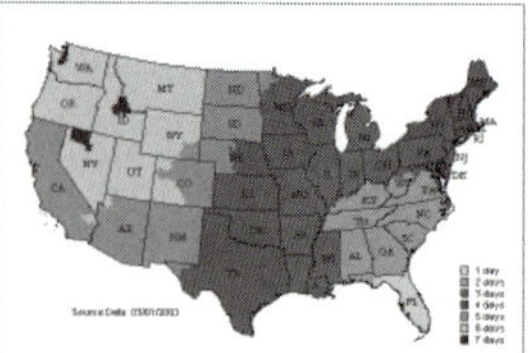

ⓐ 인접한 next to, adjacent, abutting, adjoining

n. contiguity 인접

America's 48 **contiguous** states 인접해 있는 미국의 48개 주

[어원] 『con(together) + tig(touch) → 함께 맞닿아 있는』
[TIP] 한반도(Korean Peninsula)는 중국과 인접국(a contiguous nation)이다.

contrite ★

[kəntráit, kántrait]
(양손을) 비비는

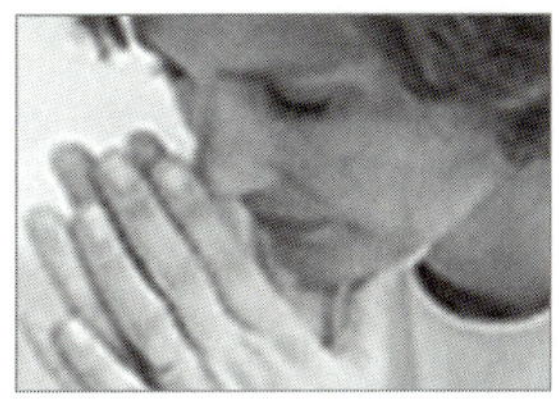

ⓐ 뉘우치는, 회개하는 penitent, repentant, apologetic, regretful

n. contrition 뉘우침, 참회

a **contrite** apology 뉘우치는 사과

[어원] 『con(together) + trit(rub) → (양손을) 비비는』
[TIP] 잘못을 뉘우칠 때 양손을 비비며 용서를 구하는 모습이 contrite다.

conundrum

[kənʌ́ndrəm]
함께 아래에 있는 것

ⓝ 수수께끼, 난해한 문제 enigma, riddle, mystery

try to solve the **conundrum** 난해한 문제를 풀려고 하다

[어원] 『con(together) + und(e)r → 함께 아래에 숨어 있는 것』
[TIP] conundrum은 그 아래 다른 의미가 숨어 있는 말을 의미한다.
예를 들어, 가장 달콤한 술은? → 입술 ＊^ ^＊

convalesce ★

[kànvəlés / kɔ̀n-]
완전히 강해지다

ⓥⓘ 회복하다 recover, recuperate, get over, perk up

n. convalescence 회복   n. convalescent (회복 중인) 환자

convalesce after an operation 수술 후에 회복하다

[어원] 『con(강조) + val(strong) → (병약함으로부터) 완전히 강해지다』
[TIP] convalescent는 회복한 사람이 아니라 '회복 중인 환자'임에 주의하자!

convene ★★★

[kənvíːn]
함께 와서 모이다

ⓥ 모이다, 소집하다 assemble, congregate, convoke

n. convention 1. 모임, 집회   2. 전통, 관습 custom

a. conventional 전통적인, 틀에 박힌 traditional

He **convened** a meeting of his closest advisors.
그는 가장 가까운 자문 위원들의 모임을 소집했다.

[어원] 『com(together) + ven(come) → 함께 와서 모이다』
[출제포인트] 형용사 **conventional**(전통적인)이 집중 출제된다.

 **converge**

[kənvə́:rdʒ]

함께 방향을 틀다

ⓥ 한곳에 모이다, 융합하다 gather ⟷ diverge 갈라지다

n. convergence 융합, 컨버전스

Many reporters **converged on** the scene.
많은 기자들이 그 현장에 모였다.

[어원] 『con(together) + verg<vert(turn) → (한쪽으로) 함께 방향을 돌리다』
[TIP] 컨버전스(convergence) : 여러 기술이나 성능이 하나로 융합되거나 합쳐
지는 것
[어법] converge on : ~에 모이다
[상상⁺] **verg**e 가장자리

 **convert ★★**

[kənvə́:rt]

완전히 바꾸다

ⓥ 1. 바꾸다, 전환하다 change, divert

2. 개종시키다 persuade someone to change to a different religion

n. conversion 변경, 전환

a.n. convertible 바뀔 수 있는; 컨버터블(오픈카)

The stocks can be easily **converted to** cash.
주식은 현금으로 쉽게 전환될 수 있다.
American missionaries **converted** thousands **to** Christianity.
미국 선교사들은 수천 명을 기독교로 개종시켰다.

[어원] 『com(강조) + vert(turn) → 완전히 바꾸다』
[어법] convert A to B : A를 B로 전환하다[개종시키다]

conversant ★

[kɔnvə́:rsənt]
완전히 돌아본

ⓐ 잘 알고 있는, 정통한 familiar, versed

The lawyer is **conversant with** international law.
그 변호사는 국제법에 정통한 사람이다.

[어원] 『con(together) + vers(turn) → (처음부터 끝까지) 완전히 돌아본』
[TIP] 과정의 처음부터 끝까지 완전하게 돌아보면 그것에 정통하게 되는 것이 당연하다.
[어법] conversant with : ~에 정통한
[상상⁺] **vers**atile 다재다능한 / **verti**go 현기증 / **vers**us ~대(對)

convince ★

[kɔnvíns]
완전히 이기다

ⓥⓣ 납득[확신]시키다 persuade, prevail on, persuade, win over

n. conviction 신념; 유죄 판결

The engineer **convinced** us **of** the safety of the new machine.
그 엔지니어는 우리에게 새 기계의 안전성을 확신시켜주었다.

[어원] 『con(강조) + vict(conquer)
　　　→ (상대의 주장·의심을 물리쳐) 완전히 이기다』
[어법] convince A of B : A에게 B를 확신시키다
　　　convince A to V : A에게 ~하도록 설득하다
[TIP] conviction의 의미 풀이
　　　1. 확신을 얻은 상태 → 신념(convince의 명사형)
　　　- his strong religious **conviction** 그의 강한 종교적 신념
　　　2. 유죄가 선고된 상태 → 유죄 판결(convict의 명사형)
　　　- his previous **conviction** for theft 그의 절도 전과(前科)

convict

[kɔnvíkt]
완전히 이기다

ⓥⓣ 유죄를 입증[선고]하다 condemn ⇔ acquit 석방하다, 무죄로 하다

ⓝ 죄인, 죄수 prisoner, criminal, culprit

n. conviction 신념; 유죄 판결

He was **convicted** of arson. 그에 대한 방화죄가 입증되었다.
apprehend the escaped **convict** 탈주범을 체포하다

[어원] 『con(강조) + vict(conquer) → (죄를 납득시킴에 있어) 완전히 이기다』
[TIP] convict는 법정에서 증언, 증거를 통해 상대의 주장을 완전히 이겨 상대의 죄를 입증하는 것이다.

 convoke

[kənvóuk]
불러 모으다

ⓥ 소집하다 convene, congregate, summon

n. convocation 소집; 모임

A conference was **convoked** to discuss the issue.
그 문제를 논의하기 위한 회의가 소집되었다.

[어원] 「con(together) + voke(call) → (여러 사람을) 불러 모으다」

 coordinate

[kouɔ́ːrdənit, -nèit]
순서를 맞추다

ⓥ (적절하게) 조정하다, 조율하다 work together harmoniously; harmonize

n. coordination 조율, 조화   coordinator 조정자, 코디네이터

He will **coordinate** all economic issues.
그가 모든 경제 문제들을 조정할 것이다.

[어원] 「co(m)(together) + ordin(order) → 순서를 알맞게 맞추다」
[TIP] coordinate에는 ⓐ 등위의 ⓝ 조화로운 것 등의 뜻도 있다.
[상상+] in**ordin**ate 과도한 / sub**ordin**ate 하위의; 부하 직원 / **ordin**ance 법령

 copious ★

[kóupiəs]
아주 풍부한

ⓐ 풍부한, 많은 abundant, opulent, plentiful, profuse

I can drink **copious** amounts of liquor.
나는 술을 잘 마신다.

[어원] 「co(m)(강조) + op(wealth) → 아주 풍부한」
[TIP] op(wealth)어근은 고급차 opirus를 연상하면 쉽다.(유래편 1장 p.45 참조)

 corroborate ★

[kərábərèit / -rɔ́b-]
확실히 강하게 하다

ⓥ 확증하다, 확인하다 confirm, verify, substantiate, validate

n. corroboration 확증

The doctor corroborated his testimony.
그 의사가 그의 증언을 확인시켜주었다.

[어원] 「cor<com(강조) + rob(strong) → 확실히 강하게 해주다」
[상상+] **rob**ust 튼튼한
[출제포인트] verify – substantiate – corroborate는 '입증[증명]하다' 의 의미로
출제되는 황금 트리오(trio)다!

corrode ★

[kəróud]

완전히 갉아먹다

ⓥ 1. 부식시키다　destroy gradually

2. 약화시키다　weaken, attenuate, sap, enfeeble

n. corrosion　부식　　a. corrosive　부식성의

Acid rain will **corrode** most metals.
산성비는 대부분의 금속들을 부식시킬 것이다.
Corruption will **corrode** the country.
부패는 그 나라를 약화시킬 것이다.

[어원]　『cor<com(강조) + rod(gnaw 갉아먹다) → 완전히 갉아먹다』
[상상⁺]　**rod**ent 설치류 / **rash** 경솔한 / **raze** 완전히 파괴하다
　　　abra**s**ive 거친, 무례한
[뉘앙스]　corrode (금속을) 부식시키다 → 약화시키다
　　　erode (토양을) 침식시키다 → 약화시키다

de-

1. 아래 (down)
2. 분리 · 이탈 (away)

debacle ★
[deibá:kl, də-]
빗장이 무너져 내림

ⓝ 붕괴, 참패 *a complete failure; collapse, fiasco*

the **debacle** of the election 선거에서의 참패

[어원] 『de(down) + ba(bar빗장) → (지탱하던) 빗장이 무너져 내림』
[상상⁺] de**bar** 금지하다 / em**bar**go 제재, 금지

debase ★
[dibéis]
아래로 낮추다

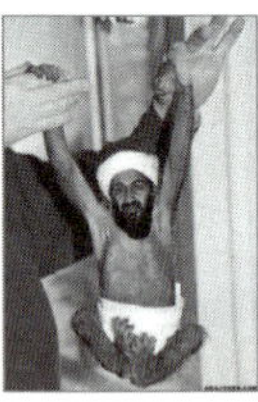

ⓥⓣ (가치를) 떨어뜨리다, 실추시키다 *degrade, lower, deprave*

n. debasement 저하, 실추

the politician who **debased** himself by taking bribes
뇌물 수수로 명예가 실추된 정치인

[어원] 『de(down) + bas(low) → (질을) 아래로 낮추다』
[상상⁺] a**base** (품격을) 떨어뜨리다

debauched
[dibɔ́:tʃt]
재목이 뽑힌

ⓐ 방탕한, 부도덕한 *corrupt, immoral, profligate, decadent*

a **debauched** youth 방탕한 젊은이

[어원] 『de(away) + bauch(bush목재) → (미래의) 재목이 뽑혀 나간』
[TIP] 우리말에도 '훌륭한 재목(材木)' 이란 말이 있다.
　　　debauched는 '(훌륭한) 재목에서 벗어난 → 방탕한' 의 의미다.

debilitate

[dibílətèit]
능력을 떨어뜨리다

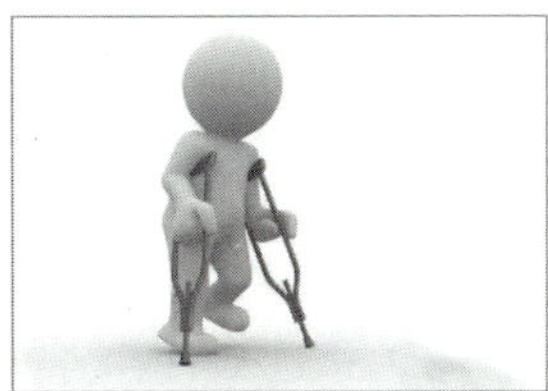

ⓥⓣ 쇠약하게 하다   weaken, enfeeble, incapacitate, emaciate

a. **debilitating** 쇠약하게 하는   n. **debility** 쇠약

the company's attempt to debilitate the union
노조를 약화시키려는 회사의 시도

[어원] 『de(down) + bili(ability) → 능력을 떨어뜨리다』
[비교] disable 무능력하게 하다

debris ★

[dəbríː, déb-]
깨져 조각난 것

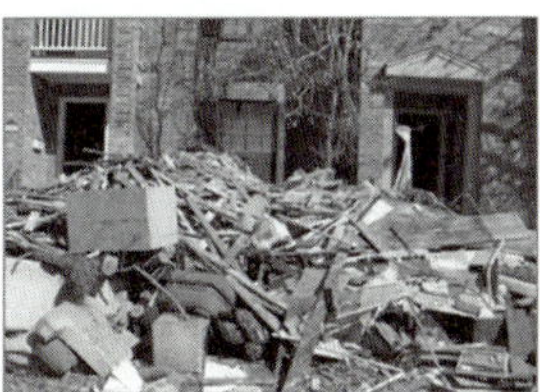

ⓝ 파편, 잔해   fragment, remains, ruins, wreckage

She was hit by flying debris from the blast.
그녀는 폭발로 인해 날아온 파편에 맞았다.

[어원] 『de(away) + bri(break) → 깨져 조각난 것』
[TIP] debris는 불어로서 끝 자음을 발음하지 않는다.
[발음주의] 데브리스(X) → 더브리-(O)

decadence

[dékədəns]
수준이 떨어짐

ⓝ 쇠퇴, 타락   corruption, degeneration, depravity, debauchery

The film reflects social decadence.
그 영화는 사회적 타락을 반영하고 있다.

[어원] 『de(down) + cad(fall) → (수준이) 아래로 떨어지는 것』
[TIP] decadence는 원래 decay(썩다)에서 유래한 어휘다.
즉, 도덕적으로 썩은 상태가 바로 decadence다!
[상상⁺] **cad**aver 시체 / **cas**cade 폭포

decipher ★★

[disáifər]
암호를 풀다

ⓥⓣ (암호를) 풀다, 해독하다   decode

She tried to decipher the handwriting.
그녀는 그 글씨를 해독하려 했다.

[어원] 『de(away) + cipher(암호) → 암호를 풀다』

decry ★

[dikrái]

큰 소리로 깎아내리다

ⓥ (강하게) 비난하다　condemn, deprecate, disparage, traduce

He **decried** his political rival. 그는 정치적 경쟁자를 비난했다.

[어원] 『de(down) + cry(외치다) → 큰 소리로 깎아내리다』
[TIP] 그림에서 보듯 손가락질을 하며 강하게 비난하는 것이 decry!

deduce ★

[didjúːs]

이끌어 내다

ⓥ (생각을) 이끌어 내다, 추론하다　infer, derive, reason

n. deduction 추론; 공제

We can **deduce** a conclusion from the facts.
우리는 그 사실들로부터 결론을 이끌어 낼 수 있다.

[어원] 『de(away) + duc(lead) → (생각을) 이끌어 내다』
[TIP] deduction(추론; 공제)은 deduce와 deduct의 공통 명사형이다!
[비교] deduct 공제하다

deduct

[didʌ́kt]

끌어내리다

ⓥ 공제하다　subtract, take away

n. deduction 추론; 공제

You can **deduct** card spending from your income tax.
소득세에서 카드 사용 금액을 공제할 수 있다.

[어원] 『de(down) + duct(lead) → (숫자를) 끌어내리다』
[TIP] deduce과 deduct의 접두어 de-는 의미가 서로 다름에 유의하자!
　　　이것이 바로 두 어휘의 의미가 달라지는 이유이기 때문이다.

defile

[difáil]

더럽히다

ⓥ 더럽히다　contaminate, pollute, soil, taint

The tomb has been **defiled** and looted.
그 무덤은 더럽혀지고 도굴되었다.

[어원] 『de(강조) + fil(foul) → 더럽히다』
[TIP] defile에서 fil 부분이 foul(더러운)에서 유래한 단어임을 알면 쉽다.
[상상+] **fil**thy 더러운

default

[difɔ́:lt]

완전히 실패함

ⓝ 1. (채무 · 의무) 불이행   delinquency, negligence

2. (경기) 불참   failure to take part in

ⓥⓣ (채무 · 의무를) 불이행하다   fail to pay money or do something

---

seize the asset because of **default**

채무불이행으로 재산을 압류하다

win the game by **default**

부전승으로 이기다

She **defaulted** on her child support payments.

그녀는 아이의 육성회비를 내지 못했다.

[어원] 『de(강조) + faul(fail) → (의무를 이행하는 데) 완전히 실패함』

[상상⁺] **fault** 과실, 잘못

---

defer ★

[difə́:r]

떨어뜨려 옮기다

ⓥⓣ 연기하다   delay, postpone, adjourn, put off

ⓥⓘ ~에 따르다, 순종하다   obey, comply with

n. deferment 연기   n. deference 복종, 순종

He decided to **defer** his visit to the country.

그는 그 나라 방문을 연기하기로 결정했다.

I decided to **defer to** parents' wishes.

나는 부모님의 바람을 따르기로 결정했다.

[어원] 『1. de(away) + fer(carry) → (날짜를) 떨어뜨려 옮기다

　　　2. de(down) + fer(carry) → (자신을) ~의 아래로 옮기다』

[TIP] defer가 두 가지 의미가 되는 것은 접두어 de-의 의미가 다르기 때문이다.

[어법] defer to : ~에 따르다, 순종하다

[출제포인트] 명사 'deference 순종'이 출제되었다.

deflect ★

[diflékt]
딴 데로 휘다

ⓥⓣ 딴 데로 돌리다, 빗나가게 하다   divert, swerve, veer, turn away

n. deflection (방향이) 바뀜, 굴절

her attempts to **deflect** attention away from her private life
관심을 자신의 사생활에서 딴 데로 돌리려는 그녀의 시도들

[어원] 『de(down) + flect(bend) → 딴 데로 휘다』
[상상⁺] re**flect** 반사하다; 반영하다; 숙고하다
　　　　flexible 유연한, 융통성이 있는 ⇔ in**flex**ible 완고한, 완강한

defraud

[difrɔ́ːd]
사기 쳐서 빼앗다

ⓥⓣ 사기를 쳐서 빼앗다   deceive a person to get money; swindle

He **defrauded** his employer of considerable money.
그는 사장에게 사기를 쳐서 상당한 돈을 가져갔다.

[어원] 『de(away) + fraud(사기) → 사기 쳐서 빼앗아가다』
[TIP] defraud는 fraud(사기)를 먼저 외우고 나서 de(away)의 접두어가 붙어
　　　 생긴 동사임을 이해하자!
[어법] defraud A of B : A에게 사기를 쳐 B를 가져가다

defunct

[difʌ́ŋkt]
기능하지 않는

ⓐ 죽은, 현존하지 않는   not existing any more; dead

the now-**defunct** international airport
이제 더 이상 사용되지 않는 국제공항

[어원] 『de(off) + funct(perform) → 수행 기능이 떨어져 나간』
[TIP] 사진의 롤러코스터 레일(roller coaster)은 오랫동안 사용되지 않아 수풀이
　　　 우거져 있어 defunct의 의미에 딱 들어맞는다.
[상상⁺] **funct**ion 기능; 행사

delineate ★

[dilínièit]
한 줄 두 줄 써 내려가다

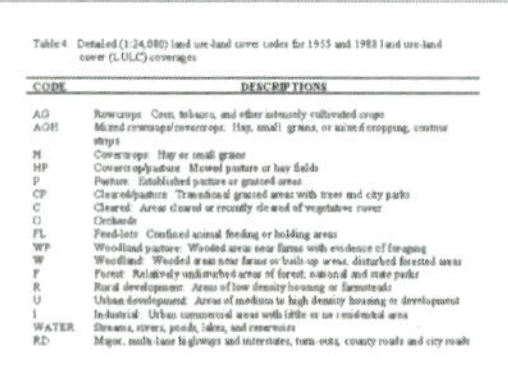

ⓥⓣ 서술[묘사]하다   describe, depict, portray

The document **delineates** your rights.
그 문서에는 당신의 권리가 서술되어 있습니다.

[어원] 『de(down) + line(줄) → 한 줄 두 줄 써 내려가다』

delegate ★★

[déləgéit, déləgit]

떨어뜨려 보내다

ⓥ 1. (권한을) 위임하다　authorize, devolve

　　2. (대표로) 선출하다　elect

ⓝ 대표　representative

n. delegation　대표단; 위임

He **delegated** his authority **to** the subordinate.
그는 자신의 권한을 부하 직원에게 위임했다.
I was **delegated** to find a suitable conference venue.
나는 적당한 회의 장소를 물색하는 임무를 맡았다.

[어원] 『de(away) + leg(send) → (자신의 것을) 떨어뜨려 보내다』
[어법] delegate A to B : A를 B에게 위임하다
[상상+] re**leg**ate 좌천하다 / **leg**acy 유산 (heritage)

delinquent

[dilíkwənt]

멀리 떠나간

ⓐ 1. 비행의, 불량한　guilty of a misdeed

　　2. 체납된　has not been paid on time; overdue

ⓝ 비행한 자　a person who break the law

n. delinquency　비행　　　–juvenile **delinquency** 청소년 비행

delinquent minors (행실이) 불량한 미성년자들
delinquent debts 체납된 빚

[어원] 『de(away) + linqu(leave) → (본분에서) 멀리 떠나간』
[TIP] 1. 올바른 품행에서 멀리 떠나간 → 비행의, 불량한
　　　 2. 돈을 갚아야 하는 의무에서 멀리 떠나간 → 체납된

 **delude** ★

[dilú:d]

연기해서 믿게 하다

ⓥ 속이다, 기만하다 deceive, beguile, mislead, defraud, take in

n. delusion 잘못된 생각, 망상 false belief

a. delusive 기만하는

Evan **deluded** her **into** believing him.
에번은 그녀를 속여 자신의 말을 믿게 했다.
delusions of grandeur 과대망상증

[어원] 『de(away) + lud(play) → 다른 행동(연기)으로 믿게 하다』
[어법] delude A into ~ing : A를 속여 ~하게 하다
[상상⁺] **allude** 넌지시 비추다 / **collude** 공모하다 / **elude** 교묘히 피하다
illusion 환상; 착각 / **lud**icrous 어리석은, 우스운

 **deluge** ★

[délju:dʒ]

다 씻어가버리는 것

ⓝ 1. 대홍수 a large flood

2. 쇄도, 폭주 flood, influx, avalanche

a **deluge** of complaints 엄청난 불만들

[어원] 『de(away) + lug(wash) → 다 씻어가버리는 것』
[상상⁺] **lav**ish (양이) 아주 많은 / ante**diluv**ian 태고의

 **demean**

[dimí:n]

천하게 하다

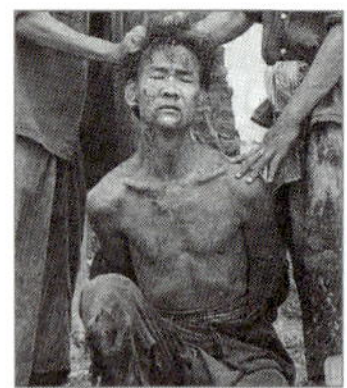

ⓥ (품위를) 떨어뜨리다 degrade, abase, disgrace, deprave

I wouldn't **demean myself** by begging him for money.
나는 그에게 돈을 구걸하여 품위를 떨어뜨리지는 않을 것이다.

[어원] 『de(down) + mean(천한) → (품위를) 떨어뜨려 천하게 하다』
[어법] demean oneself : 자신의 품위를 떨어뜨리다

demise ★

[dimáiz]
떠나보낸 것

ⓝ 1. 사망　death, decease

2. 종료, 종식　end, expiration, termination

the **demise** of the famous old actor 유명한 원로 배우의 죽음
the **demise** of Soviet Union 소련의 종식

[어원] 『de(away)+mis(send) → (세상에서) 떠나보낸 것』
[뉘앙스] demise는 격식을 차린 말이며 법정 용어로도 잘 쓰인다.

demolish ★★★

[dimáliʃ / -mɔ́l-]
무너뜨려 내리다

ⓥⓣ 부수다, 파괴하다　destroy, raze, devastate, tear down

n. demolition 파괴　destruction

The building was **demolished** in the fire.
그 빌딩은 화재로 파괴되었다.

[어원] 『de(down) + moli(build) → 지어진 것을 무너뜨리다』
[TIP] demolish는 영화 《Demolition man》을 연상하여 외우면 쉽다.
[상상⁺] **mole**cule 분자

denote ★

[dinóut]
확실히 알게 하다

ⓥⓣ 의미하다, 나타내다　mean, signify, represent, indicate

n. denotation 의미　meaning　　a. denotative 표시하는

Crosses on the map **denote** churches.
지도상의 십자가 표시들은 교회를 나타낸다.

[어원] 『de(강조) + not(know) → 확실히 알 수 있게 하다』
[상상⁺] **not**ice 주의; 통지; 알아차리다
　　　　notable 눈에 띄는 / **not**ed 유명한

┌─[뉘앙스]─┐

denote : 직접적이고 확실히 나타내다
　– He **denoted** his idea. 그는 자신의 생각을 확실히 나타냈다.
connote : 간접적으로 암시[내포]하다
　– The car's name **connotes** wealth. 그 차의 이름은 부(富)를 의미한다.

denounce ★

[dináuns]
공개적으로 깎아내리다

ⓥ (공개적으로) 비난하다   condemn, censure, reprehend, reproach

n. denunciation   비난

denounce the government's economic policy
정부의 경제 정책을 비난하다

[어원] 『de(down) + nounce(announce) → 공개적으로 깎아내리다』

---

deplete

[diplíːt]
채워진 양을 줄이다

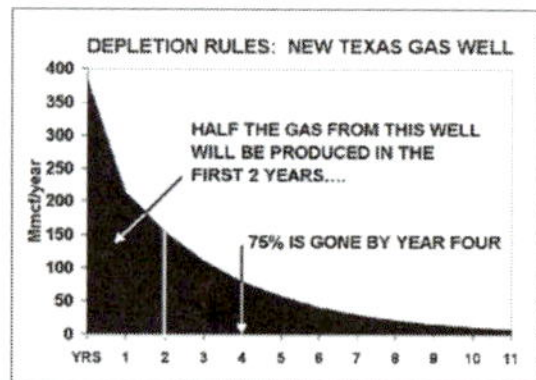

ⓥ 감소[고갈]시키다   exhaust, consume, drain, use up

n. depletion   감소, 고갈

The polluting waste **depletes** the oxygen in the water.
오염을 유발하는 폐기물은 물속의 산소를 고갈시킨다.

[어원] 『de(down) + ple(fill) → 채워진 양을 끌어내리다』
[상상⁺] **ple**nty 충분 / **ple**nary 전원출석의; 완전한 / **ple**thora 과잉
    com**ple**te 완전한 / im**ple**ment 도구; 실행하다 / re**ple**te 가득 찬

---

deplorable ★

[diplɔ́ːrəbl]
몹시 슬프게 우는

ⓐ 통탄할 만한, 비참한   terrible, regrettable, lamentable, woeful

vi. deplore   개탄하다, 강한 유감을 표하다

The prisoners were held in **deplorable** conditions.
그 수감자들은 비참한 환경 속에 구금되어 있었다.

[어원] 『de(강조) + plor(wail울부짖다) → 몹시 슬프게 울부짖는』
[상상⁺] im**plore** 애원[간청]하다

deploy

[diplɔ́i]
펼치다

ⓥ 1. 배치하다   dispose   2. 사용하다   use, employ

the U.S. decision to **deploy** troops 병력을 배치하려는 미국의 결정
deploy professional skills 전문 기술을 사용하다

[어원] 『de(away) + pl(o)y(접다) → 접혀 있는 것을 펼치다』
[TIP] deploy는 접혀 있는 것을 펼쳐 사용한다는 의미다!
[상상⁺] em**ploy** 고용하다; 이용하다 / ex**ploi**t 개발하다; 착취하다

deport ★

[dipɔ́ːrt]

딴 데로 보내다

ⓥ 추방하다   expel, banish, exile, oust, ostracize

n. deportation 추방   n. deportee 추방된 자

deport illegal immigrants 불법 이민자들을 추방하다

[어원] 『de(away) + port(carry) → 딴 데로 멀리 보내다』

[상상⁺] im**port** 수입하다 / ex**port** 수출하다 / com**port** 행동[처신]하다
　　　　trans**port** 수송하다 / pur**port** 주장하다; 취지 / **port**able 휴대용의

depose ★

[dipóuz]

내려놓다

ⓥ (권력자를) 물러나게 하다, 퇴위시키다   dethrone, oust

The dictator was **deposed** in a military coup.
그 독재자는 군사 쿠데타로 물러나게 되었다.

[어원] 『de(down) + pos(put) → (자리에서) 내려놓다』

[상상⁺] ex**pose** 노출시키다 / im**pose** 부과하다; 강요하다
　　　　op**pose** 반대하다 / pro**pose** 제안하다 / sup**pose** 추측하다

deposit ★★

[dipázit / -pɔ́z-]

내려놓다

ⓥ 1. 내려놓다   put down

2. 맡기다, 예금하다   put money in a bank ⇔ **withdraw** 인출하다

ⓝ 1. 계약금; 보증금   2. 매장량   3. 예금

deposit two bottles of beer on the table
두 병의 맥주를 테이블 위에 놓다
I'm going to **deposit** half of my salary.
나는 월급의 절반을 예금할 것이다.
A **deposit** of 10% is required. 10퍼센트의 계약금이 필요하다.
rich **deposits** of gold 풍부한 금 매장량
The bank increased its **deposit** rate to draw capital.
그 은행은 자금을 끌어 모으기 위해 예금 이자율을 높였다.

[어원] 『de(down) + pos(put) → 내려놓다 / 내려놓여진 것』

deprecate ★

[déprikèit]
기도로 몰아내다

ⓥ 1. 업신여기다   belittle, depreciate
2. (강력히) 비난[반대]하다   disapprove, condemn

deprecate one's contribution 자신이 기여한 바를 업신여기다
deprecate his violence 그의 폭력을 강력히 비난하다

[어원] 『de(away) + prec(pray) → 기도로 몰아내다』
[TIP] 옛날에 몹쓸 것을 기도의 힘으로 몰아냈던 데서 유래한 어휘다!

deprive ★

[dipráiv]
완전히 빼앗다

ⓥ 빼앗다, 박탈하다   rob, divest, disqualify

n. **deprivation** 박탈   a. **deprived** 혜택을 받지 못한, 불우한

deprive him **of** his authority 그에게서 권한을 박탈하다

[어원] 『de(강조) + priv(rob) → 완전히 빼앗아가다』
[어법] deprive A of B : A에게서 B를 박탈하다
[비교] depraved 극악한
[상상⁺] **priv**atize 민영화하다 ⇔ nationalize 국영화하다

deranged

[diréindʒid]
(정상) 범위를 벗어난

ⓐ 미친, 정신 나간   lunatic, insane, demented, maniacal

a **deranged** gunman 총을 든 미친 사람

[어원] 『de(away) + range(범위) → (정상) 범위를 벗어난』
[TIP] deranged(미친)는 '(제정신의) 범위에서 벗어난' 의 뜻이다.

derelict ★

[dérəlikt]
뒤에 남겨진

ⓐ 버려진, 방치된   deserted, abandoned, forsaken

Her body was discovered in a **derelict** warehouse.
그녀의 시체가 버려진 창고 안에서 발견되었다.

[어원] 『de(away) + relic(유물) → (떠나고) 뒤에 남겨진, 버려진』
[TIP] derelict는 단어 안의 relic(남겨진 유물)을 읽어내면 쉽게 외울 수 있다.

deride ★

[diráid]
깎아내리며 웃다

ⓥ 비웃다, 조롱하다   mock, scorn, ridicule, laugh at

n. derision 조롱, 경멸   a. derisive 조롱하는

His theory was **derided** by conventional scientist.
그의 이론은 전통을 중시하는 과학자들에게 비웃음을 당했다.

[어원] 『de(down) + rid(laugh) → (상대를) 깎아내리며 웃다』
[상상⁺] **rid**iculous 어리석은, 우스운

derogatory

[dirágətɔ̀ːri / -rɔ́gətəri]
나빠지기를 바라다

ⓐ (가치를) 떨어뜨리는, 훼손[경멸]하는   scornful, depreciative, disparaging

vi. derogate 떨어뜨리다, 훼손하다   detract

make **derogatory** remarks about his achievement
그의 업적을 훼손시키는 발언을 하다

[어원] 『de(down) + rog(ask) → 나빠지기를 바라다』

desecrate

[désikrèit]
신성함을 없애다

ⓥ 신성을 모독하다   profane, blaspheme, defile

⇔ consecrate 신성하게 하다

n. desecration 신성모독

desecrate religion   종교의 신성함을 모독하다

[어원] 『de(off) + (con)secrate(신성하게 하다) → 신성함을 없애다』
[상상⁺] **sacr**ed 신성한

despise ★★

[dispáiz]
내려다보다

ⓥ 얕보다, 경멸하다   deride, disdain, scorn, look down on

a. despicable 경멸할 만한   contemptible

I won't forgive her. I **despise** her.
나는 그녀를 용서치 않을 것이다. 그녀를 경멸한다.

[어원] 『de(down) + spis<spic(look) → (상대를) 내려다보다』
[상상⁺] **a**spect 측면, 양상 / ex**pect** 예상[기대]하다; 임신하다
　　　　 circum**spect** 신중한 / in**spect** 조사하다 / su**spect** 의심하다; 용의자
　　　　 retro**spect** 회고, 회상

desert ★★

[dizə́:rt, dézə:rt]
떨어뜨려내다

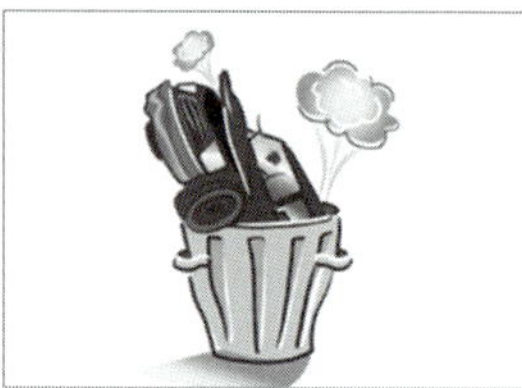

ⓥ 1. 버리다　abandon, forsake, discard

　2. 떠나다　leave ; 탈영하다　decamp

ⓝ 사막　a sandy area　　　– the Sahara **Desert** 사하라 사막

n. desertion　유기 ; 탈영　　　a. deserted　버려진

He **deserted** his wife and two daughters.
그는 아내와 두 딸을 버렸다.
Several soldiers have **deserted**.
몇 명의 군인들이 탈영했다.

[어원]　『de(away) + sert(join) → 합쳐진 상태에서 떨어뜨리다』
[비교]　dessert 후식, 디저트
[상상⁺]　as**sert** (강력히) 주장하다 / in**sert** 삽입하다 / ex**ert** 발휘하다
　　　dis**sert**ation 논문

despondent

[dispándənt / -spɔ́nd-]
후원자가 없는

ⓐ 낙담한, 희망 없는　dejected, desperate, hopeless, crestfallen

n. despondency　낙담

feel **despondent** about the result
그 결과에 대해 낙담하다

[어원]　『de(away) + spon(sponsor) → 후원자가 없는』

destitute ★

[déstətjù:t]
서 있다 쓰러지는

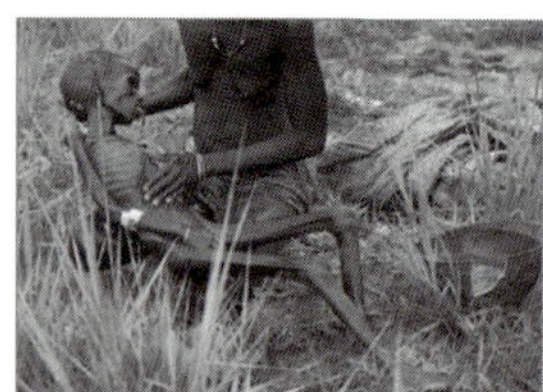

ⓐ 빈곤한　badly off, indigent, impecunious, poverty-stricken

n. destitution　빈곤

The floods left many people **destitute**.
그 홍수로 인해 많은 사람들이 빈곤해졌다.

[어원]　『de(down) + stit(stand) → 서 있다 아래로 쓰러지는』
[TIP]　먹을 것이 없는 사람들이 서 있지도 못하고 픽픽 쓰러져가는 모습이
　　　destitute다.

desultory ★

[désəltɔ̀ːri / -təri]
이리저리 뛰어다니는

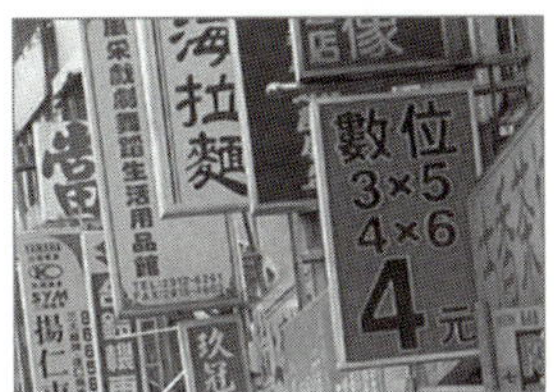

ⓐ (글이) 산만한, 일관성 없는　discursive, digressive, rambling

His novel is only **desultory**.
그의 소설은 산만할 뿐이다.

[어원] 『de(away) + sult(leap) → (말을 타고) 이리저리 뛰어다니는』
[상상⁺] as**sult** 공격, 폭행 / con**sult** 의견을 구하다 / ex**ult** 몹시 기뻐하다
in**sult** 모욕 / re**sult** 결과 / **sal**ient 눈에 띄는

detain

[ditéin]
못 가게 붙잡아두다

ⓥⓣ 1. 붙잡아두다, 억류하다　confine

2. 지연[연기]시키다　delay, postpone, defer, put off

n. detention　억류　　　　n. detainee　억류된 자

detain the suspect 용의자를 억류하다
detain the plan 계획을 지연시키다

[어원] 『de(off) + tain(hold) → 못 가게 붙잡아두다』

deter ★★★

[ditə́ːr]
겁을 줘서 막다

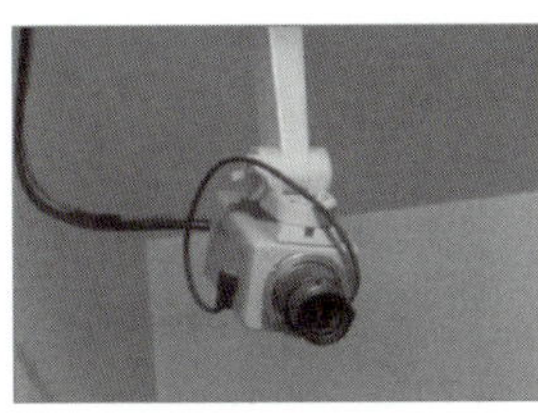

ⓥⓣ 막다, 방해하다　prevent, inhibit, thwart, forestall

n. deterrent　억제, 방해물　obstacle

The security camera was installed to **deter** people **from** stealing.
사람들의 절도를 막기 위해 보안 카메라(CCTV)가 설치되었다.

[어원] 『de(away) + ter(frighten) → 겁을 줘서 못하게 하다』
[어법] deter A from B : 'A를 B하지 못하게 하다'의 어법을 이해하자!
[상상⁺] **terr**or 공포; 테러

deteriorate ★★

[ditíəriərèit]
더 나빠지다

ⓥⓘ 나빠지다, 악화되다　worsen, be aggravated[exacerbated]

n. deterioration　악화　　　a. deteriorating　악화되고 있는

Their argument **deteriorated** into a fight.
그들의 말다툼이 악화되어 싸움으로 이어졌다.

[어원] 『deterior(worse) + ate(동접) → (이전보다) 더 나빠지다』
[TIP] interior(내부의), exterior(외부의)처럼 deterior를 이전보다 '더 나빠진
　　　de(down) + terior(비교급)'의 의미로 이해해두면 쉽다.
　　　또한, deteriorate는 그 자체가 **자동사**임을 잊지 말자!!

detest ★★★

[ditést]

(신을 빌어) 비난하다

ⓥ 몹시 싫어하다, 혐오하다 hate, abhor, abominate, loathe

n. detestation 혐오 hatred

They **detest** each other. 그들은 서로를 아주 싫어한다.

[어원] 『de(down) + test(witness목격자) → (신을 목격자로 하여) 비난하다』
[TIP] detest는 "네가 한 짓을 신(하늘)이 다 안다, 이놈아!"라고 신의 이름을 빌어 죄인을 비난한 데서 '혐오하다'의 의미로 발전했다.
[상상⁺] at**test** 증언[증명]하다 / con**test** 경쟁; 경연 대회(콘테스트)
　　　 pro**test** 항의하다

detrimental ★★★

[dètrəméntl]

문질러 닳게 하는

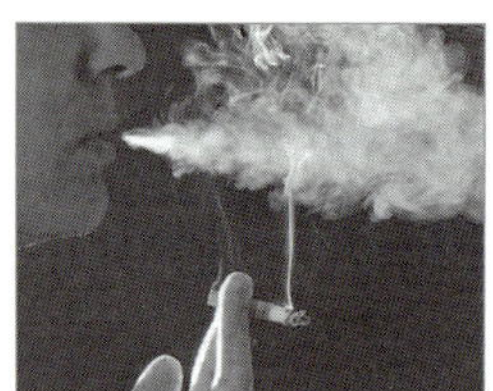

ⓐ 유해한, 해로운 harmful, noxious, deleterious, malign

n. detriment 손해, 손상 damage

Smoking is **detrimental to** your health. 흡연은 건강에 해롭다.

[어원] 『de(away) + tri(t)(rub) → 문질러 닳게 하는』
[어법] detrimental to : ～에 해로운
[상상⁺] **tri**te 진부한 / at**tri**tion 마찰; 소모 / con**tri**tion 뉘우침

devastate ★★★

[dévəstèit]

허허벌판을 만들다

ⓥ 황폐화[초토화]시키다 destroy, demolish, raze, tear down

n. devastation 황폐화

a. devastating 황폐화시키는, 파괴적인 disastrous

The city was **devastated** by the bomb.
그 도시는 폭탄으로 초토화되었다.

[어원] 『de(away) + vast(광대한) → (다 부숴) 허허벌판을 만들다』

deviate ★

[díːvièit]
다른 길로 벗어나다

(vt) (본궤도에서) 벗어나다, 이탈하다   swerve, digress, deflect, veer

n. deviation   일탈, 탈선   a. n. deviant   비정상적인; 탈선한 자

deviate from the traditional way 전통적 방식에서 벗어나다

[어원] 『de(away) + via(way) → 다른 길로 벗어나다』
[어법] deviate from : ～에서 벗어나다
[상상⁺] **via** ～을 경유하여 / ob**via**te 없애다, 제거하다 / tri**via**l 사소한, 하찮은

devoid ★

[divɔ́id]
떨어져서 없는

(a) ～이 없는, 결핍된   lack, empty, vacant, void

The teacher is **devoid of** humor.
그 선생님은 유머가 없다.

[어원] 『de(away) + void(empty) → 떨어져서 없는』
[어법] devoid of : ～이 없는
[상상⁺] **avoid** 피하다 / ine**vit**able 불가피한

devour ★★

[diváuər]
먹어치우다

(vt) 먹어치우다, 게걸스럽게 먹다   consume, gorge, eat up

the village **devoured** by the disease
그 질병으로 초토화된 마을

[어원] 『de(away) + vour<vor(eat) → 먹어치우다』
[상상⁺] **vor**acious 폭식하는 / carni**vor**ous 육식성의 / herbi**vor**ous 초식성의
　　　 omni**vor**ous 잡식성의

devout ★★

[diváut]
완전히 맹세한

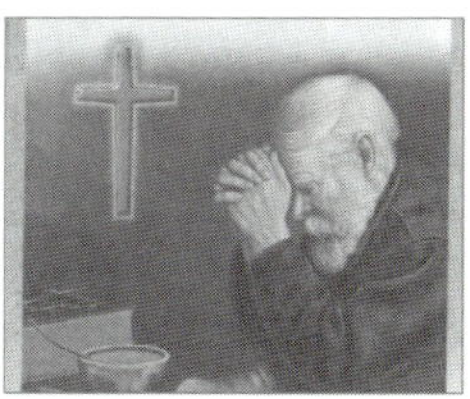

(a) 독실한   sincere, pious, religious

My grandmother is a **devout** Christian
우리 할머니는 독실한 기독교인이시다.

[어원] 『de(강조) + vou<vow(맹세하다) → (신께) 완전히 맹세한』
[TIP] devout는 원래 devote(바치다)의 과거분사 형용사다.

dis-, di-

분리 · 이탈 (away)

[스펠링 변화] 1. **dis-** 접두어는 다음 자음에 따라 스펠링이 바뀐다.
diffident 자신 없는
2. 발음이 불편할 경우 **dis-**에서 's'가 탈락된다.
digress (본론에서) 벗어나다 / **dilate** 팽창하다
divert 전환하다 / **divulge** 누설[폭로]하다

digress ★

[daigrés, di-]
딴 데로 가다

ⓥ (본론에서) 벗어나다 *swerve, deviate, turn aside*

n. digression (주제에서) 벗어남, 이탈   a. digressive 벗어나는

I'd like to **digress** for a moment. 잠깐 다른 얘기를 좀 하고 싶네요.

[어원] 『di(s)(away) + gress(go) → (본론에서) 딴 데로 가다』
[상상⁺] ag**gress**ion 공격 / e**gress** 탈출, 외출 / in**gress** 진입 / pro**gress** 진보
re**gress** 퇴보 / retro**gress** 퇴보하다 / trans**gress** 위반[역행]하다

diffident

[dífidənt]
믿음이 떨어져 있는

ⓐ 자신 없는, 수줍어하는 *shy, timid, reserved, bashful*

⇔ confident 자신 있는

n. diffidence 자신 없음, 수줍음

diffident attitude in front of other people
다른 사람들 앞에서 수줍어하는 태도

[어원] 『dif<dis(away) + fid(trust) → (자신에 대한) 믿음이 떨어져 있는』
[상상⁺] con**fid**e (비밀을) 털어놓다 / de**fi**ance 도전, 반항 / **fid**elity 충실
in**fid**elity 외도, 불충 / per**fid**y 불신

diffuse

[difjúːz]
떨어뜨려 쏟아 붓다

ⓥ (빛 · 열 · 위험 등을) 퍼지다, 분산시키다

spread, scatter, disperse, distribute

n. diffusion 유포, 분산

diffuse the political crisis 정치적 위기를 분산시키다

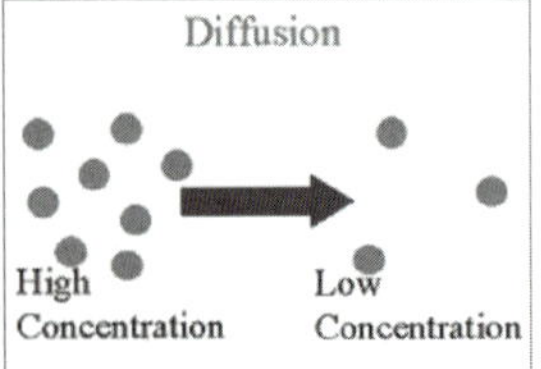

[어원] 『dif<dis(away) + fus(pour) → 떨어뜨려 쏟아 붓다』

dilapidated ★★★

[diláepədèitid]
던져진 돌에 망가진

ⓐ 황폐해진, 낡아빠진   derelict, shabby, decrepit, beat-up

a **dilapidated** cottage
낡아빠진 오두막집

[어원] 『di(s)(away) + lapid(돌을 던지다) → 던져진 돌에 완전히 망가진』
[상상⁺] **lapid**ary 보석 세공의; (글이) 잘 다듬어진

dilate ★

[dailéit, di-]
넓어지게 하다

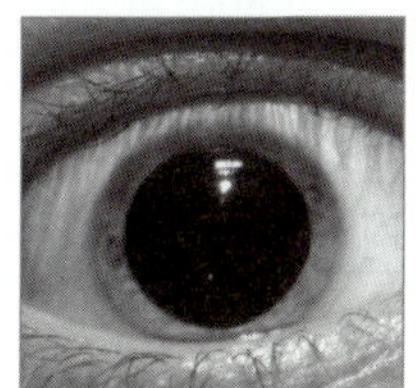

ⓥ 1. 넓히다, 팽창하다   widen, expand, enlarge ⇔ contract   수축하다
   2. 상세히 설명하다   enlarge, elaborate

dilate blood vessel 혈관을 팽창시키다
He **dilated on** his theory. 그는 자신의 이론을 상세히 설명했다.

[어원] 『di(s)(away) + lat(wide) → (원래 크기에서) 넓히다』
[TIP] dilate는 (눈의) 동공, 코 구멍, 입 등 주로 인체 기관이 넓어지고 팽창한다
      는 뜻으로 쓰인다.
[어법] dilate on : ~을 상세히 설명하다
[비교] dilatory 지연시키는

dilatory ★

[dílətɔ̀:ri / -təri]
지연시키는

ⓐ 더딘, 지연시키는   slow in doing something; tardy

a **dilatory** strategy
지연 작전

[어원] 『delay(연기하다)의 형용사 → 지연시키는』
[TIP] dilatory는 delay가 형용사로 변하면서 스펠링이 바뀐 형태다.
      delay 연기하다 → dilatory 지연시키는

dilute ★★

[dilú:t, dai-]
물을 타서 묽게 하다

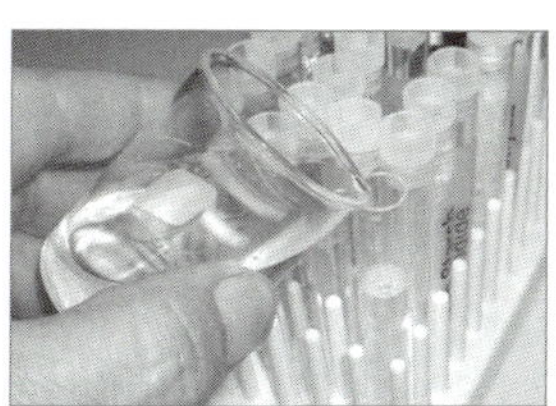

ⓥⓣ 묽게 하다, 희석시키다   weaken, attenuate, water down

n. dilution   희석

dilute alcohol **with** little water 술에 약간의 물을 타서 묽게 하다

[어원] 『di(s)(away) + lut(wash) → 물을 타서 묽게 하다』
[어법] dilute A with B : A에 B를 타서 묽게 하다
[상상⁺] **lav**atory 화장실 / **lav**ish (아주) 후한, 낭비적인 / de**lug**e 대홍수; 쇄도
      ab**lut**ion 목욕재계 / allu**vi**al 충적의

diminish ★★

[dəmíniʃ]

작아지다

ⓥⓣ 줄이다, 줄어들다　　reduce, lessen, dwindle, abate

n. diminution 감소　　　　a. diminutive 작은　tiny

diminish noxious emissions 유독 가스 배출량을 줄이다

[어원] 『di(s)(away) + mini(작은) → (덩어리에서 떨어져나가) 작아지다』
[출제포인트] 형용사 diminutive도 자주 출제되는 어휘다.
[상상⁺] **minu**te 분; 아주 작은 / **minu**scule 아주 작은

discard ★

[diskáːrd]

카드를 버리다

ⓥⓣ 버리다　　desert, forsake, get rid of, throw away

discard traditional values
전통적 가치들을 버리다

[어원] 『dis(away) + card(카드) → (게임에서 불필요한) 카드를 버리다』

disclaim ★

[diskléim]

아니라고 주장하다

ⓥⓣ 부인하다　　deny, negate, disown, repudiate

n. disclaimer　부인 성명[발표문]

Martin **disclaimed** any responsibility for the accident.
마틴은 그 사고에 대해 어떠한 책임도 부인했다.

[어원] 『dis(away) + claim(주장하다) → (자기 것이) 아니라고 주장하다』
[TIP] declaim의 명사 disclaimer에서 접미어 -er은 사람이 아니라 단지
　　　명사형 접미어로 쓰였음에 주의해야 한다
[비교] declaim 역설하다
[상상⁺] ac**claim** 환호하다 / ex**claim** 외치다 / pro**claim** 공표하다
　　　re**claim** 반환을 요구하다; 되찾다; 개간하다; 재활용하다

discomfit ★★

[diskʌ́mfit]
조화로움을 깨다

ⓥ 당황[난처]하게 하다 embarrass, disconcert, thwart, baffle

n. discomfiture 당황, 난처

The announcement **discomfited** the concerned nations.
그 발표는 관련 국가들을 난처하게 했다.

[어원] 『dis(away) + comfit(조화롭게 하다) → 조화로움을 깨다』
[TIP] discomfit은 마음속의 조화로움이 깨져 어찌할 바를 모르는 상태를 의미한다.

discrepancy ★★

[diskrépənsi]
삐걱거림

ⓝ 불일치, 차이 difference, disparity, conflict, disagreement

discrepancies between the two witnesses' remarks
두 증인 간의 진술상의 차이

[어원] 『dis(away) + crep(crack) → 서로 맞지 않아 삐걱거림』
[상상⁺] de**crep**it 노후한

disconcert ★

[dìskənsə́ːrt]
조화를 깨뜨리다

ⓥ 당황하게 하다 bewilder, embarrass, perplex, puzzle

a. disconcerting 당황하게 하는

Her sudden question **disconcerted** me.
그녀의 갑작스런 질문이 나를 당황하게 했다.

[어원] 『dis(away) + concert(조화) → (마음속의) 조화를 깨뜨리다』
[TIP] disconcert에서 concert는 음악회가 아니라 원뜻인 '조화, 협력'의 의미로 쓰인 것임을 다시 한 번 떠올리자!

discord

[dískɔːrd]
마음이 멀어짐

ⓝ 불일치, 불화 disagreement, dissension, strife, conflict

⇔ accord 일치, 조화

a. discordant 불일치하는, 부조화의

racial **discord** 인종간의 불화

[어원] 『dis(apart) + cord(heart) → 마음이 멀어짐』
[상상⁺] **cord**ial 진심어린 / con**cord** 일치, 조화

discreet ★★

[diskrí:t]
(사람이) 구별하는

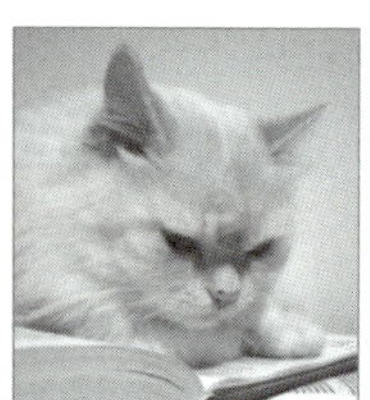

ⓐ 신중한, 분별력 있는   prudent, circumspect, judicious, provident

⇔ indiscreet 무분별한

n. discretion   신중함, 분별력

She's very **discreet** about love.
그녀는 연애에 대해 매우 신중하다.
[어원] 『dis(away) + cre(e)t(separate) → (사람이) 구별하는』
[비교] discrete 분리된, 구별되는
[출제포인트] 형용사 discreet과 함께 명사 discretion도 출제되었다.

discrete ★★

[diskrí:t]
구별되는

ⓐ 분리된, 구별되는   clearly separate; distinct

n. discreteness   분리성

Psychiatry is **discrete** from psychology.
정신의학은 심리학과 구별된다.
[어원] 『dis(away) + cret(separate) → 구별되는』
[TIP] discreet과 discrete은 생김새가 아주 비슷해서 혼동하기 쉬우나,
discrete에서 e와 e가 떨어져 있는 것을 '분리된'의 뜻이라고 외우면
혼동되지 않는다.

discursive

[diskə́:rsiv]
이리저리 뛰어다니는

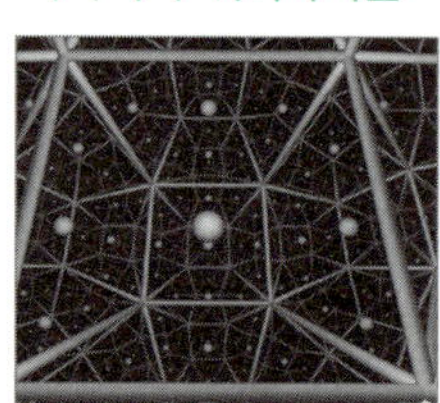

ⓐ (말·글이) 산만한   desultory, digressive, rambling

a **discursive** discussion
산만한 토론

[어원] 『dis(apart) + curs(run) → 이리저리 막 뛰어다니는』
[TIP] discursive와 desultory는 어원과 뜻이 거의 같은 완전 동의어이므로
꼭 함께 외우자!

disdain ★

[disdéin]
위엄의 반대

ⓝ 경멸   scorn, contempt, indignity

ⓥⓣ 경멸하다   despise, look down on, sneeze at

a. disdainful   경멸적인   contemptible, despicable

She watched me with **disdain**. 그녀는 나를 경멸의 눈초리로 봤다.

[어원] 『dis(away) + dain(dignity) → 위엄의 반대』
[상상+] **dign**itary 고위 인사 / in**dign**ity 모욕, 경멸 / in**dign**ation 분개
deign 황송하게도 ~하다

disguise ★

[disgáiz]
옷을 바꿔 입다

ⓥ 1. (감정을) 숨기다   hide, cloak, dissemble, dissimulate

2. 변장[위장]하다   camouflage

ⓝ 변장, 위장   mask, cloak

Don't **disguise** your feelings. 너의 감정을 숨기지 매!
She **disguised** herself as a man. 그녀는 남자로 변장했다.
a police officer in **disguise** 변장한 경찰관

[어원] 『dis(away) + guise(옷) → 옷을 바꿔 입다』

dishearten

[dishá:rtn]
용기를 잃게 하다

ⓥ 실망[낙담]시키다   discourage, disappoint, depress, let down

a. disheartening   실망[낙담]시키는

The result of the election **disheartened** all of us.
선거 결과는 우리 모두를 실망시켰다.

[어원] 『dis(away) + hearten(용기를 주다) → 용기를 잃게 하다』
[상상+] **heart**y 진심어린 / **heart**less 잔인한, 냉혹한

disingenuous

[dìsindʒénjuːəs]
정직하지 않은

ⓐ 음흉한, 부정직한   insincere, insidious, sly, cunning, guileful

⇔ ingenuous   순진한

make a **disingenuous** scheme 음흉한 계획을 세우다

[어원] 『dis(away) + ingenuous(정직한) → 정직하지 않은』
[TIP] disingenuous(음흉한)는 ingenuous(정직한)를 먼저 외운 후 '반대' 의
접두어 'dis-' 가 붙은 것임을 이해하자!

disintegrate

[disíntigrèit]
(통합된 것을) 해체하다

ⓥ 분해하다, 해체되다   break down, decompose ⇔ integrate   통합하다

n. disintegration   분해, 해체

The plane **disintegrated** in mid-air. 그 비행기는 공중 분해되었다.

[어원] 『dis(반대) + integrate(통합하다) → (통합된 것을) 해체하다』

dislocate

[dísloukèit]
본래 위치에서 벗어나게 하다

(vt) 1. 탈골시키다, 삐게 하다   sprain, twist

2. (일을) 망치다, 혼란시키다   spoil, disrupt, screw up

n. dislocation   탈골; 혼란   a. dislocated   탈골된

I **dislocated** my shoulder playing tennis.
테니스를 치다가 어깨가 탈골되었다.
Our outdoor gathering was **dislocated** by the bad weather.
우리의 야외 모임이 악천후로 인해 망쳐졌다.

[어원] 『dis(away) + locate(~에 위치하다) → 본래 위치에서 벗어나게 하다』
[어법] dislocate는 타동사로 쓰임에 유의해야 한다.
         dislocate my ankle : 발목을 삐다

dislodge

[dislɑ́dʒ / -lɔ́dʒ]
박힌 것을 빼내다

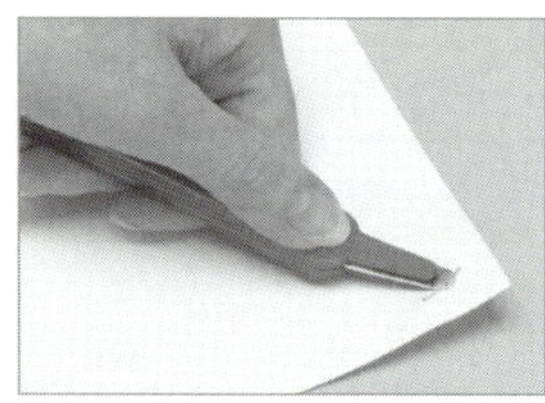

(vt) 1. 빼내다   force something out of its position; remove

2. 쫓아[몰아]내다   dispel, evict, displace, drive away

dislodge the nail with a hammer 망치로 못을 빼내다
dislodge the protesters from building
항의하는 사람들을 건물 밖으로 몰아내다

[어원] 『dis(away) + lodge(박히다) → 박힌 것을 빼내다』

dismay ★

[disméi]
~할 가능성이 없어지다

(vt) 당황하게 하다, 낙담시키다   embarrass, disappoint, let down

(n) 당황, 실망   bewilderment, disappointment

The poor election turnout **dismayed** politicians.
저조한 투표율이 정치인들을 당황하게 했다.
Much to his **dismay**, she was lying.
그에게 너무 실망스럽게도 그녀는 거짓말을 하고 있었다.

[어원] 『dis(away) + may(~할지도 모른다) → ~할 가능성이 없어지다』
[TIP] ~할 가능성이 완전히 없어지면 당연히 당황하고 낙담하게 된다.

disown

[disóun]

인정하지 않다

ⓥ 부인[부정]하다　deny, repudiate, renounce, disclaim, negate

How can you **disown** your own family?
넌 어떻게 너의 가족을 부정할 수가 있니?

[어원] 『dis(away) + own(인정하다) → 인정하지 않다』
[상상⁺] **owe** 빚지고 있다 / **ough**t to V ~해야 한다

disparage ★★

[dispǽridʒ]

같지 않게 보다

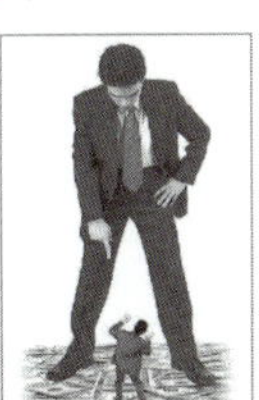

ⓥ 비난하다　deprecate, censure, denounce, condemn

a. disparaging　비난하는

disparage his artistic work　그의 예술 작품을 비난하다

[어원] 『dis(반대) + par(같은) → 같지 않게 보다』
[TIP] 우리말에서 '아! 진짜 같잖은 게…'라고 하면 상대를 업신여기고 비난하는 말이다.
[상상⁺] dis**par**ity 차이 / non**par**eil 비길 데 없는

disparity ★★★

[dispǽrəti]

같지 않은 상태

ⓝ 차이　difference, discrepancy ⇔ **parity** 동등

a. disparate　다른, 상이한

the economic **disparities** between South and North Korea
남북한 간 경제적 차이
many **disparate** ideas 많은 다른 생각들

[어원] 『dis(반대) + par(같은) → 같지 않은 상태』
[출제포인트] 형용사 disparate도 기출 어휘다.

dispel

[dispél]

멀리 밀어내다

ⓥ 쫓아[몰아]내다　dislodge, evict, displace, drive away

dispel fixed ideas 고정관념들을 없애다

[어원] 『dis(away) + pel(push) → 멀리 밀어내다』
[상상⁺] com**pel** 강요하다 / im**pel** (~하도록) 시키다 / ex**pel** 추방하다
pro**pel** 추진하다 / re**pel** 쫓아 버리다, 격퇴하다

dispatch ★★

[dispǽtʃ]

발을 내딛게 하다

(vt) 1. 급파하다, 배송하다　send, transmit

2. (신속히) 해치우다　beat

(n) 급파; 전갈, 메시지　message

Goods are **dispatched** within 24 hours.
상품들은 24시간 내에 배송된다.
Our team **dispatched** the opponent 10-2.
우리 팀은 상대 팀을 10대 2로 물리쳤다.
 receive a **dispatch** from headquarters
본부로부터 전갈을 받다

[어원] 『dis(away) + pat<ped(foot) → 발을 내딛게 하다』
[TIP] dispatch는 기본적으로 '보내다'가 중심 의미다.
　　　1. 사람, 물건을 보내다 → 급파[배송]하다
　　　2. 상대를 보내버리다 → 해치우다

dispense ★★★

[dispéns]

무게를 달아서 주다

(vt) 1. 나눠 주다, 분배하다　distribute　　2. (약을) 조제하다

(vt) ~없이 지내다　do[go] without

n. dispensation　분배; (특별) 허가　　n. dispensary　(병원 내의) 약국

n. dispenser　분배기, 디스펜서

a. dispensable　없어도 될 ⇔ indispensable　없어서는 안 될, 필수적인

Villagers **dispensed** their indigenous products to visitors.
마을 사람들은 그들의 특산물을 방문객들에게 나누어주었다.
dispense justice 법을 시행하다
dispense the correct dosage of medicines
정확한 복용량의 약을 조제하다.
Let's **dispense with** the formalities. shall we?
형식에 구애받지 맙시다. 어때요?

[어원] 『dis(away) + pens(weigh) → (정확히) 무게를 달아서 주다』
[어법] dispense with : ~없이 지내다
[출제포인트] 1. **dispense with**(~없이 지내다)는 집중 출제되는 숙어다.
　　　　　2. dispensary(진료소), indispensable(필수적인) 역시 기출 어휘다.

disperse ★

[dispə́:rs]
흩어지게 하다

ⓥ 흩어지다, 해산시키다　dissipate, disband, dispel, scatter

use tear gas to **disperse** the crowd
군중을 해산시키기 위해 최루탄을 사용하다

[어원]　『di(s)(away) + sperse(sparse) → 드문드문 흩어지게 하다』
[TIP]　disperse = dissipate는 늘 함께 외우자!

displace

[displéis]
멀리 치워놓다

ⓥt 1. 대체하다　replace, substitute, supersede, supplant

　　2. 밀어내다, 없애다　dispel, dislodge

n. displaced person　피난민　refugee

immigrants who **displace** Korean workers
한국인 노동자들을 대체하는 외국인 이주민들
a project to **displace** rural poor communities
가난한 농촌 사회를 없애기 위한 계획

[어원]　『dis(away) + place(놓다) → (원래 장소에서) 멀리 치워놓다』
[TIP]　기존에 있는 것을 2. **밀어내고** 다른 것이 오면 1. **대체하는** 것.
[상상⁺]　mis**place** (물건을) 잘못 두다

disprove ★

[disprú:v]
반대 증명을 들다

ⓥt 반증을 들다　show that something is wrong; rebut, refute, retort

disprove his allegation　그의 주장에 반증을 들다

[어원]　『dis(반대) + prove(증명하다) → 반대의 증명을 들다』
[TIP]　disprove는 ~이 잘못되었다는 것을 증명하는 것이다.
[상상⁺]　ap**prove** 승인하다 / im**prove** 개선하다 / re**prove** 혼내다

dispose ★★★

[dispóuz]
떨어뜨려 놓다

Ⓥⓣ 1. 배열하다　arrange　　2. ~하고 싶게 하다　incline

Ⓥⓘ ~을 없애다, 처분[처리]하다　sell, get rid of, deal with

n. disposition　성격, 기질　temperament　　n. disposal　처분

a. disposable　처분할 수 있는; 일회용의

dispose flowers in the reception hall
꽃들을 환영회장에 배열하다
I don't feel **disposed** to argue with you.
나는 너와 다투고 싶지 않아.
dispose of shares to realize capital gains
차익 실현을 위해 주식을 팔다
dispose of the problem 그 문제를 다루다

[어원] 『dis(away) + pos(put) → 1. 따로따로 떨어뜨려 놓다 → 배치하다
　　　　　　　　　　　　　2. 멀리 떨어뜨려 놓다 → 처분하다』
[어법]　dispose of : ~을 없애다, 처분하다
[출제포인트]　dispose는 타동사의 의미보다 **dispose of**가 집중 출제되므로
　　　　　　동의어와 함께 철저히 암기하자!

disregard

[dìsrigá:rd]
존중하지 않다

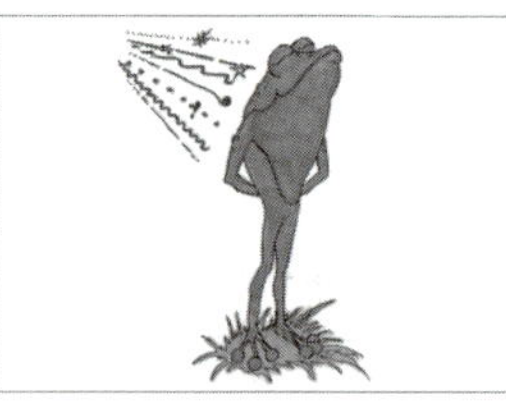

Ⓥⓣ 무시하다　ignore, neglect, snub

Ⓝ 무시　lack of attention and due care

disregard one's obligation 자신의 의무를 무시하다
disregard for the law 법에 대한 무시

[어원] 『dis(away) + regard(존중하다) → 존중하지 않다』

disrupt ★

[disrʌ́pt]
산산이 부수다

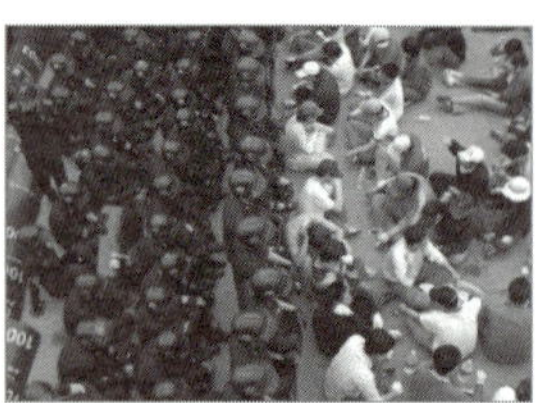

Ⓥⓣ 막다, 방해하다　prevent, disturb, hinder, clog

n. disruption　방해, 중단　　a. disruptive　방해하는, 중단시키는

Anti-war protesters **disrupted** the debate.
반전 시위자들이 그 회담을 막았다.

[어원] 『dis(apart) + rupt(break) → 산산이 부숴버리다』

dissect ★

[disékt, dai-]
잘라서 가르다

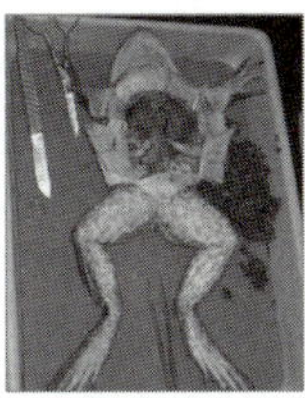

ⓥ 1. 해부하다   anatomize   2. 분석하다   analyze, break down

n. dissection   해부; 분석

dissect the corpse 시체를 해부하다
dissect the result of the election 선거 결과를 분석하다

[어원] 『dis(apart) + sect(cut) → 잘라서 가르다』
[상상⁺] **sect**ion 분할; 구역 / bi**sect** 양분하다 / in**sect** 곤충

disseminate ★★★

[disémənèit]
널리 씨를 뿌리다

ⓥ (정보를) 널리 알리다, 유포시키다   spread, scatter, distribute

Her findings have been widely **disseminated**.
그녀가 발견한 사실들은 널리 유포되었다.

[어원] 『dis(away) + semin(seed) → 널리 씨를 뿌리다』
[TIP] seminar → 정보를 널리 알리는 모임
     disseminate → (정보를) 널리 알리다, 유포시키다

dissipate ★★

[dísəpèit]
멀리 던져버리다

ⓥ 1. 흩어지다, 약화시키다   scatter, disperse

2. 낭비하다   waste, squander

The smoke was **dissipated** by breeze. 연기가 산들바람에 흩어졌다.
Don't **dissipate** valuable time. 귀중한 시간을 낭비하지 마라.

[어원] 『dis(away) + sip(throw) → 멀리 던져버리다』

distort ★

[distɔ́:rt]
비틀어버리다

ⓥ 1. 일그러뜨리다   deform, disfigure   2. 왜곡하다   pervert

n. distortion   일그러뜨림; 왜곡

Tall buildings can **distort** radio signals.
큰 건물들은 라디오 신호를 교란시킬 수 있다.
The country is trying to **distort** history.
그 나라는 역사를 왜곡하려 하고 있다.

[어원] 『dis(away) + tort(twist) → (원래 모양을) 비틀어버리다』
[상상⁺] con**tort** 일그러뜨리다 / ex**tort** 강탈하다 / re**tort** 반박[응수]하다

distend

[disténd]
멀리 뻗다

(v) 부풀다, 팽창하다   widen, swell, dilate, extend

n. distension 팽창

his intestine **distended** with gas 가스로 팽창된 그의 장

[어원] 『dis(away) + tend(stretch) → 멀리 뻗다』

─[뉘앙스]─

distend (내부 압력에 의해) 부풀다, 팽창하다
 – a **distended** stomach 팽창된 복부
extend (시간을) 연장하다, (공간을) 확장하다
 – **extend** the deadline 마감 시한을 연장하다
expand (크기·양이) 커지다, 확장[팽창]하다
 – The computer industry has **expanded** greatly.
컴퓨터 산업이 크게 확장되었다.
dilate (눈·콧구멍 등이) 넓어지다, 팽창하다
 – Her pupils **dilated**. 그녀의 동공이 커졌다.

distract ★★

[distrǽkt]
딴 데로 끌다

(vt) (주의를) 산만하게 하다   divert, confuse

n. distraction 산만함; 오락거리   entertainment

a. distracting 산만하게 하는

a. distraught (정신) 산란한, 불안한

Don't **distract** me while I'm driving! 운전 중에 산만하게 하지 마!

[어원] 『dis(away) + tract(draw) → (정신을) 딴 데로 끌다』
[상상⁺] at**tract** 매력을 끌다 / con**tract** 계약하다; 수축하다
de**tract** (가치를) 떨어뜨리다 / ex**tract** 추출하다

diverge ★

[divə́:rdʒ, dai-]
딴 데로 휘다

(vt) 1. 갈리다, 다르다   differ, vary

2. (길이) 갈라지다   divide ⇔ converge   합쳐지다

n. divergence 분기, 분화   a. divergent   갈리는, 분화되는

Reality **diverges** from your thought. 현실은 너의 생각과는 다르다.
The two roads **diverge** here. 그 두 도로는 여기서 갈라진다.

[어원] 『di(s)(apart) + verg(bend) → 딴 데로 휘다, 바뀌다』
[상상⁺] **verge** 가장자리 / on the **verge** of ~ing ~ 직전에 있다

divert

[divə́:rt, dai-]
딴 데로 바꾸다

ⓥ 1. 바꾸다, 전환하다   convert   2. 산만하게 하다   distract

n. diversion   전환; 기분 전환   a. diverting   기분 전환시키는

The company should **divert** more resources into research.
그 회사는 더 많은 자원을 연구 분야로 전환해야 한다.
an attempt to **divert** attention from the election
선거에서 딴 데로 관심을 돌리려는 시도

[어원] 『di(s)(away) + vert(turn) → (용도 · 방향을) 딴 데로 바꾸다』
[출제포인트] 명사 diversion(기분 전환)이 출제되었다.

diverse ★

[divə́:rs, dai-, dáivə:rs]
딴 것으로 바뀐

ⓐ 다양한, 갖가지의   various, varied, miscellaneous, sundry

n. diversity   다양성   – a **diversity** of opinions   다양한 의견들

vt. diversify   다양화하다   a. diversified   다양해진

diverse political views 다양한 정치적 견해들

[어원] 『di(s)(away) + vers(turn) → (여러 가지) 다른 것으로 바뀐』
[출제포인트] 표제어 diverse뿐만 아니라 동사 diversify도 함께 출제된다.

divulge

[diváldʒ, dai-]
대중에게 알리다

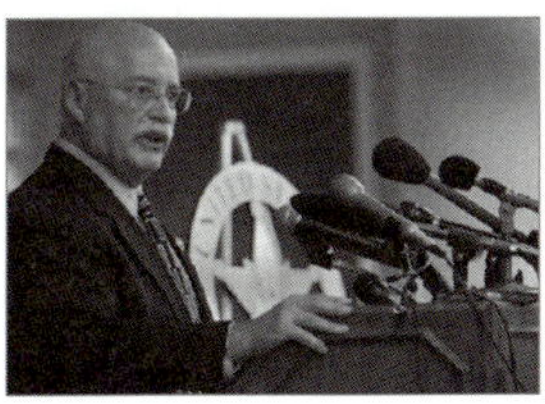

ⓥ 누설[폭로]하다   reveal, disclose, uncover, unveil

The official declined to **divulge** the suspect's identity.
그 관리는 용의자의 신원 공개를 정중히 거절했다.

[어원] 『di(s)(away) + vulg(people) → (비밀을) 대중에게 알리다』
[상상⁺] **vulg**ar 저속한, 거친 / **vulg**arize 저속하게 만들다

en-, em-

1. 동사형성 (make)
2. 안에 (in)

 **embargo**

[embá:*r*gou]
금지하다

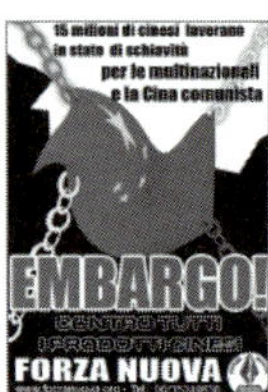

ⓥ (무역상의) 제재, 금지

sanctions, prohibition, proscription, interdiction

an **embargo** against the country 그 나라에 대한 무역 제재

[어원] 『em(make) + bar(금지) → 금지하다』
[TIP] embargo 안의 bar(금지하다)에 주목하면 쉽게 외워진다.

 **embark** ★

[embá:*r*k, im-]
배 안에 들어가다

ⓝ 승선   embarkation

ⓥ 1. (배 · 비행기에) 타다   board ⇔ disembark   내리다, 상륙하다

2. 시작하다   initiate, launch, commence, enter into

Many people were waiting to **embark**.
많은 사람들이 배를 타기 위해 기다리고 있었다.
embark on a new project
새로운 프로젝트를 시작하다

[어원] 『em(안) + bark(배) → 배 안에 들어가다』
[어법] embark on : ~을 시작하다
[출제포인트] **embark on**(시작하다)이 주로 출제된다.

embellish ★

[imbéliʃ, em-]
아름답게 만들다

ⓥ 1. 장식하다　decorate, adorn, beautify, bedeck

2. (이야기를) 꾸미다, 윤색하다　embroider

n. embellishment　장식　ornament

embellish the garden with colorful flowers
정원을 다채로운 색의 꽃들로 꾸민다.
He **embellished** the tale. 그는 그 이야기를 재미있게 꾸며서 이야기했다.

[어원]　『em(make) + bell(beauty) → 아름답게 만들다』
[어법]　embellish A with B : A를 B로 장식하다
[상상⁺]　**belle** 미인

emblem ★

[émbləm]
엠블럼

ⓝ 상징　symbol, logo, trademark

A four-leaf clover is a lucky emblem.
네잎 클로버는 행운의 상징이다.

[어원]　『em<en(안) + bl<balle(throw) + em(명접)
　　　　　→ (생각을 그림) 안에 던져 넣은 것』
[TIP]　'엠블럼' 은 외래어로도 쓰이고 있다.

embolden ★

[embóuldən]
용감하게 하다

ⓥ 용기를 주다, 대담하게 하다　encourage, inspire, invigorate, buoy up

The general **emboldened** his soldiers.
그 장군은 병사들에게 용기를 주었다.

[어원]　『em(make) + bold(용감한) → 용감하게 하다』

embody

[embádi / -bɔ́di]
실체를 불어넣다

ⓥ 1. 구체화하다, 나타내다　substantiate, incarnate, represent, stand for

2. 포함하다　include, embrace

The President **embodied** a new vision.
대통령은 새로운 비전을 구체화했다.
The car **embodies** many new conveniences.
그 자동차는 여러 가지 새로운 편리한 기능들을 포함하고 있다.

[어원]　『em(in) + body(실체) → (추상적인 것에) 실체를 불어넣다』

embrace

[embréis]

두 팔로 안다

ⓥⓣ 1. 껴안다, 포옹하다   hug

2. (기꺼이) 받아들이다   accept;   포함하다   include

ⓝ 포옹   embrace

Susan warmly **embraced** his son.
수잔은 그의 아들을 따뜻하게 껴안았다.
North Korea should **embrace** the system of free trade.
북한은 자유무역 체제를 기꺼이 받아들여야 한다.

[어원] 『em(make) + brace(two arms) → 두 팔로 안다』

embroil

[embrɔ́il]

타는 것에 집어넣다

ⓥⓣ (싸움에) 말려들게 하다   involve, entangle, ensnare, enmesh

I **became embroiled in** an argument with the taxi driver.
난 택시 기사와의 논쟁에 휘말렸다.

[어원] 『em(in) + broil(burn) → 타는 것 안에 집어넣다』
[어법] become embroiled in : ～에 말려들다

embryo ★

[émbriòu]

안에서 부푸는 것

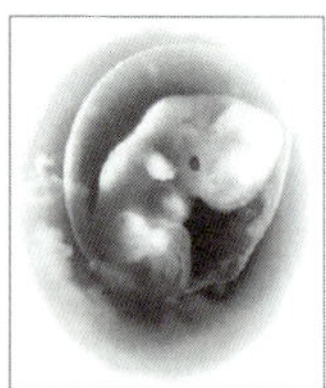

ⓝ 1. 태아   fetus   2. 초기 단계   a very early stage of development

ⓐ embryonic   초기 단계인

The system still exists **in embryo**.
그 시스템은 아직 초기 단계에 있다.

[어원] 『em＜en(안) + bryo(swell) → 뱃속에서 부풀어 오르는[자라는] 것』
[TIP] 계획이나 일이 **태아 단계**에 있다는 것은 아직 **초기 단계**에 있음을 뜻한다.
[상상⁺] **brew** (맥주를) 양조하다; (맛을) 우려내다
[출제포인트] embryo는 **초기 단계에 있는**의 의미가 출제된다.

eminent ★

[émənənt]
밖으로 튀어나온

ⓐ 유명한, 저명한 **famous, celebrated, notable, prestigious**

an **eminent** scholar, Einstein 저명한 학자, 아인슈타인

[어원] 『e(x)(out) + min(protrude) → 밖으로 튀어나온』
[TIP] 튀어 나오면 눈에 잘 띄게 되고, 이것이 곧 '저명한'이다!
[뉘앙스] famous 유명한
　　　　eminent 저명하면서도 존경 받는

emissary ★

[émǝsǝri]
밖으로 내보내는 사람

ⓝ 특사, 사자(使者) **messenger, ambassador, envoy**

send a close aide as an **emissary** 측근 보좌관을 특사로 보내다

[어원] 『e(x)(out) + mis<mit(send) → 밖(외국)으로 내보내는 사람』
[비교] emission 배출(물질)

emit ★★

[imít]
밖으로 내보내다

ⓥ 방출[배출]하다 **spew, release, discharge, give off**

n. emission 배출(물질), 배기가스

Hydrogen fuel cells **emit** no CO_2 emissions.
수소 연료 전지는 이산화탄소를 전혀 배출하지 않는다.
[어원] 『e(x)(out) + mis<mit(send) → 밖으로 내보내다』
[발음주의] 에밑(X) → 이밑(O)
[상상+] dis**miss** 해고하다; 떨쳐버리다 / o**mit** 빠뜨리다, 빼먹다
　　　　pre**mise** 전제; (건물 앞) 부지 / re**mit** 송금하다; 용서하다
　　　　re**miss** 태만한 / sur**mise** 추측하다 / sub**mit** 복종하다; 제출하다

empirical

[empírikǝl]
시도해보는

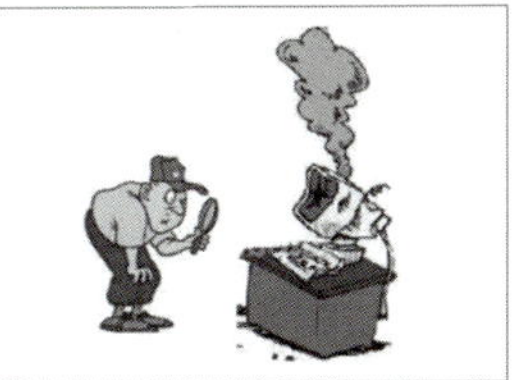

ⓐ 경험적인 **based on practical experience; experimental**

⇔ theoretical 이론적인

believe only **empirical** evidence 경험적인 증거만을 믿다

[어원] 『em(in) + piri(try) → (실제로) 시도해보는』

VOCA MASTER

 **empower** ★★

[empáuər]
권한을 만들어주다

ⓥ 권한을 주다 authorize, entitle, qualify

empower him **to** appoint a representative
그에게 대표자를 임명할 권리를 주다

[어원] 『em(make) + power(힘) → 힘(권한)을 만들어주다』
[어법] empower A to V : A에게 ~할 수 있는 권한을 주다
[상상⁺] super**power** 초강대국 / over**power** (힘으로) 제압하다

 **enact**

[enǽkt]
법을 만들다 / 연기하다

ⓥ 1. 제정하다 legislate   2. 연기하다 act on a stage

enact a tax reform bill 세금 개혁 법안을 제정하다
enact the part of the grandfather 할아버지 역할을 연기하다

[어원] 『en(make) + act(법 · 연기) → 법을 만들다 / 연기하다』
[TIP] act에는 이미 1. 행동, 연기 2. 법이라는 의미가 있음을 먼저 이해하자!
[상상⁺] re**act** 반응하다 / counter**act** 반작용하다
　　　inter**act** with 잘 지내다; 상호 작용하다 / **act**ivate 작동시키다

 **enchant**

[entʃǽnt, -tʃɑ́:nt]
노래로 매혹하다

ⓥ 매혹하다 captivate, bewitch, allure, enthrall, mesmerize

a. enchanting 매혹적인

The beautiful singer **enchanted** the audience.
그 아름다운 가수는 청중을 매혹했다.

[어원] 『en(make) + chant<cant(sing) → 노래를 불러 매혹하다』
[상상⁺] re**cant** 취소하다 / in**cant**ation 주문
　　　ac**cent** 강세; 강조 / in**cent**ive 동기 유발, 인센티브

 **encompass** ★

[inkʌ́mpəs]
둘레를 만들다

ⓥ 1. 둘러싸다, 포위하다 enclose, encircle

2. 포함하다 include

The river **encompasses** the island. 강이 그 섬을 둘러싸고 있다.
The study **encompasses** a wide range of participants.
그 연구에는 광범위한 참여자들이 포함되어 있다.

[어원] 『en(make)+compass(둘레) → 둘레를 만들다 → 둘러싸다』
[TIP] compass : 1. 나침반 2. 컴퍼스 3. 둘레, 범위의 뜻도 함께 알아두자!

encounter ★★

[enkáuntər]

반대로 마주치다

ⓥ 1. (문제·반대 등에) 부딪히다　be confronted with

2. (우연히) 만나다　come across, stumble upon, run into

The plan has **encountered** serious problems.
그 계획은 심각한 문제들에 부딪혔다.
I **encountered** him on the street. 나는 길에서 우연히 그를 만났다.

[어원]　『en(in) + counter(반대) → 서로의 방향이 반대로 마주치다』

encroach ★★

[enkróutʃ]

휘어 들어오다

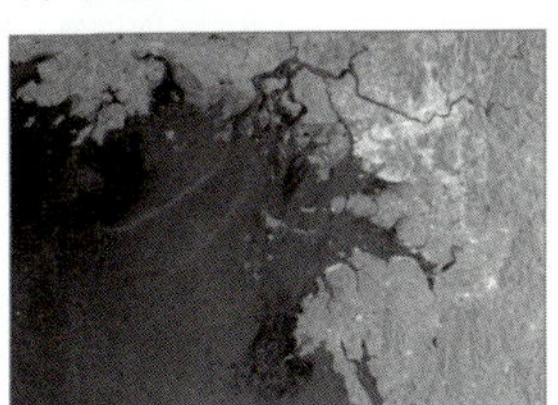

ⓥ 침해하다, 잠식해 들어오다　trespass, infringe, intrude

n. encroachment　침해, 잠식

encroach on the freedom of the individual　개인의 자유를 침해하다

[어원]　『en(in) + croach(crook) → 안으로 (조금씩) 휘어 들어오다』
[어법]　encroach on : 침해하다, 잠식해 들어오다

encumber ★

[enkʌ́mbər]

～ 안에 짐을 지우다

ⓥ 짐을 지우다, 방해하다　burden, hamper, obstruct, impede

Our new project was **encumbered** with bureaucracy.
우리의 새 프로젝트가 관료주의로 방해받고 있다.

[어원]　『en(in) + cumber(hindrance짐) → ～ 안에 짐을 지우다』
[TIP]　cumber 자체가 짐(hindrance)이라는 것을 먼저 이해하면 encumber가
　　　　쉽게 이해된다.
[상상⁺]　**cumber**some 짐이 되는, 다루기 힘든

endemic ★

[endémik]

특정 사람들에게만 있는

ⓐ 풍토성의, 국지적인　confined to a certain region; indigenous

an **endemic** disease　풍토병

[어원]　『en(in) + dem(people) → 특정 지역 사람들에게만 있는』
[비교]　epidemic 전염병 / pandemic (광범위한) 전염병
　　　　→ endemic / epidemic / pandemic을 함께 외우자!
[상상⁺]　**dem**ocracy 민주주의 / **dem**agogue 선동 정치가
　　　　demography 인구통계학

endorse ★★★

[endɔ́ːrs]
뒷면에 쓰다

ⓥⓣ 1. (수표에) 이서하다   sign your name on the back of a check

2. 승인[지지]하다   support, approve, espouse, buttress

n. endorsement   이서; 승인, 지지

I fully **endorse** the economic policy.
나는 그 경제 정책을 전적으로 지지한다.

[어원] 『en(make) + dors(back) → (수표) 뒷면에 쓰다』
[TIP] 수표나 문서에 1. **이서(서명)한다**는 것은 그 수표나 문서에 대해 2. **승인, 지지**의 의사를 표명하는 것이다.
[출제포인트] endorse는 시험에서 주로 **승인[인정]하다**의 의미로 출제된다.
[상상⁺] **dor**sal 등의   - **dor**sal fin 등지느러미

engender ★★

[endʒéndər]
탄생시키다

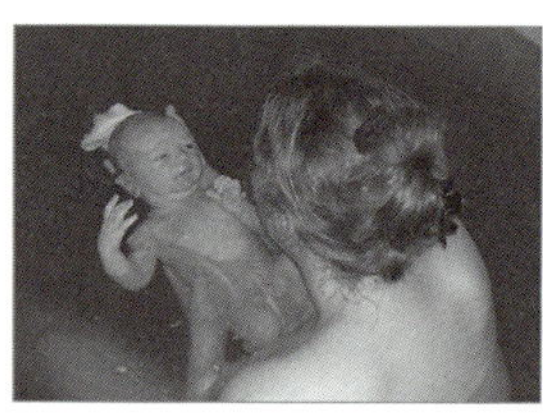

ⓥⓣ 발생[야기]시키다   generate, effect, beget, bring about, give rise to

policies that have **engendered** controversy
논란을 일으켜왔던 정책들

[어원] 『en(make) + gen(birth) → 탄생시키다』
[상상⁺] **gen**ius 천재 / **gen**ocide 대학살 / **gen**teel 품위 있는

engross ★

[engróus]
전체적으로 빠져들다

ⓥⓣ ~에 열중[몰두]하게 하다   occupy, immerse, absorb

I **engrossed myself in** the movie. = I **was engrossed in** the movie.
나는 그 영화에 몰두했다.

[어원] 『en(in) + gross(whole) → 전체적으로 빠져들다』
[어법] engross oneself in = be engrossed in 형태로 쓰임.

enhance ★

[enhǽns, -hάːns]
(수준을) 높이다

ⓥ 높이다, 향상시키다 improve, boost, ameliorate, refine

The soft music **enhanced** the atmosphere in the room.
부드러운 음악이 그 방의 분위기를 고조시켰다.

[어원] 『en(make) + hanc(high) → (수준을) 높이다』

enjoin

[endʒɔ́in]
합치도록 만들다

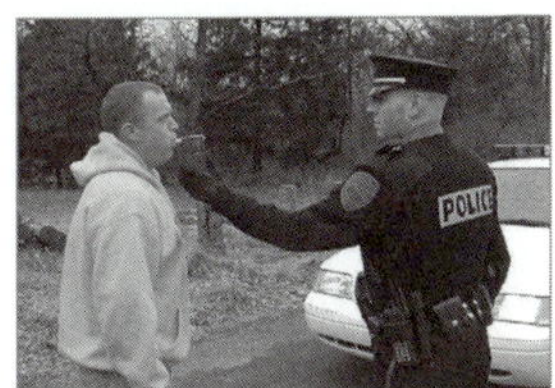

ⓥ 1. 명령하다 order, command, instruct

2. 금지하다 prohibit, proscribe, forbid, interdict

He **enjoined** me not **to** tell anyone else.
그는 내게 다른 누구에게도 말하지 말라고 명령했다.
The judge **enjoined** him **from** approaching his children.
판사는 그가 자기 아이들에게 접근하는 것을 금지했다.

[어원] 『en(make) + join(합치다) → (하나로) 합치도록 만들다』
[TIP] 1. 사람을 어떤 행위에 결합시키다 → 명령하다
2. (법원에서) ~하지 못하도록 명령하다 → 금지하다
[어법] enjoin A to V : A에게 ~하도록 명령하다
enjoin A from ~ing : A가 ~하는 것을 금지하다
[상상＋] ad**join** ~에 인접하다 / dis**join**ted 뒤죽박죽인
con**junc**tion 결합, 연결; 접속사

enmesh ★★

[enméʃ]
그물에 걸려들게 하다

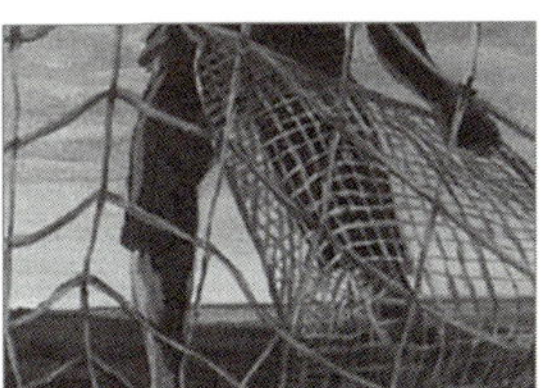

ⓥ (그물에) 걸리게[말려들게] 하다 entangle, involve, ensnare, embroil

be **enmeshed** in a quarrel 싸움에 말려들다

[어원] 『en(in) + mesh(그물) → 그물에 걸려들게 하다』

ensue ★★★

[ensú:]
뒤따르다

ⓥⓣ 뒤를 잇다, 결과로 일어나다   follow, succeed, result from

a. ensuing 뒤따르는, 잇따른   subsequent

problems that ensue from budget deficit
예산 부족으로 일어나는 문제들

[어원] 『en(make) + sue(follow) → 뒤따르다』

[어법] ensue from : ～의 뒤를 잇다

[출제포인트] 동사 ensue는 물론 형용사 ensuing도 출제된다.

[상상+] pursue 추구하다; 추적하다

entail ★★

[entéil]
잘라다 안에 두다

ⓥⓣ 수반하다, 필요로 하다   involve, require, need

The investment entails a high risk. 그 투자는 높은 위험을 수반한다.

[어원] 『en(in) + tail(cut) → 잘라다 안에 (확보해)두다』

[TIP] A entail B : A가 B를 잘라다 안에 확보해두어 필연적으로 수반하는 것

[상상+] **tail**or 재단사 / de**tail** 세부 / cur**tail** 줄이다, 삭감하다
re**tail** 소매의 ⇔ wholesale 도매의

entangle

[entǽŋgl]
엉키게 하다

ⓥⓣ 1. 얽히게 하다   make something become twisted; enmesh

2. 연루시키다   involve in an argument or a situation; implicate

The rabbit got entangled in the net. 그 토끼는 그물에 얽혀버렸다.
I don't want to become entangled with the fight.
나는 그 싸움에 연루되고 싶지 않다.

[어원] 『en(make) + tangle(엉킴) → 엉키게 하다』
[상상+] disen**tangle** 엉킨 것을 풀다

enthrall ★

[enθrɔ́:l]
노예로 만들다

ⓥⓣ 1. 노예로 만들다   enslave

2. 매혹하다   allure, captivate, mesmerize, bewitch, enchant

a. enthralling 매혹적인   charming

Her belly dance enthralled the crowd.
그녀의 벨리댄스가 관객을 매혹했다.

[어원] 『en(make) + thrall(노예) → 노예로 만들다』

[출제포인트] enthrall은 실제로 '매혹하다'의 뜻으로 많이 쓰이며 시험에서도 이
뜻이 출제된다.

entice ★★

[entáis]
불을 지피다

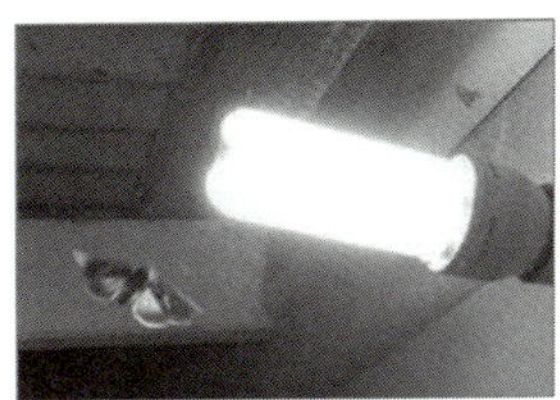

⑩ 꼬드기다, 유혹하다   fascinate, lure, cajole, inveigle

The ad **entices** young people to smoke.
그 광고는 젊은이들로 하여금 담배를 피우도록 유혹한다.

[어원] 『en(in) + tic(횃불) → (마음속에) 불을 지피다』
[TIP] entice는 무언가를 보고 충동이 불처럼 확~ 일어나게 한다는 뜻!

entitle ★

[entáitl]
제목을 붙여주다

⑩ 1. 제목을 붙이다   give a title to

2. 권리를[자격을] 주다   authorize, empower, qualify

The book was **entitled** 'Successful Stock Investment'.
그 책은 《성공적인 주식 투자》라는 제목이 붙여졌다.
entitle the foreign workers **to** extend their stay
외국인 노동자들에게 체류를 연장할 수 있는 권리를 주다

[어원] 『en(in) + title(제목) → 제목을 붙여주다』
[어법] entitle A to V : A에게 ~할 수 있는 권한을 주다
[출제포인트] entitle은 주로 **권리[권한]을 주다**로 출제된다.
[상상⁺] **titul**ar 이름뿐인, 유명무실한(nominal)

entreat

[entríːt]
잡아끌다

⑩ 간청[애원]하다   beseech, implore, supplicate, petition

She **entreated** me not to go. 그녀는 내게 가지 말라고 애원했다.

[어원] 『en(make) + treat(끌다) → 잡아끌다』
[TIP] 자기 말을 들어달라고 상대방을 잡아끄는 모양을 연상하자!
[상상⁺] **treat** (일을) 다루다; 치료하다; 대접하다 / **treat**y 조약
re**treat** 후퇴(하다) / mal**treat** 학대하다

ex-, e-

1. 밖 (out)

2. 강조 (completely)

[스펠링 변화] 1. ex- 접두어는 다음 자음에 따라 스펠링이 바뀐다.

eccentric 이상한 / **ef**face 지우다

2. 발음이 불편할 경우 ex-에서 'x'가 탈락된다

elaborate 공들인 / **e**mancipate 해방시키다

enormous 엄청난 / **e**radicate 근절하다 / **e**vict 쫓아내다

amend ★

[əménd]
잘못된 부분을 빼내다

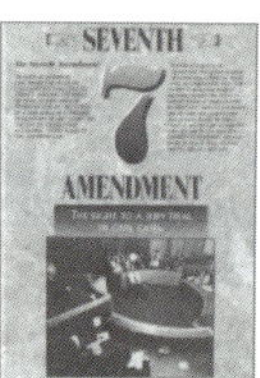

ⓥ 개정[수정]하다   revise, correct, rectify

n. amendment 개정, 수정   a. amended 수정된

amend the Constitution 헌법을 개정하다

[어원] 『a<ex(out) + mend(fault) → 잘못된 부분을 빼내다』

[TIP] amend는 emend에서 유래한 말로 발음의 편의상 바뀐 것이다.
둘 다 뜻은 같으나 현재는 amend가 더 많이 쓰인다.

[비교] amends 배상, 보상 / make amends for ~에 대해 보상하다

ebullient ★

[ibúljənt, -bʌ́l-]
끓어넘치는

ⓐ 원기 왕성한, 열정적인   exuberant, fervent, fervid, ardent

n. ebullience (넘치는) 열정

My father has an **ebullient** personality.
우리 아버지는 열정적인 성격의 소유자다.

[어원] 『e(x)(out) + bull(boil) → (열정이) 끓어넘치는』

eccentric ★

[ikséntrik, ek-]
중심에서 벗어난

ⓐ 이상한   strange, weird, extraordinary, bizarre

n. eccentricity 이상함

His behavior was a bit **eccentric**. 그의 행동은 약간 이상했다.

[어원] 『ex(out) + centr(center) → 중심에서 벗어난』

---

eclectic

[ekléktik]
골라내는

ⓐ 취사선택하는, 절충하는 selective, diverse, varied

n. eclecticism 절충주의

an **eclectic** harmony of traditional and contemporary fashion
전통적인 방식과 현대적 방식을 절충하는 조화로움

[어원] 『ec<ex(out) + lect(choose) → (여러 개 중 각각) 골라내는』
[TIP] eclectic은 elect에서 유래한 형용사로 이해하면 쉽다.

eclipse

[iklíps]
사라져 가는 것

ⓝ 1. (해·달의) 식 an occasion when the sun or the moon cannot be seen

2. 상실, 실추 lose, decline, downfall, debasement

ⓥⓣ 능가하다, ~보다 더 중요하다 surpass, overshadow, outweigh

an **eclipse** of the sun 일식
His prestige is now in **eclipse**. 그의 명성이 실추되고 있다.
The economy **eclipses** the politics. 경제가 정치보다 더 중요하다.

[어원] 『ec(ex) + lips(leave) → 밖으로 사라져 가는 것』

efface ★

[iféis]
표면을 닦아내다

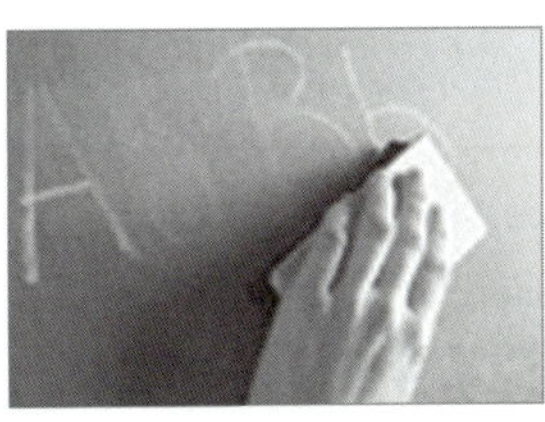

ⓥⓣ 지우다, 없애다 erase, delete, obliterate, expunge

I couldn't **efface** his past image.
나는 그의 과거 모습을 지울 수가 없었다.

[어원] 『ef<ex(out) + face(얼굴, 표면) → 표면에 묻은 것을 닦아내다』
[상상⁺] sur**face** 표면 / de**face** (외관을) 손상시키다
facet (보석의) 일면; 측면 / **faca**de (건물의) 정면

egregious ★

[igrí:dʒəs, -dʒiəs]
무리에서 벗어난

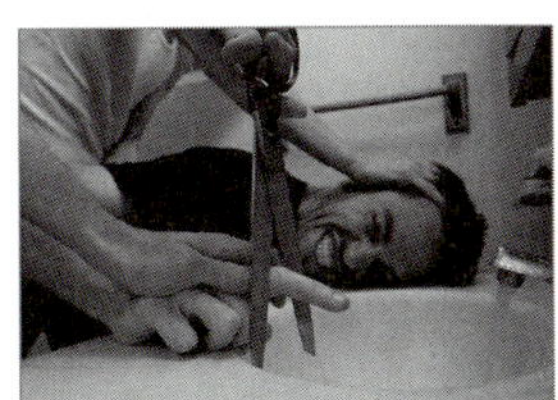

ⓐ 극악한, 처참한 awful, flagrant, atrocious, nefarious

egregious human rights violation 처참한 인권 침해

[어원] 『e(x)(out) + greg(herd) → 무리에서 벗어난』
[TIP] 동물의 무리(herd)에서 벗어나면 포식자에게 '처참하고 끔찍한' 일을
당하게 된다.

elaborate

[ilǽbərèit]
힘들게 일해 만들어낸

ⓐ 1. 정성들인, 공들인   carried out with great care; exquisite
2. 복잡한   complex, intricate, knotty, tangled
ⓥ 상세히 설명하다   enlarge, dilate, expand

an **elaborate** necklace 정성을 들인 목걸이
a very **elaborate** network 매우 복잡한 네트워크
He refused to **elaborate on** his reasons for resigning.
그는 사임하는 이유에 대해 상세히 설명하기를 거부했다.

[어원] 『e(x)(out) + labor(힘든 일) → 힘들게 일해서 만들어낸』
[TIP] elaborate은 "와~ 이거 만들려고 되게 고생했겠다!"라고 할 때 딱
그 느낌이다.
[상상⁺] **labor** 일, 노동; 산고 / **labor**atory 실험실

elapse ★

[ilǽps]
미끄러져 나가다

ⓥⓣ (시간이) 경과하다   pass, lapse, go by

More than five years have **elapsed** since the abduction.
그 유괴 사건 이후 5년도 더 지났다.

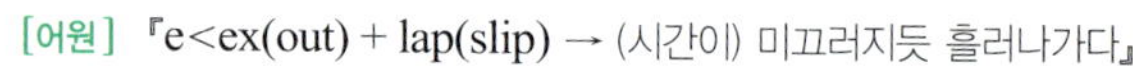

[어원] 『e<ex(out) + lap(slip) → (시간이) 미끄러지듯 흘러나가다』
[TIP] 실제로 시간은 언제 지났는지도 모르게 스르르 미끄러지듯 흘러가는 것처럼
느껴진다.

elated ★

[iléitid]
밖으로 옮기는

ⓐ (몹시) 기뻐하는   delightful, exultant, jubilant, exhilarated
n. elation 몹시 기뻐함, 의기양양

his supporters **elated** with the election victory
선거 승리에 매우 기뻐하는 그의 지지자들

[어원] 『e(x)(out) + lat(carry) → (좋은 감정을) 밖으로 옮기는』

elicit

[ilísit]
유혹하여 끌어내다

ⓥ (정보·반응을) 이끌어내다 evoke, arouse, draw forth

n. elicitation 도출

elicit a positive response 긍정적인 반응을 이끌어내다

[어원] 「e(x)(out) + lic(entice유혹하다) → 유혹하여 끌어내다」
[비교] illicit 불법적인

eligible ★★

[élidʒəbəl]
선출될 수 있는

ⓐ 자격이 있는, 적임의 qualified, competent

n. eligibility 적격성

Students **are** not **eligible for** a loan. 학생들은 대출 자격이 없다.
All adults **are eligible to** vote. 모든 성인들은 투표할 자격이 있다.

[어원] 「elect(선출하다)의 형용사 → 선출될 수 있는」
[어법] be eligible for N : ~에 대한 자격이 있다
     be eligible to V : ~할 수 있는 자격이 있다

eliminate ★★★

[ilímənèit]
경계 밖으로 내몰다

ⓥ 없애다, 제거하다 remove, eradicate, extirpate, weed out

n. elimination 제거

The credit card **eliminates** the need for cash.
신용카드는 현금을 갖고 다닐 필요가 없게 해준다.

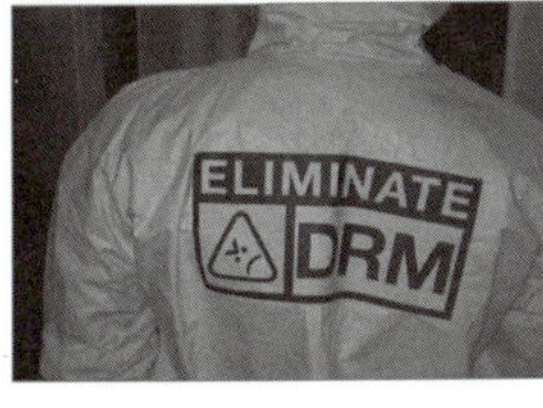

[어원] 「e(x)(out) + limin(limit) → 경계 밖으로 몰아내다」
[상상⁺] pre**limin**ary 예비의 / sub**lime** 빼어난, 훌륭한 / sub**limin**al 잠재의식의

eloquent

[éləkwənt]
말로 잘 나타내는

ⓐ 1. 말 잘하는, 달변인 able to express your ideas well

2. (의미를) 잘 나타내는 expressive

n. elocution 웅변   n. eloquence 달변

an **eloquent** speaker 달변인 연사
a look **eloquent** with sympathy 동정심을 잘 나타내는 표정

[어원] 「e(x)(out) + loq(speak) → (생각을) 말로 잘 나타내는」
[상상⁺] **loqu**tion 말투 / **loqu**acious 수다스러운 / ob**loqu**y 비방
     circum**locu**tion 완곡어법 / soli**loqu**y 독백

elucidate ★★★

[ilú:sədèit]

명백히 밝혀내다

ⓥ (명백히) 설명하다   explain, clarify, explicate, expound

n. elucidation 설명

She fully **elucidated** the problem.
그녀는 그 문제를 충분히 다 설명했다.

[어원] 「e(x)(out) + lucid(명백한) → 명백히 밝혀내다」
[상상⁺] **luc**id 명료한 / pe**luc**id 투명한 / trans**luc**ent 반투명의

elusive ★★★

[ilú:siv]

장난치듯 빠져나가는

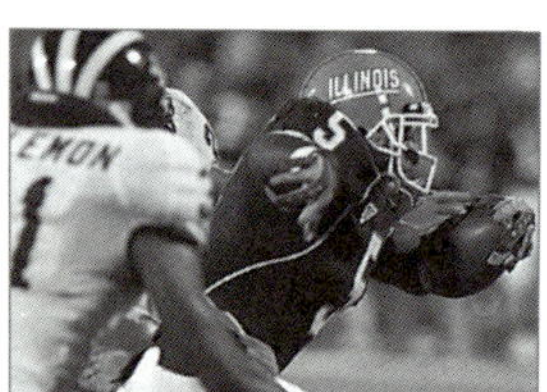

ⓐ 달아나는, 이해하기 힘든   difficult, evasive, recondite

vt. elude (교묘히) 피해가다 avoid

The problem has an **elusive** quality.
그 문제는 이해하기 힘든 성질의 것이다.

[어원] 「e(x)(out) + lus(play) → 장난치듯 (교묘히) 빠져나가는」
[TIP] 만약 외워도 외워도 까먹는 단어가 있다면 그 단어가 바로 여러분의 머리를
'장난치듯 교묘히 빠져나가는' elusive한 단어다!

emancipate ★★

[imǽnsəpèit]

붙잡아 둔 손을 풀어주다

ⓥⓣ 해방시키다   liberate, release, discharge, set free

n. emancipation 해방

emancipate all slaves in the country
그 나라의 모든 노예들을 해방시키다

[어원] 「e(x)(out) + man(hand) + cip(take) → 붙잡아 두었던 손을 풀어주다」

emasculate

[imǽskjəlèit]

남성다움을 없애다

ⓥⓣ 약화[무력화]시키다   weaken, attenuate, enfeeble, attenuate

The bill was **emasculated** by Congress.
그 법안은 국회에 의해 무력화되었다.

[어원] 「e(x)(out) + mascul(male) → 남성다움을 없애다」
[TIP] emasculate는 원래 '거세하다(castrate)'의 의미에서 '약화시키다'의
의미로 정착되었다.
[상상⁺] **mascul**ine 남성의, 남자다운

enervate

[énərvèit]
근육의 힘을 빼내다

ⓥⓣ 약화시키다, 무기력하게 하다　weaken, emasculate, attenuate, enfeeble

a. enervated 약해진, 무기력해진

a life of luxury that **enervate** the economy
경제를 약화시키는 사치 생활

[어원] 『e(x)(out) + nerv(sinew근육) → 근육의 힘을 빼내다』
[상상⁺] **nerv**ous 불안한 / **unnerve** (자신감을) 잃게 하다

enormous ★★

[inɔ́ːrməs]
표준에서 벗어난

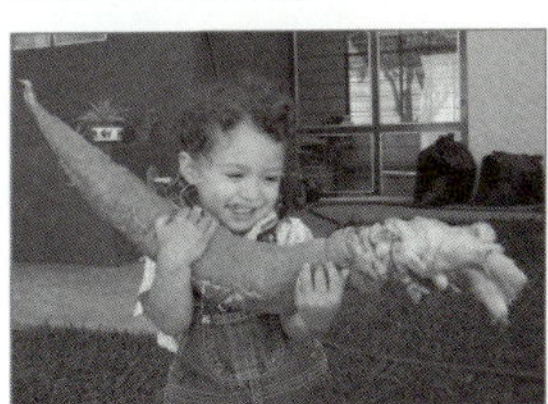

ⓐ 엄청난, 거대한　huge, immense, prodigious, colossal

n. enormity 엄청남

make an **enormous** effort　엄청난 노력을 기울이다

[어원] 『e(x)(out) + norm(표준) → 표준에서 벗어난』
[TIP] enormous는 원래 크기나 양에서 벗어나 '비정상적으로 큰'의 의미다.
[상상⁺] **norm**al 정상의, 보통의 / ab**norm**al 비정상적인

enumerate ★

[injúːmərèit]
숫자를 끌어내다

ⓥⓣ (일일이) 열거하다　name a list of things; itemize

enumerate the factors of success　성공의 요인들을 일일이 열거하다

[어원] 『e(x)(out) + numer(number) → 숫자를 하나하나 끌어내다』

eradicate ★★★

[irǽdəkèit]
뿌리를 뽑아내다

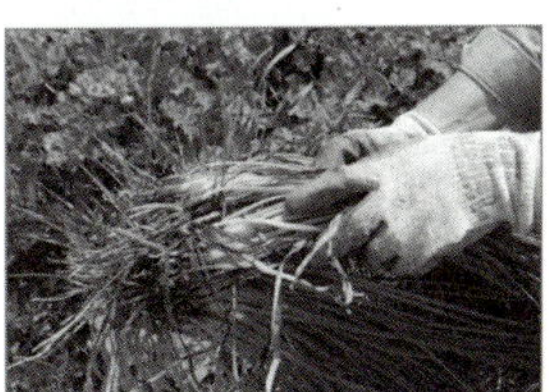

ⓥⓣ 뿌리 뽑다, 근절하다　extirpate, exterminate, eliminate, weed out

We've struggled to **eradicate** the epidemic.
우리는 그 전염병을 뿌리 뽑기 위해 엄청난 노력을 기울였다.

[어원] 『e(x)(out) + radic(root) → 뿌리를 뽑아내다』
[상상⁺] **radic**al 급격한; 급진적인

erode ★

[iróud]

갉아먹다

ⓥ 1. (토양을) 침식시키다 destroy, wear away

2. 감소[약화]시키다 reduce, gnaw, sap, attenuate

n. erosion 침식

Heavy rain has **eroded** the soil.
폭우가 흙을 침식시켰다.
Repeated failure **eroded** his confidence.
반복된 실패가 그의 자신감을 약하게 했다.

[어원] 『e(x)(out) + rod(gnaw갉아먹다) → 갉아먹어 떨어져 나가다』
[TIP] corrode(부식시키다)와 erode(침식시키다)는 어원이 같고 생김새가
비슷하지만 의미상 차이가 있으므로 유의해야 한다!

erudite ★★★

[érʤudàit]

거침에서 벗어난

ⓐ 박식한, 학식 있는 scholarly, learned, educated

n. erudition 박식함

He was **erudite** and well-informed. 그는 박식하고 정보에 밝았다.

[어원] 『e(x)(out) + rudi(rough) → 거친 상태에서 벗어난』
[상상⁺] **rude** 거친, 무례한 / **crude** 가공하지 않은; 거친
rudimentary 기초[기본]적인

erupt

[irʌ́pt]

터져 나오다

ⓥⓣ 터져 나오다, 분출하다 spurt, spew, gush, break out

n. eruption 분출, 발발

The volcano **erupted** in 1980. 그 화산은 1980년에 폭발했다.

[어원] 『e(x)(out) + rupt(burst) → 터져 나오다』
[상상⁺] bank**rupt** 파산한 / cor**rupt** 부패[타락]한 / **rupt**ure 파열; 분열
dis**rupt** 막다, 방해하다 / inter**rupt** 중단시키다

evacuate ★

[ivǽkjuèit]
내보내서 비우다

ⓥ 대피[피난]시키다, 비우다   empty, remove, void

n. evacuation 대피, 피난

evacuate injured passengers **from** the wrecked train
파괴된 열차에서 부상당한 승객들을 대피시키다

[어원] 『e(x)(out) + vacu(vacant) → 내보내서 비우다』
[어법] evacuate A from B : A를 B에서 대피시키다

evade ★

[ivéid]
밖으로 빠져나가다

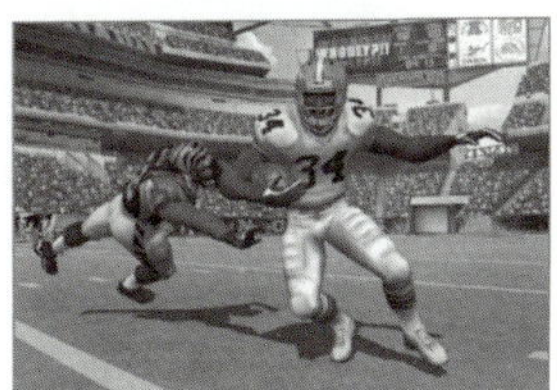

ⓥ 회피하다   avoid, circumvent, elude, shun, eschew

n. evasion 회피   – tax **evasion** 탈세

a. evasive 회피하는

set up a bogus corporation so as to **evade** taxes
탈세하기 위해 가짜 기업을 세우다

[어원] 『e(x)(out) + vad(go) → 밖으로 빠져나가다』
[상상⁺] in**vad**e 침입[침공]하다 / per**vad**e 널리 퍼지다

evaluate ★

[ivǽljuèit]
가치를 산출해내다

ⓥ 평가하다   assess, appraise, estimate

evaluate English communication skills
영어 의사소통 능력을 평가하다

[어원] 『e(x)(out) + value(가치) → 가치를 산출해내다』

evict

[ivíkt]
이겨서 쫓아내다

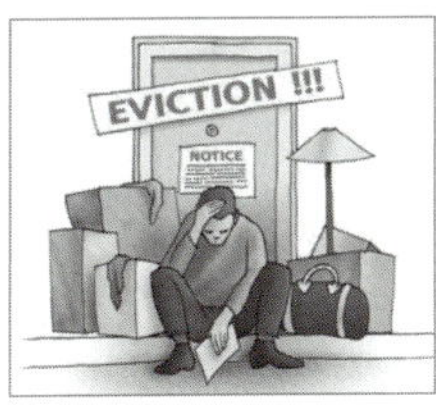

ⓥ 쫓아내다, 퇴거시키다   boot, dispel, dislodge, force out

n. eviction 쫓아냄, 퇴거시킴

evict tenants that had not paid their rent
집세를 내지 않은 세입자들을 내쫓다

[어원] 『e(x)(out) + vict(win) → (적을) 이겨서 쫓아내다』
[비교] evince (감정을) 분명히 나타내다
[상상⁺] **vict**ory 승리 / **vanq**uish 정복하다

evince ★

[ivíns]

승리의 기쁨을 나타내다

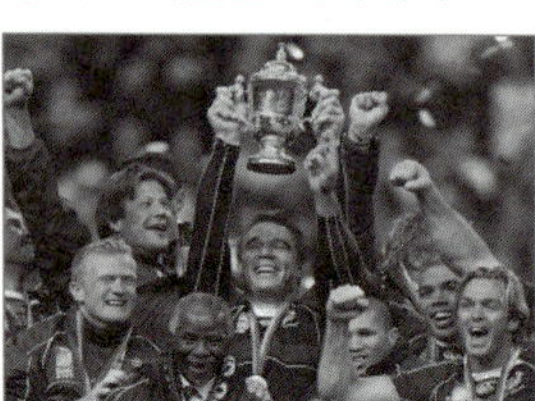

ⓥⓣ (분명히) 나타내다　show clearly, manifest, reveal

evince a preference for sports cars
스포츠카에 대한 선호를 분명히 나타내다

[어원]　『e(x)(out)+vinc(conquer) → 정복[승리]의 감정을 나타내다』
[비교]　evict (사람을) 쫓아내다, 퇴거시키다
[상상＋]　**vinc**ible 이길 수 있는 ⇔ in**vinc**ible 이길 수 없는
　　　　con**vinc**e 납득[확신]시키다 / con**vict** 유죄를 입증하다

evoke ★

[ivóuk]

불러일으키다

ⓥⓣ (감정 · 기억을) 불러일으키다　arouse, elicit, stimulate

n. evocation　(감정의) 환기, 불러일으킴

His speech **evoked** the importance of education.
그의 연설은 교육의 중요성을 환기시켰다.

[어원]　『e(x)(out) + voke(call) → 불러일으키다』

[뉘앙스]

evoke (감정 · 기억을) 불러일으키다 : 다소 부드러운 느낌
– **evoke** sympathy[memory, love] 동정심[기억, 사랑]을 불러일으키다
provoke (격한 감정 · 반응을) 일으키다 : 다소 격한 느낌
– **provoke** criticism[protest, objection] 비난[항의, 반대]을 일으키다

exacerbate ★

[igzǽsərbèit]

더 날카롭게 하다

ⓥⓣ 악화시키다　aggravate, worsen

n. exacerbation 악화

The war has **exacerbated** economy.
전쟁이 경제를 악화시켰다.

[어원]　『ex(강조) + acerb(sharp) → 좀 더 날카롭게 하다』
[상상＋]　**acid** 신 / **acri**monious 신랄한 / **acerb**ic 신랄한
[비교]　exasperate (몹시) 화나게 하다

evolve

[iválv / ivólv]
밖으로 풀려나오다

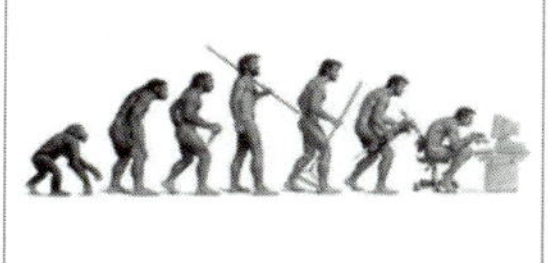

ⓥ 1. 진화하다　change gradually over a long time

2. 발전하다　develop, progress

n. evolution 진화; 발전　　　a. evolutionary 진화의

Some reptiles **evolved** from amphibians.
어떤 파충류들은 양서류에서 진화했다.
English has **evolved** for a long period of time.
영어는 오랜 기간 동안 발전해왔다.

[어원]　『e(x)(out) + volv(roll) → (내재된 것이) 밖으로 풀려나오다』
[상상+]　**vaul**t (위가) 둥근 천장 / **volu**ble 달변의 / re**volve** 회전하다
　　　de**volve** 양도[이양]하다 / in**volve** 포함하다; 연관시키다

exacting

[igzǽktiŋ]
행동을 끄집어내는

ⓐ 가혹한, 착취하는　demanding, stern, strict, stringent

She had to live up to her father's **exacting** standards.
그녀는 아버지의 가혹한 기준에 맞춰 살아야 했다.

[어원]　『ex(밖) + act(행동) → 행동을 끄집어내는』
[TIP]　**exacting**은 사정 봐주지 않고 '마구 일을 시키는'에서 유래했다.
[비교]　exact (몹시) 정확한

exaggerate ★★

[igzǽdʒərèit]
쌓아올려 크게 하다

ⓥ 과장하다　overstate, magnify

n. exaggeration 과장　hyperbole

It is impossible to **exaggerate** the importance of health.
건강의 중요성은 아무리 강조해도 지나치지 않다.

[어원]　『ex(강조) + agger(pile:더미) → 쌓아올려 크게 하다』
[TIP]　**exaggerate**에서 접두어 ex-는 '밖'이 아니라 '강조'다.
[관련]　hyperbole 과장

exalt

[igzɔ́:lt]
높이다

ⓥ 높이다, 고양시키다   elevate, raise, enhance

n. exaltation 행복   a. exalted 몹시 기쁜

His literary work **exalted** our spirit.
그의 문학 작품이 우리의 정신을 높여주었다.

[어원] 『ex(강조) + alt(high) → 높이다』
[상상⁺] **alt**itude 고도 / **alt**ar 제단
[비교] exult 몹시 기뻐하다

exasperate ★

[igzǽspərèit]
거칠게 만들다

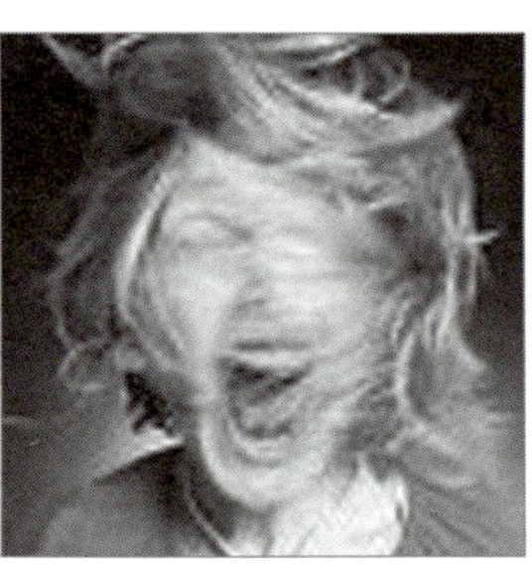

ⓥ 화나게 하다   enrage, infuriate, incense, anger

n. exasperation 격분, 격노

Your remarks like that **exasperate** me.
너의 그런 식의 말들이 나를 화나게 한다.

[어원] 『ex(out) + asper(rough) → 거친 감정이 나오게 하다』

─[뉘앙스]─

exasperate (사람을) 몹시 화나게 하다
– **exasperate** the boss 사장님을 화나게 하다
exacerbate (상황을) 악화시키다
– **exacerbate** food shortage 식량 부족을 악화시키다

참고로, exasperate에도 '악화시키다'의 의미가 있었지만
현재는 쓰이지 않고 '사람을 화나게 하다'의 의미로만 쓰인다.

excavate

[ékskəvèit]
움푹 파이게 하다

ⓥ 파내다, 발굴하다   unearth, exhume, shovel, dig up

excavate the remains of soldiers   군인들의 유해를 발굴하다

[어원] 『ex(out) + cav(hollow) → (흙을) 파내어 움푹 파이게 하다』
[상상⁺] **cav**e 동굴 / **cav**ity 충치 / con**cav**e 오목한

excise

[éksaiz, -s]
잘라내다

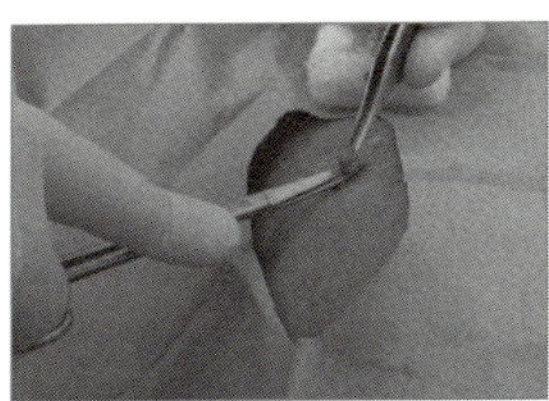

ⓥⓣ 잘라내다, 절제하다   cut out

n. excision 절제   n. 물품세   the tax that is put on goods

The tumor was **excised**. 그 종양은 절제되었다.
excises on liquor, tobacco, and oil 술, 담배, 기름에 붙는 물품세

[어원] 『ex(out) + cis(cut) → 잘라내다』
[TIP] 1. (혹·종양 등을) 잘라내다 → 절제하다
　　　 2. (제품 값에서 정부가) 잘라내 가는 돈 → 물품세
[상상⁺] con**cise** 간결한 / in**cise** (글자를) 새기다 / pre**cise** 정확한

excrete

[ikskríːt]
밖으로 분리해내다

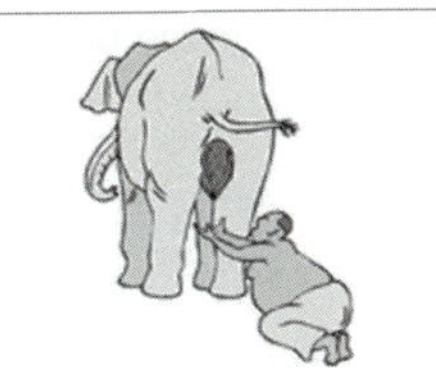

ⓥⓣ 분비[배설]하다   exude, eliminate, secrete

n. excretion 분비, 배설

Excessive vitamin C can be **excreted** in the urine.
과량의 비타민 C는 소변으로 배설될 수 있다.

[어원] 『ex(out) + cret(separate) → 밖으로 분리해내다』

exculpate

[éкskʌlpèit, iks-]
유죄에서 벗어나게 하다

ⓥⓣ 무죄로 하다   acquit, absolve, exonerate, vindicate

n. exculpation 무죄 판결

exculpate a suspect in a homicide case 살인사건 용의자를 무죄로 하다

[어원] 『ex(out) + culp(guilt) → 유죄에서 벗어나게 하다』
[상상⁺] **culp**rit 범인, 죄인 / **culp**able 비난[죄] 받을 만한

excursion

[ikskə́ːrʒən, -ʃən]
밖으로 달려 나감

ⓝ (짧은) 여행   a short journey; trip, outing

a family **excursion** on holiday 휴가 중 가족 여행

[어원] 『ex(out) + curs(run) → 밖으로 달려 나감』

exempt

[igzémpt]
밖으로 끄집어낸

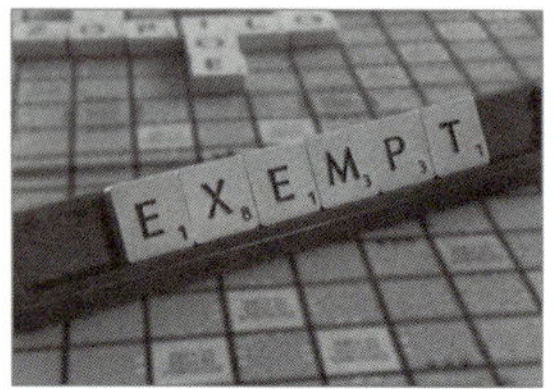

ⓐ 면제된, 면세된　not affected by something; immune

ⓥⓣ 면제[면세]시키다　absolve

n. exemption　면제, 면세

The interest **is exempt from** income tax.
이자는 소득세에서 면제된다.
exempt him **from** liability of the accident
사고에 대한 책임에서 그를 면제시키다

[어원] 『ex(out) + empt(take) → 밖으로 끄집어낸』
[어법] be exempt from : ~에서 면제[면세]되다
　　　 exempt A from B : A를 B에서 면제[면세]시키다
[상상⁺] ex**ample** 예, 실례 / per**empt**ory 단호한 / pre**empt** 선취[선매]하다

exhilarate

[igzílərèit]
기분 좋게 하다

ⓥⓣ 몹시 기쁘게 하다　exult, enrapture, overjoy

his words that **exhilarate** me　나를 몹시 기분 좋게 만드는 그의 말들

[어원] 『ex(강조) + hilar(cheerful) → 아주 기분 좋게 하다』
[상상⁺] **hilar**ious 유쾌한, 즐거운

exhort ★

[igzɔ́ːrt]
강력히 재촉하다

ⓥⓣ 촉구하다, 충고하다　urge, advise, admonish, prompt

n. exhortation　충고

Police **exhorted** the crowd **to** remain calm.
경찰들이 군중에게 진정하라고 촉구했다.

[어원] 『ex(강조) + hort(urge) → 강력히 재촉하다』
[어법] exhort A to V : A에게 ~하도록 촉구하다

exhume ★

[eks*h*jú:m]
흙을 파내다

ⓥ 무덤을 파다, 발굴하다   excavate, unearth, dig up

exhume a dead body to check the cause of death
사인을 밝히기 위해 시체를 파내다

[어원] 「ex(out) + hum(soil) → 흙을 밖으로 파내다」
[TIP] hum → soil의 결정적 어휘는 human이다.
　　　 human : 흙(soil)으로 빚어진 존재!
[상상⁺] **hum**ble 비천한, 겸손한 / **hum**ility 겸손함 / **hum**iliate 창피를 주다

exigent

[éksədʒənt]
밖으로 내모는

ⓐ 긴급한, 급박한   urgent, pressing, imperative

n. exigencies   긴급 상황

exigent circumstances of war 전쟁의 긴급한 상황

[어원] 「ex(out) + ig<ag(drive) → (행동하도록) 밖으로 내모는」
[상상⁺] amb**ig**uous 애매한 / intrans**ig**ent 비타협적인
　　　 lit**ig**ate 제소하다 / nav**ig**ate 항해하다 / prod**ig**al 낭비하는

exile

[égzail, éks-]
밖으로 추방됨

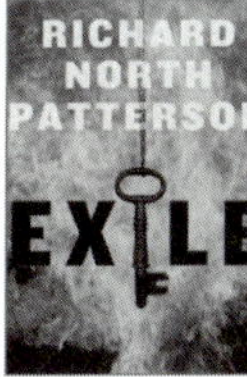

ⓝ 1. 망명, 피신   the state of forced absence from one's country

2. 망명자   someone who is in exile

ⓥ 망명하게 하다   expel, banish, deport, ostracize

exile to escape political imprisonment.
정치적 투옥을 피하기 위한 망명
political **exiles** 정치적 망명자들
He was **exiled** to America. 그는 미국으로 망명했다.

[어원] 「ex(out) + (s)il(banish) → (나라) 밖으로 추방됨」

exonerate ★

[igzánərèit / -zɔ́nɜ-]
짐에서 벗어나게 하다

ⓥ 무죄로 하다, 결백을 증명하다   exculpate, acquit, absolve, vindicate

n. exoneration   면죄, 면책

He was totally **exonerated** of any blame.
그는 모든 책임으로부터 완전히 벗어났다.

[어원] 「ex(out) + oner(burden) → 짐에서 벗어나게 해주다」
[상상⁺] **oner**ous 부담스러운 (burdensome)
[TIP] **ex**onerate = **ex**culpate 둘 다 ex(out)의 뜻이 매우 강조된다.

exorbitant ★★

[igzɔ́ːrbətənt]
궤도를 벗어난

ⓐ 터무니없는, 과도한 too high, excessive, inordinate, immoderate

ad. exorbitantly 터무니없이

exorbitant housing prices 터무니없는 집값

[어원] 『ex(out) + orbit(궤도) → (정상적) 궤도를 벗어난』

expedite ★

[ékspədàit]
(묶인) 발을 풀어주다

ⓥⓣ 진척시키다, 촉진하다 accelerate, hasten, precipitate, speed up

⇔ impede 방해하다

n. expedition 탐험, 여행   n. expediency 편의주의

n. a. expedient 수단, 방법; 편리한

expedite an economic recovery 경제 회복을 촉진시키다

[어원] 『ex(out) + ped(foot) → (묶였던) 발을 풀어주다』

[TIP] 족쇄(fetter)로 묶어 놓았던 발을 풀어주면 느렸던 속도를 빠르게
진척[촉진]시킬 수 있다.

[상상+] im**ped**e 방해하다
dis**patch** 1. 파견하다 2. 신속히 해치우다
re**pud**iate 거부[부인]하다

expel

[ikspél]
밖으로 내몰다

ⓥⓣ 추방하다 banish, deport, oust, ostracize

n. expulsion 추방; 배출

expel illegal foreign workers 외국인 불법 노동자들을 추방하다

[어원] 『ex(out) + pel(drive) → 밖으로 내몰다』

exploit ★★

[ékspɔit / ikspɔ́it]
펼쳐내다

ⓥ 1. (자원을) 개발[이용]하다　use, develop

2. (노동력을) 착취하다　take selfish advantage of milk

ⓝ 《복수》 공, 업적　feat

n. exploitation　개발, 이용; 착취

exploit natural gas 천연가스를 개발[채취]하다
The company **exploited** its many workers.
그 회사는 많은 노동자들을 착취했다.
His legendary **exploits** were later made into a film.
그의 전설적 업적은 후에 영화로 만들어졌다.

[어원] 『ex(out) + ploi(fold) → (접혀 있는 것을) 펼쳐내다』
[TIP] exploit은 두 얼굴을 가진 어휘다(긍정적, 부정적 의미 모두 지님).
　　　1. (자원을) 좋은 쪽으로 펼쳐내다 → 개발[이용]하다
　　　2. (남의 능력을) 나쁜 쪽으로 펼쳐내다 → 착취하다
　　　3. (능력을) 펼쳐낸 것 → 공, 업적

expire ★

[ikspáiər]
숨을 거두다

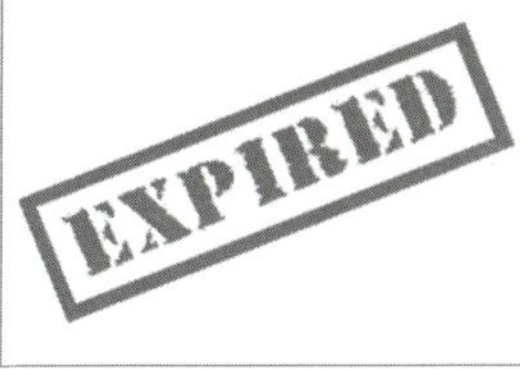

ⓥ 1. 죽다　die, decease, pass away

2. 만기[만료]되다　be over; terminate, discontinue

n. expiration　만기, 만료

The general **expired** in the war field.
그 장군은 전장에서 숨을 거두었다.
Your passport **expires** next month.
당신의 여권이 다음 달 만료됩니다.

[어원] 『ex(out) + (s)pire(breathe) → 숨(생명)이 밖으로 나가다』
[TIP] 우리말의 '숨을 거두다' 라는 말 역시 '죽다' 라는 말을 의미한다.
　　　expire는 '숨을 거두다 → 죽다 → 만료되다' 로 외우자!
[출제포인트] expire는 주로 **만기[만료]되다**의 뜻으로 사용되며,
　　　　　 출제 역시 이 의미로 나온다는 것을 알아두자.

explicit ★

[iksplísit]
접힌 것을 펼쳐낸

ⓐ 명백한, 분명한   evident, obvious, definite, manifest

vt. explicate 명백히 설명하다

The coach gave us **explicit** instructions.
감독님이 우리에게 분명한 지침을 주셨다.

[어원] 『ex(out) + plic(fold) → 접힌 것을 펼쳐낸』
[비교] implicit 함축적인; 무조건적인

explode ★

[iksplóud]
박수 소리가 나다

ⓥⓣ 폭발하다[시키다]   burst, detonate, blow up, set off

n. explosion 폭발   a. explosive 폭발성의

Fortunately, the bombs did not **explode**.
다행히도 그 폭탄들은 터지지 않았다.

[어원] 『ex(out) + plod(clap) → 박수 소리가 터져 나오다』
[TIP] 서양 사람들이 폭탄의 굉음을 갑자기 터져 나오는 박수 소리와 흡사하게
      여긴 데서 explode란 어휘가 탄생되었다.
[상상+] **implode** 내파(內破)하다 / ap**plaud** 박수갈채하다

exponent ★

[ikspóunənt]
의견을 내놓는 사람

ⓝ 1. 설명자, 지지자   supporter, advocate   2. (數)지수, 제곱

a. exponential 급격한

an eloquent **exponent** of capitalism 설득력 있는 자본주의 설명자
an **exponential** increase 급격한 증가

[어원] 『ex(out) + pon<pos(put) → (의견을) 밖으로 내놓는 사람』
[TIP] 1. 자신의 의견을 밖에 내놓는 사람 → 설명자, 지지자
      2. 숫자 밖에 내놓여진 수 → 지수, 제곱
      exponential은 수가 제곱으로 올라가니 '급격한' 의 뜻이 된다.

expostulate ★

[ikspástʃulèit / -pɔ́s-]
강하게 요구하다

ⓥⓘ 반대[질책]하다   object, remonstrate, exhort, demur

The teacher **expostulated** with them on the foolhardiness of their
behavior. 그 선생님은 그들의 무모한 행동을 질책했다.

[어원] 『ex(강조) + postul(demand) → (~하지 못하도록) 강하게 요구하다』
[TIP] expostulate는 잘못된 행동에 대해 상대를 꾸짖고 질책하여 다시는
      그렇게 하지 못하도록 '강하게 올바른 행동을 요구하는 것' 이다.
[상상+] **postul**ate 가정하다

expound ★

[ikspáund]
(숨겨진 뜻을) 내놓다

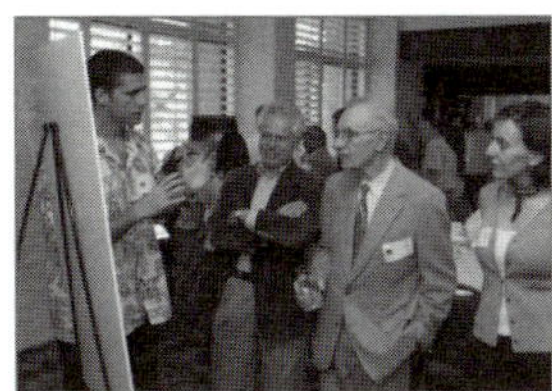

ⓥ (자세히) 설명하다 explain, elucidate, elaborate on, dilate on

expound on the relevance of the two historical events
두 역사적 사건의 관련성에 대해 자세히 설명하다

[어원] 『ex(out) + pound(put) → (숨어 있는 뜻을) 내놓다』
[어법] expound on : ~을 자세히 설명하다
[상상⁺] com**pound** 합성(물); 합성하다 / im**pound** 압수하다
　　　　 pro**pound** 제안하다

expunge

[ikspʌ́ndʒ]
찔러 도려내다

ⓥⓣ 지우다, 삭제하다 delete, efface, obliterate, wipe out

I want to **expunge** the memory.   나는 그 기억을 지우고 싶다.

[어원] 『ex(out) + pung(prick) → (틀린 글자를) 찔러 밖으로 도려내다』
[TIP] 옛날에 (잉크로 쓰여진) 틀린 글자를 지울 때 바늘로 찔러 도려냈던 데서
　　　　 유래!

expurgate ★

[ékspərgèit]
깨끗이 하다

ⓥⓣ (불온한 부분을) 삭제하다 efface, expunge, obliterate, wipe out

an **expurgated** version of the novel
그 소설의 불온한 부분이 삭제된 판

[어원] 『ex(out) + purg(e)(깨끗이 하다) → (더러운 것을) 빼내어 깨끗이 하다』
[TIP] 예를 들어, 지나치게 성적인(sexual) 부분을 삭제해 좀 더 깨끗하고 정화
　　　　 된 글로 바꾸는 것이 바로 expurgate이다.
　　　　 pure(순수한) → purge(깨끗이 하다) → expurgate(삭제하다)로 외우자!

exquisite

[ikskwízit, ékskwi-]
의심에서 벗어난

ⓐ 정교한, 절묘한 extremely beautiful, delicate, refined, dainty

the most **exquisite** craftsmanship 가장 정교한 수공예품

[어원] 『ex(out) + quisit(question) → 의심에서 벗어난』
[TIP] exquisite은 더 이상 말(의심)이 필요 없을 정도로 정교한 것을 의미한다.

extemporaneous ★

[ikstèmpəréiniəs]
(준비할) 시간 없는

ⓐ 즉석의, 준비 없는 impromptu, improvised, offhand, off-the-cuff

a. extempore 즉석의

vt. extemporize 즉석으로 하다 improvise

an **extemporaneous** performance 즉석 연주
[어원] 『ex(out) + tempor(time) → (준비할) 시간이 없는』
[TIP] 우리말에도 '시간이 없는' 상황이란 곧 '즉석으로 해야 하는' 상황을 말한다.
[상상⁺] **tempor**ary 일시적인 / **tempor**al 시간의; 현세의
　　　　con**tempor**ary 동시대의; 현대의

exterminate ★

[ikstə́ːrmənèit]
밖으로 몰아내 끝내다

ⓥⓣ 박멸[근절]하다 eradicate, extirpate, root up, weed out

n. extermination 박멸, 근절　　　　n. exterminator 해충 구제업자

exterminate mosquitoes in a city 도시 내의 모기들을 박멸하다

[어원] 『ex(out) + termin(end) → 밖으로 몰아내 끝내다(없애다)』
[상상⁺] **term** 기간; 말; 관계 / **term**inate 끝내다, 종결시키다
　　　　de**term**ine 결정하다 / in**term**inable 끝없는

extinct ★

[ikstíŋkt]
불 꺼진

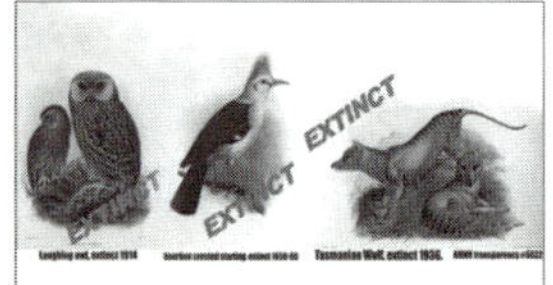

ⓐ 1. 멸종된, 소멸한 nonexistent, bygone, defunct, vanished

　　2. (불) 꺼진, 활동하지 않는 dormant, inactive, torpid, inert

n. extinction 멸종, 소멸

species in danger of **extinction** 멸종 위기에 있는 종(種)들
an **extinct** volcano 휴화산
[어원] 『ex(out) + (s)tinc(quench) → 불 꺼진』
[출제포인트] extinct는 시험에서 **멸종된**의 의미로만 출제된다.
[상상⁺] di**sting**uish 구별하다 / in**stinc**t 본능

extirpate ★

[ékstərpèit, ekstə́ːrpeit]
뿌리를 뽑아내다

ⓥⓣ 근절[박멸]하다 eradicate, exterminate, annihilate, root up

The government is struggling to **extirpate** corruption.
정부는 부패 근절을 위해 부단히 노력하고 있다.

[어원] 『ex(out) + (s)tir(root) → 뿌리를 뽑아내다』
[TIP] '근절[박멸]하다' 삼총사 출제 우선순위
　　　　eradicate 〉 exterminate 〉 extirpate

extol

[ikstóul]

들어 올리다

ⓥt 극찬하다　praise, commend, laud, pay tribute to

extol his role in our team　팀 내에서의 그의 역할을 극찬하다

[어원] 『ex(강조) + tol(lift) → 들어 올리다』
[TIP]　ex**tol** → 들어 올려 칭찬하다
　　　　tolerate → 위로 들고 그 무게를 견디다

extricate

[èkstrəkèit]

엉킨 것을 풀어내다

ⓥt (어려움에서) 빠져나오게 하다, 구출하다　rescue, disentangle, redeem

⇔ inextricable　풀[해결할] 수 없는

n. extrication　구출, 구제

extricate oneself from the plight　곤경에서 빠져나오다

[어원] 『ex(out) + tric(엉킴) → 엉켜 있는 것에서 풀어내다』
[어법] extricate oneself from : ～에서 빠져나오다
[상상⁺] in**tric**ate 뒤엉킨, 복잡한(complicated)
　　　　in**trig**uing 음모를 꾸미는, 흥미를 자아내는(interesting)

exuberant

[igzú:bərənt]

(열정이) 너무도 많은

ⓐ 열정적인, 원기 왕성한　lively, fervent, fervid, ebullient

n. exuberance　열정, 원기 왕성함

an **exuberant** personality　원기 왕성한 인물

[어원] 『ex(강조) + uber(fruitful) → (열정이) 너무도 많은』

exult

[igzʌ́lt]

뛸 듯이 기뻐하다

ⓥ 몹시 기뻐하다　rejoice, regale, exhilarate, enrapture

n. exultation　환희

a. exultant 몹시 기뻐하는　jubilant

She **exulted** in passing the exam. 그녀는 시험 합격에 몹시 기뻐했다.

[어원] 『ex(out) + (s)ult(leap) → (기쁨을) 밖으로 내며 펄쩍 뛰다』

in-¹

안 (in)

[스펠링 변화] in- 접두어는 뒷 자음에 따라 스펠링이 바뀌는 경우도 있다.

ambush 매복(하다)

illuminate 조명하다; 명백히 하다

 **ambush**

[ǽmbuʃ]
덤불 안에 들어감

ⓝ ⓥⓣ 1. 매복(하다) lurk   2. 급습(하다) assault

The soldiers were killed in an **ambush**.
그 군인들은 급습을 당해 살해되었다.

[어원] 『am < in(안) + bush(덤불) → 덤불 안으로 들어가서 숨음』
[TIP] ambush는 원래 **매복**의 뜻인데, 매복의 목적이 곧 **급습**이다.
[상상⁺] de**bauch**ed 타락한, 방탕한 / beat around the **bush** 말을 빙빙 돌리다

 **illuminate** ★

[ilú:mənèit]
안에 빛을 주다

ⓥⓣ 1. 불을 밝히다, 조명하다 lighten   2. 명백히 하다 clarify, elucidate

n. illumination 조명; 설명   a. illuminating (명확히) 설명해주는

Fireworks **illuminated** the sky. 불꽃들이 하늘을 밝혔다.
The professor **illuminated** the difficult issue.
교수님께서 그 어려운 문제를 명백히 설명해주셨다.

[어원] 『il < in(안) + lumin(light) → ~안에 빛을 주다』
[상상⁺] **lumin**ous 빛나는, 야광의

 **illusion**

[ilú:ʒən]
조롱하여 속임

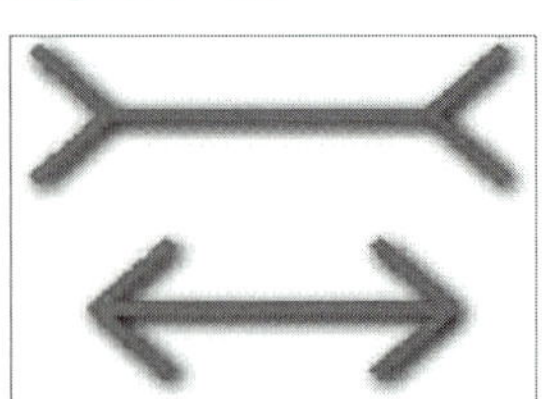
optical illusion
착시 현상

ⓝ 1. 환상, 망상 a false or unreal belief; delusion

2. 착시, 환영 a deceptive appearance or impression

a. illusory 환상의, 속이는 deceptive

He is under **illusion** for her.
그는 그녀에 대해 환상에 젖어 있다.
The big mirror in the room gave an **illusion** for greater space.
그 방의 큰 거울이 공간을 더 넓게 보이게 만드는 착시 현상을 일으킨다.
[어원] 『il<in(at)+ lus(mock) → ~을 조롱하여 속이는 것』

illustrate ★★

[íləstrèit]

~ 안을 밝히다

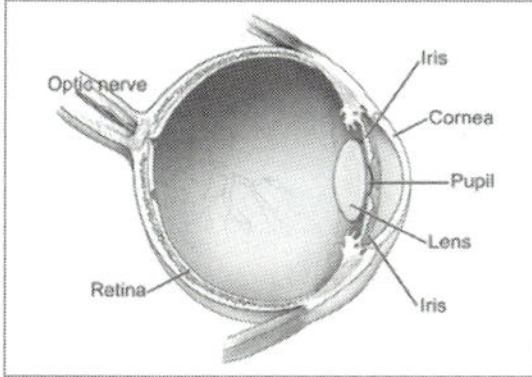

ⓥⓣ 1. (그림 · 예로) 설명하다　exemplify

2. 삽화를 넣다　put pictures in a book

n. illustration　삽화; 실례　　　a. illustrious　저명한, 훌륭한

He **illustrated** his point with diagrams.
그는 자신의 요점을 그림으로 설명했다.
The book is **illustrated** by Robert Bay.
로버트 베이가 그 책의 삽화를 그렸다.

[어원] 『il < in(안) + lustr(bright) → ~ 안을 밝히다』
[TIP] illustrious는 사람이 빛이 나는 → '훌륭한'의 뜻이 된다.
[출제포인트] 명사 illustration과 형용사 illustrious가 출제되었다.
[상상⁺] luster 광택, 윤기

---

imminent ★★

[ímənənt]

안까지 뚫고 들어온

ⓐ 임박한　impending

imminent danger of dying 임박한 죽음의 위험

[어원] 『im < in(안) + min(튀어나오다) → 안까지 뚫고 들어온』
[상상⁺] **emin**ent 저명한 / pro**min**ent 중요한; 눈에 띄는

---

impair ★★

[impέər]

패어 들어가게 하다

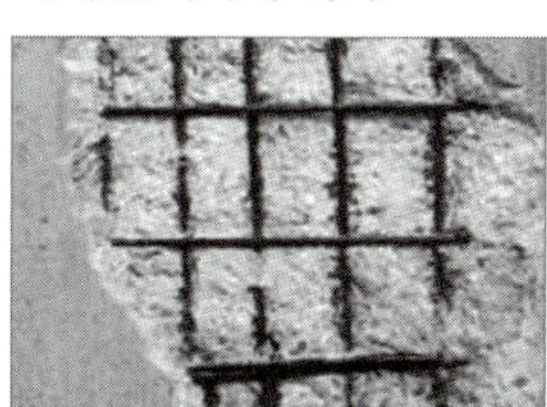

ⓥⓣ 해치다, 손상시키다　make worse, undermine

The illness **impaired** his ability.　병이 그의 능력을 손상시켰다.

[음원] 『im<in(안으로) + pair(패어 들게 하다) → 손상시키다』
[TIP] impair는 어원적으로 큰 도움이 안 되므로 in은 '안'의 의미로, pair는 '패어'라는 음원을 이용해 '(벽을) 안으로 패어 들어가게 하다 → 손상시키다'로 외우면 쉽다.

impassioned ★

[impǽʃənd]
열정이 들어찬

ⓐ 열정적인, 감동적인   *passionate, exuberant, moving, touching*

make an **impassioned** speech 열정적인 연설을 하다

[어원] 「im<in(안) + passion(열정) → 열정이 들어찬」
[비교] impassive 감정이 없는, 무감동의

impeach

[impíːtʃ]
발에 족쇄를 채우다

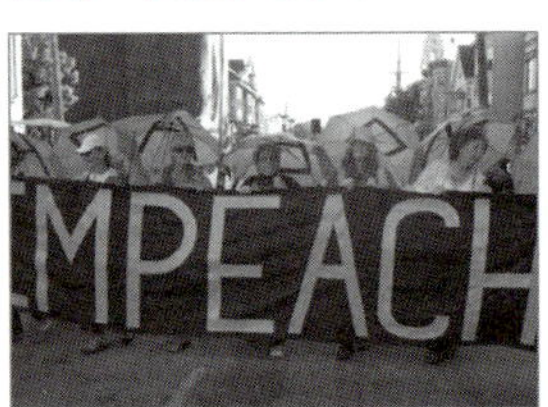

ⓥⓣ (고위 관리를) 탄핵하다   *accuse a government official of wrongdoing*

Congress voted to **impeach** the President.
의회는 투표로 대통령의 탄핵을 결정했다.

[어원] 「im<in(안) + peach<ped(fetter) → 발에 족쇄를 채우다」
[TIP] 옛날 서양에서 고발된 자의 발목에 족쇄를 채웠던 데서 impeach의
유래를 찾을 수 있다.

impede ★★

[impíːd]
발에 족쇄를 채우다

ⓥⓣ (진행을) 방해하다   *hinder, hamper, obstruct, encumber, set back*

n. impediment 장애(물); (신체적) 장애

impede economic growth 경제 성장을 방해하다

[어원] 「im<in(안) + ped(fetter) → 발에 족쇄를 채우다」
[TIP] 우리말의 '발목을 잡다' 와 같은 표현!
[출제포인트] 동사 impede는 물론 명사 impediment도 자주 출제된다.
[상상+] **ped**iatrician 보행자 / **ped**estal 받침대
peddle 행상하다 / ex**ped**ite 진척시키다

impel ★

[impél]
안으로 밀어 넣다

ⓥⓣ (～하도록) 시키다, 재촉하다   *urge, motivate, goad, propel*

n. impulse 충동   a. impulsive 충동적인

His death **impelled** the oppressed **to** fight for independence.
그의 죽음은 억압받은 사람들로 하여금 독립을 위해 싸우도록 만들었다.
[어원] 「im<in(안) + pel(drive) → 안으로(～하도록) 밀어 넣다」
[어법] impel A to V : A를 ～하도록 시키다
[출제포인트] **impulse**(충동)과 **impulsive**(충동적인) 역시 시험에 아주 많이
출제되는 어휘임을 잊지 말자!
[상상+] com**pel** 강요하다 / ex**pel** 추방하다 / pro**pel** 추진하다
re**pel** 격퇴하다; 불쾌감을 주다

imperil ★

[impérəl]
위험에 빠뜨리다

ⓥ 위태롭게 하다   endanger

Tax increases might **imperil** economic growth.
세금 인상은 경제 성장을 위태롭게 할 수 있다.

[어원] 『im<in(안) + peril(위험) → 위험에 빠뜨리다』
[발음주의] 임패릴(X) → 임**패**럴(O)

---

impetus ★★★

[ímpətəs]
돌진하게 하는 힘

ⓝ 추진력, 영향력   driving force, thrust

a. impetuous   성급한, 충동적인   impulsive

provide some **impetus** to the domestic economy
내수 경제에 상당한 추진력을 주다

[어원] 『im<in(안) + pet(rush) → 안으로 돌진하게 하는 힘』
[출제포인트] 명사 **impetus**뿐만 아니라 형용사 **impetuous**도 시험에 자주 출제
되는 어휘임을 알아두자!

---

implement ★★★

[ímpləmənt]
(노력을) 채워 넣다

ⓥ 이행[실행]하다   fulfill, carry out, put A in practice

n. 도구   tool   - writing **implements** 필기구들

n. implementation 실행, 수행   execution

He tries to **implement** political reform.
그는 정치 개혁을 실행하고자 한다.

[어원] 『im<in(안) + ple(fill) → (주어진 일에 노력을) 채워 넣다』
[출제포인트] 주로 동사 **이행하다**의 뜻이 출제된다. '도구'의 뜻은 잘 안 쓰인다.

---

implicate

[ímpləkèit]
말려들게 하다

ⓥ 관련[연루]시키다   involve, embroil, entangle

n. implication 관련, 연루

The president was **implicated** in the financial fraud case.
회장이 금융 사기사건에 연루되었다.

[어원] 『im<in(안) + plic(fold) → (사건) 안에 말려들게 하다』

implicit ★

[implísit]
안에 접혀 있는

ⓐ 1. 함축된, 은연중의 tacit, implied, unexpressed ⇔ explicit 명백한

2. 절대적인, 무조건적인 absolute, complete

His words contained an **implicit** criticism.
그의 말에는 은연중에 비난이 들어 있다.
I have **implicit** faith for him.
나는 그에 대해 절대적인 믿음을 갖고 있다.

[어원] 『in(안) + plic(fold) → 안에 접혀 있는』
[TIP] 1. **안에 들어** 있으니 2. **절대적**으로 존재하는 것은 당연하다.

implode ★

[implóud]
안에서 터지다

ⓥⓘ 1. 안에서 폭발하다, 내파(内波)하다 explode inward

2. 붕괴[폭락]하다 collapse

The heated engine may **implode**. 가열된 엔진은 안에서 폭발할 수도 있다.
The military regime will **implode** within a year.
그 군사 정권은 1년 내에 붕괴될 것이다.

[어원] 『im<in(안) + plod(clap) → 안에서 박수소리가 터지다』
[TIP] explode가 '(밖으로) 폭발하다' 니까 implode는 '(안에서) 폭발하다' 임을
쉽게 알 수 있다.

implore

[implɔ́:r]
울다

ⓥⓣ 애원하다, 간청하다 entreat, beseech, supplicate

She **implored** the policemen **to** save her child.
그녀는 경찰관들에게 아이를 구해달라고 애원했다.

[어원] 『in(안) + plore(weep) → 울음 안으로 들어가다 → 울다』
[TIP] deplore → (울면서) 몹시 슬퍼하다
implore → (울면서) 애원하다
[어법] implore A to V : A에게 ∼해달라고 애원하다

impose ★

[impóuz]
∼ 안에 놓다

ⓥⓣ (세금 · 벌금을) 부과[징수]하다 levy, charge, fine

ⓐ. imposing (크고) 위엄 있는, 당당한 majestic

The policeman **imposed** a fine **on** him.
그 경찰관은 그에게 벌금을 부과했다.

[어원] 『im<in(안) + pos(put) → (세금 · 벌금을) ∼ 안에 놓다』
[TIP] imposing은 impose의 형용사로서 세금이나 벌금을 부과하는 사람의
태도는 위엄있고 당당하다.
[어법] impose A on B : A에게 B를 부과[징수]하다

impromptu ★

[imprámptju: / -prɔ́m-]
즉각적으로 하는

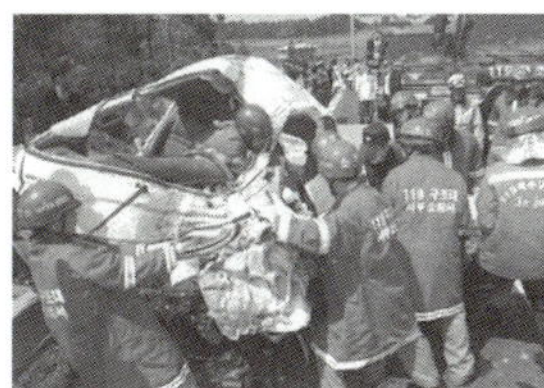

ⓐ 즉흥적인, 즉석의   extemporaneous, improvised

The band gave an **impromptu** concert.
그 밴드는 즉석 콘서트를 했다.

[어원] 『im＜in(안) + prompt(즉각적인) → 즉각적으로 하는』
[TIP] 그림에서 보듯 119 구조대원들은 늘 준비 태세를 갖추고 '즉각적인 상태 안에' 있다가 사고가 발생하면 바로 출동하게 된다.
[관련] improvise 즉석으로 하다(play it by ear)

impugn

[ìmpjúːn]
싸움을 걸다

ⓥⓣ 비난[공격]하다   express doubts about; contradict

He **impugned** her honesty. 그는 그녀의 정직성에 의문을 제기했다.

[어원] 『im＜in(안) + pugn(fight) → 싸움을 걸다』
[TIP] 누군가의 정직성이나 능력에 의문을 제기하는 것은 곧 싸움을 거는 것이며 결국 '비난[공격]하는 것'이 된다.

impute ★

[impjúːt]
～ 안에 잘못이 있다고 생각하다

ⓥⓣ ～의 탓으로 돌리다   ascribe, attribute

n. imputation   (책임) 전가

impute the accident **to** the government 사고 책임을 정부에 돌리다

[어원] 『in(안) + put(think) → ～ 안에 잘못이 있다고 생각하다』
[어법] impute A to B : A를 B의 탓을 돌리다

―[뉘앙스]―

ascribe[attribute] A to B : A의 원인이 B에 있다고 여기다
→ 긍정도 부정도 아닌 단지 원인을 밝히는 것
impute A to B : A를 B의 탓을 돌리다
→ 부정적인 의미로만 쓰임
accredit A to B : A를 B의 공[덕]으로 돌리다
→ 긍정적인 의미로만 쓰임

 inaugurate

[inɔ́ːgjərèit]

점을 치다

ⓥⓣ 1. 취임시키다 install, induct

2. 시작[개시]하다 commence, launch, embark on, enter into

n. inauguration 취임(식); 개시, 개업

George Washington was **inaugurated** as the first President in America. 조지 워싱턴은 미국의 초대 대통령으로 취임했다.
The candidate **inaugurated** his campaign.
그 후보자는 선거 운동을 시작했다.
inauguration ceremony 취임식

[어원] 『in(안) + augur(점) → 점을 쳐서 자리에 앉히다』
[TIP] inaugurate는 옛날 왕을 '즉위시키다'의 의미에서 대통령을 '취임시키다'의 의미로 발전한 어휘다. 옛날 서양에서 '누가 왕이 될 것인가?'에 대한 점을 쳐서 점괘에 나온 사람이 왕이 되었던 데서 유래했다.

 inborn

[inbɔ́ːrn]

안에 갖고 태어난

ⓐ 타고난, 선천적인 inbred, inherent, innate, congenital

She's an **inborn** violinist. 그녀는 타고난 바이올리니스트다.

[어원] 『in(안) + born(태어난) → 안에 갖고 태어난』
[TIP] 장영주와 같은 음악가는 음악적 재능을 '타고난' 천재적인 바이올리니스트다.

 incarnate

[inkáːrneit]

살을 붙이다

ⓥⓣ 나타내다, 구체화하다 embody, substantiate

The crown **incarnates** national power. 왕권은 국가 권력을 나타낸다.

[어원] 『im<in(안) + carn(flesh) → ~에 살(실체)을 붙이다』
[상상⁺] **carn**ival 카니발 축제 / **carn**age 대학살 / **carn**ivorous 육식성의

incendiary

[inséndièri]

불을 지르는

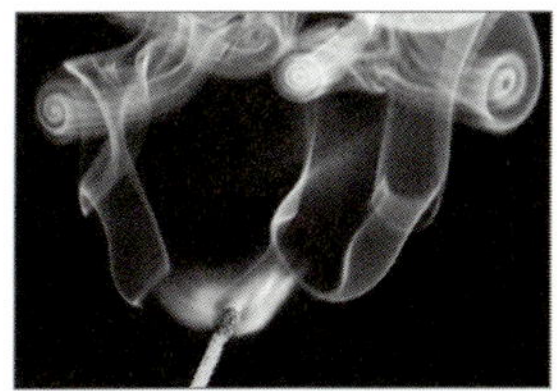

ⓐ 1. 불을 지르는, 방화의   causing a fire

2. 선동적인   arousing to action or rebellion

an **incendiary** device 방화 장치

an **incendiary** speech 선동적인 연설

[어원] 『in(안) + cend(fire) → ~ 안에 불을 지르는』

[상상+] **cand**le 양초 / **cand**id 솔직한

candidate 후보자, 지원자 / in**cense** 향; 격분시키다

incite

[insáit]

마음속에 일으키다

ⓥⓣ 부추키다, 선동하다   instigate, abet, foment, provoke, stir up

n. incitement   선동, 조장

incite a naive friend **to** commit a crime

순진한 친구를 부추켜 범죄를 저지르게 하다

[어원] 『in(안) + cit(arouse) → 마음속에 ~을 일으키다』

[어법] incite A to V : A를 부추겨 ~하게 하다

[상상+] **cite** 인용하다 / ex**cite** 흥분시키다

re**cite** 암송하다 / resus**cit**ate 소생시키다

incorporate

[inkɔ́ːrpərèit]

몸 안에 넣다

ⓥⓣ 포함[편입]시키다   include something as part of a group; integrate

n. incorporation   포함, 편입   a. incorporated   법인화된

incorporate the newly acquired company as a subsidiary

새롭게 인수한 회사를 지사로 편입시키다

[어원] 『in(안) + corpor(body) → 몸(전체) 안에 넣다』

[상상+] **corpor**al 육체의 / **corpor**ation 법인 / **corp**se 시체

corpus 집대성 / **corp**ulent 뚱뚱한

incumbent ★★

[inkʌ́mbənt]

안에 누워 있는

ⓐ 1. 의무로 지워진, 책임이 있는   obligatory, responsible   2. 현직의

n. 현직자, 재직자   current office-holder   n. incumbency 재직 상태

It is incumbent on parents **to** control their children.

아이들을 통제하는 것은 부모들에게 그 책임이 있다.

the **incumbent** President 현직 대통령

[어원] 『in(안) + cumb(lie down) → (의무) 안에 누워 있는』

[어법] It is incumbent on A to B : A에게 B하는 의무[책임]가 있다

indict ★★

[indáit]
(법원) 안에다 말하다

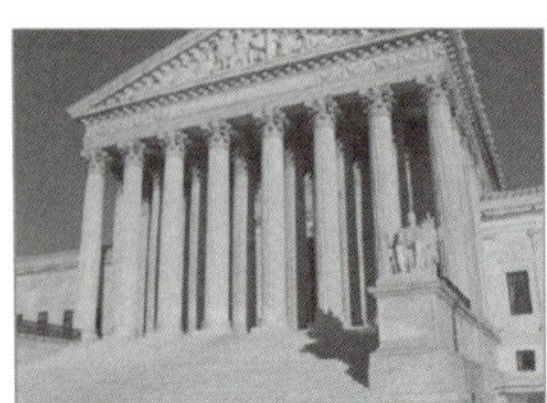

ⓥⓣ 고발하다　charge, accuse, prosecute

a. indictable　고발될 수 있는　　n. indictment　기소, 고발

The manager was **indicted** on bribery.
그 관리자는 뇌물증여죄로 고발되었다.

[어원] 『in(안) + dict(speak) → (밝혀진 죄를 법원) 안에다 말하다』
[발음주의] 인딕트(X) → 인다이트

indigenous ★★

[indídʒənəs]
~ 안에서 태어난

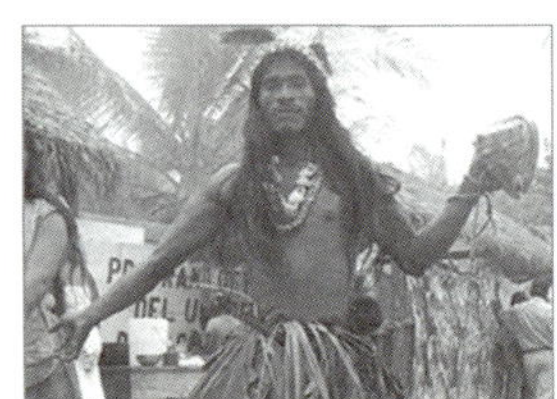

ⓐ 토착의, 원산의　native, aboriginal

the **indigenous** culture　토착 문화

[어원] 『indi(안) + gen(birth) → ~ 안에서 태어난』
[상상+] congenial 마음 맞는 / congenital 선천적인
　　　　ingenious 영리한 / ingenuous 순진한
　　　　homogeneous 동질의 / heterogeneous 이질적인
[비교] indigent 매우 가난한

indigent ★

[índidʒənt]
부족한

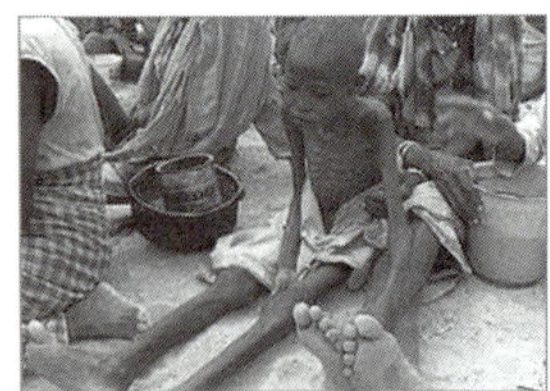

ⓐ 매우 가난한　needy, destitute, impecunious, penurious

n. indigence　가난, 빈곤　poverty

the money to take care of **indigent** people
극빈자들을 돌보기 위한 자금

[어원] 『indi(in) + ige<eger(lack) → 부족한 상황에 처해 있는』
[음원] indigent(인디전트) → (먹을 게 없어) **인**(제)**디진다** → 가난한
[비교] indignant 분개한

induce ★★★

[indjúːs]
끌어들이다

ⓥⓣ 1. 설득[유도]하다　persuade　　2. 일으키다, 야기하다　cause

n. inducement 유인(책)

induce people **to** vote 국민들을 투표하도록 유도하다
an economic crisis **induced** by high oil price
고유가로 야기된 경제 위기

[어원] 『in(안) + duc(lead) → 끌어들이다』
[어법] induce A to V : A를 ~하게 하다

indulge ★

[indʌ́ldʒ]
(너무) 친절하다

ⓥ ~에 빠지다, 탐닉하다   allow oneself to enjoy

n. indulgence 탐닉; 관대함   a. indulgent (지나치게) 관대한

indulge in sweet candies 달콤한 캔디에 빠지다

[어원] 『in(안) + dulg(kind) → ~에게 (너무) 친절하다』
[상상⁺] over**indulge** (아이를) 하고 싶은 대로 하게 하다

infest

[infést]

~ 안에 싫은 것들이 있다

ⓥⓣ (해충 등이) 우글거리다   invade in great numbers; overrun

n. infestation 만연

The kitchen was **infested** with cockroaches.
그 부엌에는 바퀴벌레들이 우글거렸다.

[어원] 『in(안) + fest(hostile) → ~ 안에 적대적인(싫은) 것들이 있다』

infiltrate

[infíltreit]
안으로 침투하다

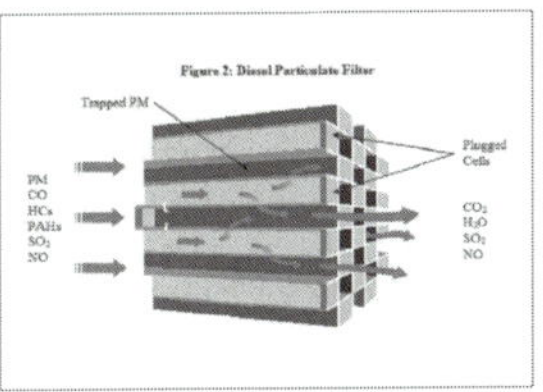

ⓥⓣ 스며들게 하다, 침투시키다   permeate, penetrate, percolate

infiltrate an assassin **into** the palace 암살자를 궁궐 안으로 침투시키다

[어원] 『in(안) + filtr(filter침투하다) → 안으로 침투해 들어가다』
[TIP] infiltrate에서 filtr가 filter(필터)의 변형이라는 것을 알면 쉽다. filter란 공기나 물을 스며들게 하여 깨끗하게 거르는 것.
[어법] infiltrate A into B : A를 B안으로 침투시키다

influx ★

[ínflʌ̀ks]
흘러들어옴

ⓝ 유입, 쇄도   inflow, rush ⇔ outflow 유출

an **influx** of foreign workers 외국인 노동자들의 유입

[어원] 『in(안) + flu(flow) → 흘러들어옴』
[상상⁺] **flu**ent 유창한 / af**flu**ent 부유한
　　　 fluctuate 변동하다 / super**flu**ous 남아도는, 불필요한

infraction ★

[infrǽkʃən]

깨고 들어가는 것

ⓝ 위반, 침해   breach, infringement

take legal action for any **infraction** of rules
어떠한 규칙 위반에 대해서도 법적 조치를 취하다

[어원] 「in(안) + fract(break) → (법을) 깨고 들어가는 것」
[뉘앙스] infraction (법 · 규칙의) 위반
   – the **infraction** of the law 법의 위반
   infringement (자유 · 권리의) 침해
   – the **infringement** of copyright 저작권 침해

infringe ★

[infrínds]

깨고 들어가다

ⓥ 위반[침해]하다   offend, violate, contravene, transgress

n. infringement 위반, 침해

infringe on human rights 인권을 침해하다

[어원] 「in(안) + fring(break) → 깨고 들어가다」
[TIP] infringe[encroach, trespass] on은 '위반[침해]하다' 의 동의어들과 함께
   외우면 효과적이다.
[어법] infringe on : (권리 · 자유 등을) 위반[침해]하다
   단, infringe는 전치사 on 없이 타동사로 쓰일 때도 있다.

infuriate ★

[infjúərièit]

격노하게 하다

ⓥⓣ 격노하게 하다   enrage, incense, exasperate, provoke

a. infuriating   격노하게 하는

It **infuriated** him that his wife cheated on him.
아내가 바람을 피운 것을 알고서 그는 격분했다.

[어원] 「in(안) + furi(fury격노) → ～를 격노하게 하다」
[상상+] **furi**ous 격노한; 맹렬한

ingredient ★

[ingrí:diənt]

안에 들어가는 것

ⓝ (약 · 음식의) 성분, 재료   component, element, factor, constituent

natural **ingredients** used in traditional dish
전통 요리에 사용된 천연 재료들
an **ingredient** of success 성공의 요인

[어원] 「in(안) + gred(go) → (음식) 안에 들어가는 것」

 ingenious ★★

[indʒíːnjəs]
(재능을) 타고난

ⓐ 영리한, 기발한 clever, canny, astute, shrewd

n. ingenuity 영리함, 재능

come up with an ingenious method 기발한 방법을 생각해내다

[어원] 『in(안) + gen(birth) → (재능을) 안에 갖고 태어난』
[TIP] ingenious는 「in(안) + genius(천재) → 안에 천재성을 지니고 있는」으로 외워도 좋다.
[출제포인트] 명사 ingenuity도 출제되었음을 알아두자.
[비교] ingenuous 순진한, 정직한

 ingenuous

[indʒénjuːəs]
탄생의 모습을 지닌

ⓐ 순진한, 정직한 naive, frank, honest ⇔ disingenuous 음흉한

n. ingenuousness 순진함

an ingenuous young girl 순진한 어린 소녀

[어원] 『in(안) + gen(birth) → 탄생의 모습을 지니고 있는』
[TIP] 누구나 어렸을 때는 순진하고 정직하게 마련이다. 그 탄생의 모습을 안에 고스란히 지니고 있는 상태가 ingenuous!

 ingratiate ★★

[ingréiʃièit]
호의를 안에 넣다

ⓥⓣ 아첨하다 flatter, fawn on, butter up, curry favor with

a. ingratiating 아첨하는

She ingratiated herself with her boss. 그녀는 사장에게 아첨했다.

[어원] 『in(안) + grati(favor) → (억지로) 호의를 안에 넣다』
[어법] ingratiate oneself with(재귀용법) : ~에게 아첨하다
[상상+] **grati**tude 감사 / in**grati**tude 배은망덕 / **grati**s 무료로
grateful 감사하는 / dis**grace** 창피, 불명예

 inherent ★

[inhíərənt]
안에 붙어 있는

ⓐ 타고난, 선천적인 intrinsic, innate, inbred, inborn, congenital

inherent risks in every investment 모든 투자에 내재된 위험들

[어원] 『in(안) + her(stick) → (원래부터) 안에 붙어 있는』
[발음주의] 요즘은 '인**헤**런트' 라고 발음하는 추세다!
[상상+] ad**her**ent 신봉자, 지지자 / co**her**ent 논리적인

inherit ★

[inhérit]
상속인이 되다

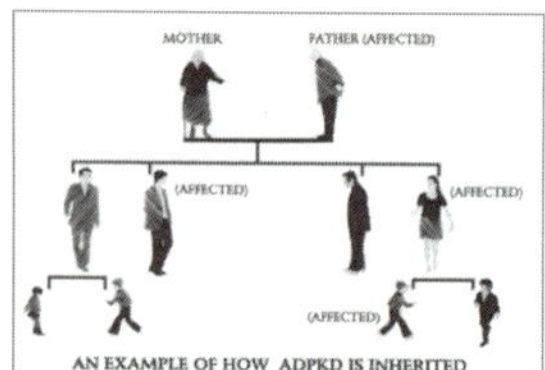

ⓥ 물려받다, 상속하다　　acquire ⟷ bequeath 물려주다, 유증하다

n. inheritance　상속　　a. inherited　물려받은　hereditary

He **inherited** a fortune **from** his father.
그는 아버지로부터 큰 재산을 물려받았다.

[어원] 『in(안) + herit(heir상속인) → 상속인이 되다』
[어법] inherit A from B : A를 B로부터 물려받다
[상상⁺] **hered**ity 유전 / **herit**age 유산

inhibit ★★

[inhíbit]
안에다 잡아두다

ⓥ 억제하다, 방해하다　prevent, hinder, restrain, head off

a. inhibited　억제된　　n. inhibition　억제(된 감정), 거리낌

High tax **inhibits** economic growth. 높은 세금은 경제 성장을 방해한다.
Recording the discussion may **inhibit** participants **from** expressing
their real views. 토론을 녹음하는 것은 참석자들로 하여금 자신들의 진정한
견해를 표현하지 못하게 할 수 있다.

[어원] 『in(안) + hib(hold) → (못 나가도록) 안에다 잡아두다』
[어법] inhibit A from ~ing : A를 ~하지 못하게 하다
[상상⁺] pro**hib**it 금지하다
[출제포인트] 명사 **inhibition**이 자주 출제된다

initiate ★★★

[iníʃièit]
안으로 들어가다

ⓥ 1. (공식적으로) 시작하다　commence　　2. 입문시키다　introduce

a. n. initial　초기의　first ; 이니셜　　n. initiation　시작 ; 입문

n. initiative[iníʃ∂tiv]　결단력, 주도권 ; 계획

We decided to **initiate** legal proceedings against him.
우리는 그에 대해 법적 절차를 시작하기로 결정했다.
All the boys in the tribe are **initiated** into manhood.
그 부족의 모든 소년들이 성인이 되었다.

[어원] 『in(안) + it(go) → 안으로 들어가다 → 시작하다』
[출제포인트] 동사 initiate뿐만 아니라 형용사 **initial**도 집중 출제된다.
[상상⁺] **it**inerary 여행일정표 / **it**inerant 순회하는
　　　　trans**it** 수송 / trans**it**ory = trans**i**ent 일시적인

inject ★

[indʒékt]
던져 넣다

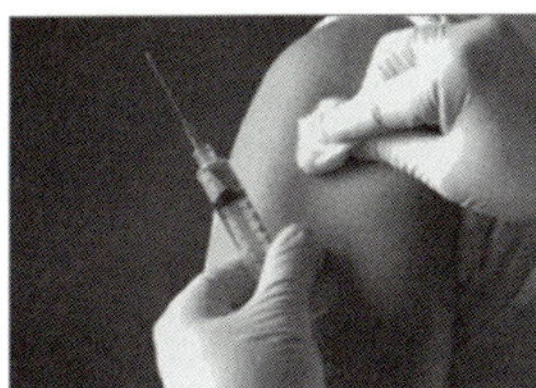

ⓥ 주사[투입]하다   shoot, infuse, insert

n. injection   주사, 투입

inject capital **into** the domestic financial market
국내 금융 시장에 자본을 투입하다

[어원] 『in(안) + ject(throw) → 던져 넣다』
[어법] inject A into B : A를 B안에 던져 넣다
[상상⁺] **ab**ject 비참한; 비굴한 / **de**ject 낙담시키다 / **re**ject 거절하다
　　　 object 물체; 목표; 반대하다 / **sub**ject 주제, 과목; 영향을 받는
　　　 project 계획; 발사하다; 예측하다; 튀어나오다

innate ★★

[inéit]
안에 갖고 태어난

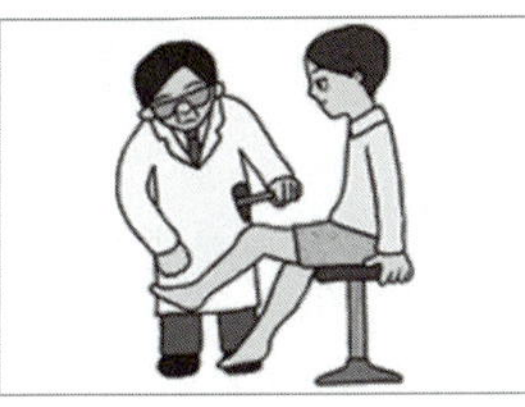

ⓐ 타고난, 선천적인   inborn, inbred, intrinsic, inherent

an **innate** ability to learn language 언어를 배우는 타고난 능력

[어원] 『in(안) + nat(born) → (능력을) 안에 갖고 태어난』
[상상⁺] **nat**ive 출생지의 / **nat**al 탄생의 / **na**ive 순진한
　　　 cog**nate** 동족의

innovation ★★

[ìnouvéiʃən]
새롭게 하는 것

ⓝ 쇄신, 혁신(적인 것)   a new idea or method; change

v. innovate   쇄신[혁신]하다　　　 a. innovative   혁신적인

The consultant encouraged **innovation** in the company.
그 컨설턴트는 그 회사가 쇄신할 수 있도록 힘을 실어주었다.

[어원] 『in(안) + nov(new) → (내부적으로) 새롭게 하는 것』
[상상⁺] re**nov**ate (건물을) 수리하다 / **nov**ice 초보자
　　　 novel 새로운; 소설

inoculate

[inάkjəlèit / -ɔ́k-]

다른 싹을 붙이다

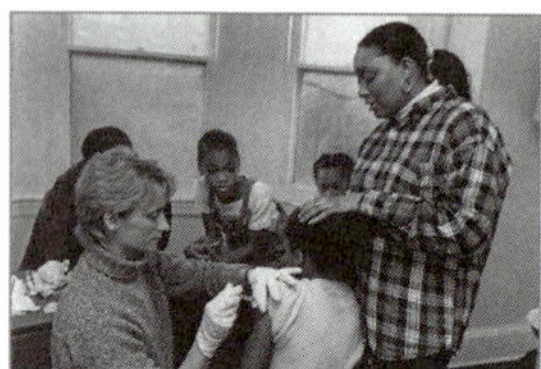

ⓥ 접목하다; 예방접종하다　protect someone against a disease; vaccinate

n. inoculation　접목; 예방접종

All the children in the school had been **inoculated** against hepatitis.
그 학교의 모든 아이들은 간염 예방접종이 되었다.

[어원]　「in(안) + ocul(bud) → 나무에 다른 싹을 갖다 붙이다
　　　　　　　　　　　　→ 사람 몸에 약한 병균을 주입시키다」

[TIP]　inoculate는 원래 '접목하다'의 어원적 의미를 갖고 있지만 실제로는 사람
　　　　몸에 약한 병균을 주입시켜 그 병에 면역될 수 있도록 하는 '예방접종하다'의
　　　　의미로 쓰인다.

[상상⁺]　**ocul**ar 눈의 / my**opia** 근시 / aut**opsy** 시체 부검 / syn**opsis** 요약, 개요

inquisitive ★★★

[inkwízətiv]

(답을) 찾아 들어가는

ⓐ 꼬치꼬치 캐묻는, 호기심 많은　prying, curious, nosy

v. inquire　묻다, 문의하다　　　n. inquiry　질문; 조사

n. inquisition　심문

a cheerful, **inquisitive** little girl 명랑하고 호기심 많은 어린 소녀

[어원]　「in(안) + quisi(seek) → (답을) 찾아 들어가는 → 물어보는」

[상상⁺]　**quest**ion 질문 / re**quire** 요구하다 / ac**quire** 얻다. 획득하다
　　　　　prere**quisit**e 선결조건 / ex**quisit**e 정교한, 절묘한

innuendo

[ìnjuéndou]

고개를 끄덕이게 하는 것

ⓝ 비유, 암시　inkling, hint

His writings are full of sexual **innuendoes**.
그의 글은 갖가지 성적 비유들로 가득하다.

[어원]　「in(안) + nue(nod) → (고개를) 끄덕이게 하는 것」

[TIP]　우리말에 '열 번 찍어 안 넘어가는 나무 없다'라는 말이 있다. 여기서
　　　　'나무'는 실제 나무가 아니라 '(좋아하는) 여자'를 뜻한다. 이렇게 표현하고
　　　　자 하는 대상에 다른 비유를 하여 알아듣게(고개를 끄덕이게) 하는 것이
　　　　바로 innuendo다.

inscribe ★

[inskráib]

~ 안에 쓰다

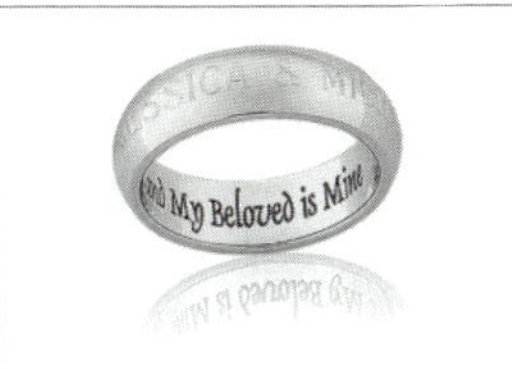

ⓥⓣ (돌 · 나무 등에 글자를) 새기다, 적다   carve, engrave, etch

n. inscription   (새긴) 글, 비문

inscribe his name on the tombstone 그의 이름을 비석에 새기다

[어원] 「in(안) + scribe(write) → ~ 안에다 쓰다」
[상상⁺] **ascribe** ~의 것으로 돌리다 / **circumscribe** 한정[제한]하다
　　　conscription 징병 / **describe** 설명[묘사]하다

insidious ★

[insídiəs]

안에 앉아 있는

ⓐ 음흉한, 잠행성의   sly, guileful, cunning, crafty

ad. insidiously   음흉하게, 암암리에

an **insidious** political purpose 음흉한 정치적 목적

[어원] 「in(안) + sid(sit) → 안에 자리 잡고 앉아 있는」

insight ★

[ínsàit]

안을 들여다봄

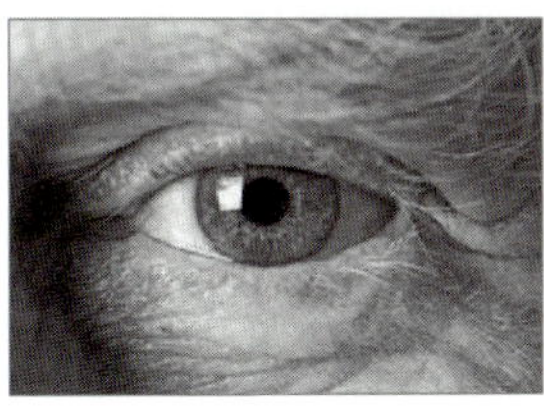

ⓝ 통찰력, 간파   understanding, perception, penetration

a. insightful   통찰력 있는   intuitive

an **insight into** the cause of the problem 문제의 원인에 대한 통찰력

[어원] 「in(안) + sight(보는 것) → (정확히) 안을 들여다보는 것」
[어법] insight into : ~에 대한 통찰력[간파]
[상상⁺] **sight**seeing 관광

insinuate ★

[insínjuèit]

살짝 구부려 넣다

ⓥⓣ 넌지시 비추다   imply, intimate, allude to

What are you trying to **insinuate**? 네가 말하고자 하는 게 뭐야?

[어원] 「in(안) + sinu(구부러진) → (자신의 뜻을) 살짝 구부려 넣다」
[상상⁺] **sinu**ous 구불구불한(tortuous)

insolvent ★★★

[insálvənt / -sɔ́l-]
해결하지 못하는

ⓐ 부도난, 파산한   not having enough money to pay; bankrupt

n. insolvency   파산, 변제 불능

The bank was declared **insolvent**. 그 은행은 파산하게 되었다.

[어원] 「in(안) + solvent(해결하는) → (빚을) 해결하지 못하는」
[TIP] insolvent는 단어 안에 solve를 담고 있어서 외우기 쉽다.
[상상⁺] dis**solve** 녹(이)다; 해산하다 / in**solub**le 녹지 않는

inspire ★

[inspáiər]
숨을 불어넣다

ⓥⓣ 1. 고무[고취]하다   encourage   2. 영감을 주다   give an idea

n. inspiration   영감; 고취   a. inspiring   고취하는

The coach **inspired** the team **to** play well.
그 감독은 훌륭한 경기를 하도록 팀을 고취했다.
The novel was **inspired** by his weird friend.
그 소설은 그의 엉뚱한 친구에 의해 영감을 받았다.

[어원] 「in(안) + spire(breathe) → ~ 안에 숨을 불어넣다」
[어법] inspire A to V : A를 ~하도록 고무[고취]하다
[상상⁺] a**spire** 열망하다 / con**spire** 공모하다 / ex**pire** 죽다; 만료되다
　　　 per**spire** 땀을 흘리다 / re**spire** 호흡하다

instantaneous ★

[ìnstəntéiniəs]
즉각적인

ⓐ 즉각적인, 즉시의   immediate, prompt, instant

ad. instantaneously   즉시, 즉각적으로

have an **instantaneous** effect on economy
경제에 즉각적인 효과를 내다

[어원] 「instant(즉시의) + aneous(형접) → 즉각적인」
[TIP] instantaneous는 instant에서 다시 형용사 접미어가 붙은 형태로서
　　　 쓰임새나 뜻이 동일하다.

instigate

[ínstəgèit]
~하도록 찌르다

ⓥⓣ 부추기다, 선동하다   agitate, incite, abet, foment, stir up

n. instigation   부추김, 선동

instigate a strike 파업을 선동하다

[어원] 『in(안) + stig(stick찌르다) → ~하도록 (옆에서) 찌르다』
[TIP] 누군가를 부추길 때 옆구리를 쿡쿡 찌르는 것을 연상해보면 쉽다.
[상상⁺] di**stin**guish 구별하다 / in**stinc**t 본능

---

instill ★

[instíl]
안에 떨어뜨리다

ⓥⓣ (사상을) 주입시키다, 스며들게 하다   infuse, transfuse, inculcate

instill patriotism **into** the people 국민들에게 애국심이 스며들게 하다

[어원] 『in(안) + still(drop) → (물을 한 방울씩) 안에 떨어뜨리다
→ (사상을 하나 둘씩) 주입하다』
[어법] instill A into B : A를 B에게 주입시키다, 스며들게 하다
[상상⁺] di**still** 증류하다; 다듬다

---

insurrection

[ìnsərékʃən]
들고 일어난 것

ⓝ 반란   rebellion, revolt, mutiny, uprising

n. insurgent   반란자, 폭도

put down the civic **insurrection**   시민 반란을 진압하다

[어원] 『in(강조) + sur(rise) → 완전히 들고 일어난 것』
[TIP] insurrection에서 in-은 강조(완전히)의 의미라는 것에 주의!

---

intense ★

[inténs]
~ 안으로 뻗치는

ⓐ 강렬한, 심한   severe, violent, fierce, vehement

vt. intensify   격렬하게 하다   n. intensity   격렬함, 강렬함

in the face of **intense** criticism 강력한 비난에도 불구하고

[어원] 『in(안) + tens(stretch) → ~ 안으로 뻗치는』
[TIP] intense는 intend(의도하다)에서 유래한 형용사다. 즉 '의도하다(intend)'
라는 것은 곧 '의지가 강한(intense)'이 된다.
[비교] in**tens**ive 집중적인(concentrated)

intimidate ★★

[intímədèit]
~ 안에 겁을 넣다

ⓥ 위협[협박]하다 threaten, frighten, menace, cow

n. intimidation 위협, 협박

intimidate young people **into** voting for him
젊은이들을 협박해 그에게 투표하게 하다

[어원] 『in(안) + timid(겁 많은) → ~ 안에 겁을 넣다 → 겁주다』
[어법] intimidate A into ~ing : A를 협박해 ~하게 하다
[상상⁺] **tim**orous 소심한, 겁 많은(diffident)
[비교] intimate A to B : A를 B에게 넌지시 비추다

intricate ★★

[íntrəkit]
안으로 엉킨

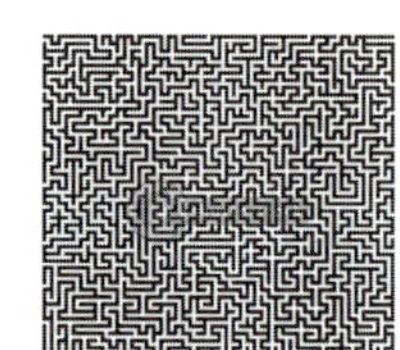

ⓐ 복잡한 complex, complicated, knotty, sophisticated

intricate problems between them 그들 간의 복잡한 문제들

[어원] 『in(안) + tric(엉킴) → 안으로 엉켜 있는』
[상상⁺] **trick** 속임수 / **extric**ate 풀어내다 / **intrigue** 음모(를 꾸미다)

intrigue ★★

[intríːg]
안으로 엉킨 것

ⓝ 음모, 계략 conspiracy, scheme, machinations, ruse

ⓥ 1. 음모를 꾸미다 make secret plans

2. 흥미[호기심]를 일으키다 interest, attract

a. intriguing 흥미를 일으키는 fascinating

their political **intrigue** 그들의 정치적 음모
intrigue against the king 왕을 해치려는 음모를 꾸미다
a TV program that **intrigues** viewers
시청자들의 흥미를 자아내는 TV 프로그램

[어원] 『in(안) + trig<tric(엉킴) → 안으로 엉켜 있는 것』
[TIP] 누군가 1. **음모를 꾸미는 것**을 알게 되면 자연히 2. **흥미가 생긴다.**
[출제포인트] intrigue뿐만 아니라 **intriguing**도 함께 출제된다.

intrude

[intrú:d]
안으로 밀고 들다

ⓥⓘ (남의 일에) 끼어들다, 간섭하다   interfere, intervene, meddle, break in

n. intrusion   간섭, 침해

intrude on privacy of other people   다른 사람들의 사생활에 끼어들다

[어원] 『in(안) + trude(thrust) → 안으로 밀고 들어가다』
[어법] intrude into[on] : ∼에 끼어들다, 간섭하다
[상상⁺] ex**trude** 밀어내다 / ob**trude** 강요하다 / pro**trude** 튀어나오다

intuition

[ìntʃuíʃən]
안을 들여다보는 것

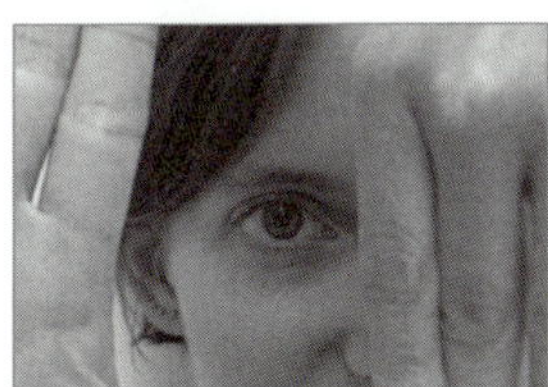

ⓝ 직관(력)   the ability to know something by feeling; instinct

a. intuitive   직관적인   insightful

investigate the crime by **intuition**   직관을 통해 사건을 수사하다

[어원] 『in(안) + tui(look) → 안을 들여다보는 것』
[뉘앙스] intuition 직관력 : 사실에 의해서가 아닌 직감적으로 느껴지는 것
　　　　 – feminine **intuition** 여자의 직관
　　　　 insight 통찰력 : 예리한 시각으로 핵심을 꿰뚫어보는 것
　　　　 – **insight** into the cause of the crisis 위기의 원인에 대한 통찰력

inundate ★

[ínəndèit, -nʌn-]
안으로 흘러들다

ⓥⓣ 범람[침수]시키다   flood, deluge, overflow

n. inundation   범람, 침수

The tidal wave **inundated** vast areas of cropland.
거대한 파도가 광범위한 농경지를 침수시켰다.

[어원] 『in(안) + und(wave) → (육지) 안으로 흘러들다』
[상상⁺] ab**und**ant 풍부한 / red**und**ant 과잉의, 잉여의
　　　　 undulate 오르락내리락하다

inure ★

[inʃúər]
이미 사용되다

ⓥⓣ 익숙하게 하다   accustom, acclimate, adapt, adjust

Nurses **are inured to** the sight of suffering.
간호사들은 고통을 보는 것에 익숙해져 있다.

[어원] 『in(안) + ure(use) → (이미) 사용된 상태에 있다』
[TIP] inured는 이미 사용된 상태여서 '익숙해진' 의 뜻이다.
[어법] be inured to + 명사 : ∼에 익숙해지다

inveigh

[invéi]
옮겨 넣다

(vt) (강하게) 비난하다   condemn, rebuke, reproach, reprimand

n. invective   욕설, 비난

inveigh against animal abuse 동물 학대를 강하게 비난하다

[어원] 『in(안) + veigh(carry) → (비난을) 옮겨 넣다, 퍼붓다』
[TIP] 상대방 안에 비난의 말을 쏟아붓는 모습을 연상하면 쉽다.
[비교] inveigle 꼬이다, 유혹하다
[상상⁺] **vehi**cle 탈것 / **vehe**ment 격렬한
         con**vey** 수송하다 / pur**vey** 공급[조달]하다

inveigle

[invíːgəl, -véi-]
눈을 멀게 하다

(vt) 유혹하다, 꼬이다   coax, cajole, entice, wheedle

He **inveigled** me **into** ly**ing** to my parents.
그는 나를 꼬여서 부모님께 거짓말하도록 했다.

[어원] 『in<ab(away) + veigl<ocul(eye) → 눈을 멀게 하다』
[TIP] inveigle은 어원의 변화가 매우 심한 어휘라서 어원 접근이 별로 도움이
      안 된다. '빵집 **안으로(in)** 베이글(**veigle**)이 날 유혹하다'로 외우자!
[어법] inveigle A into ~ing : A를 꼬여서 ~하게 하다

invigorate ★★

[invígərèit]
활력을 넣어주다

(vt) 활력을 불어넣다   encourage, refresh, inspire

a. invigorating   활력을 불어넣는, 상쾌한

the policy that would **invigorate** the economy
경제에 활력을 불어넣어줄 정책

[어원] 『in(안) + vigor(활력) → 활력을 넣어주다』
[상상⁺] **vigor**ous 활기찬 / **vigil**ant 경계하는

invoke ★

[invóuk]
속으로 불러내다

(vt) 1. (신께) 빌다, 기원하다   ask for help from God; pray

2. (마음속에) 불러일으키다, 상기시키다   evoke, arouse

n. invocation   기원

invoke a blessing from God 신의 은총을 빌다
The politician tried to **invoke** regionalism.
그 정치인은 지역주의를 불러일으키려고 노력했다.
[어원] 『in(안) + voke(call) → (마음) 속으로 불러내다』
[출제포인트] **불러일으키다**의 의미가 출제되었고 실제로도 많이 쓰인다.

in-²
부정 (not)

[스펠링 변화] in- 접두어는 다음 자음에 따라 스펠링이 바뀌는 경우도 있다.
ignominious 수치스러운
illegible 읽을 수 없는 / **irrelevant** 읽을 수 없는

익공 플편 **ignominious** ★

[ìgnəmíniəs]
좋지 못한 이름인

ⓐ 수치스러운, 불명예스러운 shameful, disgraceful

n. ignominy 수치, 불명예

an **ignominious** end to his career 그의 경력에 불명예스러운 결말

[어원] 『ig＜in(not) + nomin(name) → 좋지 못한 이름이 되는』

익공 플편 **illegible** ★

[ilédʒəbəl]
읽을 수 없는

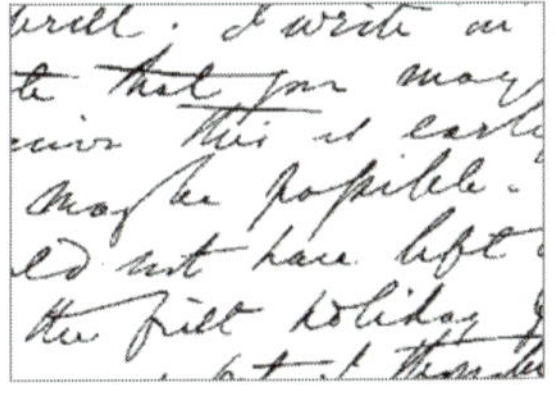

ⓐ 읽을 수 없는 unreadable ⇔ legible 읽기 쉬운

n. illegibility 읽을[판독할] 수 없는 상태

His handwriting was almost **illegible**.
그의 글씨는 거의 읽을 수 없었다.

[어원] 『il＜in(not) + leg(read) → (글씨를 갈겨써서) 읽을 수 없는』
[비교] ineligible 자격이 없는, 부적격의

익공 플편 **illicit** ★

[ilísit]
불법적인

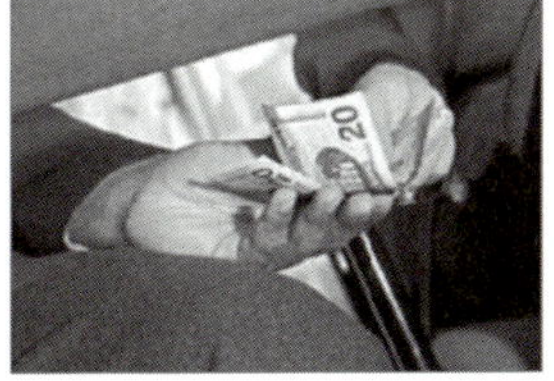

ⓐ 불법적인 illegal, illegitimate, unlawful

monitor **illicit** business activities 불법적 기업 활동들을 감시하다

[어원] 『il＜in(not) + licit(lawful) → 합법적이 아닌』

illiterate ★

[ilítərit]
글을 모르는

ⓐ 문맹의, 무식한　unable to read and write; ignorant, uneducated

n. illiteracy　문맹, 무식

The majority of the country remains **illiterate**.
그 나라의 대다수는 문맹이다.

[어원] 『in(not) + literate(글을 아는) → 글을 읽고 쓸 줄 모르는』
[상상⁺] **liter**al 글자 그대로의 / **liter**ature 문학 / ob**liter**ate 지우다

immaculate ★

[imǽkjəlit]
티 없이 깨끗한

ⓐ (아주) 깨끗한, 흠잡을 데 없는　spotless, flawless, taintless, stainless

an **immaculate** cathedral 너무도 깨끗한 대성당

[어원] 『in(not) + macul(stain) → 티 없이 깨끗한』

immaterial ★

[ìmətíəriəl]
실체가 없는

ⓐ 1. 실체가 없는, 무형의　incorporeal
　　2. 중요하지 않는　unimportant, insubstantial, irrelevant

immaterial assets 무형 자산
Age and sex are **immaterial**. 나이와 성별은 중요치 않다.

[어원] 『im<in(not) + material(물질, 실체) → 실체가 없는』
[TIP] 1. **실체가 없다**는 것은 곧 본질이 없는 것이므로
　　　2. **중요하지 않은** 것이 된다.

immature

[ìmətjúər]
성숙하지 못한

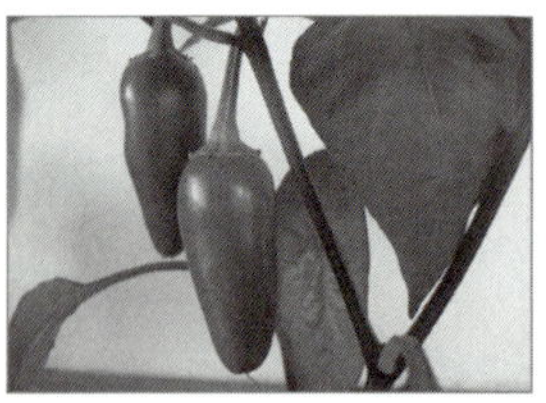

ⓐ 미숙한　not fully grown or developed; callow

n. immaturity　미숙함

forgive his **immature** behavior 그의 미숙한 행동을 용서하다

[어원] 『im<in(not) + mature(성숙한) → 성숙하지 못한』

immortal ★

[imɔ́ːrtl]
죽지 않는

ⓐ 불멸의, 불후의 undying, perpetual, immutable, imperishable

n. immortality 불사, 불멸

the **immortal** songs of the Beetles 비틀즈의 불멸의 노래들

[어원] 『im<in(not) + mortal(죽게 되는) → 죽지 않는』
[TIP] 사진의 비틀즈(beetles)는 대표적인 **불멸의** 밴드(immortal band)다.
[상상⁺] **mort**gage 저당, 담보 / **mort**ician 장의사
　　　 mortify 굴욕감을 주다 / **mor**ibund 죽어가는

immune ★

[imjúːn]
일하지 않아도 되는

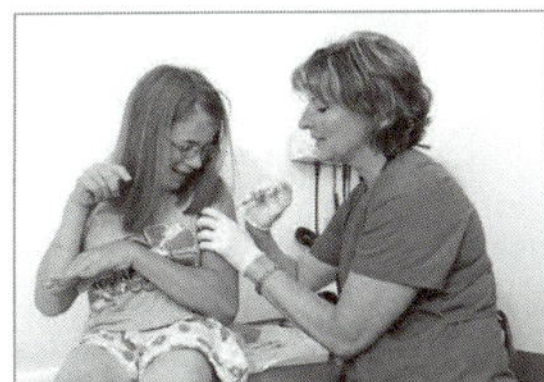

ⓐ 면역[면제]된, 자유로운 exempt, unaffected, unrestricted, unfettered

n. immunity 면역, 면제　 vt. immunize 면역시키다 vaccinate

You're not **immune to** the disease.
당신은 그 질병에 대해 면역력이 없습니다.
The president will **be immune from** arrest.
그 회장은 구속으로부터 자유로울 것이다.

[어원] 『in(not) + mune(service 일, 봉사) → 일[봉사]하지 않아도 되는』
[어법] be immune to[from] ~에 면역[면제]되다, 자유롭다
[출제포인트] 명사 **immunity**도 출제되는 어휘이므로 꼭 알아두자!
[TIP] 1. immune system[response] 면역 체계[반응] → 한 단어처럼 외우자!
　　　 2. AIDS : Acquired Immune Deficiency System 후천성 면역 결핍증
[상상⁺] **muni**cipal 시(市)의 / **muni**ficent 후한 / com**mun**ism 공산주의
　　　 re**mune**rate 보수를 주다

immutable ★★

[immjúːtəbəl]
변하지 않는

ⓐ 불변의, 변하지 않는 unchangeable, invariable, unalterable

n. immutability 불변성

their **immutable** love 변치 않는 그들의 사랑

[어원] 『in(not) + mut(change) → 변하지 않는』
[상상⁺] **mut**ual 상호간의 / **mut**ation 변이, 변화
　　　 com**mut**e 통근하다; 교환하다 / per**mut**ation 변경

impartial ★★★

[impá:rʃəl]
편파적이 아닌

ⓐ 공정한, 공평한   fair, unbiased, detached, non-partisan

n. impartiality   공정함

make **impartial** mediation 공정한 중재를 하다

[어원]「in(not) + partial(편파적인) → 편파적이 아닌」
[비교] impart(나누어 주다)와의 혼동에 주의!

---

impasse ★★★

[ímpæs]
통과 못하는 상태

ⓝ 난국, 궁지   deadlock, predicament, plight, stalemate

The negotiation is at an **impasse**. 협상이 난국에 처해 있다.

[어원]「im<in(not) + pass(통과) → 더 이상 통과하지 못하는 상태」
[TIP] impasse안의 pass(통과)를 읽어내는 것이 암기의 핵심!

---

impatient ★★

[impéiʃənt]
참지 못하는

ⓐ 참지 못하는, 조바심 내는   itching, nervous, edgy, agitated

n. impatience   조급함, 안달

She was too **impatient** to wait for the result.
그녀는 너무 조바심이 나서 그 결과를 기다릴 수 없었다.

[어원]「im<in(not) + patient(참는) → 참지 못하는」
[TIP] patient ⓝ 환자 ⓐ 참을성 있는

---

impeccable ★★

[impékəbəl]
죄가 있을 수 없는

ⓐ 결함[흠잡을 데] 없는   faultless, flawless, perfect, complete

teach one's children **impeccable** manners
자기 아이들에게 흠잡을 데 없는 예절을 가르치다

[어원]「im<in(not) + pecc(sin) → 죄가 있을 수 없는」
[상상⁺] **pecc**adillo (가벼운) 죄(sin)

imperceptible ★★

[ìmpərséptəbəl]
알아차릴 수 없는

ⓐ 알아차릴 수 없는, 미세한　unnoticeable, intangible, impalpable

ad. **imperceptibly**　알아차릴 수 없이, 미세하게　invisibly

an **imperceptible** change of temperature 알아차릴 수 없는 온도 변화

[어원] 『in(not) + perceptible(알아차릴 수 있는) → 알아차릴 수 없는』
[TIP] imperceptible의 뿌리는 perceive(인지하다)임을 잊지 말자!

impertinent ★

[impə́:rtənənt]
적절하지 못한

ⓐ 무례한, 건방진　impudent, insolent, cheeky, brazen

n. **impertinency**　건방짐

his **impertinent** and aggressive attitude 무례하고 공격적인 그의 태도

[어원] 『im<in(not) + pertinent(적절한) → (행동이) 적절하지 못한』
[TIP] impertinent의 원래 뜻은 '부적절한(improper)'인데, '행동이 부절적한'
　　　→ **무례한, 건방진**의 의미로만 쓰인다.

impervious ★

[impə́:rviəs]
통과하지 못하는

ⓐ 1. 통과하지 못하는　not allowing anything to pass through

　　2. 영향 받지[손상되지] 않는　unaffected, immune, invulnerable

clothes that are **impervious to** water 물이 스며들지 않는 옷
plants that are **impervious to** weather 날씨에 영향 받지 않는 식물들

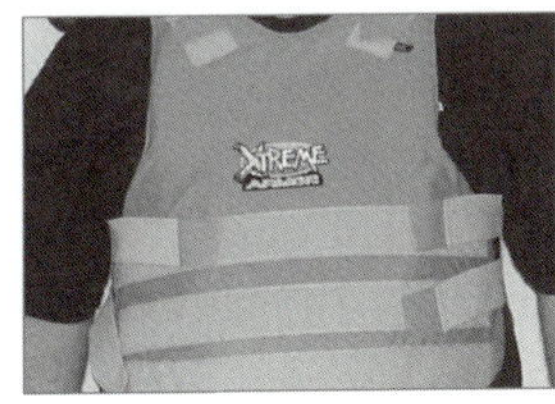

[어원] 『im<in(not) + per(through) + vi(a)(way) → 길을 통과하지 못하는』
[TIP] 그림에서처럼 방탄조끼(bullet-proof vest)는 총알이 통과하지 못하는
　　　impervious의 상태다.
[어법] impervious to : ～이 통과하지 못하는 / ～에 영향 받지 않는

impious ★
[ímpiəs]
경건하지 못한

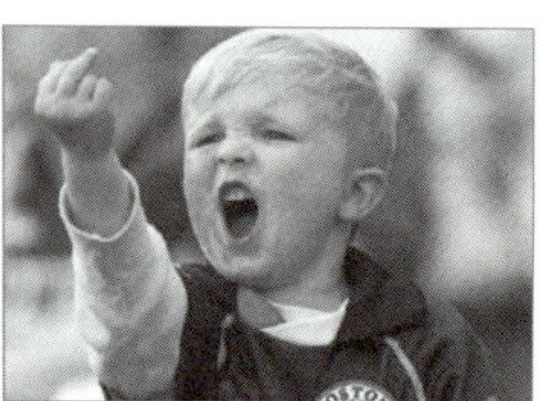

ⓐ 불경스러운   profane, irreverent, blasphemous, sacrilegious

n. impiety   불경스러움

commit an **impious** crime 불경스러운 범죄를 저지르다

[어원] 『im＜in(not) + pious(경건한) → 경건하지 못한』
[발음주의] 임파이어스(×) → **임피어스**(○)

implausible ★★
[implɔ́:zəbəl]
그럴듯하지 않은

ⓐ 믿기 어려운   unbelievable, incredible, far-fetched

I found his excuse **implausible**.
나는 그의 변명이 믿기 어렵다고 생각했다.

[어원] 『im＜in(not) + plausible(그럴듯한) → (전혀) 그럴듯하지 않은』
[TIP] plausible 그럴듯한 〈유래편 p.183〉을 확실히 알아야 한다.

impotent ★
[ímpətənt]
힘 없는

ⓐ 1. 힘 없는, 무력한   powerless, helpless, feeble
　　2. 《의학》 발기부전인   unable to have sexual intercourse

the **impotent** administration for the political turmoil
정치적 혼란에 무력한 행정부
drugs for the **impotent** 발기부전 환자들을 위한 약들

[어원] 『in(안) + potent(힘 있는) → 힘 없는』
[상상⁺] **potent**ial 잠재적인; 잠재력 / omni**potent** 전능한

impregnable ★★
[imprégnəbəl]
휘어잡을 수 없는

ⓐ 이길 수 없는, 난공불락의

unconquerable, invincible, insurmountable, indomitable

an **impregnable** fortress 난공불락의 요새

[어원] 『im＜in(not) + preg(take) → (휘어)잡을 수 없는』

improbable

[imprábəbəl / -prɔ́b-]
있을 것 같지 않은

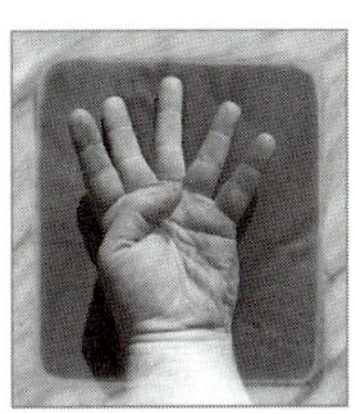

ⓐ 일어날 것 같지 않은　not likely to happen; unlikely

n. improbability　일을 것 같지 않은 일 ⇔ probability 가능성

an **improbable** dream 일어날 것 같지 않은 꿈

[어원] 『im<in(not) + probable(있음직한) → 있을 것 같지 않은』

improvise ★★

[ímprəvàiz]
미리 보지 않다

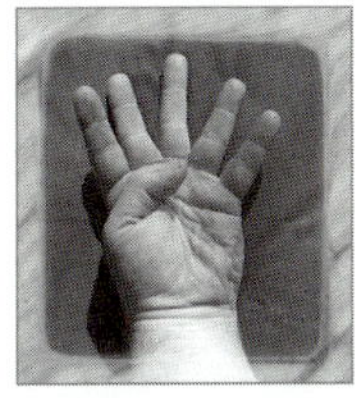

ⓥ 즉석으로[임시로] ~ 하다　play it by ear

n. improvisation　즉석으로 하기

improvise a toy for the children
아이들을 위해서 즉석으로 장난감을 만들어주다

[어원] 『im<in(not) + pro(before) + vis(see) → 미리 보지 않고 하다』
[TIP] impromptu(즉흥적인), extemporaneous(즉석의)와 함께 외우면
　　　 더욱 효과적이다.

imprudent ★

[imprú:dənt]
신중하지 못한

ⓐ 신중하지 못한, 경솔한　careless, heedless, indiscreet, improvident

n. imprudence　경솔함

an **imprudent** investment in stocks 신중하지 못한 주식 투자

[어원] 『im<in(not) + prudent(신중한) → 신중하지 못한』

impudent ★

[ímpjudnt]
부끄러움을 모르는

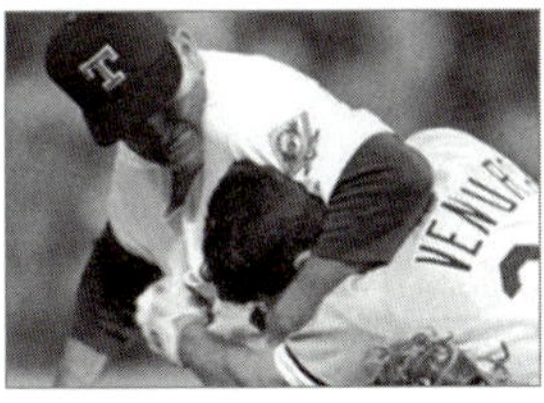

ⓐ 뻔뻔스러운, 건방진

　　 shameless, insolent, impertinent, presumptuous

n. impudence　뻔뻔함, 건방짐

teenagers' **impudent** behavior 10대들의 건방진 행동

[어원] 『im<in(not) + pud(feel shame) → 부끄러움을 느끼지 못하는』

impunity

[impjúːnəti]
처벌받지 않음

ⓝ 처벌받지 않음 exemption from punishment

rape women **with impunity** 처벌받지 않고 여성들을 강간하다

[어원] 『im<in(not) + puni(punishment) → 처벌받지 않음』
[어법] with impunity : 처벌받지 않고
[관련] get away with : 처벌받지 않고 ~하다

inadvertently ★★★

[ìnədvə́ːrtəntli]
주의하지 않고

ⓐⅾ 무심코, 우연히 unwittingly, accidentally ⇔ **deliberately** 고의로

a. inadvertent 무심코 한, 우연한

His name was **inadvertently** omitted from the list.
그의 이름이 명단에서 우연히 누락되었다.

[어원] 『in(not) + advertent(주의하는) → 주의하지 않고』
[TIP] advert의 어원 분석 : ad(to) + vert(turn) → ~로 (주의를) 돌리다
[상상⁺] **advert**isement 광고

inane ★

[inéin]
뇌가 아닌

ⓐ 어리석은 stupid, foolish, silly, absurd, idiotic

n. inanity 어리석음

an **inane** remark 어리석은 말

[어원] 『in(not) + ane(뇌인) → 뇌가 아닌 → 어리석은』
[TIP] inane은 어원보다 음원 암기가 효과적이다.

incalculable ★

[inkǽlkjələbəl]
계산할 수 없는

ⓐ 헤아릴 수 없는 countless, innumerable, immeasurable

Oil leakage caused **incalculable** harm to ecosystem.
기름 유출은 생태계에 헤아릴 수 없는 피해를 일으켰다.

[어원] 『in(not) + calculable(계산할 수 있는) → 계산할 수 없는』
[TIP] incalculable은 원래 calculate(계산하다)에서 나온 부정 형용사다.
그림에서와 같이 하늘에서 내리는 눈은 셀 수 없이 많다.

incapacitate ★

[ìnkəpǽsətèit]
무능력하게 하다

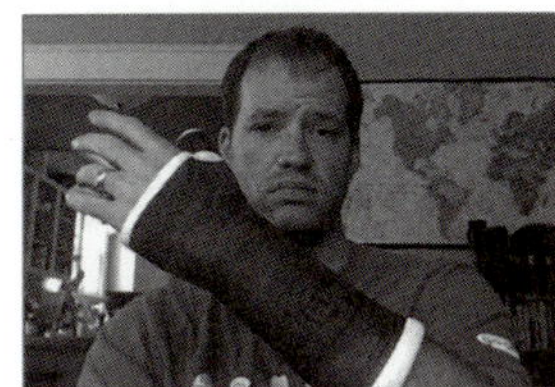

ⓥⓣ 무능력하게 하다, 무력화시키다 disable, cripple, paralyze, mutilate

n. incapacitation 무력화

His injury **incapacitated** him completely.
그의 부상은 그를 완전히 무력하게 만들었다.

[어원] 「in(not) + capacit(y)(능력) → 무능력하게 하다」

incessant ★

[insésənt]
그만두지 않는

ⓐ 끊임없는, 계속되는 endless, continuous, ceaseless, unceasing

ad. incessantly 끊임없이

the woman's **incessant** talking 그 여자의 끊임없는 이야기

[어원] 「in(not) + cess(cease그만두다) → 그만두지 않는」

incompatible ★★★

[ìnkəmpǽtəbl]
함께 느낄 수 없는

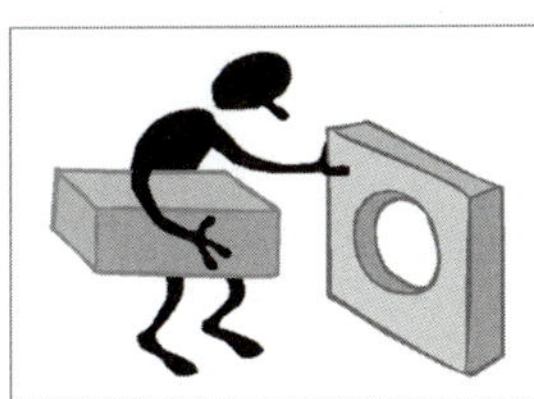

ⓐ 1. 양립[조화]할 수 없는 inharmonious, opposed to

　2. 호환되지 않는 cannot be used together

n. incompatibility 부조화

The couple is totally **incompatible with** each other.
그 커플은 서로 전혀 맞지 않는다.
The new printer is **incompatible with** my computer.
그 새 프린터는 내 컴퓨터와 호환되지 않는다.

[어원] 「in(not) + com(together) + pat(feel) → 함께 느낄 수 없는」
[TIP] incompatible을 알기 위해서는 먼저 compatible(양립[조화]할 수 있는)
　　　을 아는 것이 중요하다.
[어법] incompatible with : ~와 맞지 않는

incompetent ★

[inkámpətənt / -kɔ́m-]
능력이 없는

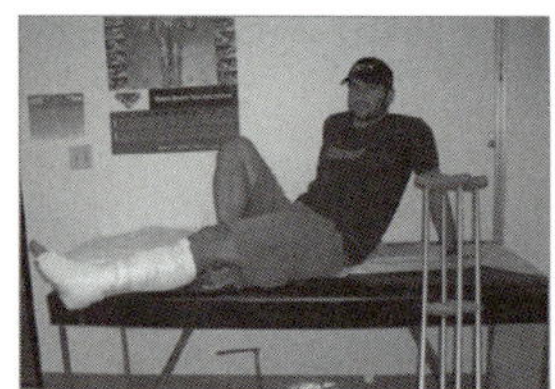

ⓐ 무능한　incapable, inept, ineligible, unqualified

n. incompetence　무능함

fire **incompetent** workers 무능한 직원들을 해고하다

[어원] 『in(not) + competent(능력 있는) → 능력이 없는』

incorrigible

[inkɔ́ːridʒəbəl]
바로잡을 수 없는

ⓐ 교정할 수 없는, 구제불능의　cannot be changed; irreparable

an **incorrigible** playboy 구제불능의 바람둥이

[어원] 『in(not) + corrigible(바로잡을 수 있는) → 바로잡을 수 없는』
[TIP] corrigible은 correct(바로잡다)의 형용사!

incontrovertible ★

[ìnkɑntrəvə́ːrtəbəl, inkɑ̀n-]
반박할 수 없는

ⓐ 명백한, 논쟁의 여지가 없는
explicit, lucid, indisputable, unquestionable

ad. incontrovertibly　논쟁의 여지 없이

present **incontrovertible** evidences 논쟁의 여지가 없는 증거를 제시하다

[어원] 『in(not) + controvert(반박하다) → 반박할 수 없는』

incurable

[inkjúərəbəl]
고칠 수 없는

ⓐ 불치의, 고칠 수 없는　impossible to cure; irreparable

a rare, **incurable** disease 희귀한 불치병

[어원] 『in(not) + curable(고칠 수 있는) → 고칠 수 없는』
[TIP] incurable이 cure(치료하다)의 부정 형용사임을 이해하면 쉽다.

indemnify

[indémnəfài]

해가 없게 하다

ⓥⓣ 변상[배상]하다 compensate, recompense, reimburse, make up for

n. indemnification 변상, 배상

indemnify investors **for** their loss
투자자들에게 그들의 손실을 변상하다

[어원] 『in(not) + demn(damage) → 해가 없게 만들어주다』
[어법] indemnify A for B : A에게 B에 대해 변상하다

indignant ★

[indígnənt]

무가치한 취급을 받은

ⓐ 분개한, 성난 angry, furious, enraged, irate

n. indignation 분노

She was **indignant** at the result. 그녀는 그 결과에 화를 냈다.

[어원] 『in(not) + dign(worthy) → 무가치한 취급을 받은』
[상상⁺] **dign**ity 위엄 / **dign**itary 고위 인사(VIP) / dis**dain** 경멸
      deign 황송하게도 ~하다 / **dain**ty (작고) 섬세한
[비교] indigent 가난한 / indignity 경멸, 모욕

indifferent ★★

[indífərənt]

다르지 않은

ⓐ 무관심한 uninterested, apathetic, callous, nonchalant

n. indifference 무관심

Her response was cold and **indifferent**.
그녀의 반응은 차갑고 무관심했다.

[어원] 『in(not) + different(다른) → (있으나 없으나) 다르지 않은』

indiscriminate ★★

[ìndiskrímənit]

구별하지 않는

ⓐ 무차별적인, 가리지 않는 indiscreet, haphazard, random

ad. indiscriminately 무차별적으로

the **indiscriminate** use of chemical fertilizers
화학 비료의 무차별적인 사용

[어원] 『in(not) + discriminate(구별하다) → 구별하지 않는』
[TIP] indiscriminate을 부정적인 뉘앙스의 어휘로, 구별하지 않는다고 해서
      결코 '공정한' 의 의미가 아니라는 점에 유의해야 한다.

indispensable ★★★

[ìndispénsəbəl]
나눠 줄 수 없는

ⓐ 없어서는 안 될, 필수적인 essential, integral, absolutely necessary

He is **indispensable to** our team.
그는 우리 팀에 없어서는 안 될 존재다.

[어원] 『in(not) + dispensable(나눠 줄 수 있는) → 나눠 줄 수 없는』
[TIP] indispensable이 dispense(나누어 주다)에서 나온 부정 형용사임을 이해하면 쉽다. 그림에서 엔진이 앞에 보이는데, 자동차에서 엔진은 '없어서는 안 될 필수적인' 부품이다.
[어법] indispensable to : ~에 없어서는 안 될, 필수적인

indisputable

[ìndispjú:təbəl, indíspju-]
논란이 될 수 없는

ⓐ 논쟁의 여지가 없는, 명백한
incontrovertible, unquestionable, indubitable, explicit
ad. indisputably 명백히

secure **indisputable** evidence 명백한 증거를 확보하다

[어원] 『in(not) + disputable(논란이 될 수 있는) → 논란이 될 수 없는』

indolent ★★

[índələnt]
슬픔을 모르는

ⓐ 게으른, 나태한 lazy, negligent, slothful
n. indolence 나태함 sloth

many **indolent** youths 많은 나태한 젊은이들

[어원] 『in(not) + dol(슬픔) → (미래에 닥쳐올) 슬픔을 모르고 놀고 있는』
[TIP] 《개미와 베짱이》에서 베짱이는 미래에 닥쳐올 슬픔을 모르고 놀고만 있으니 이것이 딱 indolent의 모습이다.
[상상+] **dol**eful = **dol**orous 슬픈 / con**dole** 애도[조문]하다

inept ★

[inépt]
적당하지 않은

ⓐ 무능한, 능력 없는 improper, inappropriate, incompetent

inept handling of the economic crisis 경제 위기에 대한 무능한 대처

[어원] 『in(not) + ept<apt(적당한) → 적당하지 않은』
[뉘앙스] inapt (말·표현이) 부적당한
- a very **inapt** expression 매우 부적절한 표현
inept 무능한, 능력 없는
- **inept** leadership 무능한 리더십
[출제포인트] inapt와 inept 중에 inept가 출제되었다.

inert

[inə́:rt]
기술이 없는

ⓐ 무기력한 languid, lethargic, sluggish, torpid

He lay, **inert**, in his bed. 그는 침대에 무기력하게 누웠다.

[어원] 『in(not) + ert<art(기술) → (움직일) 기술이 없는』
[TIP] inert에서 ert 부분이 art의 모음 변화임을 이해하면 쉽다.

inevitable ★★

[inévitəbəl]
피할 수 없는

ⓐ 피할 수 없는, 불가피한

unavoidable, inescapable, predestined, predetermined

n. inevitability 불가피성

the **inevitable** result of global warming
지구 온난화의 피할 수 없는 결과

[어원] 『in(not) + evit(avoid) → 피할 수 없는』

inexorable

[inéksərəbəl]
말로 다할 수 없는

ⓐ 무정한, 냉혹한 relentless, pitiless, merciless, scathing

ad. inexorably 계속적으로

the **inexorable** decline in stock prices 냉혹한 주가 하락

[어원] 『in(not) + ex(out) + ora(speak) → 말로 다할 수 없는』
[상상⁺] **oral** 입의, 구두의 / **ora**tion 연설 / **ora**tory 웅변술
　　　　 oracle (신의 계시를 전하는) 제사장

infallible

[infǽləbəl]
실패할 수 없는

ⓐ 절대 확실한 absolutely certain; foolproof

ad. infallibly 확실하게

an **infallible** law 절대 확실한 법칙

[어원] 『in(not) + fall(fail) → 실패할 수 없는』
[TIP] fallible에서 fall은 '떨어지다' 가 아니고 **fail**(실패하다)의 변형이다.
　　　　 위기의 상황에서 슈퍼맨이 나타나기만 하면 그 위기는 절대 확실하게
　　　　 (infallibly) 해결된다.

infamous ★

[ínfəməs]
명예롭지 못한

ⓐ 악명 높은   notorious, ignominious, disreputable, dishonorable

an **infamous** dictator 악명 높은 독재자

[어원] 『in(not) + famous(유명한) → 명예롭지 못한』
[TIP] infamous는 '유명하지 않은'이 아니라 '명예롭지 못한' → **악명 높은**의
뜻이다.
[상상⁺] **fame** 명성 / de**fame** 비방[중상]하다

infertile

[infə́:rtəl / -tail]
비옥하지 못한

ⓐ (땅이) 비옥하지 못한, (사람이) 불임의   barren, sterile

infertile couples 불임 부부들

[어원] 『in(not) + fertile(비옥한) → 비옥하지 못한』
[TIP] infertile은 fertile의 반대말임을 쉽게 알 수 있다.
infertile이 **땅**에 쓰이면 → 비옥하지 못한, 불모의
사람에 쓰이면 → 아기를 낳지 못하는, 불임의

infidelity ★

[ìnfidéləti]
믿을 수 없는 상태

ⓝ (배우자의) 외도, 불충   disloyalty, unfaithfulness

His **infidelity** was the cause of their divorce.
그의 외도가 그들 이혼의 원인이었다.

[어원] 『in(not) + fid(trust) → 믿을 수 없는 상태』
[뉘앙스] infidelity (배우자의) 외도
- a spouse's **infidelity** 배우자의 외도
perfidy 불신
- moral **perfidy** 도덕적 불신

ingrate

[íngreit]
감사를 모르는 사람

ⓝ 배은망덕한 사람   an ungrateful person

n. ingratitude   배은망덕, 감사할 줄 모름

He is an **ingrate**. 그는 은혜를 모르는 사람이다.

[어원] 『in(not) + grat(thank) → 감사할 줄 모르는 사람』
[TIP] 우리 속담(proverb)에 '물에 빠진 사람 건져줬더니 보따리 찾는다'라는 말
이 있는데 이것이 딱 ingrate다.
[상상⁺] **grat**itude 감사 / **grat**eful 감사해 하는 / **grat**is 공짜로
gratuitous 까닭[이유] 없는

inimical ★

[inímikəl]
친구 될 수 없는

ⓐ 적대적인, 나쁜 hostile, unfriendly, antagonistic, malignant

conditions **inimical** to development 발전에 반대되는 상황

[어원] 『in(not) + imi<ami(friend) → 친구가 될 수 없는』
[TIP] enemy(적)에서 형용사로 바뀐 단어가 바로 inimical(적대적인)이다.
[상상+] **ami**able 상냥한 / **ami**cable 우호적인
      amity 우호 (관계) / en**mity** 적대감

inimitable ★

[inímitəbəl]
흉내 낼 수 없는

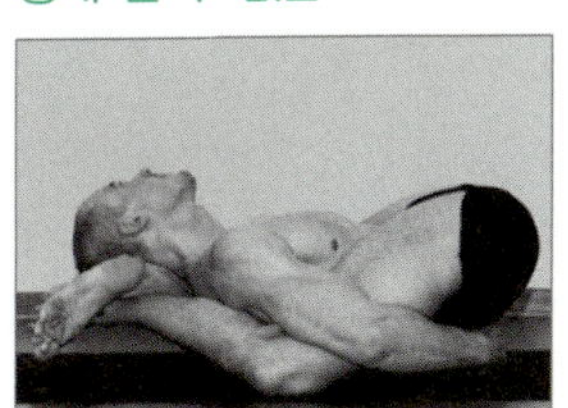

ⓐ 독특한, 흉내 낼 수 없는 unique, matchless, peculiar

an **inimitable** style 흉내 낼 수 없는 스타일

[어원] 『in(not) + imit(ate)(흉내 내다) → 흉내 낼 수 없는』
[TIP] inimitable이 imitate(흉내 내다)의 부정 형용사임을 알면 쉽다.

innocuous ★★★

[inákjuːəs / inɔ́k-]
해를 주지 않는

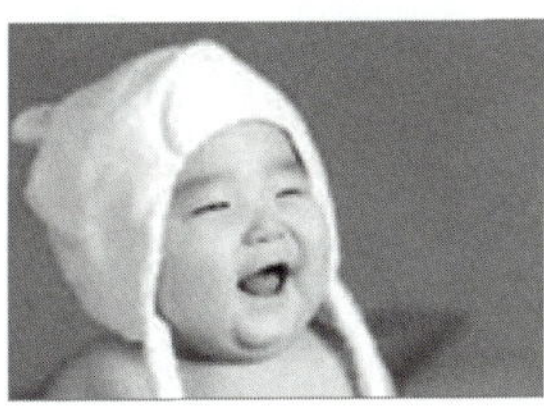

ⓐ 무해한, 악의 없는 harmless, innocent ⇔ noxious 유해한

an **innocuous** question 악의 없는 질문

[어원] 『in(not) + noc(harm) → 해를 주지 않는』
[TIP] innocent와 innocuous가 같은 어원임을 알면 외우기 쉽다.
[상상+] in**noc**ent 무죄인; 순결한 / per**nic**ious 유해한

innumerable ★

[injúːmərəbəl]
셀 수 없는

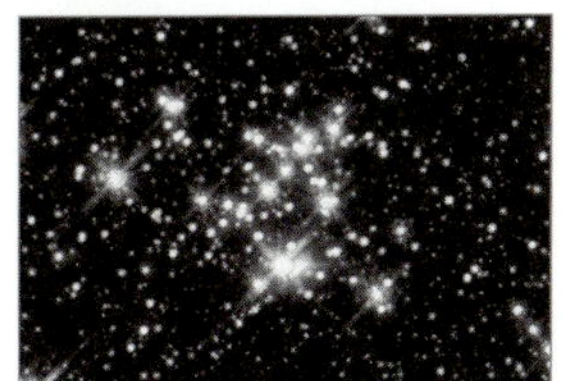

ⓐ 수많은, 무수히 많은 countless, numberless, incalculable, myriad

Korea underwent **innumerable** foreign invasion.
한국은 수많은 외세의 침입을 받았다.

[어원] 『in(not) + numerable(셀 수 있는) → 셀 수 없이 많은』
[TIP] 하늘의 별, 바닷가의 모래알, 머리카락 등은 그 수가 헤아릴 수 없이 많은데,
      이것이 딱 innumerable이다.
[상상+] **numer**ous 많은 / **numer**al 숫자 / e**numer**ate (일일이) 열거하다

 inopportune ★

[inàpərtjúːn / -ɔ́p-]
시기 부적절한

ⓐ 시기 부적절한   untimely, ill-timed, malapropos

an **inopportune** visit 시기 부적절한 방문

[어원] 『in(안) + opportune(시기적절한) → 시기적절하지 않은』
[TIP] 우리가 흔히 하는 말로 '타이밍이 맞지 않는' 이 바로 inopportune이다!

 insatiable ★

[inséiʃəbəl]
만족할 줄 모르는

ⓐ 만족할 줄 모르는, 탐욕스러운

greedy, avaricious, covetous, unquenchable

his **insatiable** appetite for money
그의 만족할 줄 모르는 돈에 대한 욕망

[어원] 『in(not) + sati(satisfy) → 만족할 줄 모르는』
[TIP] insatiable이 원래 satiate(충분히 만족시키다)에서 파생된 부정 형용사임
을 알아야 쉽다.

 insipid ★

[insípid]
맛없는

ⓐ 재미없는, 무미건조한   dull, flat, uninteresting, tasteless

an **insipid** performance 재미없는 공연

[어원] 『in(not) + sipid(good taste) → 맛없는』
[상상⁺] **sap**ient 현명한(wise) / **sag**acious 현명한 / **sav**ory 맛있는, 짭짤한

 insolent ★

[ínsələnt]
(예절에) 익숙지 않은

ⓐ 무례한, 오만한   arrogant, haughty, impertinent, supercilious

n. insolence   무례함

an **insolent** tone of voice 무례한 목소리 톤

[어원] 『in(not) + sole(익숙해진) → (예절에) 익숙하지 않은』
[TIP] insolent는 '누구나 당연히 갖추고 있어야 할 예절에도 익숙하지 못한' 의
의미에서 '무례한' 의 뜻이 나왔다.
[상상⁺] ob**sole**te 구식의(antiquated, out of date)

 insurmountable ★

[ìnsərmáuntəbəl]
넘을 수 없는

ⓐ 극복할[넘을] 수 없는   insuperable, unconquerable, invincible

be faced with **insurmountable** opposition
극복할 수 없는 반대에 직면하다

[어원] 『in(not) + surmountable(넘을 수 있는) → 넘을 수 없는』
[TIP] insurmountable이 surmount(산을 오르다)의 부정 형용사임을 이해하면
쉽게 외울 수 있다.

 intact ★★

[intǽkt]
손대지 않은

ⓐ 손상되지 않은, (보존 상태가) 완벽한   undamaged, whole

The medieval building was left **intact**.
그 중세시대 건물은 손상되지 않은 상태로 남았다.

[어원] 『in(not) + tac(touch) → 손대지 않은 → 손상을 입지 않은』
[TIP] 사진의 고려청자처럼 그 역사가 오래되었으나 전혀 손상되지 않아 보존
상태가 완벽한 것이 딱 intact의 뜻이다.

 intangible

[intǽndʒəbəl]
만질 수 없는

ⓐ 1. 추상적인   difficult to describe exactly; abstract

2. 무형의   not existing physically; impalpable

intangible cultural subjects 추상적인 문화적 주제들
intangible assets such as customers' loyalty
고객들의 충성도와 같은 무형 자산

[어원] 『in(not) + tangible(만질 수 있는) → 만질 수 없는』
[TIP] tangible에서 tang는 touch(만지다)라는 뜻의 어근이다. 사진 속 아저씨의
머리카락은 intangible(만질 수 없는)… ^ ^ ;

 integral ★

[íntigrəl]
손대어지지 않은

ⓐ 필수적인, 없어서는 안 될   essential, indispensable, vital

Vegetables are an **integral** part of our diet.
야채는 우리 식단에 없어서는 안 될 부분이다.

[어원] 『in(not) + teg(touch) ⇒ 손대어지지 않은[완전한]』
[TIP] 실제로는 '(완전해지기 위해) 필수적인' 의 의미로 쓰임.
integral은 수학에서 '적분' 이라는 용어(term)로도 쓰인다.
그림에서 보듯 메인보드는 컴퓨터에 '없어서는 안 될(integral)' 부분이다.
[상상+] in**tact** 손상되지 않은, 완전한 / in**tegrity** 성실, 정직(rectitude)

integrate

[íntəgrèit]

완전하게 하다

ⓥ 합쳐지다, 통합하다   unify, incorporate, synthesize

⇔ disintegrate 분해[해체]하다

n. integration   통합   a. integrated   통합된, 합쳐진

integrate the activities of both companies
두 회사의 활동들을 통합하다

[어원] 『integral(완전한)의 동사형 → (하나로 합쳐) 완전하게 하다』

[TIP] 따로따로 흩어져 있는 것은 불완전한 개념이고, 모두 하나로 합쳐져 있는
것이 완전한 개념이다.

integrity

[intégrəti]

손대지 않은 상태

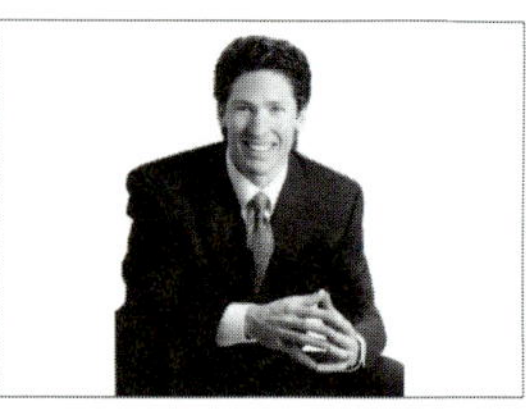

ⓝ 성실, 정직   honesty, probity, rectitude, sincerity

a priest of great moral **integrity** 도덕적으로 대단히 정직한 목사

[어원] 『in(not) + teg(touch) → (원래 그대로) 손대지 않은 상태』

[TIP] integrity는 '아무도 손대지 않아 원래 그대로 완벽함'의 뜻으로, 이 어휘
가 사람의 인격에 쓰여 '인격적으로 완벽한 상태' 즉, **성실, 정직**의 의미가
된 것이다.

intimate ★

[íntəmit / íntəméit]

가장 안까지 아는

ⓐ 절친한, 친근한   very close, friendly, thick

ⓥⓣ 넌지시 비추다, 암시하다   hint, insinuate, adumbrate

n. intimacy   친함

n. intimation   암시; 통고

an **intimate** relationship[atmosphere] 절친한 사이 / 친근한 분위기
He **intimated** his intention **to** me. 그는 자기 의도를 나에게 비췄다.

[어원] 『intimate → interior(안의)의 최상급 → 가장 안까지 아는』

[어법] intimate A to B : A를 B에게 넌지시 비추다

[출제포인트] intimate는 동사 **넌지시 비추다, 암시하다**가 출제되었다.

[비교] intimidate 위협[협박]하다

 intractable ★

[intrǽktəbəl]
이끌어갈 수 없는

ⓐ 다루기 힘든, 말 안 듣는 unruly, restive, wayward, recalcitrant

n. intractability 다루기 힘듦

be confronted with an **intractable** problem
다루기 힘든 문제에 직면하다

[어원] 『in(not) + tract(draw) → 이끌어갈 수 없는』

 intransigent

[intrǽnsədʒənt]
(뜻을) 옮기지 않는

ⓐ 비타협적인, 양보하지 않는 stubborn, uncompromising, unyielding

n. intransigence 비타협적 태도

an **intransigent** attitude 비타협적인 태도

[어원] 『in(not) + trans(옮기는) → (자신의 뜻을) 옮기지 않는』

intrepid ★★★

[intrépəd]
공포를 느끼지 않는

ⓐ 용감한 audacious, dauntless, gallant, valiant

They're **intrepid** explorers. 그들은 용감한 탐험가들이다.

[어원] 『in(not) + trepid(fear) → 공포를 느끼지 않는』
[상상⁺] **trepid**ation 공포

invalid ★★

[ínvəlid / -lìːd]
강하지 않은

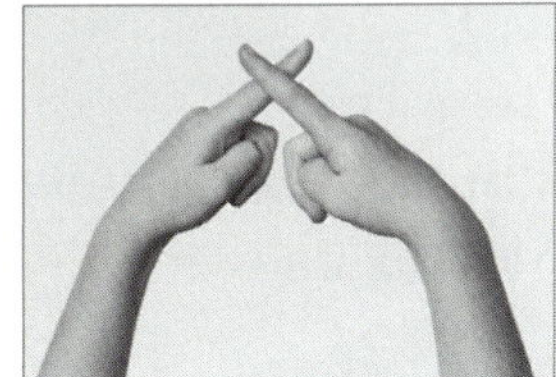

ⓐ 1. 무효인 not officially acceptable ⇔ **valid** 유효한

2. 병약한, 허약한 sick

n. 병자, 병약자 convalescent

This ticket is **invalid**. 이 티켓은 무효입니다.
I resented being treated as an **invalid**.
나는 병자로 취급받는 것에 화가 났다.
[어원] 『in(not) + val(strong) → 강하지 않은』
[상상⁺] **val**id 유효한; 근거 있는 / **val**or 용기 / **val**iant 용감한
convalesce (병에서) 회복하다

invaluable ★★★

[invǽljuəbəl]
값을 매길 수 없는

ⓐ 매우 귀중한 very precious, priceless

Your help was **invaluable** to us.
귀하의 도움은 저희에게 매우 귀중했습니다.

[어원] 『in(not) + valuable(값을 매길 수 있는) → 값을 매길 수 없는』
[TIP] invaluable은 '무가치한(valueless)'이 아니고 **값을 헤아릴 수 없을 만큼 매우 귀중한**(priceless)의 뜻! 축구에서의 결승골은 무엇과도 바꿀 수 없는 invaluable한 것이다.

invariable ★

[invɛ́əriəbəl]
변하지 않는

ⓐ 불변의, 변하지 않는 immutable, constant, consistent, uniform

ad. invariably 변함 없이

the **invariable** rules of science 변치 않는 과학의 규칙들

[어원] 『in(not) + variable(변하기 쉬운) → 변하지 않는』
[TIP] 사진 속의 금은 **영원히 변치 않는**(invariable) 것이다.
[상상⁺] **vary** 변하다, 바뀌다 / **vari**ous 다양한 / **vari**ed 가지각색의

invincible ★

[invínsəbəl]
정복할 수 없는

ⓐ 정복할 수 없는, 무적의

unconquerable, invulnerable, insuperable, insurmountable

n. invincibility 무적, 불패

He made his army **invincible**. 그는 자신의 군대를 무적으로 만들었다.

[어원] 『in(not) + vinc(conquer) → 정복할 수 없는』
[상상⁺] **vict**ory 승리 / **vanqui**sh 정복하다 / e**vict** 내쫓다, 퇴거시키다
e**vince** 분명히 나타내다 / con**vict** 유죄를 입증[선고]하다
con**vince** 납득[확신]시키다

involuntary

[inváləntèri / -vɔ́ləntəri]
자발적이 아닌

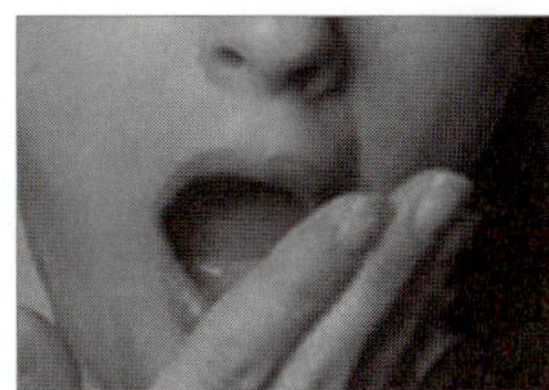

ⓐ 1. 무심결의, 무의식중의   not subject to control of the will

2. 비자발적인, 본의 아닌   done contrary to or without choice

ad. **involuntarily**   무심결에; 본의 아니게

draw in breath with **involuntary** surprise
무심결에 놀라 숨을 들여마시다
involuntary retirement 비자발적 퇴직

[어원] 「in(not) + voluntary(자발적인) → 자발적이 아닌」
[TIP] 1. 무심결의 → 자기도 모르는 사이에 벌어지는
      2. 비자발적인 → 자기 뜻[의도]에 상관없이 벌어지는
[상상+] **vol**ition 의지 / bene**vol**ent 친절한, 후한 / male**vol**ent 악의 있는

invulnerable ★

[invʌ́lnərəbəl]
상처 입지 않는

ⓐ 상처[해] 입지 않는

invincible, insuperable, insurmountable, impregnable

⇔ vulnerable 상처[해] 입기 쉬운

n. **invulnerability**   상처 입지 않음

an Internet banking system **invulnerable to** hackers.
해커들에게 손상되지 않는 인터넷 뱅킹 시스템

[어원] 「in(not) + vulner(wound) → 상처 입지 않는」
[어법] **invulnerable to** : ~에 상처[해] 입지 않는
[출제포인트] vulnerable과 invulnerable은 둘 다 시험에 아주 많이 출제되는
           어휘이므로 각별한 주의를 요한다!

 **irreconcilable ★**

[irèkənsáiləbəl]

조정할 수 없는

ⓐ 조정할 수 없는, 부조화의   incompatible, inharmonious

the **irreconcilable** differences between the two factions

두 당파간의 조정할 수 없는 차이

[어원] 「ir<in(not) + reconcilable(조정할 수 있는) → 조정할 수 없는」

[TIP] irreconcilable이 reconcile(조정하다, 화해시키다)의 부정 형용사임을 알면 쉽다.

[발음주의] 이뤠컨실러벌(×) → 이뤠컨**사**일러벌(○)

ob-

1. 반대 (against)
2. ~쪽으로 (toward)

[스펠링 변화] ob- 접두어는 다음 자음에 따라 스펠링이 바뀌는 경우가 있다.

offend 기분 상하게 하다; 위반하다 / **op**pose 반대하다

obesity ★★★

[oubíːsəti]
~를 먹는 것

ⓝ 비만   overweight, corpulence

a. obese 비만의

Obesity is no laughing matter. 비만은 웃을 문제가 아니다.

[어원] 「ob(~를) + ese<eat(먹다) → ~를 먹는 것」
[발음주의] 오베써티(X) → 오**비**씨디(O)

oblique ★★★

[əblíːk, ou-]
기울어진

ⓐ 1. 비스듬한, 사선의   diagonal, slanting   2. 간접적인   indirect

an **oblique** glance 곁눈질
an **oblique** reference to his gambling problem
그의 도박 문제에 대한 간접적인 언급

[어원] 「ob(~쪽으로) + liqe(slant경사) → ~쪽으로 기울어진」
[비교] oblige 어쩔 수 없이 ~하게 하다
[출제포인트] 시험에는 **간접적인**이 출제된다.

obfuscate ★

[abfʌ́skeit, ábfəskèit]
어둡게 하다

ⓥⓣ (본질을) 흐리다, 어지럽히다   confuse, confound, obscure

n. obfuscation (본질을) 흐림

They are **obfuscating** the issue. 그들은 문제의 본질을 흐리고 있다.

[어원] 「ob(over) + fusc(dark) → 어둡게 하다」

---

obliterate ★★

[əblítərèit]
글자를 지우다

ⓥⓣ 지우다, 없애다   efface, expunge, erase, wipe out

n. obliteration 삭제

The village was **obliterated** by fire. 그 마을은 불로 소실되었다.

[어원] 「ob(반대) + liter(letter) → 씌어진 글자를 반대로 지우다」
[상상⁺] **liter**al 글자 그대로의 / **liter**ary 문학의
   literate 글을 읽고 쓸 줄 아는 ↔ il**liter**ate 문맹의

oblivious ★★★

[əblíviəs]
살아 있지 않은

ⓐ 잘 모르는, 알지 못하는   unaware, unheeding, ignorant

n. oblivion 망각

Congress was seemingly **oblivious to** these events.
국회는 이번 사건들을 겉으로는 모르는 척했다.

[어원] 「ob(반대) + livi(live) → (기억에서) 살아 있지 않은」
[TIP] oblivious는 기억 속에 살아 있지 않은, 즉 '알지 못하는' 의 의미에서
   '모르는, 망각하는' 의 의미가 된 것이다.
[어법] oblivious to[of] : ~을 잘 모르는

obnoxious ★★

[əbnάkʃəs / -nɔ́k-]
(기분에) 해로운

ⓐ 불쾌한   disagreeable, offensive, nasty, distasteful

n. obnoxiousness 불쾌함

his **obnoxious** bad breath 그의 불쾌한 입 냄새

[어원] 「ob(~에) + noxious(해로운) → (기분에) 해로운 → 불쾌한」
[비교] noxious 해로운 / innocuous 무해한

obscene

[əbsíːn]
좋지 않은 장면인

ⓐ 1. 외설의, 음란한   indecent, lewd, lecherous, salacious

2. (매우) 불쾌한, 역겨운   disgusting, repulsive, abhorrent

an **obscene** satire 외설적인 풍자
an **obscene** act of indignity 매우 불쾌한 모욕 행위

[어원] 「ob(거슬러서) + scene(장면) → 좋지 않은 장면인」

obsequious

[əbsíːkwiəs]

~를 쫓아다니는

ⓐ 비굴한, 추종하는   servile, subservient, abject

n. obsequiousness   비굴함

an **obsequious** smile 비굴한 미소

[어원] 『ob(~를) + sequ(쫓아가다) → ~를 쫓아다니는』
[상상⁺] **sequ**ence 연속, 일련 / **sequ**el 연속, 속편
  con**secu**tive = sub**sequ**ent 연속적인, 이어지는

obsess

[əbsés]

거슬러 앉다

ⓥ (안 좋은 생각이) ~를 사로잡다

worry about something all the time; haunt

n. obsession 집착, 강박관념   compulsion

He **is obsessed by** inferiority complex. 그는 열등감에 사로잡혀 있다.

[어원] 『ob(거슬러) + sess(sit) → (자신의 뜻에) 거슬러 앉아 있다』
[TIP] 내가 생각하고 싶지 않아도 공포나 질투, 열등감 등이 내 머릿속에 들어
  앉아 있는 것이 바로 obsess!
[어법] be obsessed by : ~에 사로잡히다
[상상⁺] as**sess** 평가하다 / pos**sess** 소유하다

obsolete ★★★

[ὰbsəlíːt / ɔ̀bsəlíːt]

익숙해진

ⓐ 구식의, 낡은   antiquated, archaic, out of date

an **obsolete** telephone 구식 전화기

[어원] 『ob(~에) + sole(sit)(익숙해진) → (오래 써서) 익숙해진』
[상상⁺] in**sole**nt 무례한, 거만한 / ob**sole**scent 구식이 되고 있는

obstacle

[ǽbstəkəl / ɔ́b-]
반대하여 서 있는 것

ⓝ 장애물, 방해물   hindrance, impediment, obstruction

a major **obstacle to** sustainable economic growth
지속적인 경제 성장의 주요한 장애물

[어원] 『ob(거슬러) + sta(stand) → 반대하여 서 있는 것』
[TIP] obstacle(장애물)과 obstruct(방해하다)는 같은 어원이므로 함께 외우면
효과적이다.
[어법] obstacle to : ~에 장애물

obstinate ★★★

[ǽbstənət]
반대하여 서 있는

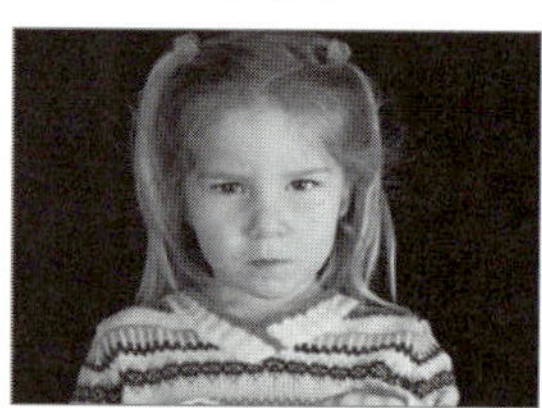

ⓐ 고집 센, 완고한   stubborn, tenacious, obdurate, dogged

n. obstinacy   완고함

She is wicked and and **obstinate** woman.
그녀는 못되고 고집 센 여자다.

[어원] 『ob(반대) + stin(stand) → (남의 의견에) 반대하여 서 있는』

obstruct

[əbstrʌ́kt]
거슬러 짓다

ⓥⓣ 방해[차단]하다   block, hinder, hamper, impede, encumber

n. obstruction   방해물, 걸림돌   obstacle

a. obstructive   방해하는

Frequent strikes **obstruct** foreign investment in Korea.
잦은 파업들이 한국에 대한 외국인 투자를 방해한다.
[어원] 『in(거슬러) + struct(build) → 거슬러 짓다, 쌓다』
[상상+] **struct**ure 구조(물 / con**struct** 건설하다 / de**struct**ion 파괴
in**struct** 가르치다; 지시하다

obtrusive ★

[əbtrúːsiv]
거슬리게 튀어나온

ⓐ 눈에 거슬리는   unpleasantly noticeable

⇔ unobtrusive 눈에 잘 띄지 않는, 나서지 않는

vt. obtrude   강요하다

obtrusive TV antennas on the roofs 눈에 거슬리는 지붕 위의 안테나들

[어원] 『ob(against) + trus<trud(thrust) → (눈에) 거슬리게 튀어나온』

obtuse

[əbtʃúːs]
두들겨져 무뎌진

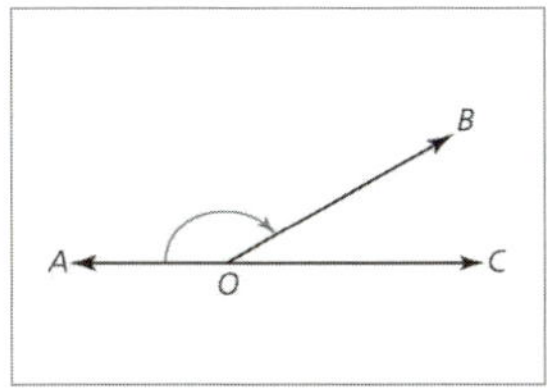

obtuse angle (둔각)

ⓐ 우둔한, 무딘   slow to understand things; blunt

I've really been very **obtuse** and stupid.
나는 정말 우둔하고 어리석었다.

[어원] 『ob(against) + tus(beat) → 두들겨져 (뾰족했던 부분이) 무뎌진』
[TIP] 뾰족하고 모난 부분을 계속 두들겨 무뎌지게(둥그렇게) 만드는 것이
obtuse인데, 이 '무딘'의 의미가 사람이 '우둔한'의 의미로 발전되었다.
[상상⁺] con**tus**ion 타박상(bruise)

obviate

[ábvièit / ɔ́b-]
명백히 없애다

ⓥⓣ 제거[방지]하다   eliminate, preclude, deter, rule out

The new medicine **obviates** the need for surgery.
그 신약은 수술의 필요성을 없애준다.

[어원] 『ob(거슬러) + via(way) → 길 위에 거슬리는 것을 없애다』
[TIP] obvious → 길 위에 거슬러 있는 → (눈에 딱 들어와) 명백한
obviate → 방해되는 것들을 명확히 하다 → 없애다, 제거하다

occult ★

[əkʌ́lt, ákʌlt]
위가 덮혀 있는

ⓐ 신비로운, 불가사의한   shut off from view or exposure; mystical

the **occult** powers 불가사의한 힘

[어원] 『oc<ob(위) + cul(cover) → 위가 덮여 알 수 없는』
[상상⁺] **col**or 색깔 : 위를 뒤덮는 것

ostensible ★

[ɑsténsəbəl / ɔs-]
위로 뻗어 나오는

ⓐ 겉치레의, 허울뿐인   specious, pretended, seeming, apparent

The **ostensible** reason for his resignation was ill health.
겉으로 드러난 그의 사임 이유는 건강 악화였다.

[어원] 『os<ob(위) + tens(stretch) → ~ 위로 뻗어 나오는』
[TIP] 사진 속 양의 탈을 쓴 늑대처럼 ostensible은 겉으로 드러난 모습을
뜻하는데, 사실 속에는 다른 무언가가 있음을 암시한다.

 **ostentatious**

[ɑ̀stentéiʃəs / ɔ̀s-]
위로 뻗어 내보이는

ⓐ 과시하는, 허세부리는   showy, pretentious, pompous

show **ostentatious** appearance 허세부리는 겉모습을 보이다

[어원] 「os<ob(위) + tent(stretch) → ~위로 뻗어 내보이는」
[비교] ostensible(겉치레의)와 ostentatious(과시하는)는 상당히 혼동되므로 비교해서 잘 봐두어야 한다.

per-

1. 통과 · 관통 (through)
2. 나쁘게 (wrongly)

percolate

[pə́ːrkəlèit]
필터를 통과시키다

ⓥ 1. (사상 따위가) 퍼지다, 스며들다 spread, permeate

2. (물 · 공기를) 여과하다, 거르다 filter, percolate

n. percolation 여과   n. percolator 여과기

Their ideas began to **percolate**. 그들의 사상이 퍼지기 시작했다.
Rainwater **percolates** down through the filter.
빗물이 필터를 통과해 내려가며 여과된다.

[어원] 『per(through) + cola(filter) → 필터에 통과시켜 거르다』

perennial ★

[pəréniəl]
1년 내내 계속되는

ⓐ 오래가는, 고질적인 continual, enduring, recurrent

ⓐ ⓝ 다년생 (식물) a plant living for more than two years

the **perennial** problem of hunger in North Korea
북한의 고질적인 기아 문제
The **perennials** are ornamental. 그 다년생 식물들은 장식용이다.

[어원] 『per(throughout) + enn<ann(year) → 1년 내내 계속되는』
[TIP] perennial : '1년 내내 계속되는 → 여러 해 계속되는' 으로 발전

peremptory

[pərémptəri]
(자기 주장을) 철저히 취하는

ⓐ 단호한 determined, resolute, steadfast, stanch

a **peremptory** tone of voice 단호한 목소리 톤

[어원] 『per(철저히) + empt(take) → 철저히 (자기 입장만을) 취하는』
[TIP] peremptory는 다른 사람의 이야기는 전혀 듣지 않고 자기 입장만을
취하는 모습을 의미한다.

perforation ★

[pə̀ːrfəréiýən]
완전히 구멍을 뚫은 것

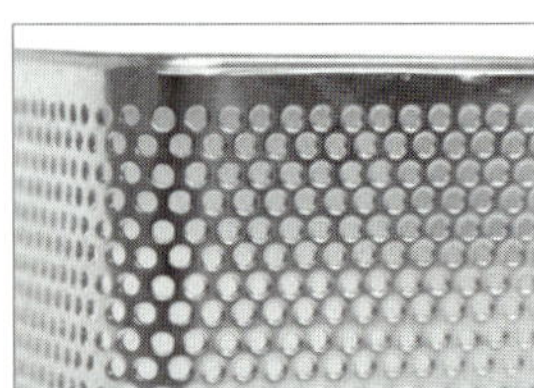

ⓝ (작은) 구멍　a small hole; aperture

vt. **perforate**　구멍을 내다

the **perforations** in a sheet of stamps
한 장의 우표 안에 있는 작은 구멍들

[어원] 『per(through)+fora(bore 구멍을 뚫다) → 완전히 구멍을 뚫은 것』

perfunctory ★★★

[pərfʌ́ŋktəri]
완전히 기계적인

ⓐ 기계[형식]적인　superficial, cursory

The applause was **perfunctory**. 박수갈채가 형식적이었다.

[어원] 『per(through) + funct(기능) → 완전히 기능(기계)적인』
[TIP] 그림에서 보듯 양국 정상의 악수는 형식적으로 하는 perfunctory
　　　handshake다.
[상상⁺] de**funct** 죽은, 소멸한

perjury ★

[pə́ːrdʒəri]
맹세를 저버림

ⓝ 위증　the crime of telling a lie in a court

vt. **perjure**　위증하다

He was accused of **perjury**. 그는 위증죄로 고발되었다.

[어원] 『per(through) + jur(swear) → (진실을 말하겠다는) 맹세를 저버림』
[상상⁺] **jury** 배심원단 / **jur**isdiction 사법권 / ab**jure** 맹세코 버리다
　　　con**jure** 요술을 부리다: (마술처럼) 떠오르게 하다

permeate ★

[pə́ːrmièit]
완전히 스며들다

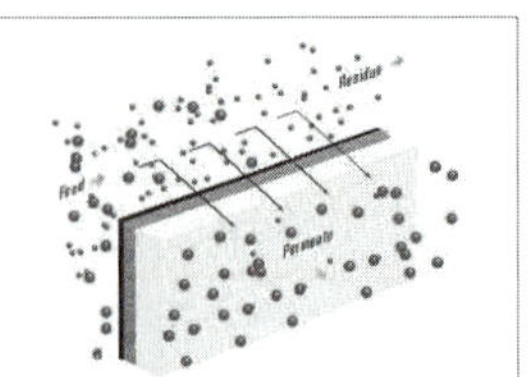

ⓥ 스며들다　spread into, pervade, penetrate, infiltrate

n. **permeation**　침투　　　　　a. **permeable**　침투할 수 있는

The smell of oil **permeated** the air.
기름 냄새가 공기 중에 스며들었다.

[어원] 『per(through) + mea(pass) → 완전히 통과해 가다』

pernicious ★★

[pəːrníʃəs]
완전히 유독한

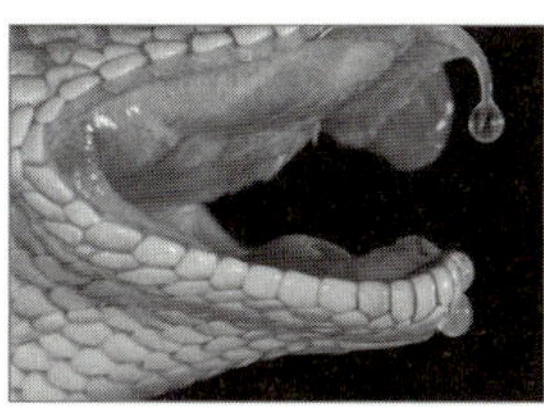

ⓐ 유해한, 치명적인　deadly, lethal, very harmful

the **pernicious** result of taking drugs 마약 복용의 치명적 결과

[어원] 『per(완전히) + nic(poison) → 완전히 유독한 → 치명적인』
[상상⁺] **nox**ious 유해한 / in**noc**uous 무해한 / ob**nox**ious 불쾌한

perpetrate ★

[páːrpətrèit]
아버지를 거스르다

ⓥⓣ (범죄를) 저지르다　do something that is illegal; commit

n. perpetration　범행　　　　n. perpetrator　범죄자

encourage bad youngster to **perpetrate** crimes
비행 청소년들에게 범죄를 저지르도록 부추기다

[어원] 『per(through) + petr＜pater(father) → 아버지를 완전히 거스르다』
[TIP] perpetrate는 아들이 범죄를 저질러 아버지의 얼굴에 완전히 먹칠을 하는
　　　것에서 유래한 어휘.
[상상⁺] **pater**nal 아버지의 / **patri**otism 애국심 / **patr**on 단골손님
　　　ex**patri**ate 국외거주자 / **patri**arch 부계사회 / **patri**mony 세습제도

perpetual ★★

[pərpétʃuəl]
끝까지 가는

ⓐ 1. 영원한　permanent　　　2. 계속되는　constant

vt. perpetuate　영속하게 하다

the **perpetual** noise of the machine 그 기계의 계속되는 소음

[어원] 『per(끝까지) + petu(go to) → 끝까지 이어져 가는』
[상상⁺] **app**et**i**te 식욕; 욕구 / com**pete** 경쟁하다 / **peti**tion 탄원(하다)
　　　im**petu**s 추진력 / im**petu**ous 격렬한

perplex ★

[pərpléks]
완전히 꼬이다

ⓥt 당황하게 하다   confuse, bewilder, puzzle, baffle

a. perplexed   당황한

The child's symptom **perplexed** the doctor.
그 아이의 증세가 의사를 당황하게 했다.

[어원] 『per(완전히) + plex(twine 꼬다) → (머릿속이) 완전히 꼬이다』
[TIP] perplex는 실타래가 완전히 꼬여 있어 풀 수 없는 상황을 연상하면 쉽다.
[상상⁺] com**plex** 복잡한(complicated)

perquisite

[pə́ːrkwəzit]
완전히 요구되는 것

ⓝ 부수적 혜택[권리]   an incidental gain or privilege; perk

One of the **perquisites** of the job is the company car.
그 일의 부수적 혜택들 중 하나는 회사차가 주어진다는 것이다.

[어원] 『per(완전히) + quisit(seek) → (자기 것으로) 완전히 요구되는 것』
[TIP] perquisite은 상품, 식사, 차 등 급여 외에 추가로 지급되는 각종 혜택을
의미한다.

peruse

[pərúːz]
완전히 다 읽다

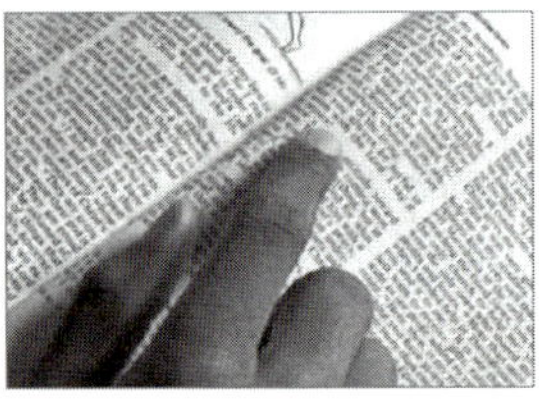

ⓥt 정독하다, 꼼꼼히 읽다   read something in a careful way

n. perusal   정독

peruse the Bible 성경책을 정독하다

[어원] 『per(완전히) + use(사용하다) → (모든 글자를) 완전히 사용하다
→ 완전히 다 읽다』
[비교] 성경책을 꼼꼼히 다 읽는 것은 → peruse(정독하다)
잡지책을 대충 넘기며 훑어보는 것은 → browse(대충 훑어보다)
[상상⁺] abuse 남용하다; 학대하다; 욕하다

persecute

[pə́ːrsikjùːt]
끝까지 뒤쫓아가다

ⓥt 박해하다   oppress, suppress, afflict, aggrieve

n. persecution   박해

persecute the political dissidents 정치적 반대자들을 박해하다

[어원] 『per(끝까지) + secu(follow) → (반대자를) 끝까지 뒤쫓아가다』
[TIP] persecute는 옛날 타 종교인이나 정적(political enemy)들이 있는 곳을
끝까지 쫓아가 해치는 것에서 유래되었다.
[비교] prosecute 기소[고발]하다

persevere

[pə̀ːrsəvíər]
완전히 엄하다

(vi) 견디다, 꾸준히 해나가다   endure, persist, stick it out, put up with

persevere in his efforts to pass the exam
시험에 합격하기 위한 그의 노력을 꾸준히 해나가다

[어원] 『per(완전히) + severe(엄격한) → (자신에게) 완전히 엄하다』
[TIP] 힘들고 어려울 때 자신에게 끝까지 엄하게 대하는 것은 포기하는 것이 아니라 **참고 견디는** 것이다.

perspective ★

[pəːrspéktiv]
통해서 보는 것

(n) 관점, 시각   viewpoint, standpoint

invest from a long-term **perspective** 장기적 관점으로 투자하다

[어원] 『per(through) + spec(look) → ~을 통해서 보는 것』
[TIP] perspective는 미술에서 '원근법, 투시도법'이란 의미로도 쓰인다.

perspicuous ★★★

[pəːrspíkjuəs]
완전히 다 보이는

(a) (글이) 명료한, 명쾌한   clear, lucid, limpid, pellucid

n. perspicuity   명료함

the author's perspicacious writing 그 작가의 명료한 글

[어원] 『per(완전히) + spic(look) → (글의 의미가) 완전히 다 보이는』
[TIP] perspicuous는 고어(古語)로 현대 영어에서는 잘 쓰이지 않지만 시험에 출제된 어휘이므로 주의해야 한다.
[비교] perspicacious 통찰력 있는(insightful)

perturb ★

[pərtə́ːrb]
완전히 혼란시키다

(vt) 불안하게 하다, (마음을) 어지럽히다   disturb, disquiet, fluster

n. perturbation   동요, 불안

She was **perturbed** by the rumor. 그녀는 그 소문에 불안해 했다.

[어원] 『per(완전히) + turb(confusion) → 완전히 혼란스럽게 하다』
[상상⁺] **turb**ulent 격동의, 요동치는 / **turb**id 혼탁한 / dis**turb** 방해하다
turmoil 혼란, 혼돈

pervasive ★

[pərvéisiv]
널리 퍼지는

ⓐ 널리 퍼지는, 팽배한   widespread, prevalent, rampant

vt. pervade   널리 퍼지다

pervasive apathy for politics 정치에 대해 팽배한 무관심

[어원] 「per(끝까지) + vas<vad(go) → 끝까지 뻗어가다」
[상상+] in**vade** 침입[침공]하다 / e**vade** (교묘히) 피하다

pervert

[pəːrvə́ːrt]
완전히 바꾸다

ⓥ (나쁜 쪽으로) 바꾸다, 변질시키다   corrupt, adulterate

ⓝ 성도착자, 변태   one who practices sexual perversion

a. perverse   (성미가) 삐뚤어진, 심술궂은   evil, bizarre

Computer game violence **perverts** the minds of youngsters.
컴퓨터 게임의 폭력은 어린이들의 마음을 나쁜 쪽으로 바꾼다.
a sexual **pervert**   변태성욕자
get **perverse** satisfaction from harassing people
사람들을 괴롭히는 데서 삐뚤어진 만족을 얻다

[어원] 「per(완전히) + vert(turn) → (나쁜 쪽으로) 완전히 바꾸다」
[출제포인트] 형용사 perverse가 출제된다.

pre-
이전의 (before)

precarious ★★★

[prikέəriəs]
걱정이 앞서는

ⓐ 불안정한, (상황이) 안 좋은   unstable, uncertain, insecure

n. precariousness   불안정함

the company's **precarious** financial position
그 회사의 불안정한 재정 상황

[어원] 「pre(앞) + cari(care) → 걱정이 앞서는」
[상상+] pro**cure** 얻다, 획득하다 / in**cur**able 불치의
[발음주의] 프리캐리어스(X) → 프리케어리어스(O)

precedent ★

[présədənt]
앞서 가 있는 것

ⓝ 선례, 전례   an earlier example; guide

vi. precede ~에 앞서다, 선행하다   a. preceding 앞서는, 이전의

a. unprecedented 전례 없는

There is no legal **precedent** for this case.
이번 사건에 대한 법적 선례가 없다.

[어원] 『pre(before) + ced(go) → 앞서 가 있는 것』

precipitate ★★

[prisípətèit]
머리를 앞으로 하다

ⓥⓣ 재촉하다, 촉발시키다   hasten, accelerate

n. precipitation 강수량

The riot was **precipitated** when four black men were arrested.
그 폭동은 네 명의 흑인들이 체포되자 촉발되었다.

[어원] 『pre(앞) + cipit(머리) → (낭떠러지에서) 머리를 앞으로 하다』
[TIP] 낭떠러지에서 머리를 앞으로 하면 추락을 재촉[촉발]하게 된다.
[상상+] **precipi**ce 절벽, 낭떠러지 / **precipi**tous 가파른(steep)
[출제포인트] 명사 precipitation(강수량)을 놓치지 말아야 한다.

preclude ★

[priklúːd]
미리 문을 닫다

ⓥⓣ 미리 막다, 방지하다   prevent, deter, obviate, rule out

preclude the possibility of the destruction of evidence
증거 인멸의 가능성을 미리 막다

[어원] 『pre(before) + clude(close) → (못 들어오게) 미리 문을 닫다』
[상상+] in**clude** 포함하다 / ex**clude** 제외시키다 / con**clude** 결론을 내리다
　　　　se**clude** 격리시키다

precursor

[priːkə́ːrsər]
먼저 달려간 것

ⓝ 선구자, 전신   forerunner, harbinger, herald, predecessor

a **precursor** of modern rock 현대 록 음악의 선구자

[어원] 『pre(before) + curs(run) → 먼저 달려간 사람[것]』
[TIP] precursor는 생물, 화학에서 '전구체' 란 의미로도 쓰인다.

predicament ★

[pridíkəmənt]
미리 예언된 것

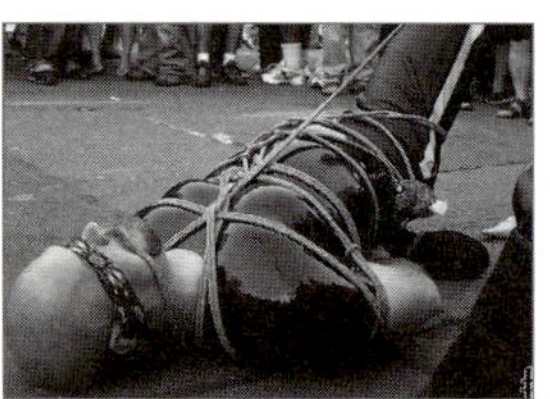

ⓝ 곤경, 고난   plight, hardship, quandary, bind

the country's economic **predicament** 그 나라의 경제적 곤경

[어원] 『pre(before) + dic(speak) → 미리 예언된 것』
[TIP] 예언자가 미래의 고난을 미리 예언했던 데서 유래함.
[비교] prediction 예언

predilection ★★

[prì:dəlékʃən, prèd-]
먼저 고르는 것

ⓝ 선호, 애호   liking, preference, bent

his **predilection** for a sports car 스포츠카에 대한 그의 선호

[어원] 『pre(before) + di(s)(away) + lect(choose) → 먼저 고르는 것』
[상상⁺] col**lect** 수집하다 / **elect** 선출하다 / se**lect** 선택하다
neg**lect** 무시하다, 방치하다

predominant

[pridámənənt / -dɔ́m-]
우세함에서 앞서는

ⓐ 뛰어난, 탁월한   excellent, outstanding, preeminent

vi. predominate   뛰어나다, 탁월하다   n. predominance   탁월함

the **predominant** student in the class 그 학급 내의 탁월한 학생

[어원] 『pre(before) + dominant(우세한) → 우세함에서 앞서는』
[TIP] dominant에서 domin은 power(힘)의 어근!
[상상⁺] **domain** 영토, 영역; 도메인 / **domin**ion 지배권
domineering 권력을 휘두르는 / **domin**ate 지배[우세]하다

preeminent

[priémənənt]
유명함에서 앞서는

ⓐ 우수한, 뛰어난   outstanding, supreme, predominant, transcendent

n. preeminence   우수함, 뛰어남

the **preeminent** businessman 뛰어난 사업가

[어원] 『pre(before) + eminent(유명한) → 유명함에서 앞서는』
[TIP] p. 103 eminent(유명한) 다시 한 번 참조!

preliminary ★

[prilímənèri / -nəri]
경계 이전의

ⓐ 예비의 preparatory, previous, prior, anterior

the **preliminary** contact for the summit 정상 회담을 위한 예비 접촉

[어원] 『pre(before) + limin<limit(경계) → (시작되는) 경계 이전의』
[상상⁺] sub**lime** 장엄한, 숭고한(noble) / sub**limin**al 잠재의식의
     e**limin**ate 제거하다

premature ★

[prì:mətʃúər]
먼저 익은

ⓐ 시기상조의, 너무 이른 too early

a **premature** baby 조산아
premature judgment 너무 이른 판단

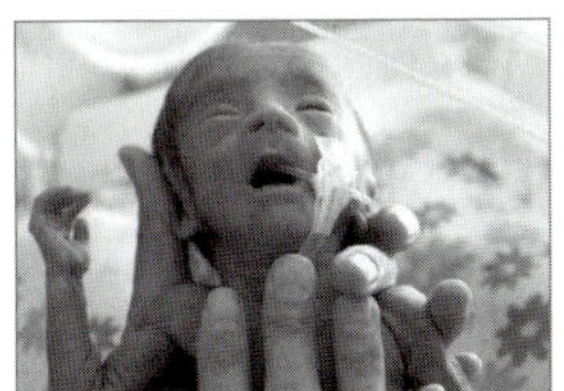

[어원] 『pre(before) + mature(익은) → (제 시기보다) 먼저 익은』
[상상⁺] im**mature** 미숙한
[비교] precocious 조숙한 / primitive 원시적인

premise ★★

[prémis]
앞서 보내놓은 것

ⓝ 1. 전제, 가정 assumption   2. 《복수》 (건물 앞의) 땅, 부지

the main **premise** of the theory 그 이론의 주된 전제
The school earn money by renting out its **premises**.
그 학교는 학교 부지(운동장)를 빌려주어 돈을 번다.

[어원] 『pre(before) + mis(send) → 앞서 보내놓은 것』
[TIP] 1. 주장하기에 앞서 보내놓은 것 → 전제
     2. 건물의 앞에 놓여있는 것 → 땅, 부지(복수임에 유의)!

preposterous ★

[pripástərəs / -pɔ́s-]
앞의 것이 뒤에 있는

ⓐ 앞뒤가 뒤바뀐, 터무니없는 absurd, ridiculous, ludicrous, idiotic

n. preposterousness 불합리함

his **preposterous** demand for higher salary
월급을 올려달라는 그의 터무니없는 요구

[어원] 『pre(before) + poster(ior)(뒤의) → 앞의 것이 뒤에 있는』
[관련] put the cart before the horse 순서가 바뀌다, 앞뒤가 맞지 않다

prerequisite ★★

[priːrékwəzit]
먼저 요구되는 것

ⓝ 필요[선결]조건　requirement

Evidence of basic proficiency in English is a **prerequisite** for the admission. 기본적인 영어 능력의 증명이 입학을 위한 선결조건이다.

[어원] 『pre(before) + requisite(필요조건) → 먼저 요구되는 것』

prescribe ★

[priskráib]
미리 써두다

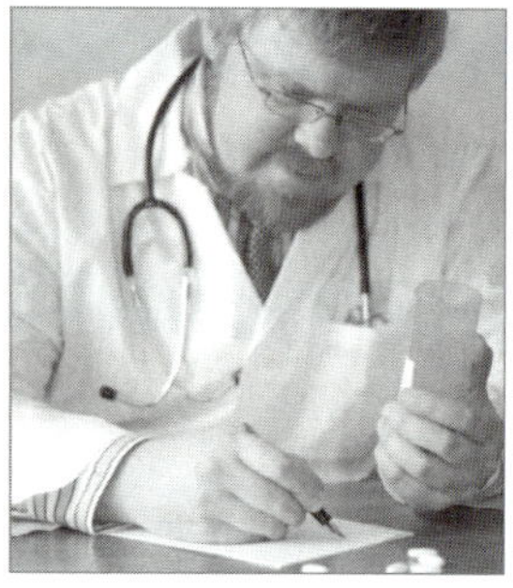

ⓥⓣ 1. 규정하다　dictate　　2. 처방하다　administer

n. prescription　처방(전); 규정　　a. prescribed　규정된

The law **prescribes** the bounds of the research.
그 법은 조사 범위를 규정하고 있다.
The doctor **prescribed** various painkillers.
그 의사는 다양한 진통제들을 처방해주었다.

[어원] 『pre(before) + scribe(write) → 미리 써두다』
[TIP] 1. 지켜야 할 규칙들을 미리 써두다 → 규정하다
　　　2. 먹어야 할 약이나 치료법을 미리 써두다 → 처방하다
[출제포인트] 1. **규정하다**가 출제되었다.

prestige ★

[prestíːdʒ]
앞에 묶여 있는 것

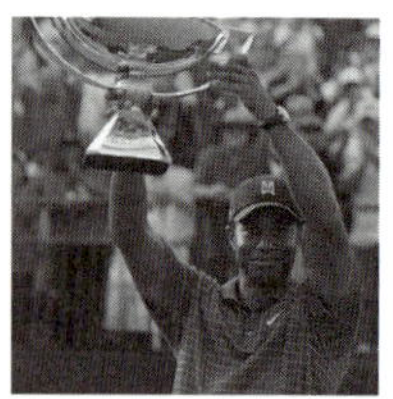

ⓝ 명성, 평판　reputation, renown, celebrity, fame

a. prestigious　명성이 있는

gain considerable **prestige** 상당한 명성을 얻다

[어원] 『pre(앞에) + stig(bind) → 앞에 묶여 있는 것』
[TIP] 골프 황제 타이거 우즈!, 농구 황제 마이클 조던!
　　　이렇듯 명성은 그 사람의 이름 앞에 묶여 있다.

presume ★★★

[prizú:m]
미리 취하다

ⓥ 1. 추측[추정]하다   assume, suppose, speculate, conjecture

2. 감히 ~하다   dare to V

n. presumption   추측, 가정; 주제넘은 행동

a. presumptive   추정[가정]상의   a. presumptuous   건방진

ad. presumably   추측상, 아마도   probably

Police **presume** that the cell phone battery exploded.
경찰은 휴대폰 배터리가 폭발했을 것이라고 추측하고 있다.
We would not **presume to** speak only on our behalf.
저희는 감히 저희의 이익을 위해서만 말씀드리지 않겠습니다.

[어원] 『pre(before) + sum(take) → 미리 취하다』
[TIP] 1. 생각을 미리 취하다 → 추측[추정]하다
      2. (때도 안 된 놈이) 행동을 미리 취하다 → 감히 ~하다
[어법] presume to V : 감히 ~하다
[출제포인트] presumptuous는 자주 출제되는 어휘이므로 눈여겨 봐두자!

pretext ★

[prí:tekst]
미리 짜여진 것

ⓝ 구실, 핑계   excuse, pretense, subterfuge

his **pretext** for being late 늦은 것에 대한 그의 핑계

[어원] 『pre(before) + text(weave) → 미리 짜여진 것』
[상상⁺] **text** 본문 / **text**ile 직물 / con**text** 문맥

prevail ★★★

[privéil]

힘에서 앞서다

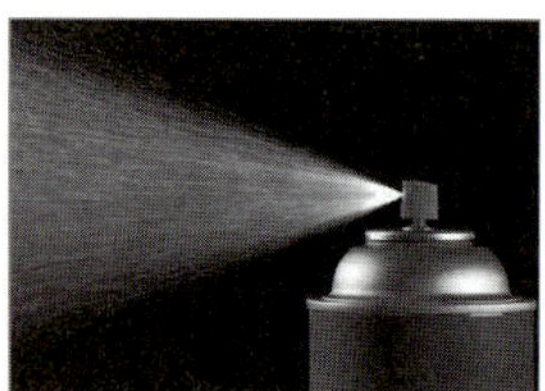

ⓥ 1. 이기다, 우세하다 dominate, win, triumph

2. 널리 퍼지다, 보급되다 be widespread, pervade

a. prevailing 퍼지고 있는, 현재의 current

a. prevalent 널리 퍼진, 보급된 widespread

We hope justice would **prevail**.
우리는 정의가 이기길 희망한다.
the style which **prevails** among teenagers
10대들 사이에서 널리 퍼진 스타일

[어원] 『pre(before) + vail(strong) → 강함에서 앞서다』

[TIP] prevail은 동사보다도 **prevailing**, **prevalent**의 형용사형이 집중 출제되며 특히 **prevalent**가 중요하다. 또한 prevail은 다음 어법의 표현도 알아두자.
prevail on A to V : A를 ~하도록 설득하다(persuade)

pro-

1. 앞의 (forward)
2. 이전의 (before)

[스펠링 변화] pro- 접두어는 발음의 편의상 pur-로 바뀌는 경우가 있다.
purport 주장하다; 취지 / **pur**view 범위, 분야
purvey 공급[조달]하다 / **pur**pose 목적, 의도 / **pur**sue 추적하다

---

procrastinate ★

[prouk**ræ**stənèit]
내일로 미루다

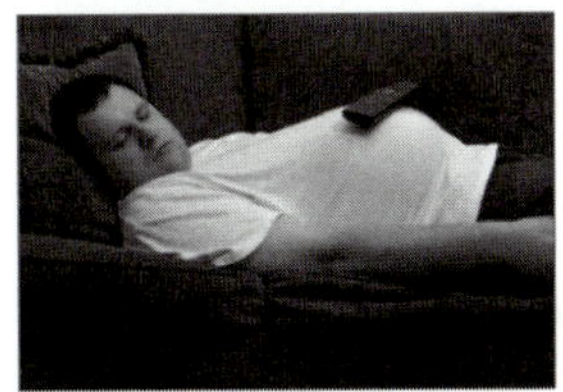

ⓥ (일을) 미루다, 질질 끌다   postpone, defer, put off

n. procrastination   (일을) 미룸

Why don't you stop **procrastinating**? 그만 좀 미루지?

[어원] 「pro(앞) + cras(tomorrow) → 내일로 미루다」

---

procure ★

[prouk**jú**ər / prə-]
관심을 쏟아 얻다

ⓥⓣ 얻다, 획득하다   obtain, gain, earn, secure

n. procurement   조달, 획득

He was accused of **procuring** drugs.
그는 마약을 취득한 혐의로 고발되었다.

[어원] 「pro(앞) + cure(care) → (얻기 힘든 것에) 관심을 쏟아 얻다」
[상상+] **cur**ator 도서관장, 박물관장 / **care**ss 쓰다듬다

---

prodigal ★

[prædigəl / prɔ́d-]
(돈을) 앞으로 내는

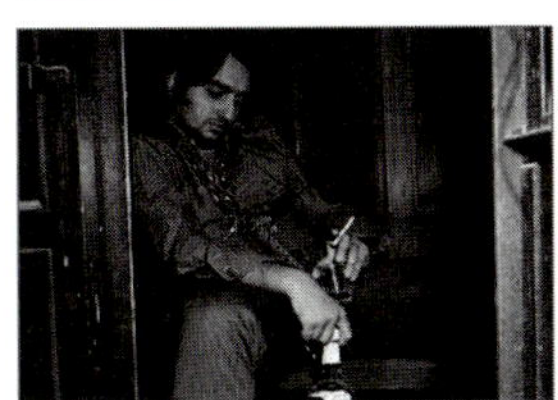

ⓐ 낭비하는, 방탕한   extravagant, profligate, wasteful, squandering

n. prodigality   낭비, 방탕함

a **prodigal** lifestyle 방탕한 생활

[어원] 「pro(앞) + ig(drive) → (돈이 있는 대로 다) 앞으로 내는」
[비교] prodigality 엄청난
[TIP] 참조로 prodigal은 '(돌아온) 탕자의' 라는 뜻도 있다.

prodigious ★

[prədídʒəs]
예언된

ⓐ 엄청난, 거대한   huge, enormous, immense, colossal, stupendous

n. prodigy   신동   genius

drink **prodigious** amounts of alcohol 엄청난 양의 술을 마시다

[어원] 『pro(d)(앞) + igi<agi(말) → 앞서 말해지는, 예언되는』
[TIP] 옛날에 세상을 지배할 인물들은 어릴 때부터 미리 예견되었는데, 그 아이가 prodigy(신동)이며 그 능력은 prodigious(엄청난)의 의미로 발전되었다.

profane

[prəféin, prou-]
신전 앞에 있는

ⓐ 1. 불경스러운   impious, blasphemous

  2. 세속적인   secular, worldly

n. profanity   불경스러운 말[행동]

profane language 불경스러운 말
profane desire 세속적인 욕망

[어원] 『pro(앞) + fan(신전) → 신전에 못 들어가고 앞에 있는』
[TIP] 신전은 마음을 갈고 닦는 신성한 곳이므로, '신전에 들어가도록 허락되지 않는'이 '불경스러운'의 의미가 된 것이다.

profligate

[práfligit, prɔ́f-]
매 맞아야 하는

ⓐ 방탕한, 낭비가 심한   extravagant, prodigal

n. profligacy   방탕함

the government's **profligate** spending 정부의 헤픈 씀씀이

[어원] 『pro(앞) + flig(때리다) → 매 맞아야 하는』
[TIP] 매 맞아야 하는 상황이라는 것은 행동이 방탕하다는 이야기다.

proficient ★

[prəfíʃənt]
앞으로 만들어내는

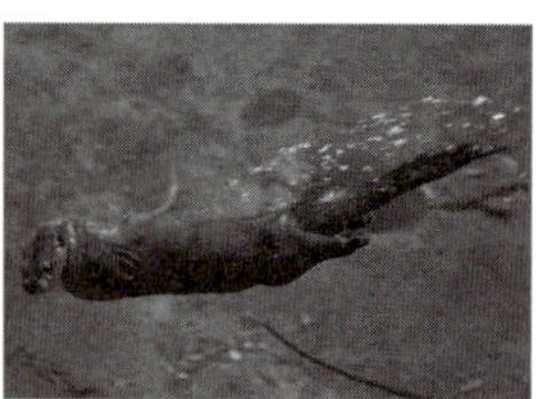

ⓐ 능숙한, 숙달된   adept, adroit, deft, dexterous

n. proficiency   능숙함

speak **proficient** Japanese 능숙한 일본어를 구사하다

[어원] 『pro(앞) + fic(make) → (척척) 앞으로 만들어내는』
[TIP] 사진 속의 수달(otter)은 수영에 아주 능숙하다!
[상상⁺] **sufficient** 충분한 / **deficient** 부족한 / **efficient** 효율적인

profuse

[prəfjúːs]
앞으로 쏟아내는

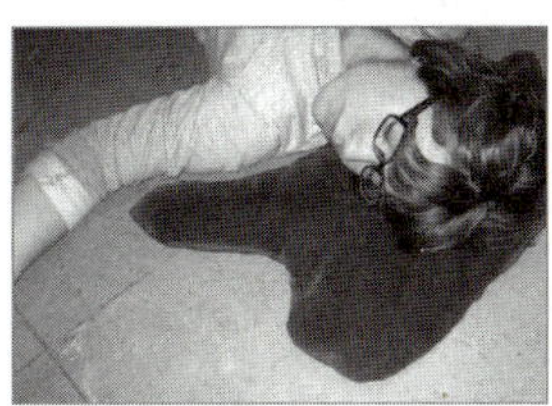

ⓐ (양이) 많은, 과다한   produced in large quantities; excessive

n. profuseness   많음, 과다

profuse bleeding 과다 출혈

[어원] 『pro(앞) + fus(pour) → (양이 넘쳐) 앞으로 쏟아내는』
[상상⁺] con**fuse** 혼동하다; 혼란시키다 / in**fuse** 주입하다 / dif**fuse** 분산시키다
　　　re**fuse** 쓰레기; 거절하다

progeny ★

[prάdʒəni / prɔ́dʒ-]
앞에 태어남

ⓝ 자식, 새끼   child, offspring, posterity, descendant

Sally is always loquacious on the subject of her **progeny**.
샐리는 자식 문제에 대해 늘 말이 많다.

[어원] 『pro(앞) + gen(birth) → (부모) 앞에 태어남』
[비교] **progenitor** 선조, 조상

prognosticate ★

[pragnάstikèit / prɔgnɔ́sti-]
앞서 알아보다

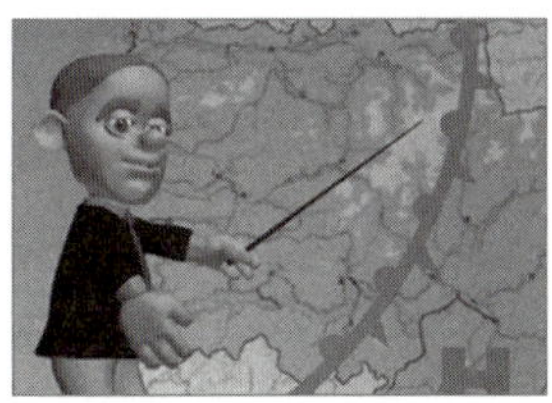

ⓥⓣ 예지[예측]하다   forecast, foretell, forebode, predict, anticipate

n. prognosis   예지, 예측   prognostication

prognosticate the fortunes for the upcoming year
다가오는 새해의 운을 예측하다

[어원] 『pro(앞) + gno(know) → 앞서 알아보다』
[상상⁺] i**gno**re 무시하다 / dia**gno**se 진단하다 / a**gno**stic 불가지론자
　　　co**gni**zant 인식하고 있는 / inco**gni**to 익명으로
　　　i**gno**minious 수치스러운 / reco**gni**ze 인지하다; 인정하다

prolific ★★★

[prouˈlífik]
자식을 만들어내는

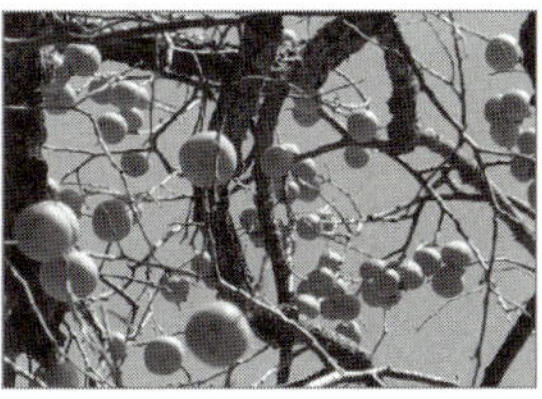

ⓐ 다산의, 다작의   productive, fertile, fecund

She is a **prolific** writer of novels. 그녀는 다작 소설가다.

[어원] 『proli(offspring:자식) + fic(make) → 자식을 만들어내는』
[TIP] prolific은 나무에 과일이 주렁주렁 열려 있는 모습을 연상하면 뜻이 명확
한 어휘다.

proliferate ★★★

[proulífərèit]
자식을 낳다

ⓥ 확산되다, 퍼지다 reproduce rapidly, multiply

n. proliferation 급증, 확산

The information on internet is **proliferating** fast.
인터넷상의 그 정보가 빠르게 확산되고 있다.

[어원] 『proli(offspring 자식) + fer(bear) → 자식을 낳다』
[상상⁺] **fer**tile 비옥한(fecund)

prolong ★

[proulɔ́:ŋ]
앞으로 길게 늘이다

ⓥ 연장하다 protract, elongate, lengthen, extend, draw out

a. prolonged 연장된   n. prolongation 연장

revise the constitution in order to **prolong** one's rule
자신의 통치를 연장하기 위해 헌법을 개정하다

[어원] 『pro(앞) + long(긴) → 앞으로 길게 늘이다』
[상상⁺] **long**evity 장수 / **ling**er (오랫동안) 남아 있다
　　　lounge (공항 · 호텔의) 라운지, 대기실; 한가로이 시간을 보내다

prominent ★

[prámənənt / prɔ́m-]
앞으로 튀어나온

ⓐ 1. 중요한 important, significant, material, critical
　　2. 눈에 띄는 noticeable, conspicuous, obtrusive, high-profile

n. prominence 두드러짐, 현저함

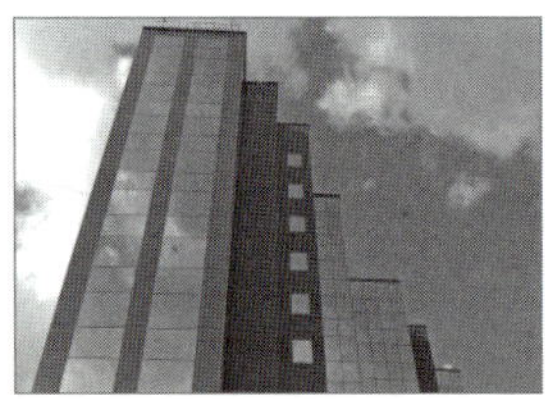

play a **prominent** role 중요한 역할을 하다
the **prominent** building in the street 그 거리의 눈에 띄는 건물

[어원] 『pro(앞) + min(튀어나오다) → 앞으로 튀어나온』
[상상⁺] **emin**ent 저명한 / im**min**ent 임박한(impending)

promiscuous ★

[prəmískjuəs]
완전히 뒤섞인

ⓐ 뒤섞인, 난잡한 indiscriminate, mixed, miscellaneous, motley

n. promiscuity (성적으로) 난잡함

the risks of **promiscuous** sexual behavior 난잡한 성행위의 위험들

[어원] 『pro(강조) + misc(mix) → 완전히 뒤섞인』
[TIP] promiscuous에서 어근 misc는 mix가 부드러운 발음으로 변한 형태임을
　　　이해하면 쉽게 외울 수 있다.

promulgate ★

[prάməlgèit]
앞으로 짜내다

ⓥt 선포[공포]하다   declare, announce, profess, proclaim

n. promulgation   선포, 공포

promulgate a new law 새로운 법을 공포하다

[어원] 『pro(앞) + mulg < milk(짜내다) → 앞으로 짜내다』
[TIP] 정부가 정책을 앞으로 짜내서 발표하는 것이 promulgate다.
[상상⁺] milk 우유; 착취하다(exploit)

prone ★

[proun]
앞으로 기울인

ⓐ ~하기 쉬운   subject, susceptible, apt, disposed

Kids **are prone to** eat junk food. 아이들은 불량 식품을 먹기 쉽다.

[어원] 『pro(앞) + ne(lean) → (몸을) 앞으로 기울인 → 엎드린』
[TIP] prone의 어원적 의미는 원래 '엎드린'이지만 '엎어지기 쉬운'의 의미에서
      '~하기 쉬운'의 의미로 쓰이게 된 것이다.
[어법] be prone to V : ~하기 쉽다

propagate

[prάpəgèit / prɔ́p-]
(잘라다) 묶어두다

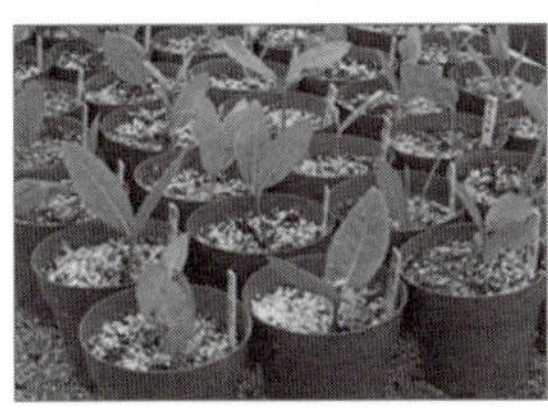

ⓥt 퍼트리다, 확산시키다   spread, reproduce, disseminate, procreate

n. propagation   확산; 번식

They **propagated** their political doctrine.
그들은 자신들의 정치적 주의를 확산시켰다.

[어원] 『pro(앞) + pag(fasten) → (식물을 잘라다) 다른 곳에 묶다』
[TIP] 식물의 일부를 잘라다가 다른 땅이나 화분에 묶어 그 식물의 개체수를 확산
      시킨 것에서 propagate란 어휘가 탄생했다.
[상상⁺] pro**pag**anda (정치적) 선전 / **pag**an 이교도

propel

[prəpél]
앞으로 밀고 나가다

ⓥt 추진하다, 밀고 나가다   drive forward, thrust, push, shove

n. propulsion   추진(력)   n. propeller   (비행기의) 프로펠러

propel the cooperative project 공동 프로젝트를 추진하다

[어원] 『pro(앞) + pel(push) → 앞으로 밀고 나가다』
[TIP] 사진에서 보듯 비행기 앞에 달려 돌아가는 것을 '프로펠러'라는 외래어로
      쓰기 때문에 이것을 이용하여 **propel**을 외우면 쉽다.

propensity ★

[prəpénsəti]
앞에 매달린 것

ⓝ (타고난) 본성, 경향   tendency, inclination, proclivity

the male **propensity** to fight 싸우려는 남자의 본성

[어원] 『pro(앞) + pens(hang) → 앞에 매달리는 것』

[TIP] 우리말에 사소한 것에 '매달린다'라는 말이 있는데, propensity는 천성적
으로 '~에 매달리는 것 → 본성'을 뜻한다.
예를 들어, 사자는 천성적으로 공격적인 성향(propensity)을 갖고 있다.

[상상+] **pens**ion 연금 / **pens**ive 생각에 잠긴 / **pench**ant 애호
com**pens**ate 보상하다; 보완하다 / dis**pens**e 분배하다

propitious ★

[prəpíʃəs]
앞으로 잘 나아가는

ⓐ (상황이) 좋은, 순조로운   auspicious, favorable, hopeful

wait for the most **propitious** moment 가장 좋은 순간을 기다리다

[어원] 『pro(앞) + pet(feather) → (날갯짓하며) 앞으로 쭉쭉 나아가는』

[TIP] 그림에서 보듯 배가 바람을 등지고 앞으로 잘 나아가는 모습을 연상하면
propitious의 의미를 쉽게 외울 수 있다.

[상상+] **propiti**ate 달래다, 진정시키다

proponent ★

[prəpóunənt]
앞으로 내놓은 사람

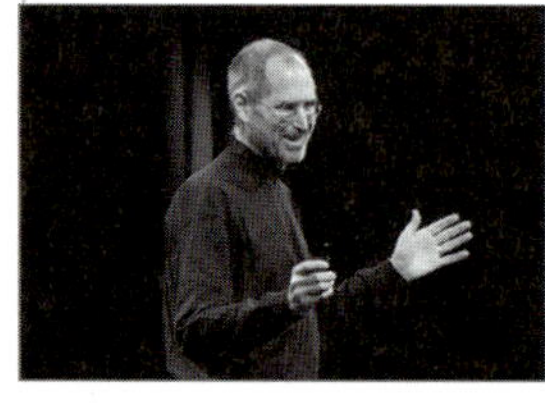

ⓝ 제안자, 지지자   supporter, exponent, advocate, champion

vt. propose   제안하다

an ardent **proponent** of English education
영어 교육의 열렬한 지지자

[어원] 『pro(앞) + pon(put) → (의견을) 앞으로 내놓은 사람』

[TIP] proponent가 propose의 사람 명사형임을 알면 외우기 쉽다.
propose(제안하다) → proponent(제안하는 사람 → 제안자)

propriety ★

[prəpráiəti]
적절한 행동

ⓝ 예절 바름   decency, courtesy, decorum, manners

The child conducted himself with **propriety**.
그 아이는 예절 바르게 행동했다.

[TIP] propriety는 proper(적당한)의 명사형으로 '(행동이) 적합한 상태'를
의미한다.

[상상+] ap**propri**ate 적당한; 사유화하다 / **propr**ty 재산; 부동산; 특징
proprietary 독점의, 전매의

proscribe ★

[prouskráib]

앞에 써두다

ⓥ 금지하다　forbid, prohibit, ban, interdict

n. proscription　금지

The law **proscribes** sexual discrimination.
그 법은 성차별을 금지하고 있다.

[어원] 『pro(앞) + scribe(write) → (사람들이 볼 수 있도록) 앞에 써두다』
[TIP] 옛날 로마에서 벽에 범죄자의 이름을 써 붙였던 데서 유래되었다.
[비교] prescribe 규정하다; 처방하다

prosecute

[prásəkjùːt / prɔ́-]

앞의 행적을 쫓다

ⓥ 1. 기소[고발]하다　charge, accuse, indict, arraign

　 2. (일을) 수행하다　fulfill, execute, implement, carry out

n. prosecution　기소; 검찰; 수행　　n. prosecutor　검사

prosecute suspects in the assassination of the President
대통령 암살의 용의자들을 기소하다
prosecute the investigation 수사하다

[어원] 『pro(앞) + secu(follow) → 앞의(과거) 행적을 추적하다』
[TIP] 1. 과거 잘못된 행동을 추적하여 법적 책임을 묻다 → 기소[고발]하다
　　　 2. 일의 절차를 앞으로 밟아나가다 → 수행하다
[비교] persecute 박해하다
[출제포인트] 시험에는 **기소[고발]하다**의 의미가 출제된다.

protract ★

[proutrǽkt]

앞으로 끌다

ⓥ 연장하다　prolong, elongate, lengthen, extend

a. protracted　연장된, 장기간의　lengthy

protract the period of the negotiation 협상 기간을 연장하다

[어원] 『pro(앞) + tract(draw) → (기간을) 앞으로 끌어 길게 하다』

provoke ★

[prəvóuk]
앞으로 불러일으키다

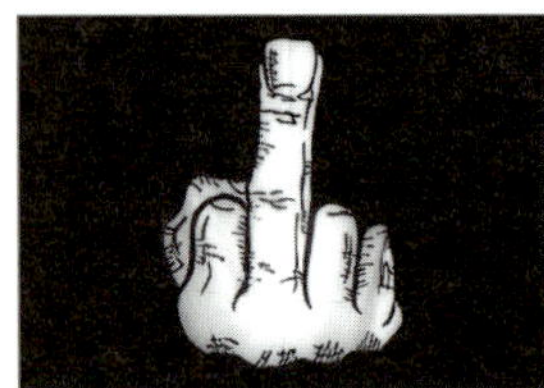

vt (격한 감정을) 일으키다, 자극하다   arouse, elicit, incite, stimulate

n. provocation   (감정의) 자극, 도발

a. provocative   자극[도발]적인

His statement **provoked** public backlash.
그의 발언이 대중적 반발을 일으켰다.
[어원] 『pro(앞) + voke(call) → (감정을 확) 앞으로 불러일으키다』
[TIP] p.118 evoke(불러일으키다)를 꼭 다시 한 번 참조하재!
[상상⁺] con**voke** 소집하다 / in**voke** 기원하다 / re**voke** 취소하다

purport ★★

[pə́ːrpɔːrt]
앞으로 옮기다

vt (근거 없이) 주장하다   allege

n 의미, 취지   meaning, denotation, effect

The document is **purported** to be false.
그 문서는 거짓이라고 주장되고 있다.
The **purport** of his speech is world peace.
그의 연설의 취지는 세계 평화다.

[어원] 『pur<pro(앞) + port(carry) → (뜻을) 앞으로 옮기다』
[TIP] 접두어 pur- 의 스펠링이 pro- 의 변형임을 다시 한 번 기억하재!
[상상⁺] de**port** 추방하다 / trans**port** 수송하다

re-[1]
뒤로 (back)

---

rebuff

[ribʌf]
뒤로 훅 불어버리다

ⓝ ⓥⓣ 거절[거부](하다)   reject, snub, spurn, repudiate

He **rebuffed** all her suggestions. 그는 그녀의 모든 제안들을 거절했다.

[어원] 『re(back) + buff<puff(뒤로 훅 불다) → 뒤로 훅 불어버리다』
[TIP] rebuff에서 buff는 puff(훅 불다)가 약화된 발음임을 알아야 외우기 쉽다.

---

rebuke

[ribjúːk]
뒤를 치다

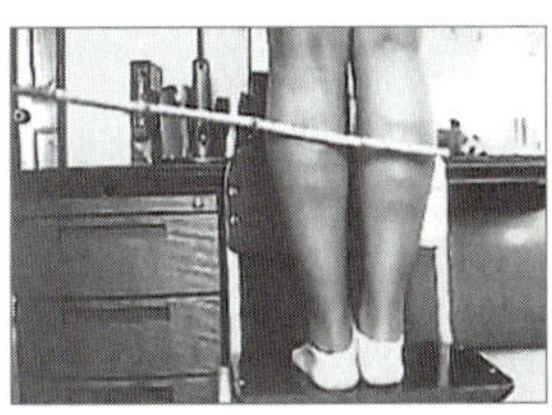

ⓥⓣ 비난[질책]하다   reprimand, reprehend, reproach, censure

rebuke him **for** his stupid behavior
어리석은 행동에 대해 그를 비난하다

[어원] 『re(back) + buke(hit) → 뒤를 치다』
    부모가 아이의 종아리를 때리는 모습을 연상하면 쉽다.
[어법] rebuke A for B : A를 B에 대해 비난[질책]하다

---

recalcitrant ★

[rikǽlsətrənt]
뒤로 차내는

ⓐ 고집 센, 완고한   defiant, unruly, restive, dogged

n. recalcitrance   완고함

the **recalcitrant** North Korea regime 고집 센 북한 정권

[어원] 『re(back) + calcitr(kick) → 뒤로 차내는』
[TIP] 그림처럼 자기가 하기 싫은 일을 '뒤로 차내는' 모습을 연상해보면 '고집 센, 완고한' 의 뜻을 쉽게 외울 수 있다.

recant ★
[rikǽnt]
내뱉은 말을 뒤로 빼다

ⓥⓣ 취소[철회]하다　withdraw, revoke, retract, rescind, repeal

n. recantation　취소, 철회

Galileo was forced to **recant** his belief.
갈릴레오는 자신의 믿음을 철회해야 했다.

[어원] 『re(back) + cant(sing) → (내뱉은) 말을 뒤로 빼다』

recede ★★★
[riːsíːd]
뒤로 가다

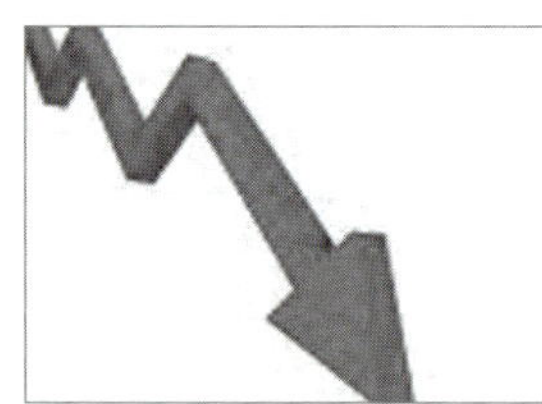

ⓥⓘ 후퇴하다, 사라지다　withdraw, vanish, disappear, fade away

n. recession　불황　　－ economic **recession**　경제 불황

n. recess　휴식; 후미진 곳

footsteps **receding** into the night　어둠속으로 사라져가는 발자국

[어원] 『re(back) + ced(go) → 뒤로 가다』
[출제포인트] 명사 **recession**(불황)은 대단히 중요한 뜻이므로 꼭 알아두자!

reciprocal ★★
[risíprəkəl]
앞뒤로 주고받는

ⓐ 상호간의　shared by both sides; mutual, cooperative

v. reciprocate　주고받다, 교환하다　　n. reciprocity　상호주의

make a **reciprocal** visit　상호 방문하다

[어원] 『re(ci)(back) + pro(forth) → 앞뒤로 주고받는』
[TIP] 'give and take(주고받다)'란 표현을 생각해보면 reciprocal을 쉽게 이해
　　　할 수 있다.
[출제포인트] 동사 reciprocate도 출제되었다.

recondite ★
[rékəndàit]
뒤에 숨어 있는

ⓐ 난해한, 알기 어려운　difficult, abstruse, profound, esoteric

solve the **recondite** matter　난해한 문제를 풀다

[어원] 『re(back) + cond(hide) → (의미가) 뒤에 숨어 있는』
[상상⁺] abs**cond** 도망치다

recourse

[ríːkɔːrs, rikɔ́ːrs]
뒤로 달려가는 것

ⓝ 도움, 의지   resort, aid, assistance, dependence

solve the problem **without recourse to** court of law
법정에 가지 않고 그 문제를 해결하다

[어원] 『re(back) + cour<cur(run) → 뒤로 달려가는 것』
[어법] have recourse to : ～에 의지하다, (수단으로) ～을 쓰다
　　　 without recourse to : ～에 의지하지 않고
[TIP] 만약 밤에 길에서 괴한을 만났다면 방향을 뒤로 돌려 경찰서로 달려갈 것이다. 결국 뒤로 달려가 의지하는 것이 recourse다!

---

refrain ★

[rifréin]
고삐를 뒤로 당기다

ⓥⓘ 삼가다, 절제하다   abstain, forbear, inhibit, curb

Please **refrain from** smoking in this area.
이 장소에서는 흡연을 삼가 주십시오.

[어원] 『re(back) + frain(bridle) → 고삐를 묶어 뒤로 잡아당기다』
[TIP] 달리는 말의 속도를 줄이기 위해서는 고삐를 뒤로 당겨야 한다. refrain은 이러한 어원으로부터 하고 싶은 마음을 뒤로 당겨서 '절제하다'의 뜻이 되었다. 다이어트 할 때 먹고 싶은 음식을… ^^;
[어법] refrain from : ～을 삼가다, 절제하다

---

refute ★

[rifjúːt]
되받아치다

ⓥⓣ 반박하다   rebut, retort, contradict, controvert

n. refutation   반박

an attempt to **refute** his theory 그의 이론을 반박하려는 시도

[어원] 『re(back) + fut(hit) → (상대의 말을) 되받아치다』
[상상⁺] con**fute** 논박하다 / dis**pute** 논쟁하다

---

relentless ★

[riléntlis]
누그러들지 않는

ⓐ 1. 무자비한, 잔인한   merciless, pitiless, ruthless, inexorable

2. 누그러들지 않는, 끊임없는   endless, ceaseless, incessant

vi. relent   (태도가) 누그러지다

the **relentless** campaign of political prosecution
무자비한 정치적 박해의 조직적 행위
relentless population growth 끊임없는 인구 증가

[어원] 『relent(누그러지다) + less(없는) → 누그러들지 않는』
[출제포인트] 시험엔 relent보다 **relentless**가 더 많이 출제된다.

relinquish ★★★

[rilíŋkwiʃ]
뒤에 남기고 떠나다

ⓥ 포기[양도]하다 renounce, surrender, abdicate, give up

The president **relinquished** control **to** his subordinate.
그 회장은 지배권을 자신의 부하에게 양도했다.

[어원] 『re(back) + linqu(leave) → 뒤에 남기고 떠나다』
[어법] relinquish A to B : A를 B에게 양도하다
[상상⁺] de**linqu**ent 비행의; 체납된

remiss ★

[rimís]
뒤로 보내는

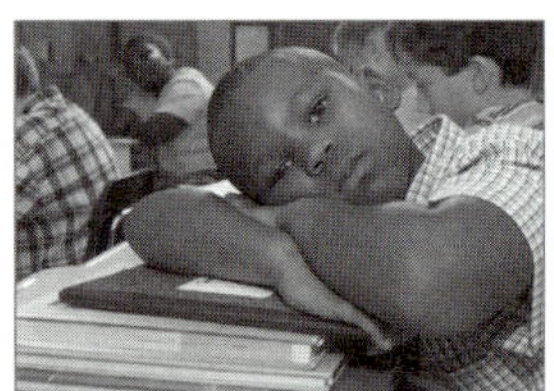

ⓐ 태만한, 부주의한 negligent, careless, inattentive, delinquent

incompetent and **remiss** in one's duty
자신의 의무에 있어 무능하고 태만한

[어원] 『re(back) + mis(send) → (해야 할 일을) 뒤로 보내는』
[비교] remit 송금하다; 용서[면제]하다

remit

[rimít]
뒤로 보내다

ⓥ 1. 송금하다 send money to; wire

2. 용서[면제]하다 absolve, condone, overlook

n. remittance 송금(액)   n. remission 경감, 완화

parents who **remit** dollars to their children in America
미국에 있는 자녀들에게 달러를 송금하는 부모들
remit his sins 그의 잘못들을 용서하다

[어원] 『re(back) + mit(send) → 뒤로 보내다』
[비교] remiss 태만한, 부주의한

remorse ★

[rimɔ́ːrs]
뒤늦게 아프게 함

ⓝ 후회, 뉘우침 regret, compunction, contrition, penitence

shed bitter tears of **remorse** 쓰라린 후회의 눈물을 흘리다

[어원] 『re(back) + mors<mord(bite) → (마음을) 뒤늦게 깨물어 아프게 함』
[비교] mordant (현실을) 꼬집는

remuneration ★

[rimjùːnəréiʃən]
되돌려 주는 것

ⓝ 보수, 보상   pay, salary, wage, compensation

vt. remunerate   보수를 주다   a. remunerative   돈벌이가 되는

receive an inadequate **remuneration** for one's work
자신의 일에 대해 불충분한 보수를 받다

[어원] 『re(back) + muner(give) → (일한 것에 대해) 되돌려 주는 것』
[뉘앙스] remuneration(보수)은 pay(봉급), salary(급료), wage(임금)보다
좀 더 공식적인(formal) 표현이다.

renounce

[rináuns]
뒤로 물러날 것을 말하다

ⓥⓣ 포기[단념]하다   abandon, relinquish, surrender, forsake, give up

n. renunciation   포기, 단념

renounce one's nationality   자신의 국적을 포기하다

[어원] 『re(back) + nounce(announce) → 뒤로 물러날 것을 말하다』
[상상⁺] de**nounce** 비난하다 / pro**nounce** 발음하다; 공표하다
       e**nunci**ate (분명히) 발음하다; 나타내다

repeal ★

[ripíːl]
뒤로 밀어내다

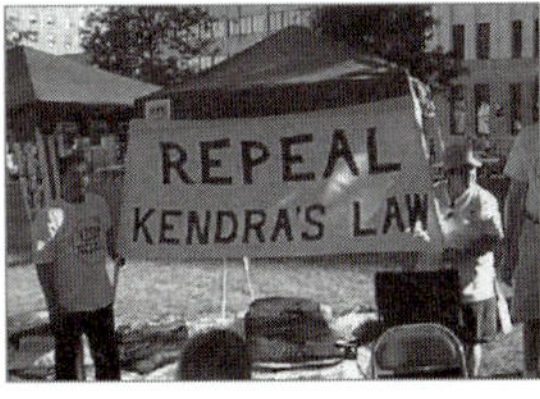

ⓥⓣ 철회[폐지]하다   cancel officially; revoke, abrogate, annul

ⓝ 취소, 폐지   cancellation

repeal tax cuts for high-income households
고소득 가구들에 대한 세금 감면을 철회하다
call for the **repeal** of the law   그 법의 폐지를 요구하다

[어원] 『re(back) + peal<pel(push) → 뒤로 밀어내다』
[비교] repel 격퇴하다; 불쾌감을 주다

repel ★★

[ripél]
뒤로 밀쳐내다

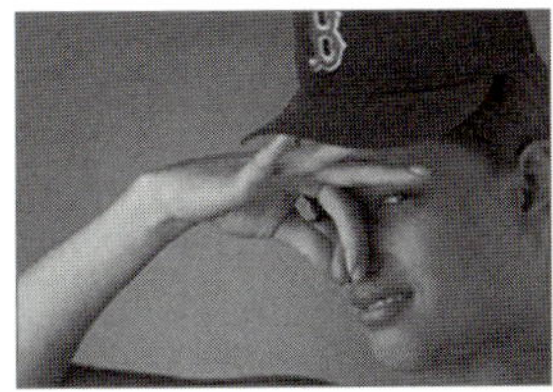

ⓥⓣ 1. 쫓아버리다, 격퇴하다   repulse, beat back

2. ~에게 심한 불쾌감을 주다   offend, disgust, nauseate

a. n. repellent   불쾌한; 퇴치제

repel the rebel force   반란군을 격퇴하다
His stink **repelled** her.   그의 악취가 그녀에게 심한 불쾌감을 주었다.

[어원] 『re(back) + pel(push) → 뒤로 밀쳐내다』
[비교] repeal 철회[폐지]하다
[출제포인트] 동사뿐만 아니라 **repellent**가 형용사로 출제된다.

repentance
[ripéntəns]
뒤늦은 미안함

ⓝ 뉘우침, 참회 compunction, contrition, penitence, remorse

v. repent 뉘우치다, 참회하다

He has no feelings of **repentance**. 그는 전혀 뉘우치지 않는다.

[어원] 『re(back) + pent(sorry) → 뒤늦게 미안하게 생각하다』
[상상⁺] **penit**ence 후회, 참회 / im**penit**ent 뉘우치지 않는

reprehensible ★
[rèprihénsəbəl]
뒤로 잡아끌릴 만한

ⓐ 비난받을 만한 blameworthy, culpable, reproachable

vt. reprehend 비난하다 reproach, reprimand

morally **reprehensible** behavior 도덕적으로 비난받을 만한 행동

[어원] 『re(back) + prehens(seize) → 뒤로 잡아끌릴 만한』
[TIP] 앞으로 나아가려는 사람을 뒤로 잡아끈다는 것은 곧 그를 비난하는 것.
　　　사진 속의 야구 선수는 병살타를 치고 들어와 '비난받을 만한' …

repress
[riprés]
뒤로 누르다

ⓥ 억누르다, 억제하다 subdue, suppress, oppress, restrain

n. repression 억압, 억제　　　a. repressive 억압하는

We can't **repress** our sorrow from his death.
우리는 그의 죽음으로 인한 슬픔을 억누를 수가 없습니다.

[어원] 『re(back) + press(누르다) → 뒤로 누르다』

reprimand ★★★
[réprəmænd, -mὰːnd]
뒤로 억누르다

ⓥ 비난[질책]하다 reproach, rebuke, reprehend, tell off

reprimand him **for** failing to do his duty
임무를 수행하지 못한 것에 대해 그를 질책하다

[어원] 『re(back) + prima(press) → (잘못에 대해) 뒤로 억누르다』
[어법] reprimand A for B : B에 관해 A를 비난[질책]하다
[TIP] 잘못한 일에 대해 억누르고 억제하는 것이 바로 비난하는 것이다.
　　　'비난하다' 중에서는 reprimand와 reproach가 가장 많이 출제된다.

reprisal

[ripráizəl]

뒤로 잡아끄는 것

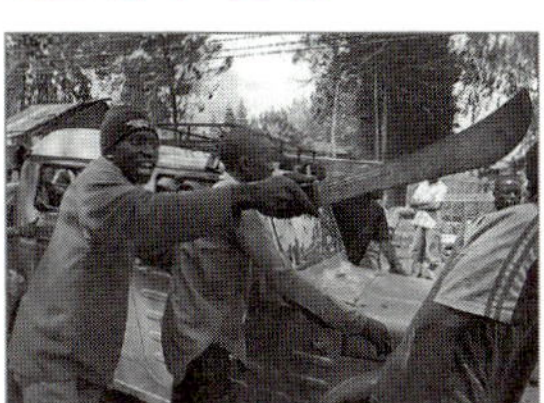

ⓥ 복수, 보복   revenge, vengeance, retaliation, retribution

an apparent **reprisal** attack 명백한 보복 공격

[어원] 『re(back) + pris(take) → (다시) 뒤로 잡아끄는 것』

[TIP] 나를 공격한 사람을 다시 뒤에서 잡아끄는 것은 곧 그에게 복수, 보복하는 것이다.

[상상⁺] ap**pris**e 알리다 / com**pris**e 포함하다 / entre**pren**eur 기업가

reproach ★★

[ripróutʃ]

가까이 못 가게 하다

ⓥ 비난하다, 꾸짖다   blame, scold, chide, reprove

ⓝ 비난, 질책   rebuke, condemnation, denunciation

reproach her son **for** his wrong behavior
자기 아들의 잘못된 행동에 대해 꾸짖다

[어원] 『re(back) + proach(approach) → ~에 가까이 못 가게 하다』

[어법] reproach A for B : B에 관해 A를 꾸짖다, 비난하다

[TIP] 상대방이 잘못된 행동으로 가려 할 때 꾸짖고 비난하여 그쪽으로 가지 못하게 하는 것이 reproach다.

[관련] rebuke - reprimand - reproach - reprehend - reprove - reprobate 는 모두 re(back)에서 나온 '비난[질책]하다, 꾸짖다' 는 뜻의 어휘들이다.

reprove

[riprú:v]

찬성하지 않다

ⓥ 야단치다, 꾸짖다   scold, censure, reprehend, tell off

The teacher **reproved** the students **for** smoking in the classroom.
그 선생님은 교실에서 담배를 피운 학생들을 야단쳤다.

[어원] 『re(반대) + prove(approve) → 찬성하지 않다』

[어법] reprove A for B : B에 관해 A를 꾸짖다, 야단치다

[TIP] reprove에서 re- 는 '반대' 의 의미임을 꼭 기억하자!

repudiate

[ripjú:dièit]

수치스러워 뒤로 밀다

ⓥ 거부[부인]하다   deny, reject, disown, spurn, turn down

n. repudiation   거부, 부인

Radicals urged to **repudiate** the treaty.
급진주의자들은 그 협정을 거부하라고 촉구했다.

[어원] 『re(back) + pud(shame) → 수치스러워 뒤로 밀어내다』

[TIP] repudiate는 원래 배우자(spouse)가 수치스러워 뒤로 밀어내다,
즉 이혼하다(divorce)라는 뜻에서 시작된 어휘다.

[상상+] im**pud**ent 뻔뻔스러운

repugnant

[ripʌ́gnənt]

반대하여 싸우는

ⓐ 불쾌한, 역겨운   disgusting, repellent, repulsive, abhorrent

n. repugnance   불쾌함, 역겨움

His remarks was offensive and **repugnant**.
그의 말은 무례하고 불쾌했다.

[어원] 『re(against) + pugn(fight) → 반대하여 싸우는』

[TIP] 무엇에 반대하여 싸운다는 것은 곧, 그것을 아주 싫어한다는 뜻이므로
'불쾌한, 역겨운' 의 의미가 된다.

[상상+] **pugn**acious 싸우기 좋아하는 / im**pugn** 비난[공격]하다

repulse ★

[ripʌ́ls]

뒤로 밀쳐내다

ⓥ 1. 쫓아버리다, 격퇴하다   repel, beat back

2. ~에게 심한 불쾌감을 주다   offend, disgust, nauseate

n. repulsion   혐오   a. repulsive   혐오하는

The army **repulsed** an attack by the enemy.
그 군대는 적의 공격을 격퇴했다.

His hypocrisy **repulsed** me.
그의 위선은 나에게 심한 불쾌감을 주었다.

[어원] 『re(back) + pul<pel(push) → 뒤로 밀쳐내다』

[TIP] repel과 repulse는 같은 어원으로 완전한 동의어지만, 실제로는 repel이
주로 쓰이며 시험에도 더 잘 나온다.

[출제포인트] 형용사 repulsive가 출제되었음을 알아두자!

 rescind ★

[risínd]
잘라다 뒤로 버리다

ⓥⓣ 취소하다, 무효화하다   repeal, invalidate, annul, nullify

refuse to **rescind** the order 명령 취소를 거부하다

[어원] 『re(back) + sci(cut, split) → 잘라다 뒤로 버리다』
[상상⁺] **ski** 스키 / **schi**sm 분열

 residue ★

[rézidjùː]
뒤에 가라앉은 것

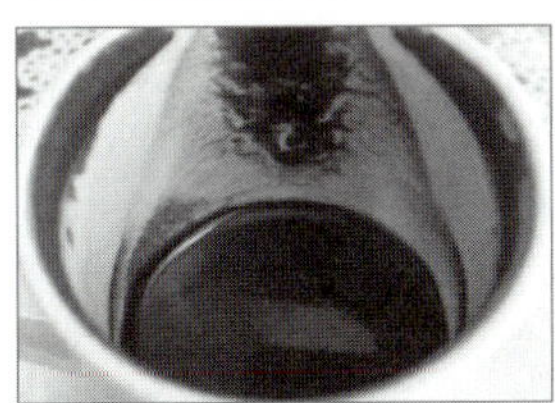

ⓝ 나머지, 찌꺼기   remnant, remainder, leftover

a. residual   나머지의   remaining

coffee **residue** of the cup 컵의 커피 찌꺼기

[어원] 『re(back) + sid(sit) → (시간이 지난) 뒤에 가라앉은 것』
[TIP] residue는 잔에 담긴 커피를 다 마시고 옆면이나 바닥에 남은 찌꺼기를
떠올리면 쉽게 외울 수 있다.
[출제포인트] 시험에는 형용사 residual이 출제되었으니 함께 알아두자!

 respite ★

[réspit, -pait]
뒤를 보다

ⓝ (잠깐의) 중단 기간, 휴식   break, relief, intermission, suspension

The pain went on without **respite**. 고통이 끊이지 않고 계속되었다.

[어원] 『re(back) + spi(look) → (가던 길을 멈추고) 뒤를 보다』
[상상⁺] **respect** 존경하다 / **despise** 경멸하다 / **spec**ious 허울 좋은

 restive ★★

[réstiv]
뒤에 서 있는

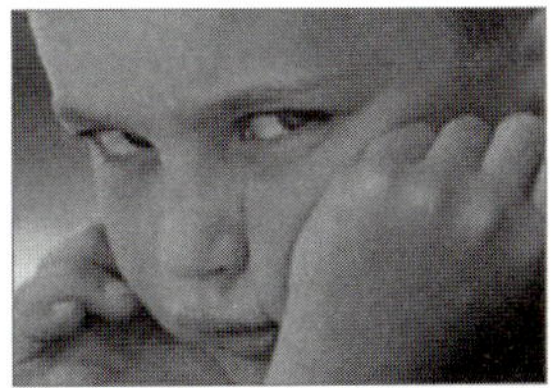

ⓐ 반항적인, 다루기 힘든   intractable, defiant, disobedient, recalcitrant

The dictator tried to oppress increasingly **restive** people.
그 독재자는 점점 다루기 힘든 국민들을 억압하려고 했다.

[어원] 『re(back) + st(stand) → 뒤에 (버티고) 서 있는』
[TIP] resist(저항하다)의 형용사로 restive(저항하는 → 반항적인)를
이해하면 쉽다.

restrain

[ri:stréin]

뒤에 세게 묶어두다

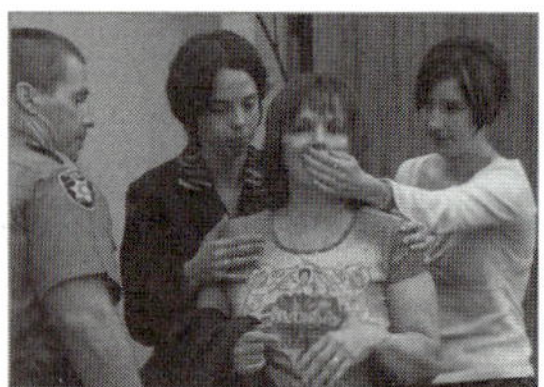

ⓥt 제지하다, 억제하다   *control, restrict, repress, head off*

n. restraint   제지, 억제   a. restrained   자제하는

Kate couldn't **restrain** her desperate sorrow.

케이트는 그녀의 절망적인 슬픔을 억제할 수 없었다.

[어원] 『re(back) + str(bind tight) → 뒤에 세게 묶어두다』

[상상⁺] con**str**ict 수축[압박]하다 / con**str**ain 억제[제한]하다

re**str**ict 제한[한정]하다 / di**str**ess 괴롭히다; 고통

strict 엄격한 / **str**ingent 엄격한

restrict

[ristríkt]

뒤에 세게 묶어두다

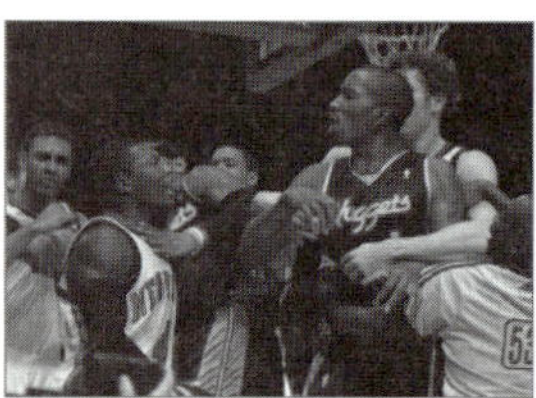

ⓥt 억제[제한]하다   *curb, confine, circumscribe, hold back*

n. restriction   억제, 제한

restrict traffic during the Olympic games

올림픽 게임 기간 동안 교통량을 제한하다

[어원] 『re(back) + str(bind tight) → 뒤에 세게 묶어두다』

[TIP] restrict에는 strict(엄격한)가 있기 때문에 '엄격하게 하다 → 억제[제한]하다' 로 외워도 좋다.

retard

[ritá:rd]

뒤로 느리게 하다

ⓥt 늦추다, 더디게 하다   *delay, slacken, decelerate, stunt, bog down*

The regulation will **retard** economic recovery.

그 규제는 경제 회복을 더디게 할 것이다.

[어원] 『re(back) + tard(slow) → (속도를) 뒤로 해 느리게 하다』

[TIP] retard는 명사로 '정신 박약아, 바보' 라는 뜻이 있으니 함부로 쓰면 안 되는 말이다.

[상상⁺] **tard**y 늦은; (행동이) 느린

retract

[ritrǽkt]

뒤로 끌다

ⓥt 취소[철회]하다   *withdraw, recant, rescind, call off*

n. retraction   취소, 철회

ask them to **retract** their demand

그들에게 요구를 철회해달라고 요청하다

[어원] 『re(back) + tract(draw) → (했던 말을) 뒤로 끌다』

 **revere** ★★

[rivíər]
되돌아보다

ⓥ 존경하다   respect, admire, esteem, venerate

n. reverence   존경, 공경

The admiral is **revered** as a national hero.
그 제독은 국민적 영웅으로 존경받는다.

[어원] 『re(back) + ver(wary:지켜보는) → 자꾸 되돌아보며 바라보다』

[TIP] 영어에서 v-와 w-스펠링은 혼용될 수 있음을 염두에 두고 다음을
    살펴보자.

[상상⁺] **wary** 주의 깊은 / **aware** 알고 있는 / **ward**en 감독관
    award 상(을 수여하다) / **reward** 보수, 보답(하다)

 **revert** ★

[rivə́ːrt]
뒤로 돌아가다

ⓥ 되돌아가다   return, turn back

n. reversion   회귀, 복귀

revert to a growth-first policy 성장 우선 정책으로 되돌아가다

[어원] 『re(back) + vert(turn) → 뒤로 돌아가다』

[어법] revert to : ~로 되돌아가다

[비교] reverse 반대(의); 거꾸로 하다

re-²
다시 (again)

 **reaffirm** ★

[rìːəfə́ːrm]
다시 확언하다

ⓥ 다시 긍정[확언]하다   reiterate

n. reaffirmation   재차 확언

The President **reaffirmed** his commitment to support
the country. 대통령은 그 나라를 지원하겠다는 약속을 재차 확언했다.

[어원] 『re(again) + affirm(확언하다) → 다시 확언하다』

 **recapture**

[riːkǽptʃər]
다시 붙잡다

ⓥ 1. 되찾다, 탈환하다   retake   2. (기억을) 되살리다   evoke

our effort to **recapture** the championship
우승컵을 되찾으려는 우리의 노력
The music **recaptures** the memory of my childhood.
그 음악이 내 어린 시절의 기억을 되살려준다.

[어원] 『re(again) + cap(take) → (잃은 것을) 다시 붙잡다』

[상상⁺] **cap**ture 포획(하다) / **cap**tive 포로 / **cap**tion 자막
    captivate 매혹하다

 recapitulate ★

[rìːkəpítʃəlèit]

머리만 다시 모으다

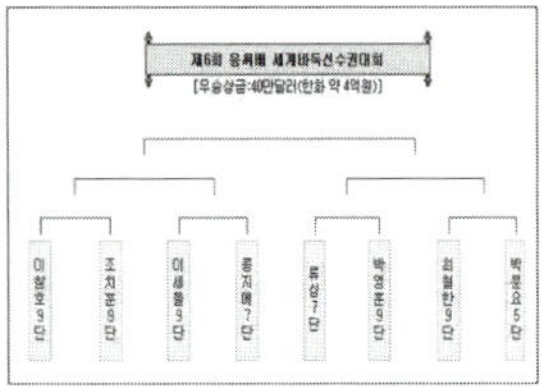

ⓥⓣ 요약하다, (요점을) 반복하다   repeat, reiterate, summarize

n. recapitulation   요점 반복

recapitulate the theory 그 이론을 요약하다

[어원] 『re(again) + capit(head) → 머리(요점)만 다시 모으다』
[TIP] 구어체에서는 recapitulation이 길기 때문에 줄여서 recap으로 쓴다.

 reclaim ★

[rikléim]

다시 요구하다

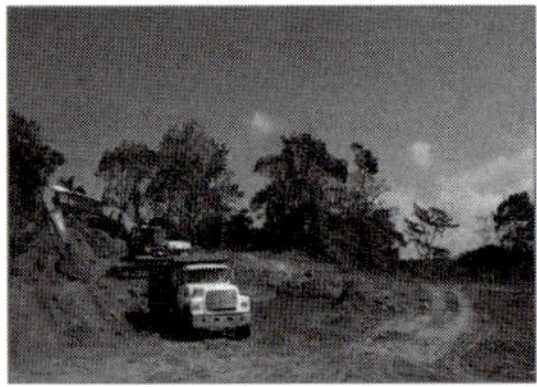

ⓥⓣ 1. 반환을 요구하다   claim back   2. 되찾다   get back

　　3. (땅을) 개간하다   develop   4. 재활용하다   recycle

n. reclamation   개간

You can **reclaim** some tax.
귀하는 얼마간의 세금 환급을 요구할 수 있습니다.
We'll **reclaim** the championship.
우리는 챔피언 타이틀을 되찾을 것이다.
This farmland will be **reclaimed** for a new building.
이 농지는 새 건물을 위해 개간될 것이다.
Aluminium cans can be **reclaimed**.
알루미늄 캔들은 재활용될 수 있다.

[어원] 『re(again) + claim(요구하다) → 다시 요구하다』
[TIP] reclaim은 실제로 '(땅을) 개간하다'의 의미로 가장 많이 쓰인다.
　　　 '다 쓴 물건을 재활용하다'와 '못 쓰는 땅을 개간하다'의 의미는 본질적
　　　 으로 같다.

reconcile ★★

[rékənsàil]
다시 달래다

(v) 1. 조정하다, 조화시키다   harmonize, accommodate, conciliate

2. 화해시키다   settle, propitiate, make up

n. reconciliation   화해; 조화

reconcile economic development **with** nature conservation
경제 발전을 자연 보존과 조화시키다
The two politicians **reconciled with** each other.
그 두 정치인은 서로 화해했다.

[어원] 『re(again) + concile<conciliate(달래다) → 다시 달래다』
[어법] reconcile A with B : A를 B와 조화시키다
　　　 reconcile with : ∼와 화해하다

recur ★

[rikə́:r]
다시 달리다

(vi) 되풀이되다, 재발하다   repeat, relapse

n. recurrence   재발　　　　　 a. recurrent   재발하는

The disease tends to **recur**. 그 병은 재발하는 경향이 있다.

[어원] 『re(again) + cur(run) → (뒤로 가) 다시 달리다』
[상상+] **cur**rent 현재의; 흐름 / **cur**rency 통화 / **cur**sory 대충하는
　　　　con**cur** 일치하다; 동시에 발생하다 / in**cur** 초래하다
　　　　oc**cur** 발생하다; 떠오르다 / pre**cur**sor 선구자

recuperate

[rikjú:pərèit]
다시 붙잡다

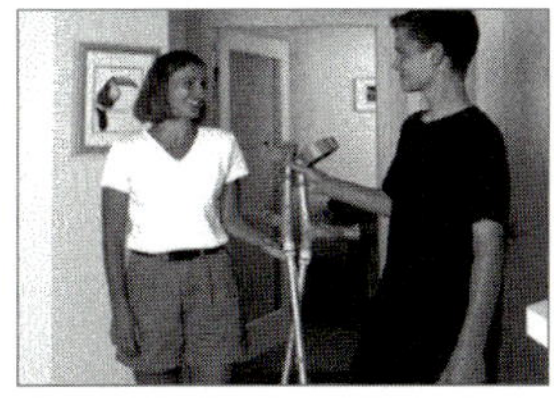

(v) 회복하다, 만회하다   recover, recoup, retrieve, convalesce

n. recuperation   회복, 만회

recuperate from the disease   병에서 회복하다
recuperate a loss   손실을 만회하다

[어원] 『re(again) + cup < cap(take) → (잃었던 것을) 다시 붙잡다』

redeem ★

[ridíːm]
되찾다

ⓥ 1. 되찾다 reclaim

2. 메우다, 만회하다 make up for

3. 상환[이행]하다 pay, fulfill

n. redemption 구원; 상환; 환매 a. redeemable 환전할 수 있는

Investors rushed to **redeem** their funds.
투자자들이 펀드를 환매하기 위해 몰려들었다.
give him opportunity to **redeem** himself
그에게 만회할 수 있는 기회를 주다
The government **redeemed** its election pledges.
정부는 선거 공약을 이행했다.
redeem a bank loan
은행 대출금을 상환하다

[어원] 『re(d)(again) + (e)em(take) → (잃었던 것을) 되찾다』
[TIP] 사진은 영화 '쇼생크 탈출' 《The Shawshank Redemption》의 포스터다.
[출제포인트] redeem은 주로 1. **되찾다** 3. **상환[이행]하다**의 뜻이 출제된다.

redress ★

[ríːdres / ridrés]
다시 올바로 하다

ⓥ 바로잡다, 시정하다 correct, amend, rectify

ⓝ 보상금 compensation, reparations

redress the wrong situation 잘못된 상황을 바로잡다
petition the government for a **redress** 정부에 보상금을 공식 요청하다

[어원] 『re(again) + dress(right) → (틀린 것을) 다시 올바로 하다』
[TIP] dress(옷을 입히다)는 원래 '순서대로 올바르게 배열하다'의 뜻이다.

redoubtable

[ridáutəbəl]
자꾸만 공포를 일으키는

ⓐ 가공할 만한, 무서운 fearful, formidable, scary, dreadful

meet a **redoubtable** opponent 가공할만한 적수를 만나다

[어원] 『re(again) + doubt(공포) → 자꾸만 공포를 일으키는』
[TIP] '내가 과연 저 상대를 이길 수 있을까?'라는 의심이 드는 것은 곧, 상대가
대단히 강하다는 말이 된다.

redundant

[ridʌ́ndənt]
자꾸 흘러넘치는

ⓐ 과잉의, 잉여의 superfluous, excessive, unnecessary, surplus

n. redundancy 과잉, 잉여

the removal of **redundant** information 불필요한 정보의 삭제

[어원] 『re(d)(again) + und(wave) → 자꾸 흘러넘치는』
[TIP] abundant(풍부한)와 redundant(과잉의)는 '많다'는 의미적 공통점이 있지만 abundant는 긍정적, redundant는 부정적인 뉘앙스다.
[상상⁺] **und**ulate (파도처럼) 굽이치다 / in**und**ation 범람

refine

[rifáin]
더 좋게 하다

ⓥⓣ 1. 개선하다 improve, ameliorate, enhance, revamp

　　2. 정제하다 make a substance purer; purify, purge

a. refined 정제된, 순화된; 세련된 sophisticated

refine design of the car 그 자동차의 디자인을 개선하다
refine crude oil 원유를 정제하다

[어원] 『re(강조) + fine(좋은) → 더 좋게 하다』
[출제포인트] 형용사 **refined**(세련된)가 출제되었다.

reflect ★

[riflékt]
다시 휘다

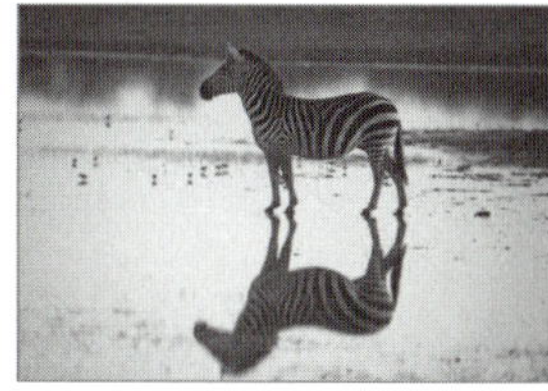

ⓥⓣ 1. 반사하다 show[send] back

　　2. 반영하다 indicate, designate

ⓥⓘ 곰곰이 생각해보다, 숙고하다 contemplate, ponder, meditate

n. reflection 반사; 반영; 숙고　　n. reflex 반사 (신경)

a. reflective 반사[반영]하는; 숙고하는

Her face was **reflected** in the mirror.
그녀의 얼굴이 거울에 반사되었다.
The movie **reflects** the reality of our lives.
그 영화는 우리 삶의 현실을 반영한다.
reflect on one's successes and failures
자신의 성공과 실패들을 곰곰이 생각해보다

[어원] 『re(again) + flect(bend) → (빛이) 다시 휘다』
[TIP] '반사하는' 것이 곧 그 모습을 나타내어 '반영하는' 것이고, 반사된(나타난) 과거의 모습을 찬찬히 살펴보는 것이 '숙고하는' 것이다.
[어법] **reflect on** : ~을 곰곰히 생각해보다

regenerate

[ridʒénərèit]

다시 살리다

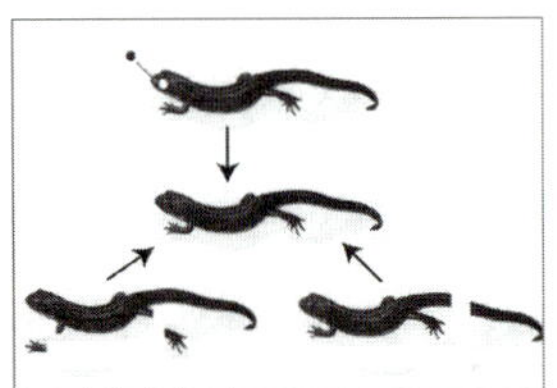
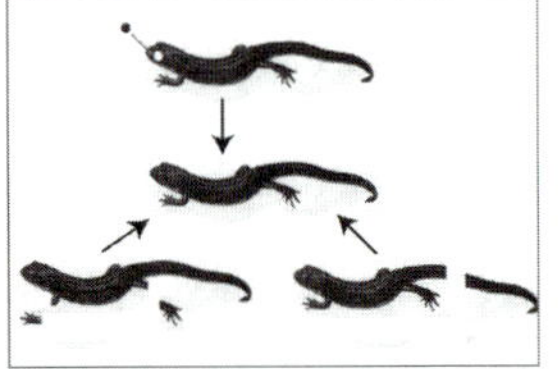

ⓥ 재생시키다, 재건하다   revive, rebuild, revamp, rejuvenate

We have to **regenerate** our depressed economy.

우리는 우리의 침체된 경제를 재건해야 합니다.

[어원] 『re(again) + gen(birth) → 다시 살리다』

[상상⁺] **gen**erate 발생시키다 / **en**gen**der** 야기하다

---

rehabilitate ★

[rìːhəbílətèit]

다시 살아갈 수 있게 하다

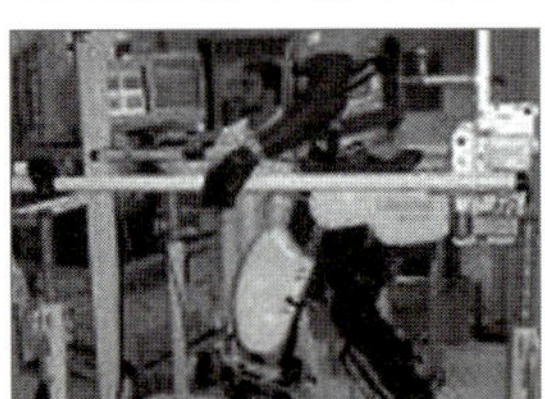

ⓥ 재활시키다, 복원시키다   restore, recover, cure

n. rehabilitation   재활, 복원

a special program for **rehabilitating** stroke patients

뇌출혈 환자들을 재활시키기 위한 특별 프로그램

[어원] 『re(again) + hab(live) → 다시 살아갈 수 있게 해주다』

---

reimburse ★

[rìːimbə́ːrs]

다시 지갑 안에 넣어주다

ⓥ 보상해주다   compensate, indemnify, make up for, atone for

n. reimbursement   보상

The company will **reimburse** you **for** travel expenses.

회사에서 당신에게 여행 경비를 보상해줄 것입니다.

[어원] 『re(again) + im(in) + burse(purse) → 다시 지갑 안에 (돈을) 넣어주다』

[어법] reimburse A for B : A에게 B에 대해 보상해주다

---

reinforce ★

[rìːinfɔ́ːrs]

다시 힘을 넣어주다

ⓥ 강화[보강]하다   strengthen, fortify, beef up

n. reinforcement   보강, 강화

reinforce foreign language education in schools

교내 외국어 교육을 강화하다

[어원] 『re(again) + in(안) + force(힘) → 다시 힘을 안에 넣어주다』

[상상⁺] **en**force (법을) 시행[집행]하다; 강요하다

reiterate ★★★

[riːítərèit]
다시 반복하다

ⓥt 반복하다   repeat, go over

n. reiteration   반복

reiterate the main point 요점을 다시 반복하다

[어원] 『re(again) + iterate(반복하다) → 다시 반복하다』
[TIP] reiterate는 iterate(반복하다)에 re-(again)가 다시 붙은 형태다.

rejuvenate

[ridʒúːvənèit]
다시 젊게 하다

ⓥt 되살리다, 다시 활기 띠게 하다   refresh, revive, restore, regenerate

n. rejuvenation   되살림, 회복

ambitious plans to **rejuvenate** the economy
경제를 되살리려는 야심찬 계획들

[어원] 『re(again) + juven(young) → 다시 젊어지게 하다』
[상상+] **juven**ile 청소년의

relapse

[rilǽps]
다시 떨어지다

ⓥi 재발하다, 다시 빠져들다   become ill again; recur, revert

ⓝ 재발   a recurrence of symptoms of a disease

a **relapse into** cancer 암의 재발

[어원] 『re(again) + lap(fall) → (안 좋은 상태로) 다시 떨어지다』
[어법] relapse into : ～이 재발하다, ～로 다시 빠져들다

renovate ★

[rénəvèit]
다시 새롭게 하다

ⓥt (집 · 건물을) 수리하다, 공사하다   refurbish, repair, revamp

n. renovation   수리, 공사

renovate the damaged house 망가진 집을 수리하다

[어원] 『re(again) + nov(new) → 다시 새롭게 하다』
[비교] innovate (제도를) 쇄신[혁신]하다

remedy ★★

[rémədi]
다시 고치다

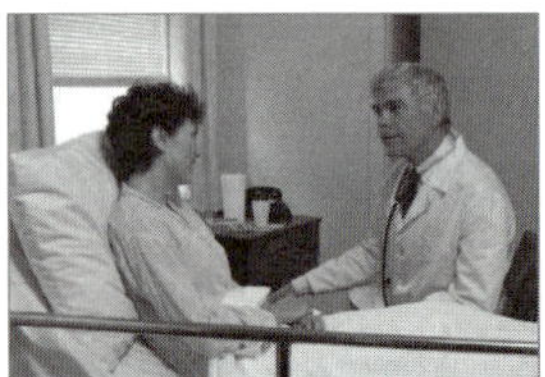

ⓝ 치료(제), 치유 cure, healing, treat, therapy

ⓥⓣ 고치다, 바로잡다 correct, redress, rectify

a. remedial 치료하는; 개선하는 correcting

a natural **remedy** that helps insomnia
불면증에 도움이 되는 자연 요법
The government must **remedy** quickly this situation.
정부는 이 상황을 신속히 바로잡아야 한다.

[어원] 『re(again) + med(heal) → (잘못된 것을) 다시 고치다』
[상상⁺] **med**ical 의학의 / **med**icine 약, 의학

renown ★

[rináun]
자꾸 불리는 이름

ⓝ 명성 fame, celebrity, prestige, reputation

a. renowned 명성 있는

win **renown** as one of the greatest sportsmen
위대한 스포츠맨 중 한 명으로서 명성을 얻다

[어원] 『re(again) + nown(name) → 자꾸만 불리는 이름』
[TIP] 사람들이 누구의 이름을 자꾸 부르고 떠올리는 것은 그 사람이 바로
  '명성(renown)' 이 있기 때문이다. '우리나라의 피겨스케이팅 선수' 하면
  '김연아' 가 떠오르는데 바로 renown이 있기 때문이다.
[상상⁺] **noun** 명사 / **nomin**al 이름뿐인 / **nomin**ate 지명[임명]하다
  de**nomin**ate 명명하다 / ig**nomin**y 불명예 / mis**nomer** 틀린 이름

reparation

[rèpəréiʃən]

다시 똑같이 맞춰줌

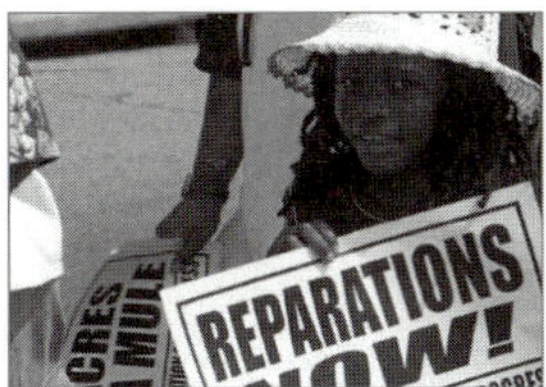

ⓝ 변상, 보상(금) compensation, amends, restitution, atonement

pay **reparations** to victims 피해자들에게 보상금을 지급하다

[어원] 『re(again) + par(equal) → (피해액만큼) 다시 똑같이 맞춰줌』
[TIP] 엄밀히 분석해보면 단수 reparation은 변상 또는 배상, 복수 reparations
는 보상금이다.
[상상+] pre**par**e 준비하다 / ap**par**el 의상 / ap**par**atus 기구 / **par**ity 동등
dis**par**ity 차이 / dis**par**age 비난하다

repercussion ★

[rì:pərkʌ́ʃən]

완전히 다시 때림

ⓝ 여파, 영향 aftermath, reverberation, impact, effect

the **repercussion** of a rise in the oil price 유가 상승의 여파

[어원] 『re(again) + per(thoroughly) + cuss(strike) → 완전히 다시 때림』
[TIP] 때리면 충격이 가해지게 마련이다. 때린 결과 생긴 충격이 곧 '여파, 영향'
이 된다.
[상상+] per**cuss**ion 타악기 / dis**cuss** 토론하다

reproduce

[rì:prədjú:s]

다시 생산하다

ⓥⓘ 1. 번식하다 procreate

2. 복사[재생]하다 repeat, duplicate, regenerate

The turtles return to the coast to **reproduce**.
거북이들은 번식을 위해 해안으로 되돌아온다.
reproduce ancient rituals and festivals
고대 의식과 축제들을 재현하다

[어원] 『re(again) + produce(생산하다) → 다시 생산하다』

requite ★

[rikwáit]

다시 되갚다

ⓥⓣ 되갚아주다 repay, avenge, revenge, get even with

requite him **for** his perfidy 배반 행위에 대해 그에게 되갚아주다

[어원] 『re(again) + quit(pay) → 다시 되갚아주다』
[TIP] pay와 quit은 밀접한 관계가 있다. 즉 갚아(pay)야 끝(quit)난다.
requite는 잘 외워지지 않는 어휘이므로 반복 암기를 요한다.
[어법] requite A for B : A에게 B에 대해 되갚아주다

resent ★

[rizént]
강한 감정을 느끼다

ⓥⓣ ~에 화나다, 분개하다　feel angry about

n. resentment　분개, 분노　anger

I resent her intrud**ing** in my life.
나는 그녀가 내 인생에 개입하는 것에 화가 난다.

[어원] 『re(강조) + sent(feel) → 강한 감정을 느끼다』
[TIP] resent는 원래 '강한 감정을 느끼다' 의 의미에서 '~에 화내다' 의 의미로 좁아져 쓰이게 된 것이다.
[어법] resent ~ing(동명사) : ~하는 것에 화내다 〈어법 중요〉
[상상＋] **assent** 동의하다 / **consent** 동의하다 / **dissent** 반대하다
　　　　sentiment 감정 / pre**sent**iment 예감
[출제포인트] resent는 동사로 많이 쓰이지만, 시험에는 주로 명사 **resentment** 가 출제된다.

resilient

[rizíljənt, -liənt]
다시 튀어오르는

ⓐ 1. 되튀는, 탄력 있는　elastic, bouncy

2. 회복이 빠른　able to become strong after a difficult situation

sneakers with touch **resilient** soles
질기고 탄력 있는 밑창이 있는 운동화
make the economy **resilient** despite the recession
불황에도 불구하고 회복이 빠른 경제로 만들다

[어원] 『re(again) + sil<sult(leap) → 다시 튀어오르는』

restitution

[rèstətjúːʃən]
다시 세워주는 것

ⓝ 반환, 보상　compensation, reparation, amends, redress

the **restitution** of Korean cultural properties from Japan
일본으로부터의 한국 문화재 반환

[어원] 『re(again) + stit(stand) → (원래대로) 다시 세워주는 것』
[상상＋] con**stit**ute 구성하다 / in**stit**ute 기관; 설립[제정]하다 / de**stit**ute 빈곤한
　　　　sub**stit**ute 대체하다; 대체물[인]

resurrection ★

[rèzərékʃən]
다시 일어남

ⓝ 부활   revival, resurgence, revitalization

Russia's **resurrection** as a superpower
초강대국으로서 러시아의 부활

[어원] 『re(again) + sur(rise) → (죽었다가) 다시 일어남』
[TIP] 성경(Bible)에서 Resurrection은 '예수님의 부활'을 뜻한다.
[상상⁺] in**sur**rection 반란 / **sur**ge 급격히 일어나다, 급등하다; 급증

retaliate

[ritǽlièit]
다시 벌주다

ⓥⓣ 복수[보복]하다   avenge, revenge, get even with

n. retaliation   복수, 보복   retribution, reprisal

The army began to **retaliate** against the enemy.
그 군대는 적에 대해 보복 공격을 시작했다.

[어원] 『re(again) + tali(punishment) → (당한 만큼) 다시 벌을 주다』

reticent ★

[rétəsənt]
계속해서 조용한

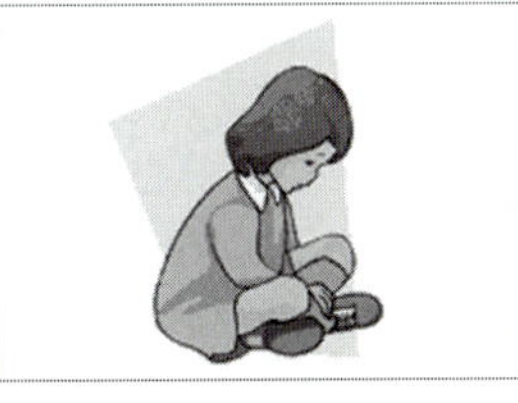

ⓐ 말을 아끼는, 과묵한   taciturn, laconic, mute

n. reticence   과묵함

She's strangely **reticent** about her son.
그녀는 이상하게도 아들에 대한 말을 아낀다.

[어원] 『re(again) + tic(silent) → 계속해서 조용한』
[TIP] tacit(암묵적인) – taciturn(말이 없는) – reticent(과묵한)를 함께 외우면 쉽다.

retribution ★

[rètrəbjúːʃən]
되돌려주는 것

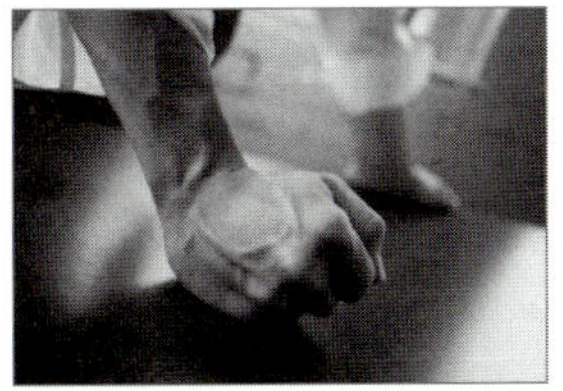

ⓝ 복수, 보복   revenge, retaliation, reprisal, requital

retribution for the terrorists attacks   테러리스트들의 공격에 대한 보복

[어원] 『re(again) + tribute(give) → (받은 만큼) 되돌려주는 것』
[상상⁺] **tribute** 찬사; 공물 / at**tribute** 탓[덕]으로 돌리다; 특징
　　　con**tribute** 기여[기부, 기고]하다 / dis**tribute** 분배하다

---

retrieve ★

[ritríːv]
다시 찾다

ⓥⓣ 만회[복구]하다　recover, restore, regain, redeem, bring back

a. retrievable 만회할 수 있는 ⇔ irretrievable 돌이킬 수 없는

retrieve one's battered reputation 실추된 명예를 만회하다

[어원] 『re(again) + triev(find) → (잃어버린 것을) 다시 찾다』
[상상⁺] **trop**hy 트로피, 우승컵
[TIP] 기름 유출로 오염된 태안 앞바다를 retrieve하기 위해 얼마나 많은 노력을 기울였던가?

---

revamp ★

[riːvǽmp]
다시 고치다

ⓥⓣ 개정[개선]하다　revise, amend, improve, ameliorate

Many companies are trying to **revamp** their image.
많은 회사들이 이미지를 개선하려 노력하고 있다.

[어원] 『re(again) + vamp(amend) → 다시 고치다』

---

revise

[riváiz]
다시 보다

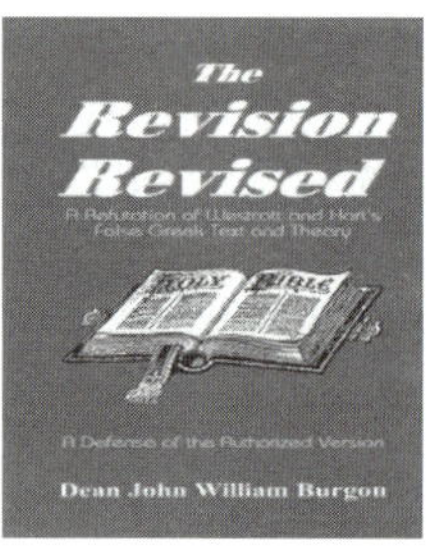

ⓥⓣ 1. 개정[교정]하다　amend　　2. 《英》 복습하다　review

n. revision 개정; 복습

a. revised 개정된　　－ a **revised** version 개정판

The government has to **revise** education law.
정부는 교육법을 개정해야 한다.
I've got to **revise** my math for an exam.
나는 시험에 대비해서 수학을 복습해야 한다.

[어원] 『re(again) + vis(see) → 다시 보다』
[상상⁺] ad**vise** 충고하다 / impro**vise** 즉석으로 하다 / super**vise** 관리[감독]하다
[출제포인트] 명사 **revision**이 '개정' 의 의미로 출제되었다.

revitalize

[riːváitəlàiz]
다시 생명을 불어넣다

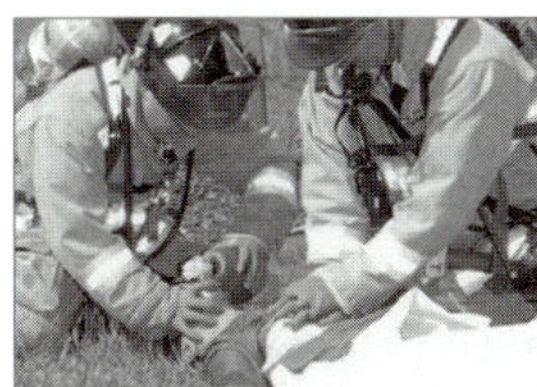

ⓥⓣ 활력을 불어넣다, 회생시키다

revive, invigorate, rejuvenate, resuscitate

n. revitalization 회생

corporate investment to revitalize the economy
경제에 활력을 불어넣는 기업 투자

[어원] 『re(again) + vital(생명의) → 다시 생명을 불어넣다』

revolve ★

[riválv / -vólv]
반복적으로 돌다

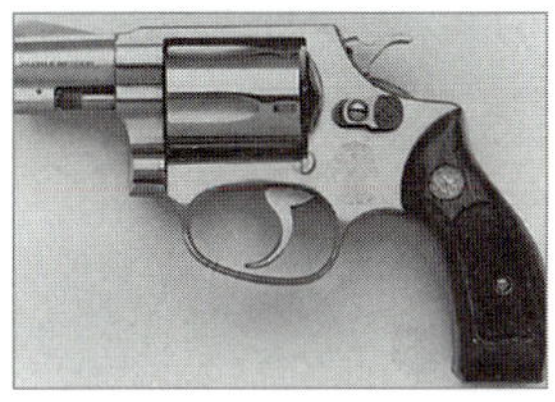

ⓥ 돌다, 회전하다 rotate, whirl, go around

a. revolving 회전하는   – **revolving** door 회전문

n. revolution 회전; 혁명   a. revolutionary 혁명적인

n. revolver (회전식) 연발 권총

The moon revolves around the Earth. 달은 지구의 주변을 돈다.

[어원] 『re(again) + volv(roll) → 반복적으로 돌다』

[TIP] revolution에서 '혁명'의 의미는 대단히 중요한데
    1. 반복적으로 돌게 되면**(회전)** → 2. 전체적인 변화**(혁명)**를 일으킨다.
    "돌면 변한다!!"

sub-
~의 아래 (under)

[스펠링 변화] 1. sub- 접두어는 다음 자음에 따라 스펠링이 바뀐다.
succinct 간결한 / **suf**frage 참정권 / **sum**mon 소환하다
supple 유연한 / **sur**reptitious 은밀한
2. 발음의 편의상 sub-에서 b가 탈락하고 so-로 변하는 경우가 있다.
sojourn (일시적) 체류 / **so**mber 우울한

sojourn ★

ⓝ (일시적) 체류 brief stay

[sóudʒəːrn, sɔ́dʒ-]
며칠 머무름

a brief **sojourn** in Europe 유럽에서의 일시적 체류

[어원] 「so<sub(during) + journ(day) → 며칠 동안 머무르는 것」
[상상⁺] **journ**al 저널, 일지 / **journ**ey 긴 여행 / ad**journ** 휴회[연기]하다

---

somber ★

ⓐ 어두운, 우울한 grave, dismal, gloomy, moody

[sámbər / sɔ́m-]
어둠 아래에 있는

We are all in a **somber** mood. 우리는 모두 우울한 분위기였다.

[어원] 「so<sub(under) + (u)mber(shadow) → 어둠 아래에 있는」
[TIP] somber는 sub → so의 스펠링 축약만 이해하면 쉽다.
[상상⁺] **umbr**ella 우산 / **umbr**age 화, 불쾌감 / ad**umbra**te 암시하다

subjugate

ⓥⓣ 정복하다, 복종시키다 defeat, conquer, vanquish, subdue

[sʌ́bdʒugèit]
끌어내려 멍에를 씌우다

n. subjugation 정복, 진압

subjugate the riot of the natives 원주민들의 반란을 정복하다

[어원] 「sub(under) + jug(yoke 멍에) → 끌어내려 멍에를 씌우다」

subpoena ★

[səbpíːnə]

처벌 하에 두는 것

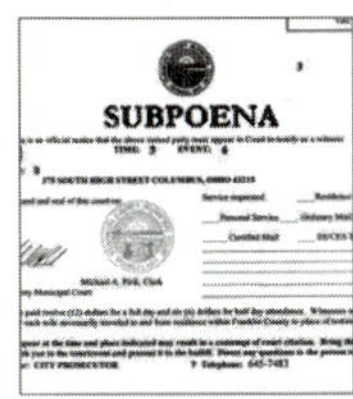

ⓝ 영장, 소환장   a written order to come to a court; warrant

issue a **subpoena** for the culprit 그 범죄자에 대한 영장을 발부하다

[어원] 「sub(down) + poena(punishment) → 처벌 하에 두는 것」

[발음주의] 서포에나(X) → 서**피**-너(O)

subscribe

[sʌ́bskraib]

(문서) 아래에 (이름을) 쓰다

ⓥⓘ 1. 정기구독하다

pay money regularly to have copies of a publication

2. 동의하다   agree to   기부하다   donate, contribute to

You can **subscribe to** the magazine for only $35 a year.
일 년에 단돈 35달러로 그 잡지를 정기구독하실 수 있습니다.
subscribe to his view 그의 견해에 동의하다
subscribe to an environment action group
환경 단체에 정기적으로 기부하다

[어원] 「sub(under) + scribe(write) → (문서) 아래에 (이름을) 쓰다」

[TIP] 문서 아래에 이름을 쓰다 → (문서의 내용에) 동의하다
서명을 통해 신문·잡지 보는 것에 동의하다 → 정기구독하다
서명을 통해 정기적으로 돈을 보내다 → 기부하다

subsequent ★★★

[sʌ́bsikwənt]

가까이 뒤따르는

ⓐ 차후의, 다음의   later, following, ensuing ⇔ previous   이전의

ad. subsequently 차후에

events that happened **subsequent to** the accident
그 사고에 뒤이어 일어난 사건들

[어원] 「sub(near) + sequ(follow) → 가까이 뒤따르는」

[상상⁺] **sequ**ence 연속, 일련 / **sequ**el 속편 / con**secu**tive 연속되는
en**sue** 잇따라 일어나다 / pur**sue** 추적[추구]하다

subservient

[səbsə́ːrviənt]
아래에서 봉사하는

ⓐ 1. (힘없이) 복종하는, 나약한   servile, obsequious

2. 부차적인, 덜 중요한   less important; subordinate

n. subservience   나약함

She refused to be **subservient to** men.
그녀는 남자들에게 복종하기를 거부했다.
Human rights are no longer the **subservient** subject.
인권은 더 이상 부차적 주제가 아니다.

[어원] 『sub(under) + servi<serve(봉사하다) → 아래에서 봉사하는』
[어법] subservient to : ~에 복종하는, 나약한

subside ★

[səbsáid]
아래로 내려앉다

ⓥⓘ 가라앉다, 잠잠해지다   sink, lessen, go down

n. subsidence   침하

The flood in the village **subsided**. 그 마을의 홍수가 잠잠해졌다.

[어원] 『sub(under) + sid(sit) → 아래로 내려앉다』

subsidiary

[səbsídièri]
아래에 앉아 있는

ⓐ 1. 보조의, 종속적인 less important, supplementary to; secondary

n. 자회사   a company controlled by a holding company

The secretary's work is **subsidiary** to her boss.
그 비서의 업무는 사장에 종속되어 있다.
many **subsidiaries** of the international conglomerate
그 다국적 대기업의 많은 자회사들

[어원] 『sub(under) + sid(sit) + (i)ary(형접) → 아래에 앉아 있는』
[TIP] subsidiary는 '종속적인' 이라는 의미에서 모기업에 종속되어 있는 '자회 사' 라는 명사로도 자주 쓰인다.

subsidy ★★

[sʌ́bsidi]
옆에 앉아서 거듦

ⓝ (정부) 보조금 benefit, financial supports

ⓥⓘ subsidize 보조금을 지급하다, 지원하다 support

cut down government **subsidies** for education
교육에 대한 정부 보조금을 삭감하다

[어원] 『sub(near) + sid(sit) → 옆에 앉아서 거들어줌』
[TIP] sub-는 under의 의미 외에 near의 의미로도 쓰일 수 있다.
아랫(under)사람이 내 옆(near)에서 도와주는 것을 생각해보면 쉽다.
[출제포인트] 명사 subsidy와 함께 동사 **subsidize**도 출제되었다.
[비교] subside 가라앉다, 잠잠해지다

substantiate ★★★

[səbstǽnʃièit]
구체적으로 만들다

ⓥⓣ 구체화하다, 입증하다 affirm, verify, vindicate, corroborate

a. substantial 상당한 considerable

a. substantive 실질적인, 중요한 crucial

He offered the evidence to **substantiate** his claims.
그는 자신의 주장들을 입증하는 증거를 제시했다.

[어원] 『sub(under) + stant(stand) → 물질(구체)적으로 만들다』
[TIP] substance(물질, 실체)는 '아래에 서 있는 것'의 뜻으로 우리가 딛고 서 있는 땅이 바로 대표적인 물질, 실체. 여기서 발전하여 '구체적으로 존재하는 것'의 의미로 쓰이게 된 것이다.
[출제포인트] substantiate를 비롯하여 **substantial, substantive**도 자주 출제되므로 파생어의 암기에도 주의를 기울여야 한다.

subtract

[səbtrǽkt]

아래로 끌어내리다

ⓥ빼다, 공제하다　take a number from a larger number; deduct

If you **subtract** 10 from 30, you get 20. 30에서 10을 빼면 20이 남는다.

[어원] 『sub(under) + tract(draw) → (합계를) 아래로 끌어내리다』
[상상⁺] dis**tract** 산만하게 하다 / pro**tract** (기간을) 연장하다
　　　 re**tract** 취소[철회]하다　/ re**treat** 후퇴(하다)

subvert ★

[səbvə́:rt]

아래로 돌리다

ⓥ뒤엎다, 파괴하다　upset, overturn, overthrow, capsize, topple

a. subversive 전복시키는　n. subversion 전복, 타도

plot to **subvert** the government 정부를 전복시키려는 음모를 꾸미다

[어원] 『sub(under) + vert(turn) → (위에서) 아래로 돌리다』

succinct ★★

[səksíŋkt]

묶인 것 아래의

ⓐ간결한　brief, concise, terse ⇔ verbose 장황한

a **succinct** explanation 간결한 설명

[어원] 『suc＜sub(under) + cinc(bind) → 묶인 것의 아래 부분인』
[TIP] 그림에서 보듯 꽃다발의 아랫 부분이 간결하게 정리된 것을 연상하면 쉽다.

succumb ★★

[səkʌ́m]

아래에 눕다

ⓥ지다, 굴복하다　yield, submit, give in to

succumb to temptation[pressure] 유혹[압력]에 굴복하다

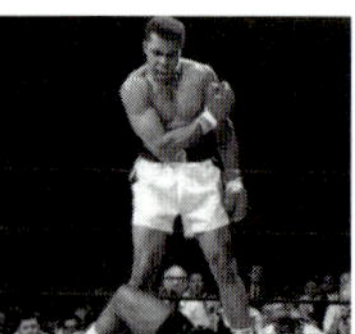

[어원] 『suc＜sub(under) + cumb(lie) → ～의 아래에 눕다』
[어법] succumb to : ～에 지다, 굴복하다

---

suffocate ★

[sʌ́fəkèit]
목구멍 아래로 하다

ⓥ 숨막히게 하다, 질식하다   choke, stifle, smother

n. suffocation 질식   a. suffocated 질식한

suffocate by inhaling toxic gases 유독 가스를 마심으로써 질식하다

[어원] 『suf<sub(under) + foc(throat) → (숨을) 목구멍 아래로 하다』
[TIP] suffocate는 숨이 입밖으로 나오지 못하게 목구멍 아래로 하는 것이다.

suffrage ★

[sʌ́fridʒ]
깨어진 조각

ⓝ 참정권   voting right, franchise

a fierce struggle for women's **suffrage** 여성 참정권을 위한 격렬한 투쟁

[어원] 『suf<sub(under) + frag(break) → 깨어진 조각』
[TIP] 옛날에 투표용지(ballot) 대신 깨어진 기와 조각에 이름을 적어 투표했던
데서 그 깨어진 조각을 갖는 것이 바로 '참정권'이라는 의미로 발전한 것이다.

summon ★

[sʌ́mən]
몰래 불러 경고하다

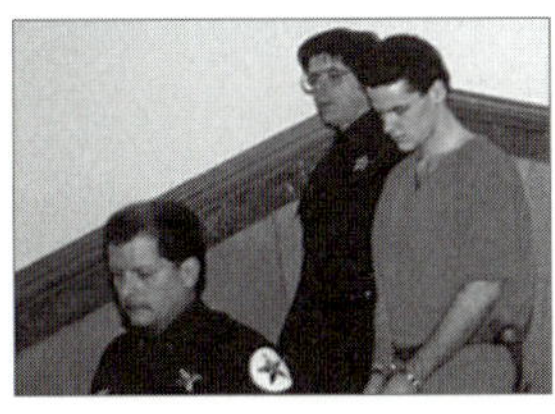

ⓥ 부르다, 소환[소집]하다   muster, convene, convoke

He **summoned** a meeting of business leaders.
그는 기업 사장단 모임을 소집했다.

[어원] 『sum<sub(under) + mon(warn) → (사람을) 몰래 불러 경고하다』
[TIP] summon은 '사람을 불러 경고하다'에서 '부르다'의 의미가 강조된 단어다.
[상상+] de**mon**strate 실증하다; 시위운동하다 / pre**mon**ition 전조, 예감

supplant ★

[səplǽnt, -plɑ́:nt]
~ 아래에 심다

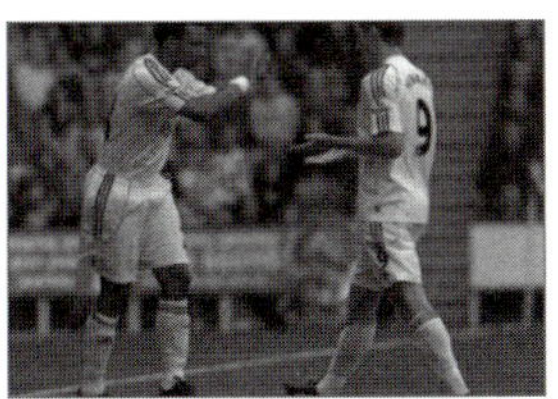

ⓥ 대신[대체]하다   replace, substitute, supersede, displace

The old manager was **supplanted** by a younger man.
그 나이든 관리자는 더 젊은 사람으로 대체되었다.

[어원] 『sup<sub(under) + plant(심다) → (대신) ~ 아래에 심다』
[상상+] im**plant** (마음에) 심다; 이식하다
[TIP] 사진은 선수 교체 장면이다.

supple

[sʌ́pəl]
아래로 휘는

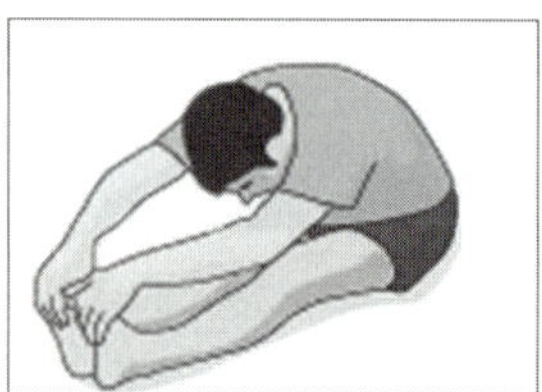

ⓐ 유연한 elastic, resilient, lithe

his **supple** body 그의 유연한 몸

[어원] 『sup<sub(under) + ple<ply(bend) → 아래로 휘는』
[상상⁺] sup**plic**ate 간청하다 / im**plic**it 함축적인 / ex**plic**it 명백한
du**plic**ity 이중성

surreptitious ★

[sə̀:rəptíʃəs / sʌ̀r-]
잡아서 아래로 숨기는

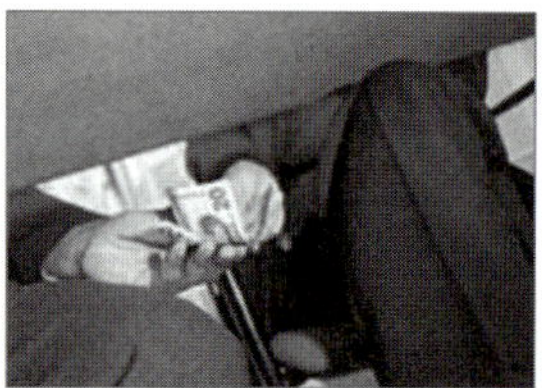

ⓐ 비밀의, 은밀한 confidential, clandestine, cryptic, furtive

n. surreptitiousness 은밀함

a **surreptitious** glance 은밀하게 힐끗 보기

[어원] 『sur<sub(under) + rep<rap(seize) → 잡아서 아래로 숨기는』
[TIP] 와이프 몰래 돈(비자금)을 세고 있다가 노크 없이 갑자기 문이 열리자 돈을
재빨리 책상 아래로 숨기는 모습을 연상하면 surreptitious를 쉽게 외울
수 있다.

susceptible ★★

[səséptəbəl]
아래에 잡혀 있는

ⓐ 영향 받기[걸리기] 쉬운 liable, vulnerable

n. susceptibility 영향 받기[감염되기] 쉬움

Babies **are** more **susceptible to** infections.
아기들은 훨씬 감염되기 쉽다.

[어원] 『sus<sub(under) + cep(take) → ～의 아래에 붙잡혀 있는』
[어법] be susceptible to : ～에 영향 받기[걸리기] 쉽다
[상상⁺] ac**cept** 받아들이다 / ex**cept** ～을 제외하고 / in**cep**tion 시작
pre**cept** 교훈, 가르침

suspend ★★

[səspénd]
아래에 매달다

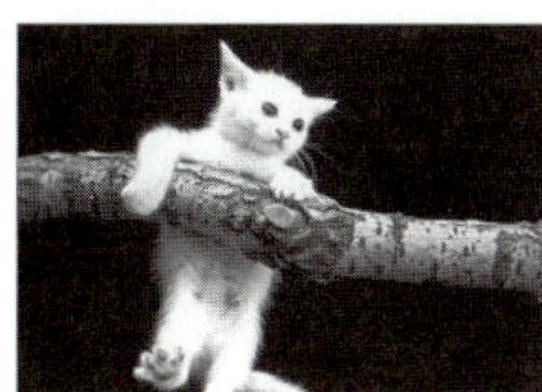

ⓥ 1. 매달다　hang

　2. (일시) 중단시키다, 정학[정직]시키다　stop, halt, pause

n. suspension　(일시) 중단　n. suspense　흥분, 긴장감

A large chandelier was **suspended** from the ceiling.
큰 샹들리에가 천장에 매달려 있었다.
The union **suspended** strike action this week.
노조는 이번 주 파업 행위를 일시 중단했다.
The student was **suspended** from school for two weeks.
그 학생은 2주 동안 정학을 당했다.

[어원] 「sus＜sub(under) + pend(hang) → 아래에 매달다」
[TIP] 매달아두는 것은 곧 (움직임을) 일시 중단시키는 것이다.
　　　우리말에도 이를 입증하는 말이 있다.
　　　"아줌마! 오늘 밥값 달아두세요." → (지불을) 일시 중단하다
[출제포인트] suspend는 2. **(일시) 중단시키다**의 의미로 출제되었다.

sustain ★

[səstéin]
아래에서 떠받치다

ⓥ 1. 지탱[유지]하다　maintain

　2. (해를) 입다, (손상을) 받다　suffer

n. sustenance　유지, 존속; (생명 유지에 필요한) 음식

a. sustainable　유지할 수 있는, 지속 가능한

the policies necessary to **sustain** economic growth
경제 성장을 유지하는 데 필요한 정책들
The car **sustained** severe damage in the accident.
그 차는 사고로 큰 손상을 입었다.

[어원] 「sus＜sub(under) + tain(hold) → 아래에서 떠받치다」
[TIP] 아래에서 위로 떠받쳐 '1. 지탱하고' 있으려면 많은 힘이 든다.
　　　이것이 '고통을 겪다 → 2. (해·손상을) 입다, 받다'의 의미로 발전되었다.
[출제포인트] sustain은 2. **(해·손상을) 입다, 받다**로 출제된다.

trans-, tra-

지나서 · 건너서 (across)

[스펠링 변화] trans- 접두어는 발음의 편의상 tra-나 tres-로 축약되는 경우가 있다.
travesty 가짜, 모방 / **tres**pass 침해[침입]하다

---

tranquil ★ 

[trǽŋkwil]
전체가 조용한

ⓐ 고요한, 평온한　calm, placid, serene, peaceful

n. tranquility　평온함

the **tranquil** atmosphere of the small village
평온한 분위기의 작은 마을

[어원]　『tran(s)(across) + qui(quiet) → 전체가 다 조용한』
[TIP]　tranquil은 바람 한 점 없이 고요하면서도 좋은 분위기를 뜻한다.
[상상⁺]　**qui**escent (활동하지 않아) 조용한 / re**qui**em 진혼곡, 위령곡

---

transaction ★★ 

[trænsǽkʃən]
건너가는 것

ⓝ (상품) 거래, (업무) 처리　a business deal or action; trade

v. transact　거래하다　deal

levy high taxes on real estate **transaction**
부동산 거래에 높은 세금을 징수하다

[어원]　『trans(across) + act(하다) → (상품 · 돈이) 건너가는 것』
[TIP]　우리말의 '거래(去來)'란 물건(돈)이 가고 오는 것을 뜻한다.　transaction은
실제로 '돈이 건너가고 물건이 건너오는 행위' 즉 '거래'를 뜻한다.
[상상⁺]　retro**act**ive 소급하는

---

transcribe ★ 

[trænskráib]
옮겨 적다

ⓥⓣ 베껴 쓰다, 옮겨 적다　write an exact copy of something

n. transcription　옮겨 적기　　n. transcript　사본; 성적증명서

I had my secretary **transcribe** what I said.
비서에게 내가 말한 것을 옮겨 적도록 시켰다.

[어원]　『trans(across) + script<scribe(write) → 옮겨 적다』
[출제포인트] transcript의 '성적증명서'의 의미가 출제되었다.
[상상⁺]　pre**scribe** 규정하다; 처방하다 / pro**scribe** 금지하다
　　　　 sub**scribe** 서명하다; 정기구독하다

 **transgress** ★

[trænsgrés / trænz-]
넘어가다

ⓥ (한계를) 넘다, 위반하다　breach, infringe, trespass, contravene

n. transgression　위반

transgress the boundary set by the law　법이 정한 한계를 넘다

[어원] 『trans(across) + gress(go) → (허용 범위를) 넘어가다』
[비교] transcend : ～을 뛰어넘다, 능가하다

 **transitory** ★★

[trǽnsətɔ̀:ri, -zə-]
지나가는

ⓐ 일시적인　momentary, passing, evanescent, ephemeral, fleeting

the **transitory** nature of fashion　유행의 일시적 특성

[어원] 『trans(across) + it(go) → (머물지 않고) 지나가는』
[상상⁺] trans**ient** 일시적인 / trans**it** 수송 / **it**inerary 여행일정표

 **travesty** ★

[trǽvəsti]
옷을 바꿔 입음

ⓝ 가짜, 모방　an exaggerated imitation; parody

Their marriage was a complete **travesty**.
그들의 결혼은 완전한 가짜였다.

[어원] 『tra(across) + vest(옷) → 옷을 바꿔 입음』
[TIP] 남자가 여자 옷을 입고 여자처럼 행세하는 여장 남자가 바로 travesty의
　　　좋은 예다.
[상상⁺] di**vest** (지위를) 빼앗다 (deprive) / in**vest** 투자하다

 **trespass** ★

[tréspəs, -pæ̀s]
건너서 통과하다

ⓥ 침입[침해]하다　encroach, infringe

He was arrested for **trespassing on** the military zone.
그는 군사 지역에 침입한 것을 이유로 체포되었다.

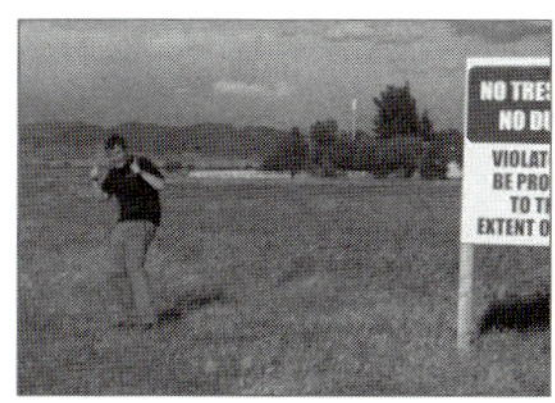

[어원] 『tres < trans(across) + pass(통과하다)
　　　　→ (남의 땅·권리를) 건너서 통과하다』
[상상⁺] im**passe** 난국, 궁지

un-
1. 부정 (not)
2. 거꾸로 (reverse)

 **unabridged** ★

[ʌ̀nəbrídʒd]
요약되지 않은

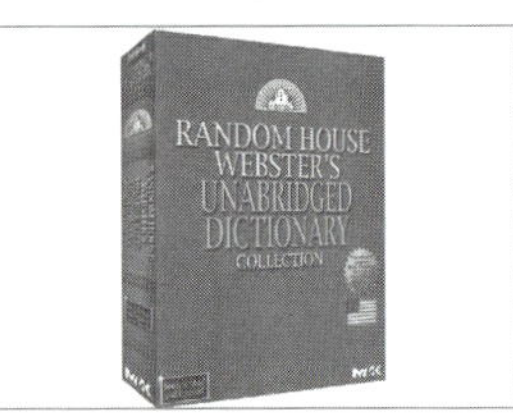

ⓐ 요약되지 않은   not shortened, unabbreviated

an **unabridged** dictionary 요약되지 않은 사전

[어원] 『un(not) + abridged(요약된) → 요약되지 않은』
[상상⁺] 옆의 큰 사전에 보면 'unabridged dictionary(요약되지 않은 사전)' 이라
고 적혀 있다.

 **unadulterated** ★

[ʌ̀nədʌ́ltərèitid]
불순물이 없는

ⓐ 순수한, 완전한   pure, sheer, complete, intact

a feeling of **unadulterated** happiness 완전한 행복

[어원] 『un(not) + adulterated(불순물이 섞인) → 불순물이 섞이지 않은』
[TIP] 먼저 adulterate(불순물을 섞다)를 외워야 unadulterated를 쉽게 외울 수
있다.

 **unaffected**

[ʌ̀nəféktid]
영향 받지 않는

ⓐ 영향 받지 않는   not influenced; immune, impervious

He remained **unaffected** by the outside atmosphere.
그는 외부의 분위기에 영향 받지 않았다.

[어원] 『un(not) + affected(영향 받는) → 영향 받지 않는』

 **unanticipated** ★

[ʌnæntísəpèitid]
예상되지 않은

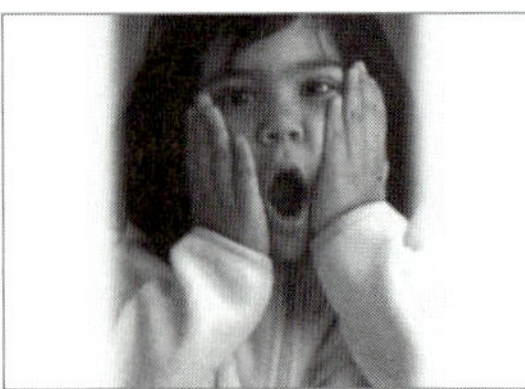

ⓐ 예기치 않은   unexpected, out of the blue

be confronted with **unanticipated** events
예기치 못한 사건들에 직면하다

[어원] 『un(not) + anticipated(예상된) → 예상되지 않은』

unassuming ★

[ʌ̀nəsjúːmiŋ]
건방지지 않은

ⓐ 겸손한, 주제넘지 않은　modest, humble, chaste

a hard-working, **unassuming** man 성실하고 겸손한 사람

[어원] 『un(not) + assuming(건방진) → 건방지지 않은』
[TIP] unassuming은 우리말의 '다소곳한'의 의미와 딱 들어맞는다.

unattended ★

[ʌ̀nəténdid]
돌보지 않는

ⓐ 방치된, 내버려둔　neglected, unguarded

Never leave young children **unattended** near any pool.
절대로 어린 아이들을 풀장 근처에 방치하지 마십시오.

[어원] 『un(not) + attended(돌보는) → (아무도) 돌보지 않는』
[TIP] unattended는 attend to(돌보다, 시중들다)의 의미에서 나온 부정 형용사
　　　로 '돌보지 않는 → 방치된'의 뜻이다.

unbiased ★

[ʌ̀nbáiəst]
편견 없는

ⓐ 편견 없는, 공정한　impartial, unprejudiced, disinterested, objective

an **unbiased** opinion 편견 없는 의견

[어원] 『un(not) + bias(편견) → 편견이 없는』

unbridled ★

[ʌ̀nbráidld]
고삐 풀린

ⓐ 고삐 풀린, 통제되지 않는　uncontrolled, unrestrained, restive

unbridled greed 끝없는 탐욕

[어원] 『un(not) + bridled(고삐가 채워진) → 고삐 풀린』
[TIP] unbridled는 부정적인 의미를 내포하고 있다.
[비교] **unfettered** 제약받지 않는, 자유로워진 – 긍정적 의미

uncanny ★

[ʌnkǽni]
알 수 없는

ⓐ (아주) 이상한, 설명하기 힘든 extraordinary, bizarre, weird

an **uncanny** confidence 설명할 수 없는 자신감

[어원] 『un(not) + can(know) → 알 수 없는』
[상상⁺] **ken** 지식의 범위 / **can**ny 영리한, 주의 깊은 / **uncouth** 무례한, 거친

uncharted ★

[ʌntʃɑ́ːrtid]
지도에 없는

ⓐ 지도에 없는, 미지의 unknown

an **uncharted** island 미지의 섬

[어원] 『un(not) + chart(지도) → 지도에 없는』
[TIP] chart(차트)는 요즘 '도면, 도표' 라는 의미의 외래어로도 쓰인다.

uncompromising ★

[ʌnkɑ́mprəmàiziŋ]
타협하지 않는

ⓐ 타협하지 않는, 강경한 inflexible, unyielding, obdurate, dogged

the labor union's **uncompromising** stance 노조의 강경한 자세

[어원] 『un(not) + compromising(타협하는) → 타협하지 않는』

uncouth ★

[ʌnkúːθ]
(예절을) 모르는

ⓐ 무례한, 거친 rude, coarse, insolent, impertinent

his **uncouth** manner 그의 무례한 태도

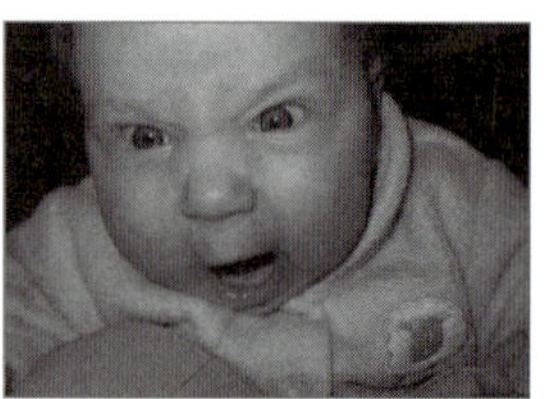

[어원] 『un(not) + couth<can(know) → (예절을) 모르는』
[TIP] uncouth에서 couth는 can의 스펠링이 독일어화되면서 강하게 발음된
형태임을 이해하면 쉽게 외울 수 있다.

undo

[ʌndúː]

원래대로 되돌리다

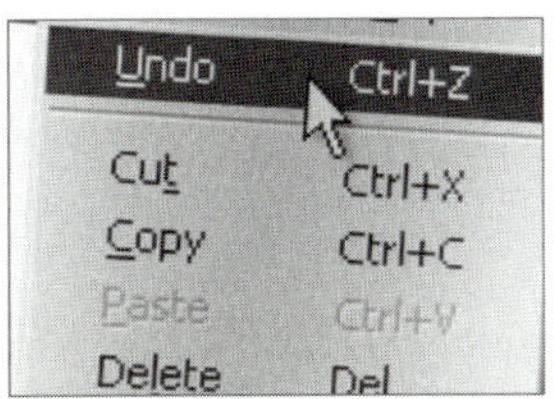

ⓥ 1. (묶인 것을) 풀다, 열다　unfasten, untie

2. 원상태로 되돌리다　reverse, erase, annul

undo buttons[zipper] 단추[지퍼]를 풀다
be impossible to **undo** suffering caused by the war
전쟁으로 인한 고통을 원상태로 되돌리기는 불가능하다

[어원] 『un(reverse) + do(하다) → 원래대로 되돌리다』

undue

[ʌndjúː, -djúː]

적당하지 않은

ⓐ 부(적)당한　improper, inappropriate, unsuitable, unjustifiable

undue use of force 부당한 폭력의 사용

[어원] 『un(not) + due(적당한) → 적당하지 않은』

unearth ★★

[ʌnə́ːrθ]

흙을 파내다

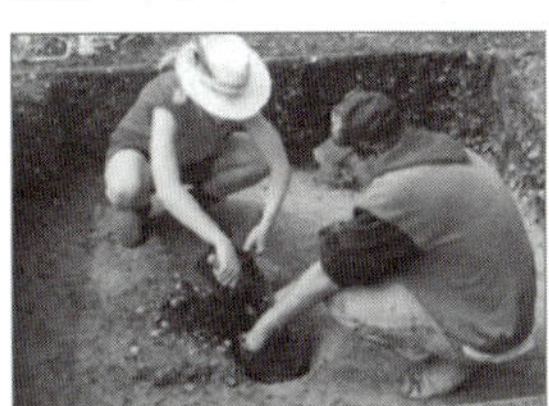

ⓥ 파내다, 발굴하다　dig up, excavate, exhume

unearth human bones 사람 뼈를 파내다

[어원] 『un(not) + earth(흙을 덮다) → 흙을 파내다』
[비교] unearthly 오싹한, 섬뜩한

unflagging ★

[ʌnflǽgiŋ]

처지지 않는

ⓐ 지치지 않는, 불굴의　tireless, indefatigable, inexhaustible

his **unflagging** energy 그의 지치지 않는 에너지

[어원] 『un(not) + flag(축 처지다) → 축 처지지 않는』
[TIP] flag은 동사로 '축 처지다' 라는 의미가 있다. 이것을 먼저 외워야 부정 형용사 unflagging을 쉽게 외울 수 있다.

---

unfold ★

[ʌ̀nfóuld]

접힌 것을 펴다

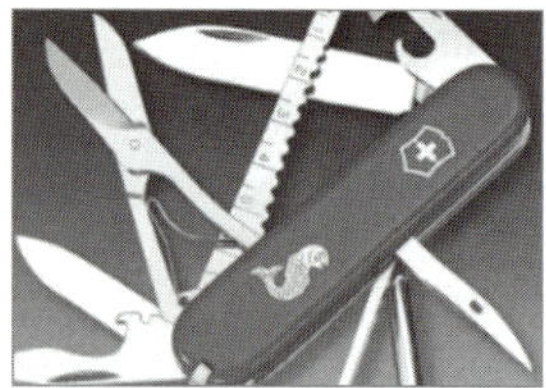

ⓥ 1. (접힌 것을) 펼치다   open out something that was folded

2. (이야기를) 꺼내다   reveal   (일이) 벌어지다   happen

I **unfolded** the map. 나는 지도를 폈다.
He **unfolded** the topic. 그가 그 주제를 꺼냈다.

[어원] 『un(반대) + fold(접다) → 접힌 것을 반대로 펴다』

---

uninhabited ★

[ʌ̀ninhǽbitid]

사람이 살지 않는

ⓐ 사람이 살지 않는   unoccupied, deserted

an **uninhabited** island 무인도

[어원] 『un(not) + inhabited(사람이 살고 있는) → 사람이 살지 않는』

[TIP] 사진은 우리 땅 독도다. 독도는 당당한 우리의 영토이긴 하지만 사람이 살지 않는 대표적인 uninhabited island(무인도)다.

[비교] uninhabitable 사람이 살 수 없는

---

unmistakable

[ʌ̀nmistéikəbəl]

실수할 수 없는

ⓐ 알기 쉬운, 명백한   obvious, apparent, manifest, distinct

ad. unmistakably   알기 쉽게, 명백히

Stock prices are an **unmistakable** indicator of the economy.
주가는 알기 쉬운 경제 지표다.

[어원] 『un(not) + mistakable(실수 할 수 있는) → 실수할 수 없는』

---

unnerve ★

[ʌ̀nnə́ːrv]

용기를 잃게 하다

ⓥ 용기를 잃게 하다, 낙담시키다

discourage, depress, dishearten, let down

a. unnerving   낙담시키는

I was **unnerved** by her refusal. 나는 그녀의 거절에 용기를 잃었다.

[어원] 『un(반대) + nerve(용기를 주다) → 용기를 잃게 하다』

unobtrusive ★ 

[ʌnəbtrúːsiv]
눈에 안 거슬리는

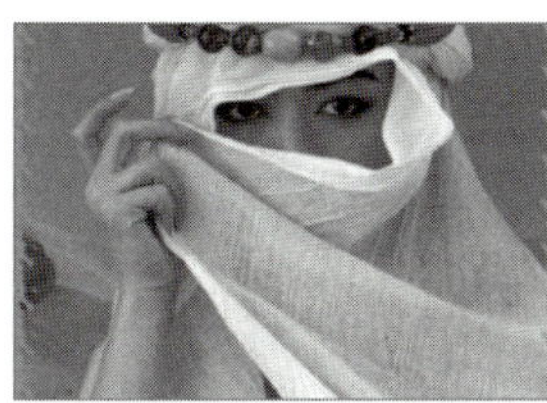

ⓐ (주제넘게) 나서지 않는　not easily noticed; unassuming, modest

The staff were trained to be **unobtrusive**.
그 직원들은 주제넘게 나서지 않도록 교육 받았다.

[어원] 『un(not) + obtrusive(눈에 거슬리는) → 눈에 거슬리지 않는』
[TIP] obtrusive를 외우고 있지 않으면 unobtrusive는 더더욱 외울 수가 없다.
다시 한 번 obtrusive를 복습해보자!

unpalatable ★ 

[ʌnpǽlətəbəl]
입에 맞지 않는

ⓐ 입에 맞지 않는, 불쾌한　unpleasant, distasteful, insipid

accept the **unpalatable** truth 유쾌하지 않은 진실을 받아들이다

[어원] 『un(not) + palatable(입에 맞는) → 입에 맞지 않는』

unprecedented ★

[ʌnprésədèntid]
선례 없는

ⓐ 전례 없는, 공전의　never having happened before

set the **unprecedented** record 전례 없는 기록을 세우다

[어원] 『un(not) + precedented(선례 있는) → 선례 없는』
[TIP] unprecedented는 '전에 한 번도 없었던' 의 뜻으로서 긍정적인 의미로
쓰임을 알아두자!

unpredictable ★ 

[ʌnpridíktəbəl]
예측할 수 없는

ⓐ 예측할 수 없는　unforeseeable, capricious, fickle, whimsical

n. unpredictability　예측 불가

unpredictable weather 예측할 수 없는 날씨

[어원] 『un(not) + predictable(예측할 수 있는) → 예측할 수 없는』

unrelated ★

[ʌnriléitid]
관계 없는

ⓐ 관련 없는 irrelevant, impertinent, inappropriate, extraneous

His wound is **unrelated to** the accident.
그의 상처는 그 사고와는 관계 없다.

[어원] 「un(not) + related(관계있는) → 관계 없는」
[어법] unrelated to : ~와 관련 없는

unravel ★

[ʌnrǽvəl]
실을 풀다

ⓥ 풀다, 해결하다 solve, iron out, hammer out, work out

unravel the mystery 미스터리를 풀다

[어원] 「un(reverse) + ravel(실을 풀다) → (감겨 있는 실을) 풀다」
[TIP] ravel에서 unravel이 나왔지만 결론적으로 두 어휘의 뜻이 같다.

unrelenting ★

[ʌnriléntiŋ]
누그러들지 않는

ⓐ 누그러들지 않는, 무자비한

relentless, merciless, ruthless, inexorable

an **unrelenting** assault on the enemy 적에 대한 무자비한 공격

[어원] 「un(not) + relenting(누그러드는) → 누그러들지 않는」
[TIP] unrelenting과 relentless는 둘 다 relent(누그러지다)에서 나온 부정형용사로 그 뜻이 같다.

unruly

[ʌnrú:li]
다스릴 수 없는

ⓐ 제멋대로인, 다루기 힘든

uncontrollable, intractable, wayward, recalcitrant

She couldn't control **unruly** children.
그녀는 제멋대로인 아이들을 통제할 수 없었다.

[어원] 「un(not) + rul(e)(다스리다) + ly(형접) → 다스릴 수 없는」
[TIP] unruly에서 rul이란 부분은 rule(다스리다)에서 -e 스펠링이 탈락된 것임을 먼저 이해하고 unruly를 외워야 쉽다.

untenable ★

[ʌnténəbəl]
유지할 수 없는

ⓐ 유지할 수 없는   impossible to continue or defend

The scandal rendered his position **untenable**.
그 스캔들이 그의 지위를 유지할 수 없게 했다.

[어원] 『un(not) + tenable(유지할 수 있는) → 유지할 수 없는』

untold

[ʌntóuld]
말해지지 않은

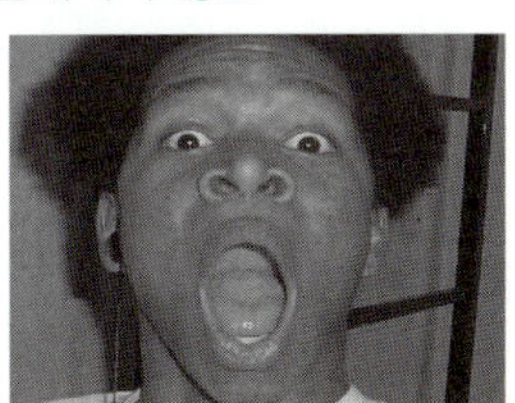

ⓐ 말할 수 없는, 막대한   huge, prodigious, immense, stunning

The rumor did **untold** damage to his reputation.
그 소문은 그의 명성에 막대한 피해를 끼쳤다.

[어원] 『un(not) + told(말해진) → 말해지지 않은』
[TIP] untold는 '말해지지 않은'의 어원적 의미에서 실제로는 그 크기나 정도가 너무도 엄청나 '말할 수조차 없는, 막대한'의 뜻으로 쓰이게 되었다.

unwieldy

[ʌnwíːldi]
다루기 힘든

ⓐ 복잡한, 다루기 힘든   complicated, cumbersome, knotty

unwieldy bureaucracy 복잡한 관료주의

[어원] 『un(not) + wieldy(다루기 쉬운) → 다루기 힘든』
[TIP] wield는 '강하다, 지배하다'의 어원적 의미에서 실제로는
1. (권력을) 지니다 2. (무기를) 휘두르다의 뜻으로 쓰인다.

unwitting

[ʌnwítiŋ]
의식하지 못하는

ⓐ 자기도 모르는, 의식하지 못하는

unknowing, incognizant, unconscious

make an **unwitting** mistake
자기도 모르는 실수를 하다

[어원] 『un(not) + witting(의식하는) → 의식하지 못하는』

ab-

1. I hope you are not going to abandon your project.

  ⓐ give up completely
  ⓑ modify
  ⓒ change
  ⓓ delay

2. The people wanted the king to give up his throne, but he refused to abdicate.

  ⓐ recommend publicly
  ⓑ renounce or relinquish
  ⓒ deny emphatically
  ⓓ determine judicially
  ⓔ demand as a right

3. The man was apprehended when he tried to abduct the child.

  ⓐ deduct
  ⓑ kidnap
  ⓒ seduce
  ⓓ abscond
  ⓔ induct

4. It can provoke aberrant behavior on the part of both parents and children when emotional resources to deal with aberrance are completely drained.

  ⓐ perspicuous
  ⓑ prevalent
  ⓒ deviant
  ⓓ pugnacious
  ⓔ punctual

5. I find his idea extremely abhorrent. (한국냉난방공사)

  ⓐ superficial
  ⓑ distasteful
  ⓒ dangerous
  ⓓ illogical

6. The parents grew more abject as the struggle continued. (CBS)

  ⓐ cooperative
  ⓑ fearful
  ⓒ wretched
  ⓓ ferocious

7. Rockets exploded like claps of thunder only a few feet away and set the hillside ablaze. (매일경제신문)

  ⓐ bright
  ⓑ aflame
  ⓒ doused
  ⓓ away

8. They voted to abolish the office of second vice-president. (한신공영)

  ⓐ decorate
  ⓑ create
  ⓒ improve
  ⓓ eliminate

9. Congress must abrogate the new tax law. (동아일보)

  ⓐ abscond
  ⓑ assimilate
  ⓒ revoke
  ⓓ establish

10. abrupt: (서울대 대학원)

  ⓐ abducted
  ⓑ inadequate
  ⓒ disinclined
  ⓓ unexpected

11. The teller absconded with the bonds and was not found. (한국전기통신공사)

ⓐ departed in a sudden and secret manner

ⓑ was killed suddenly

ⓒ was dismissed against his will

ⓓ went bankrupt

12. It was very fine of Mary to absolve me of blame by admitting her blunder.

ⓐ resolve

ⓑ exonerate

ⓒ dissolve

ⓓ abhor

ⓔ absorb

13. My dentist said I would have fewer cavities if I abstained from eating candy.

ⓐ refrained

ⓑ prohibited

ⓒ constrained

ⓓ averted

14. This book is often mistakenly considered too abstruse for the lay mind. (사법시험, 행정고시)

ⓐ hard to understand

ⓑ difficult to write

ⓒ abstract to summarize

ⓓ not practical

ⓔ readily obtainable

15. Even reasonable men sometimes do absurd thing.

ⓐ serious

ⓑ foolish

ⓒ strange

ⓓ pleasant

16. Calcium, the body's most abundant mineral, works with phosphorus in maintaining the skeletal system.

ⓐ most plentiful

ⓑ toughest

ⓒ most mysterious

ⓓ purest

17. The driver tried to avert the accident by bringing the car to a sudden halt. (서울대 대학원)

ⓐ cause

ⓑ control

ⓒ minimize

ⓓ prevent

18. I am in favor of the dance, but I am averse to holding it on march 15.

ⓐ adverse

ⓑ willing

ⓒ reverse

ⓓ inclined

ⓔ opposed

ad-

19. Rain abates in the fall throughout most of the Appalachian Mountain region. (매일경제신문)

ⓐ pours

ⓑ accumulates

ⓒ lessens

ⓓ evaporates

20. TV is __________ for "television". (해태그룹)

ⓐ an abbreviation

ⓑ a symbol

ⓒ an oxygen

ⓓ a paradigm

Major 접두어

21. This poet has been acclaimed as one of the most talented writers in Korea. (기술고시)

ⓐ remembered
ⓑ viewed
ⓒ praised
ⓓ studied
ⓔ criticized

22. The thief was apprehended, but his accomplice had disappeared. (담배인삼공사, 한국전력공사)

ⓐ people who saw him
ⓑ guns and knives
ⓒ person who helped him
ⓓ stolen goods

23. It is now generally assumed that planets were formed by accretion of gas and dust in cosmic cloud. (한국전력공사)

ⓐ separation
ⓑ reaction
ⓒ accumulation
ⓓ motion

24. A lagoon is formed when coral accumulates along a ridge, separating the land from the sea.

ⓐ contracts
ⓑ disintegrates
ⓒ builds up
ⓓ descends

25. He was accused of the crime. (삼성)

ⓐ asked about
ⓑ executed for
ⓒ declared innocent of
ⓓ charged with

26. You should try to __________ yourself with the facts before you express an opinion. (서울대 대학원)

ⓐ familiar
ⓑ inform
ⓒ acquaint
ⓓ apprise

27. We cannot for long acquiesce in an occupation of a town by an army. (행정고시)

ⓐ agree to
ⓑ acquire
ⓒ object
ⓓ blame
ⓔ spoil

28. He adduced several facts to support his theory.

ⓐ misused
ⓑ abolished
ⓒ memorized
ⓓ presented

29. The pianist was adept a t playing the instrument. (롯데그룹)

ⓐ proficient
ⓑ awkward
ⓒ adjustable
ⓓ careful

30. I will adhere to this opinion until proof that I am wrong is presented.

ⓐ hold firmly
ⓑ adapt
ⓒ addict
ⓓ adduce
ⓔ acclaim

31. The lymphatic system includes a network of tiny capillaries that lie adjacent to the fine blood vessels. (동아일보, 쌍용그룹)

ⓐ independent of

ⓑ obscured by

ⓒ next to

ⓓ within

32. The chairman was anxious to adjourn the meeting. (한국전력공사)

ⓐ attend

ⓑ start

ⓒ address

ⓓ close

33. It was not money that lured the adolescent farmer to the cities, but the gay life.
(사법시험)

ⓐ expensive

ⓑ economic

ⓒ growing

ⓓ matured

ⓔ luxurious

34. She wanted something with which to adorn her neck and arms. (서울대 대학원)

ⓐ cover

ⓑ burden

ⓒ decorate

ⓓ protect

35. I think my brother is very adroit as a negotiator.

ⓐ skillful

ⓑ bashful

ⓒ inexperienced

ⓓ adamant

36. The milk in these containers is adulterated.
(한국투자신탁)

ⓐ spoiled

ⓑ expensive

ⓒ warm

ⓓ leaking

37. Before the advent of a spider-silk marketplace, human web weavers must close the technology gap on their arachnid counterparts.

ⓐ appearance

ⓑ surge

ⓒ peak

ⓓ close

38. The flight was delayed because of __________ weather. (금강 고려화학)

ⓐ authentic

ⓑ adverse

ⓒ averse

ⓓ apparent

39. The abolitionists advocated freedom for the salves.

ⓐ urged

ⓑ aggravated

ⓒ opposed

ⓓ alleviated

40. On first impression, he seemed to be affable, outgoing and warm.

ⓐ very determined in character

ⓑ very eloquent in speech

ⓒ obnoxious and arrogant

ⓓ easy and pleasant to talk to

ⓔ rich and willing to give out

Review Test 1 — Major 접두어

41. I can be affected by circumstances - illness, injuries such as fears of frights, diet - and by inherited make-up. (고려대 대학원)

ⓐ increased
ⓑ influenced
ⓒ loved
ⓓ improved

42. He affected illness so that he could stay off work.

ⓐ declared
ⓑ reported
ⓒ caused
ⓓ feigned

43. He has recently published a book entitled the Affluent Society. (현대그룹기출)

ⓐ Busy
ⓑ Wealthy
ⓒ Impoverished
ⓓ Wonderful

44. It was an affront to his vanity that you should disagree with him. (태평양화학)

ⓐ insult
ⓑ damage
ⓒ attempt
ⓓ ignorance

45. The lack of rain aggravated the already serious lack of food. (법원행정고시)

ⓐ allayed
ⓑ allotted
ⓒ alleviated
ⓓ worsened
ⓔ engraved

46. NATO military officials and ambassadors will meet this week to discuss deaths allegedly caused by uranium exposure in the Balkans.

ⓐ purportedly
ⓑ mysteriously
ⓒ unpredictably
ⓓ mainly

47. Therapy is defined as "an activity of treatment intended to alleviate an undesirable condition."

ⓐ assimilate
ⓑ augment
ⓒ aggravate
ⓓ assuage

48. All important resources were allocated by the government. (행정고시)

ⓐ nationalized
ⓑ taxed
ⓒ distributed
ⓓ planned
ⓔ protected

49. The boy was disciplined for not being amenable to his elders. (일간스포츠)

ⓐ gentle
ⓑ courteous
ⓒ kind
ⓓ obedient

50. We tried to ameliorate the serious situation.

ⓐ hasten
ⓑ macerate
ⓒ improve
ⓓ ruin

51. The enemy in its revenge tried to
annihilate the entire population.

ⓐ annul

ⓑ destroy completely

ⓒ grow angry

ⓓ make explanatory notes or comments

ⓔ annotate

52. But somehow I had never quite sensed its
appalling desolation.

ⓐ accepting

ⓑ asymmetric

ⓒ dreadful

ⓓ crazy

53. His apparel showed him to be a
successful man.

ⓐ clothing

ⓑ confidence

ⓒ answer

ⓓ manner

54. Only a personal apology will appease his
rage at having been slighted.

ⓐ entrench

ⓑ placate

ⓒ obviate

ⓓ modify

ⓔ appraisal

55. The audience applauded enthusiastically
after the performance.
(연세대 대학원, 중소기업은행)

ⓐ clasped

ⓑ clapped

ⓒ craved

ⓓ shouted

56. According to a news report, a woman,
who has no previous police record, was
apprehended picking flowers from an
office park for her grandmother's gave.

ⓐ witnessed

ⓑ seized

ⓒ discovered

ⓓ blamed

57. Since she is a complete stranger here, her
apprehension is understandable.
(현대그룹, 서울대 대학원)

ⓐ eagerness

ⓑ hesitation

ⓒ excitement

ⓓ fear

58. She was naturally apprehensive at the
prospect of meeting her future mother-in-
law. (연세대 대학원)

ⓐ quiet

ⓑ strong

ⓒ resigned

ⓓ fearful

59. City taxes based on an estimate of the
value of one's property. (LG그룹)

ⓐ appraisal

ⓑ diagnosis

ⓒ forecast

ⓓ outline

60. No one was apprised of the captain's
death. (서울대 대학원)

ⓐ reminded

ⓑ informed

ⓒ inquired

ⓓ acknowledged

61. The minister was found to have
appropriated a great deal of government
money. (성업공사)

ⓐ borrowed

ⓑ stolen

ⓒ saved

ⓓ donated

62. This will give you an approximate idea of
the situation.

ⓐ a nearly correct

ⓑ a hastily made

ⓒ an almost intelligible

ⓓ an absolutely right

63. Her arrogant manner has kept her from
being very popular.

ⓐ flimsy

ⓑ waxy

ⓒ haughty

ⓓ critical

64. he police ascribed the automobile
accident to fast driving. (한국투자신탁)

ⓐ supposed

ⓑ attributed

ⓒ described

ⓓ illustrated

65. If I am physically assaulted, it will permit
me to retaliate with reasonable violence.
(행정고시)

ⓐ curtailed

ⓑ divulged

ⓒ cleaved

ⓓ endorsing

ⓔ assailed

66. The assertion that people learn nothing
from studying history is completely untrue.

ⓐ claim

ⓑ brag

ⓒ excuse

ⓓ suspicious

67. His employers could not complain about
his work because he was __________
in the performance of his duties.
(동아일보, 한국야쿠르트)

ⓐ derelict

ⓑ penetrating

ⓒ assiduous

ⓓ mandatory

68. The framework of the special theory of
relativity can be constructed from the
assumption of the absolute invariability of
the speed of light. (고려대 대학원)

ⓐ encouragement

ⓑ supposition

ⓒ regulation

ⓓ definition

69. The years will attenuate his desire for
revenge.

ⓐ diminish

ⓑ fortify

ⓒ increase

ⓓ prolong

70. John's ability was attested by his rapid
promotion.

ⓐ confirmed

ⓑ protruded

ⓒ exuded

ⓓ prevented

com-

71. The judge said he was not cognizant of the case.

  ⓐ legally responsible

  ⓑ very careful

  ⓒ aware

  ⓓ careless

72. The campaign was widely criticized for making tactical mistakes and for a lack of coherence.

  ⓐ understanding

  ⓑ consistence

  ⓒ mindfulness

  ⓓ scrutiny

73. We found the professor's criticisms of the trade policy quite coherent. (국민연금)

  ⓐ bombastic

  ⓑ logical

  ⓒ long-winded

  ⓓ seeking

74. collaborate: (한국중공업)

  ⓐ work alone

  ⓑ share responsibility

  ⓒ drawing out

  ⓓ private action

75. Everyone is sure that the demonstrations have become combustible.

  ⓐ offensive

  ⓑ nervous

  ⓒ inflammable

  ⓓ stimulant

76. Roman emperors built arches to commemorate their victories. (한국투자신탁)

  ⓐ encourage

  ⓑ record in history

  ⓒ celebrate

  ⓓ publicize

77. Man has the perpetual contest for wealth which keeps the world in commotion.

  ⓐ commission

  ⓑ movement

  ⓒ commitment

  ⓓ tumult

78. I had a first-class compartment to myself.

  ⓐ commotion

  ⓑ unison

  ⓒ section

  ⓓ complexion

79. compatible:

(포항제철, 삼도물산, 한국화장품, 행정고시)

  ⓐ eloquent

  ⓑ adequate

  ⓒ overfed

  ⓓ comfortable

  ⓔ harmonious

80. Her actions were spontaneous and obviously not compelled. (한진그룹)

  ⓐ improvised

  ⓑ unintentional

  ⓒ forced

  ⓓ miscalculated

Review Test 1　Major 접두어

81. Eye glasses with concave lenses can compensate for the refractive error in nearsightedness.

ⓐ avenge
ⓑ charge
ⓒ account
ⓓ adjust

82. William McGuffey was a well-known compiler of textbooks. (연세대 대학원)

ⓐ assembler
ⓑ publisher
ⓒ writer
ⓓ critic

83. Behind those apparently complacent smiles are countless fears. (CBS)

ⓐ self-contented
ⓑ modest
ⓒ diffident
ⓓ humble

84. The construction committee decided to raise the legal commission ceilings, which vary according to the sales price of the property, as a measure to encourage compliance.

ⓐ sales amount
ⓑ acquiescence
ⓒ fair trade
ⓓ competition

85. The complicated directions were difficult to understand.

ⓐ vague
ⓑ unusual
ⓒ routine
ⓓ intricate

86. When the arsonist was questioned by the prosecutor, he denied his __________ in the crime. (CPA)

ⓐ simulation
ⓑ complicity
ⓒ exuberance
ⓓ contingency
ⓔ spontaneity

87. The pantomime's visual message is comprehensible to almost everything. (TOEFL 유형)

ⓐ illegible
ⓑ understandable
ⓒ pleading
ⓓ pleasing

88. When you read a novel, get a quick, comprehensive view. (외무고시)

ⓐ important
ⓑ normal
ⓒ impressive
ⓓ clear
ⓔ overall

89. In most countries, compulsory military service does not apply to women.

ⓐ superior
ⓑ mandatory
ⓒ beneficial
ⓓ constructive

90. The lawyer conceded that Mrs. Taylor's statement was true. (고려대 대학원)

ⓐ proved
ⓑ denied
ⓒ troubled
ⓓ admitted

91. Paul is so conceited that can't imagine he might fail the exam.

ⓐ careful
ⓑ worried
ⓒ smart
ⓓ proud

92. The union leaders realize they will have to make some concessions in their demands in order to reach an agreement. (사법시험)

ⓐ suggestions
ⓑ changes
ⓒ mistakes
ⓓ efforts

93. A number of our most famous senators are skilled conciliators. (현대그룹)

ⓐ speakers
ⓑ parliamentarians
ⓒ mediators
ⓓ lawyers

94. concise: (회계사)

ⓐ nervous
ⓑ silent
ⓒ terse
ⓓ delicate

95. The government concocted plan to change the welfare program, but the system that it created didn't work.

ⓐ consumed
ⓑ transformed
ⓒ contrived
ⓓ conveyed

96. My opinions are concurrent with yours as regards this matter.

ⓐ recurrent
ⓑ synchronous
ⓒ dissenting
ⓓ harmonious

97. The Athenians charged Socrates with corrupting the youth and he was ________ to death by a jury of five hundred citizens. (서울대 대학원)

ⓐ faced
ⓑ blamed
ⓒ invoked
ⓓ condemned

98. A man who cheats on his income tax and on his expense account tends to condone these practices in his friends. (한국가스공사, 대한전선)

ⓐ spill
ⓑ withstand
ⓒ excuse
ⓓ retire

99. The research team needs to confer with the director before it begins its final report. (현대그룹, 행정고시)

ⓐ retain
ⓑ consult
ⓒ fasten
ⓓ continue

100. Physicians from all parts of the world meet yearly in Hiroshima to attend a conference on atomic war threats.

ⓐ a symposium
ⓑ a rehearsal
ⓒ a briefing
ⓓ an assignment

101. The police confiscated the stolen goods.
(대우그룹)

ⓐ reported
ⓑ located
ⓒ released
ⓓ seized

102. Industrial conflict seems to be more rampant in some countries in times of prosperity. (풀무원식품)

ⓐ competition
ⓑ strife
ⓒ demand
ⓓ proliferation

103. confront:

ⓐ face
ⓑ argue
ⓒ accuse
ⓓ rebuke

104. a congenital deformity: (한국일보)

ⓐ horrible
ⓑ crippling
ⓒ slight
ⓓ incurable
ⓔ occurring at or during birth

105. A sudden increase in the number of cars caused traffic __________ everywhere.
(LG 그룹)

ⓐ block
ⓑ congestion
ⓒ mess
ⓓ confusion

106. These little fish congregate in the cool coastal currents off the coast of Peru.

ⓐ scatter in all directions
ⓑ swim side by side
ⓒ search for other friends
ⓓ gather together

107. This work is congruous to his character.
(외무고시)

ⓐ avaricious
ⓑ gregarious
ⓒ harmonious
ⓓ industrious
ⓔ luxurious

108. The scientist's explanation for the strange behavior of the test animals was conjectural. (연세대 대학원)

ⓐ speculative
ⓑ plausible
ⓒ unambiguous
ⓓ ridiculous

109. The movie showed a man who was deprived of his conjugal rights.

ⓐ legal
ⓑ spousal
ⓒ conjuring
ⓓ performative

110. Professor Baker is a critical judge of fine arts.

ⓐ a connoisseur
ⓑ an artist
ⓒ a philatelist
ⓓ prodigious

111. Despite being consanguineous brothers, they could not have looked more different.

    ⓐ related by blood

    ⓑ color-coordinated

    ⓒ closely-allied

    ⓓ secretive

112. A doctor's life is consecrated to curing the poor and sick. (한국투자신탁)

    ⓐ limited

    ⓑ dedicated

    ⓒ subjected

    ⓓ depended

113. The president said that agricultural exports went up for twelve consecutive years. (한국전력공사)

    ⓐ successive

    ⓑ alternating

    ⓒ successful

    ⓓ full

114. They consigned the shipment to us.

    ⓐ compared

    ⓑ committed

    ⓒ compiled

    ⓓ conserved

115. The professor wants Jan to improve the consistency of her term paper.

    ⓐ rationality

    ⓑ coherence

    ⓒ penmanship

    ⓓ distinctiveness

116. The airline industry seems headed for a period of consolidation in which strong carriers will try to grow more dominant by absorbing weaker lines. (대한항공)

    ⓐ consumption

    ⓑ division

    ⓒ appendage

    ⓓ merger

117. Often they cry, and I have to play the role of a mother, consoling them.

    ⓐ blaming

    ⓑ stopping

    ⓒ feeding

    ⓓ patting

    ⓔ solacing

118. Cold air causes the arteries around the heart to constrict. (연세대 대학원)

    ⓐ become rigid

    ⓑ contract

    ⓒ open

    ⓓ die

119. I did not know how to construe his statement. (행정고시)

    ⓐ interpret

    ⓑ tell

    ⓒ rewrite

    ⓓ revise

    ⓔ read

120. This will contaminate the food. (사법시험, 범우화학)

    ⓐ preserve

    ⓑ spoil

    ⓒ cool

    ⓓ heat

    ⓔ keep

Major 접두어

121. The city mayor is contemplating a team that would edify the citizen. (사법고시)

ⓐ transplanting
ⓑ communicating
ⓒ considering
ⓓ dancing
ⓔ beating

122. The parents were contemptible. (조흥은행)

ⓐ deserving of pity
ⓑ deserving of scorn
ⓒ deserving of consideration
ⓓ deserving of respect

123. The government intend to strengthen punishment for contempt on the Internet.

ⓐ indignity
ⓑ appreciation
ⓒ menace
ⓓ requisition

124. The contentious man asked me what time it was and then argued with me about whether or not my watch was accurate.

ⓐ speculative
ⓑ congenial
ⓒ overcast
ⓓ polemic

125. The contiguity of the house and garage is a convenience in bad weather.

ⓐ contagion
ⓑ congruity
ⓒ usefulness
ⓓ proximity

126. The continuation of this contract is contingent upon the quality of your first year's output.

ⓐ dependent
ⓑ valid
ⓒ contiguous
ⓓ incumbent

127. If wool is submerged in hot water, it tends to contract. (삼도물산)

ⓐ smell
ⓑ fade
ⓒ unravel
ⓓ shrink

128. "will never do it again." she promised contritely.

ⓐ smoothly
ⓑ repeatedly
ⓒ repentantly
ⓓ tiredly
ⓔ joyfully

129. I am glad to hear about your good convalescence.

ⓐ success
ⓑ job
ⓒ reputation
ⓓ marriage
ⓔ recovery

130. At one time a composer of abstract music, Aaron Copland later converted to a style that more people could understand. (동아일보)

ⓐ refused to work with
ⓑ shifted to
ⓒ imitated
ⓓ exaggerated

131. Without Bob's testimony, evidence of bribery is lacking and __________ in the case will be impossible. (서울대 대학원)

ⓐ verdict

ⓑ sentence

ⓒ conviction

ⓓ acquittal

132. If two people collaborate, they are said to __________. (쌍용그룹)

ⓐ cooperate

ⓑ compete

ⓒ deliberate

ⓓ deter

133. Your account of the accident has little correspondence with the story the other driver told.

ⓐ letter writing

ⓑ agreement

ⓒ communication

ⓓ difference

134. The new theory was corroborated. (동아일보)

ⓐ confirmed

ⓑ breached

ⓒ hurled

ⓓ refrained

135. Our own country is considered utterly corrupt. (한겨레신문)

ⓐ submitted

ⓑ sublimated

ⓒ wrecked

ⓓ depraved

de-

136. He made many mistakes that debased the value of the member.

ⓐ altered

ⓑ discarded

ⓒ exalted

ⓓ lowered

137. Emergency teams are still clearing the debris from the plane crash.

ⓐ bloody clothes

ⓑ passenger' baggage

ⓒ pieces of destroyed things

ⓓ life vests

138. Laziness, luxury, and a lack of initiative are characteristics of a __________ society.

ⓐ fashionable

ⓑ vehement

ⓒ cultivated

ⓓ decadent

139. Deceptive labeling of certain types of merchandise is not allowed under the Pure Food and Drug Act of 1906. (동아일보)

ⓐ Alarming

ⓑ Misleading

ⓒ Extravagant

ⓓ Tasteless

140. If somebody is ______________, he is given a medal or other honor as an official reward for what he has done. (사법고시)

ⓐ decorated

ⓑ appreciated

ⓒ nominated

ⓓ confirmed

141. Scientists are gradually deciphering the genetic structure found in the cells of organisms.

ⓐ declaring
ⓑ devising
ⓒ deciding
ⓓ decoding

142. As educators, we must recognize that the problem of order students stem more often from those of obsolescence than decrement. (고려대 대학원)

ⓐ decrease
ⓑ increment
ⓒ implement
ⓓ dissipation

143. Do not attempt to increase your stature by decrying the efforts of your opponents.

ⓐ deleting
ⓑ deceiving
ⓒ disparaging
ⓓ deluding

144. Lucy deduced what had happened at the murder scene by examining the evidence.

ⓐ concluded
ⓑ provoked
ⓒ appealed
ⓓ condoned

145. You had better defer to your old man's wishes. (동서식품)

ⓐ yield
ⓑ postpone
ⓒ show respect
ⓓ disregard

146. They showed no deference to their lord, ignoring all his commands.

ⓐ interest
ⓑ fright
ⓒ respect
ⓓ doubt

147. A deficiency in zinc can cause birth defects in rodents. (서울대 대학원)

ⓐ A lack of
ⓑ A defect in
ⓒ An overdose of
ⓓ An impurity in

148. The Coriolis force causes all moving projectiles on Earth to be deflected from a straight line.

ⓐ reflected
ⓑ deviated
ⓒ floated
ⓓ collided
ⓔ projected

149. What is the synonym of "defunct"?

ⓐ alive
ⓑ deficient
ⓒ sufficient
ⓓ extinct
ⓔ vivid

150. Lisa felt dejected after the interview.

ⓐ elated
ⓑ determined
ⓒ discouraged
ⓓ convinced

151. As chairman, you will have to delegate responsibility to each of the committee members.

ⓐ demand
ⓑ align
ⓒ share
ⓓ assign

152. The relationship between Church and State was delineated in a formal agreement.

ⓐ differentiated
ⓑ portrayed
ⓒ disregarded
ⓓ embellished

153. The horrific tale of the 2004 deluge will be told for many generations to come.

ⓐ a large flood
ⓑ a false belief
ⓒ a long drought
ⓓ a violent storm

154. The introduction of the bus signaled the eventual demise of the trolley car as a form of travel.

ⓐ designation
ⓑ mechanization
ⓒ disappearance
ⓓ riskiness

155. By beginning of last year, part of the school had to be demolished as its foundation had become too unstable.

ⓐ rebuilt
ⓑ moved
ⓒ destroyed
ⓓ remodeled

156. Standard IQ tests have been denounced by many educator as being culturally biased.

ⓐ hailed
ⓑ condemned
ⓒ exemplified
ⓓ endorsed

157. Once the water supply was depleted, the explorers had to give up hope. (일진그룹)

ⓐ disproved
ⓑ exhausted
ⓒ malingered
ⓓ appeased

158. He was deported.

ⓐ sent out of the country
ⓑ carried to bed
ⓒ dropped out of school
ⓓ invited to come

159. Lakes can be formed because of the presence of underlying deposits of limestone.

ⓐ cots
ⓑ beds
ⓒ bunks
ⓓ cribs

160. Our own country is considered utterly depraved. (한겨레신문)

ⓐ submitted
ⓑ sublimated
ⓒ wrecked
ⓓ corrupt

161. Foreign currency depreciation is a result of economic depression in the country concerned.

ⓐ deprecation
ⓑ reduction in the value of money
ⓒ depredation
ⓓ deprivation
ⓔ increase in the value of currency

162. Nobody at work is very happy, because last week's sales figures were pretty __________. (매일경제신문)

ⓐ destroying
ⓑ depressing
ⓒ deflowering
ⓓ defining

163. Which of the following suggests that a team is being derided? (고려대 대학원)

ⓐ "Give us a break!"
ⓑ "Go and get' em!"
ⓒ "We're number-one!"
ⓓ "You guys are losers!"

164. The men were so __________ after being without food for seventy-two hours that the doctors injected fluids intravenously into their bodies.
(한국통신)

ⓐ desiccated
ⓑ invigorated
ⓒ extirpated
ⓓ mitigated

165. He respected this master because he didn't despise the poor. (농업협동조합)

ⓐ hate
ⓑ look up to
ⓒ look down on
ⓓ take care of

166. The destitute families are given an allowance. (한진그룹)

ⓐ impoverished
ⓑ anomalous
ⓒ frigid
ⓓ perpetual

167. Today these subjects are still discussed in a half-hearted and desultory way.

ⓐ unmethodical
ⓑ misguided
ⓒ disguised
ⓓ systematic

168. The heavy rain did not deter people from coming to the charity concert. Nearly every seat was occupied.

ⓐ repeat
ⓑ discourage
ⓒ intervene
ⓓ surmount

169. Some believe that capital punishment is the only true deterrent to serious crimes.

ⓐ dissuasion
ⓑ disapproval
ⓒ prohibition
ⓓ restriction

170. Many detergents are chemical compounds made by combining bleaches and other ingredients into mixtures of tablets.

ⓐ deterrents
ⓑ detriments
ⓒ cleaning agents
ⓓ antiseptics
ⓔ weapons

171. The situation is bound to deteriorate.

ⓐ come about
ⓑ continue
ⓒ improve
ⓓ become worse

172. Judy detests the English language because, she thinks, it is very difficult to learn.

ⓐ abhors
ⓑ likes
ⓒ reveres
ⓓ appalls

173. Bacteria can be both detrimental and helpful to human beings, depending on the specific type and effect.

ⓐ harmful
ⓑ fatal
ⓒ useful
ⓓ beneficial

174. The impact of the devastating flood will be felt for months - and perhaps years - to come.

ⓐ supernatural
ⓑ precipitous
ⓒ disastrous
ⓓ eruptive

175. The bus driver cannot drop you off at your front door because he is not permitted to deviate his route.

ⓐ obviate
ⓑ cross
ⓒ diverge
ⓓ violate

176. Soul maintains a basic agreement on aviation cooperation with Rome, but it is devoid of such as designation of carries. (대한항공)

ⓐ lacking in
ⓑ wading into
ⓒ turning in
ⓓ standing for

177. The sharp bristles of cactus prevent desert animals in search of moisture from devouring it.

ⓐ destroying
ⓑ consuming
ⓒ cultivating
ⓓ manipulating

178. Dr. Kim is renowned as a devout person.

ⓐ stout
ⓑ resolute
ⓒ frugal
ⓓ pious

dis-

179. I could only just descry the vessel in full sail, at such a distance that I soon lost sight of it. (고려대 대학원)

ⓐ pull
ⓑ send
ⓒ understand
ⓓ discern

180. You must overcome your diffidence if you intend to become a salesman.

ⓐ boldness
ⓑ shyness
ⓒ rudeness
ⓓ fidelity
ⓔ arrogance

181. As Boston's Quincy Market, dilapidated buildings were converted into a lively complex of shops and restaurants.

  ⓐ empty
  ⓑ industrial
  ⓒ run-down
  ⓓ single story

182. It will be necessary for the doctor to widen the pupils of your eyes with some drops in order to examine them. (무역협회)

  ⓐ brandish
  ⓑ dilate
  ⓒ flatter
  ⓓ soothe

183. Her coffee was too strong, so Ellen diluted it with milk. (동아일보)

  ⓐ soaked
  ⓑ attenuated
  ⓒ softened
  ⓓ razed

184. My supply of confidence slowly diminishes as the deadline approaches.

  ⓐ revives
  ⓑ grows
  ⓒ emerges
  ⓓ dwindles

185. It should be discarded.

  ⓐ thrown away
  ⓑ left alone
  ⓒ eaten
  ⓓ reviewed

186. Some sites post a disclaimer stating that the term papers are for research purposes only and that they should not be submitted as a student's own work.

  ⓐ right or state of being an owner
  ⓑ statement that something is true or is a fact
  ⓒ legal right to control all use of an original work
  ⓓ statement that you are not responsible for something

187. You don't have to feel discomfited by the most probing questions as long as you are prepared.

  ⓐ spied on
  ⓑ thwarted
  ⓒ compromised with
  ⓓ surrendered to

188. Mary was much disconcerted by the claim that to write well demanded arduous study.

  ⓐ prevailed
  ⓑ exulted
  ⓒ vigorous
  ⓓ amiable
  ⓔ embarrassed

189. Losing five battles discredited the general. (3급고시)

  ⓐ found out
  ⓑ did harm to the reputation of
  ⓒ took away the courage of
  ⓓ destroyed the hope of
  ⓔ made known

190. Although political leaders in the past like Dwight Eisenhower and John F. Kennedy had their discreet extramarital affairs, they were never spoken of in the press.

  ⓐ lewd
  ⓑ candid
  ⓒ loose
  ⓓ prudent

191. It requires discretion to criticize someone without hurting his feelings.

ⓐ difference
ⓑ prudence
ⓒ distinction
ⓓ discrepancy

192. The comparison would not reveal such a discrepancy in the knowledge acquired. (연세대 대학원, 한국투자신탁)

ⓐ discretion
ⓑ discredit
ⓒ difference
ⓓ diffidence

193. The universe is composed of discrete bodies. (기술고시)

ⓐ harmonious
ⓑ attracting
ⓒ abstract
ⓓ separate
ⓔ concrete

194. My friend felt no pity but only disdain for the person who got caught stealing.

ⓐ fallacy
ⓑ scorn
ⓒ remuneration
ⓓ horror
ⓔ humiliation

195. Our plan for the picnic was dislocated by the rain.

ⓐ put out of joint
ⓑ disturbed
ⓒ collocated
ⓓ distorted

196. It is catharsis for those who are dismayed by something their country is doing. (연세대 대학원)

ⓐ encouraged
ⓑ discouraged
ⓒ favored
ⓓ sided

197. You can become dismissive of people who are different. (사법고시)

ⓐ contemptuous
ⓑ appreciate
ⓒ inquisitive
ⓓ conscious

198. In spite of your disparaging remarks, I think he sings beautifully.

ⓐ incising
ⓑ belittling
ⓒ favorable
ⓓ equitable
ⓔ unfair

199. Disparity of quality is found among companies and industries. (대우그룹)

ⓐ Difference
ⓑ Similarity
ⓒ Dependability
ⓓ Reliability

200. In a dispassionate analysis of the problem, he carefully examined the causes of the conflict.

ⓐ sensual
ⓑ inhibited
ⓒ scientific
ⓓ impartial

201. Benjamin Ruth established the first free dispensary in the United States.

ⓐ library
ⓑ clinic
ⓒ school
ⓓ university

202. A skilled carpenter often dispenses with detailed plans. (한국전자(주), 연세대 대학원)

ⓐ gives away
ⓑ does without
ⓒ completes
ⓓ adapts

203. The secretary disposed of the clutter on the desk.

ⓐ filed
ⓑ got rid of
ⓒ returned
ⓓ adapted

204. The evidence that John presented to the court disproved the charges. (롯데그룹)

ⓐ confirmed
ⓑ refuted
ⓒ supported
ⓓ dismissed

205. Instead of dissecting social or political woes, U.S. News reporters offer thoughts about solutions they have run across in recent months to a range of problems, great or small.

ⓐ dissolving
ⓑ exacting
ⓒ diluting
ⓓ enacting
ⓔ analyzing

206. The country seems to be better set up to disseminate the latest sports research. (행정고시)

ⓐ carry out
ⓑ investigate
ⓒ spread
ⓓ finance
ⓔ review

207. dissenting opinion:

ⓐ harsh
ⓑ foolish
ⓒ disagreeing
ⓓ hasty

208. Most of the time, the cloudy simply dump their load of rain and dissipate.

ⓐ waste
ⓑ disappear
ⓒ come along
ⓓ use up foolishly
ⓔ disturb

209. The club was dissolved after a few years.

ⓐ disbanded
ⓑ reestablished
ⓒ perpetuated
ⓓ assisted

210. His friends dissuaded him from that unwise course of action.

ⓐ protected
ⓑ ostracized
ⓒ deterred
ⓓ instigated

211. The seats in the new international airport are hard enough to numb your bum and decent distractions are painfully lacking.

ⓐ aircraft staff
ⓑ toilets
ⓒ entertainments
ⓓ security guards

212. To create a "safe space" for yourself, allow yourself to think divergently.

ⓐ differently
ⓑ sincerely
ⓒ diligently
ⓓ communally

213. A person of diverse interests can talk on many subjects. (3급 고시, 한진, 제일생명)

ⓐ common
ⓑ stubborn
ⓒ different
ⓓ concentrated
ⓔ divided

214. Within each species, there is room for genetic diversity.

ⓐ classification
ⓑ expansion
ⓒ purity
ⓓ variety

215. The secret agent had to promise not to divulge the contents of the government files, but the information in the files was so fascinating that he could not keep it in his mind.

ⓐ externalize
ⓑ reveal
ⓒ officiate
ⓓ hide

en-

216. It is hard for a conceited person to like anyone because he is so enamored of himself.

ⓐ fascinated
ⓑ susceptible
ⓒ desirous
ⓓ sure

217. President Reagan imposed a broad trade prohibition against Iran for attacks on U.S. in the Gulf. (대한항공)

ⓐ friction
ⓑ partition
ⓒ infusion
ⓓ embargo

218. From time to time, extinct mammoths have been found buried in ice. (서울증권)

ⓐ imprisoned
ⓑ crushed
ⓒ conserved
ⓓ embedded

219. Each time the storyteller told about the encounter, she embellished the plot.

ⓐ exaggerated
ⓑ enhanced
ⓒ altered
ⓓ rectified

220. Suffering need not be __________ but can be a source of knowledge. (서울대 대학원)

ⓐ desperate
ⓑ embittering
ⓒ perceptive
ⓓ contrite

221. Baby laurel leaves are still an emblem of victory.

  ⓐ a spoil
  ⓑ a result
  ⓒ a symbol
  ⓓ a suggestion

222. Emboldened by its new equipment and international support, the Nepalese army claims to be winning the fight.

  ⓐ Assisted
  ⓑ Surrounded
  ⓒ Encouraged
  ⓓ Embraced

223. He jumped up and embraced his lawyer with both arms.

  ⓐ motivated
  ⓑ hugged
  ⓒ reinforced
  ⓓ improved

224. Lorelei on the rock enchanted him with her fascinating melodies. (TOEIC 실전문제)

  ⓐ hankered
  ⓑ encountered
  ⓒ attracted
  ⓓ qualified

225. The evangelical movement encompasses one-quarter of Canadians and is growing steadily.

  ⓐ accuses
  ⓑ surrounds
  ⓒ excludes
  ⓓ isolates

226. After receiving his check, John endorsed it and took it to the bank.

  ⓐ destroyed
  ⓑ signed
  ⓒ folded
  ⓓ deposited

227. Their discussion engrossed his attention.

  ⓐ attracted
  ⓑ suspended
  ⓒ bewildered
  ⓓ ignored

228. He can enhance his chances of finding a good job by getting a graduate degree in Business Administration. (쌍용그룹)

  ⓐ diminish
  ⓑ improve
  ⓒ clarify
  ⓓ reduce

229. U.S. military forces are getting more deeply enmeshed in Columbia's bloody civil war.

  ⓐ encroached
  ⓑ entangled
  ⓒ embittered
  ⓓ enlightened

230. "No matter what ensues." the heroine said to herself, "I will tell the truth."

  ⓐ results
  ⓑ joins in
  ⓒ begins
  ⓓ falls down

231. Plays that entail direct interaction between actor and audience present no unusual difficulties for actors.

ⓐ advocate

ⓑ involve

ⓒ exaggerate

ⓓ announce

232. The audience was enthralled by the sheer beauty of the music played by the orchestra.

ⓐ shocked

ⓑ stimulated

ⓒ captivated

ⓓ terrified

233. The fireman tempted the cat from the treetop with a can of tuna fish. (한국 중공업)

ⓐ entranced

ⓑ enlisted

ⓒ enticed

ⓓ assisted

ex-

234 Her ebullient nature could not be repressed. She was always laughing and gay.

ⓐ exuberant

ⓑ quixotic

ⓒ placid

ⓓ incandescent

235. When they appeared in eccentric clothing, everybody looked at them. (대신증권)

ⓐ strange and peculiar

ⓑ heavily accented

ⓒ bold and colorful

ⓓ very noble

236. The sighs of battle here were slowly effaced as peace came about. (CPA, 변리사)

ⓐ wiped away

ⓑ effective

ⓒ groped

ⓓ stashed

ⓔ None of theses

237. Misspelling the tile of a book is an egregious blunder to make in a book report.

ⓐ slight

ⓑ irreparable

ⓒ unnecessary

ⓓ outstandingly bad

ⓔ humorous

238. The north side of the building is very elaborate, decorated with fine stone carvings. (연세대 대학원)

ⓐ uniform

ⓑ simple

ⓒ colorful

ⓓ complicated

239. Three months have elapsed since she went away.

ⓐ gone by

ⓑ been wasted

ⓒ been saved

ⓓ been lonesome

240. Elated is the same as __________. (현대그룹)

ⓐ empty

ⓑ overjoyed

ⓒ depressed

ⓓ enlarged

241. The U.S. Administration is attempting to demonstrate its efforts to defuse congressional protectionism by eliciting well-timed concessions from U.S trading partners. (대한항공)

ⓐ obstructing
ⓑ protesting
ⓒ drawing forth
ⓓ elongating

242. The number of citizens who are eligible to vote continues to increase.

ⓐ manifest
ⓑ convertible
ⓒ effusive
ⓓ entitled

243. It is not easy to eliminate a bad habit. (농업협동조합)

ⓐ expect
ⓑ get rid of
ⓒ embrace
ⓓ imagine

244. Let me elucidate my plans.

ⓐ explain
ⓑ hear
ⓒ postpone
ⓓ abolish
ⓔ cancel

245. Their attempts to emancipate the slaves were unpopular in the South.

ⓐ malinger
ⓑ liberate
ⓒ culture
ⓓ foster

246. Every citizen has a stake in the emergence of the United States as a leader in a free world.

ⓐ acceptance
ⓑ joining
ⓒ status
ⓓ appearance

247. Emissaries sent to meet with kidnappers often are seen as the enemy and may well find their own lives in danger.

ⓐ Journalists
ⓑ Professionals
ⓒ Refugees
ⓓ Messengers

248. Cathode emits electrons in a controlled environment.

ⓐ submits
ⓑ gives off
ⓒ rejects
ⓓ passes by

249. Gasoline vehicles produce dangerous emissions.

ⓐ what causes fog
ⓑ fog mixed with dirty air
ⓒ energy drawn from gasoline
ⓓ products from burning gasoline

250. The strong intensity of his opponent's attack enervated the young politician. (세무사)

ⓐ avenged
ⓑ averted
ⓒ weakened
ⓓ endangered
ⓔ crippled

251. He evinced great sorrow for what he had done.

ⓐ painfully repressed
ⓑ unwittingly admitted
ⓒ showed clearly
ⓓ secretly camouflaged

252. Your evasive answer convinced the judge that you were withholding important evidence.

ⓐ frank
ⓑ watchful
ⓒ correct
ⓓ eluding
ⓔ empty

253. He evoked much criticism by his hostile manner.

ⓐ called for
ⓑ regained
ⓒ stimulated
ⓓ allocated

254. When problems evolve between an organization's management and its employees and objective third party may be called in to mediate.

ⓐ shift
ⓑ develop
ⓒ recur
ⓓ stagnate

255. The continuous music on special-fare trains exacerbates my feelings.

ⓐ excites
ⓑ aggravates
ⓒ disciplines
ⓓ obliterates

256. Accounting is a very exacting profession; there is no room for error. (LG그룹)

ⓐ exciting
ⓑ demanding
ⓒ scientific
ⓓ tiring

257. In literature, caricatures usually contain verbal exaggeration through which the writer achieves comic and often satiric effects.

ⓐ banter
ⓑ humor
ⓒ interaction
ⓓ overstatement

258. Pupils who pass the test will be promoted to the next grade.

ⓐ exulted
ⓑ exceeded
ⓒ exalted
ⓓ furthered by advertising and publicity
ⓔ demoted

259. In my opinion you'll exasperate your students if you use that textbook.

ⓐ encourage
ⓑ disadvantage
ⓒ amuse
ⓓ frustrate

260. With a penknife, he peeled the apple and excised the wormy part.

ⓐ cut into
ⓑ engraved
ⓒ cut out
ⓓ concise

261. Before the game, each team had exclusive use of the field for a ten-minute practice period. (한국가스공사)

ⓐ rightful
ⓑ sole
ⓒ wealthy
ⓓ principal

262. The major function of the kidney is the excretion of metabolic wastes and excess substances through formation of urine.

ⓐ derivation
ⓑ investigation
ⓒ manifestation
ⓓ elimination

263. There houses are exempt for paying rates. (서울대 대학원)

ⓐ closely inspected
ⓑ not liable
ⓒ going to be demolished
ⓓ to sell

264. A good writer is exhaustive in his accumulation of materials.

ⓐ thorough
ⓑ diligent
ⓒ convertible
ⓓ eligible

265. The evangelist will exhort all sinners in his audience to reform.

ⓐ exasperate
ⓑ obliterate
ⓒ cast away
ⓓ advise

266. The confession of one prisoner exonerated the other suspects.

ⓐ infuriated
ⓑ denounced
ⓒ condemned
ⓓ acquitted

267. The prices in the factory outlet mall are exorbitant.

ⓐ acceptable
ⓑ too high
ⓒ too low
ⓓ extremely inexpensive

268. Expelled from the university because of poor grades, the student applied for readmission the following term.

ⓐ Driven out
ⓑ Driven on
ⓒ Compelled
ⓓ Propelled

269. The trade agreement between the two countries will expire in three years. (효성그룹)

ⓐ cease
ⓑ negotiate
ⓒ amend
ⓓ adopt

270. The law is very explicit regrading the use of and standards for child safety seats in automobiles.

ⓐ brief
ⓑ new
ⓒ firm
ⓓ clear

271. Anyone who tries to exploit buyers or fails to honor a guarantee should be reported.

ⓐ entertain
ⓑ tell a lie
ⓒ explain something
ⓓ take selfish advantage of

272. These days, the interest in ecology has been explosive.

ⓐ disappearing
ⓑ destroyed
ⓒ enormous
ⓓ excellent
ⓔ diminishing

273. My former teacher was known as a leading exponent of Freudian psychology.

ⓐ critic
ⓑ dissident
ⓒ supporter
ⓓ deserter

274. Despite the teacher's scoldings and expostulations, the class remained unruly.

ⓐ rigidity
ⓑ defection
ⓒ forgiveness
ⓓ exhortation

275. Several theories of evolution had historically preceded that of Darwin, although he expounded upon the stages of development.

ⓐ explained in detail
ⓑ outlined briefly
ⓒ found fault with
ⓓ published a book on

276. Perhaps an expurgated edition of the novel would be more appropriate for the less sophisticated students.

ⓐ easy
ⓑ shortened
ⓒ censored
ⓓ explicit

277. Because his extemporaneous remarks were misinterpreted, he decided to write all his speeches in advance.

ⓐ prepared
ⓑ rehearsed
ⓒ temporal
ⓓ impromptu
ⓔ extrinsic

278. Since the speaker had not prepared his speech, he had to extemporize one.

ⓐ provide
ⓑ duplicate
ⓒ improvise
ⓓ visualize

279. They hoped to exterminate the insects.
(서울대 대학원)

ⓐ destroy
ⓑ drive away
ⓒ prevent
ⓓ preserve

280. extirpate:

ⓐ clean
ⓑ eradicate
ⓒ favor
ⓓ subdivide

Review Test 1 Major 접두어

281. The troops in the besieged town gave an exultant shout at the sight of new troops advancing to help them.

ⓐ exuberant
ⓑ triumphant
ⓒ insane
ⓓ great
ⓔ insulting

in(안)-

282. The bandits ambushed the stagecoach; three of the passengers were killed.

ⓐ guided
ⓑ spied from afar
ⓒ attacked by surprise
ⓓ thwarted

283. The monotonous routine of hospitable life induced a feeling of ennui which made him moody and irritable. (행정고시)

ⓐ boredom
ⓑ enrapture
ⓒ brevity
ⓓ encouragement
ⓔ candor

284. When a magnet is immersed in liquid oxygen, its pulling power is intensified.

ⓐ exposed
ⓑ submerged
ⓒ dropped
ⓓ dissolved

285. The surprise attack was imminent. (외무고시)

ⓐ out of way
ⓑ about to break out
ⓒ on the go
ⓓ under the table
ⓔ under way

286. Killer whales also felt the impact of the spill of the crude oil, Since 1989, more than one third of the whale population has disappeared.

ⓐ collision
ⓑ effect
ⓒ bounce
ⓓ percussion

287. Continued irresponsible criticism of the leaders could impair efforts to ease tension in the continent. (현대그룹)

ⓐ cripple
ⓑ enhance
ⓒ balance
ⓓ control

288. His long-forgotten youthful aberrations have now become impediments to his success.

ⓐ propellants
ⓑ dynamics
ⓒ guarantees
ⓓ hindrances
ⓔ predictors

289. Intellectual curiosity acts as an impelling force in science.

ⓐ a deterrent
ⓑ an organizing
ⓒ a motivating
ⓓ an encroaching

290. Scientists warm of the impending extinction of many species of plants and animals.

ⓐ irrefutable
ⓑ imminent
ⓒ formidable
ⓓ absolute

291. The present conflict might provide fresh impetus for peace talks.

ⓐ force

ⓑ control

ⓒ timidity

ⓓ decrease

292. She revealed her feeling in impetuous displays of spending and gambling.

ⓐ impulsive

ⓑ arrogant

ⓒ dull

ⓓ severe

293. The new government promised to implement a new system to control financial loan institutions.

ⓐ delay temporarily

ⓑ carefully reorganize

ⓒ mindfully scrutinize

ⓓ put in practice

294. Johnson's statement included an implicit threat of U.S. intervention. (사법시험)

ⓐ outright

ⓑ plainly expressed

ⓒ indefinite

ⓓ doubtful

ⓔ implied though not plainly expressed

295. The North's economy is imploding, many people go hungry, and its massive military machine is slowly disintegrating.

ⓐ collapsing internally

ⓑ threatening the market

ⓒ achieving its goal gradually

ⓓ tightening a job market rapidly

296. She implored her mother to give permission for her to go on the trip. (한국투자신탁)

ⓐ persuaded

ⓑ suggested

ⓒ beseeched

ⓓ enforced

297. You should not impose upon Nancy's kindness. (기술고시)

ⓐ make fun of

ⓑ look down on

ⓒ take advantage of

ⓓ put a burden of

ⓔ compel

298. His listeners were amazed that such a thorough presentation could be made in an impromptu speech.

ⓐ interesting

ⓑ informative

ⓒ expressive

ⓓ extemporaneous

299. Mary bought her new coat on an impulse.

ⓐ shopping trip

ⓑ sale

ⓒ credit

ⓓ whim

300. It is hard to impute a rise in output to any one factor. (서울대 대학원)

ⓐ attribute

ⓑ cause

ⓒ cancel

ⓓ generate

Major 접두어

301. Psychologists still wonder if some personality traits are inborn. (동아일보)

  ⓐ interminable
  ⓑ inadvertent
  ⓒ innate
  ⓓ inevitable

302. As electrical force increased, the wire became incandescent. (현대그룹)

  ⓐ cut
  ⓑ dangerous
  ⓒ white-hot
  ⓓ red

303. Hydroelectric plants require a large initial investment, since complete installation must be mad at the outset. (한국전자)

  ⓐ incipient
  ⓑ capital
  ⓒ financial
  ⓓ main

304. A new kind of camera incorporates a disc-type film to take fixed-focus photographs.

  ⓐ rotates
  ⓑ includes
  ⓒ monitors
  ⓓ generates

305. She felt it in incumbent upon her to answer the letter immediately. (한국가스공사)

  ⓐ derogatory
  ⓑ insufficient
  ⓒ indispensable
  ⓓ obligatory

306. If the grand jury indicts the suspect, he will go to trial. (풀무원식품)

  ⓐ charges
  ⓑ acquits
  ⓒ condones
  ⓓ sentences

307. Nearly two-birds of the town's inhabitants are descendants of indigenous civilizations.

  ⓐ hard-working
  ⓑ advanced
  ⓒ poor
  ⓓ native
  ⓔ developed

308. Everyone knows that hospitals are institutions where the sick are treated, but how many realize that they were one homes for the indigent and the friendless?

  ⓐ needy
  ⓑ undefended
  ⓒ unhealthy
  ⓓ marginal

309. A wide range of conditions, including injury, infection, and allergic reaction, an induce a headache.

  ⓐ bring on
  ⓑ alleviate
  ⓒ negate
  ⓓ design

310. The old man indulges in the luxury of a good cigar.

  ⓐ allows himself to enjoy
  ⓑ imagines
  ⓒ longs for
  ⓓ plans to give up

311. Surrealism has infiltrated realistic painting by increasing artist's awareness of how commonplace subjects can take on mysterious suggestions. (현대그룹)

ⓐ conditioned

ⓑ spread to

ⓒ denied

ⓓ displaced

312. The newly constructed terminal 3 at Kennedy International Airport is very helpful in accommodating the influx of visitors.

ⓐ rush

ⓑ drop

ⓒ income

ⓓ inflation

313. I think your machine infringes on my patent. (대한항공)

ⓐ undergoes

ⓑ encroaches on

ⓒ taints

ⓓ indicates

314. The use of barbed-wire fencing by farmers in the nineteenth century infuriated cattle ranchers, whose herds were often injured after becoming entangled in the sharp spikes.

ⓐ comforted

ⓑ encouraged

ⓒ enraged

ⓓ frightened

ⓔ puzzled

315. A man would have to be ingenious as Robinson Crusoe himself to live in that broken-down house.

ⓐ romantic

ⓑ outstanding

ⓒ clever

ⓓ important

316. The man gave ingenuous answers to all the investigator's questions. (한국투자신탁)

ⓐ candid

ⓑ clever

ⓒ deceitful

ⓓ incorrect

317. The dolphin is noted for its ingenuity.

ⓐ cleverness

ⓑ artlessness

ⓒ affability

ⓓ playfulness

318. Most modern printing inks contain synthetic pigments, binders, and solvents as well as ingredients to promote drying

ⓐ chemicals

ⓑ components

ⓒ glues

ⓓ liquids

319. Because of her inherent carelessness, I doubt my sister can ever be a good driver.

ⓐ adherent

ⓑ cohesive

ⓒ intrinsic

ⓓ egregious

320. Inherit: (사법시험, KBS)

ⓐ lose something

ⓑ give something

ⓒ learn something

ⓓ receive something

ⓔ donate something

321. She lost her inhibitions when she had two or three glassed of wine.

ⓐ senses
ⓑ restraints
ⓒ happiness
ⓓ sorrows

322. Sometimes a habitual infraction of a social convention is punished merely by expressions of social disapproval or gossip.

ⓐ divergence
ⓑ breach
ⓒ discrimination
ⓓ depreciation

323. Psychologists still wonder if some personality traits are innate.

ⓐ interminable
ⓑ inadvertent
ⓒ inborn
ⓓ inevitable

324. Most live animals will be carried subject to advance arrangements and in compliance with health inoculations and other requirements of countries of origin and destination. (대한항공)

ⓐ protection
ⓑ vaccinations
ⓒ check-up
ⓓ customs

325. The inquiry took more than two hours.

ⓐ deliberation
ⓑ appraisal
ⓒ commentary
ⓓ investigation

326. Even as a child Einstein had a very inquisitive mind; at the age of three he performed his first experiment.

ⓐ complex
ⓑ mature
ⓒ brilliant
ⓓ curious

327. They inscribed the words on the wall.

ⓐ wrote
ⓑ read
ⓒ translated
ⓓ removed

328. The criminal insinuated that he had been roughly treated by the arresting officer.

ⓐ suggested indirectly
ⓑ denied positively
ⓒ argued convincingly
ⓓ stated flatly

329. We decided to pay for the furniture on the installment plan. (수자원공사)

ⓐ cash and carry
ⓑ monthly payment
ⓒ piece by piece
ⓓ credit card

330. Death was not instantaneous because none of bullets hit the heart.

ⓐ serious
ⓑ immediate
ⓒ expected
ⓓ desired

331. Parental example is the best means of instilling social responsibility in children.
(동아일보)

  ⓐ ignoring

  ⓑ practicing

  ⓒ moderating

  ⓓ implanting

332. Attempts to intimidate people into voting for the governing party did not work.

  ⓐ encourage

  ⓑ discourage

  ⓒ frighten

  ⓓ cox

333. The intricate directions were difficult to understand.

  ⓐ vague

  ⓑ unusual

  ⓒ routine

  ⓓ complicated

334. The president looked into the plan and found it somewhat intriguing.

  ⓐ confusing

  ⓑ unrealistic

  ⓒ fascinating

  ⓓ dangerous

335. He hesitated to intrude on their conversation.

  ⓐ protrude

  ⓑ transgress

  ⓒ extrude

  ⓓ obtrude

  ⓔ trespass

336. The radio station was inundated with calls blaming the outrageous program.

  ⓐ harassed

  ⓑ pestered

  ⓒ displeased

  ⓓ flooded

337. Having sold curiosities for years, Comstock was inured to the grotesque.

  ⓐ accustomed

  ⓑ obliged

  ⓒ drawn

  ⓓ introduced

338. The air tonight is the most invigorating, it's been in weeks.

  ⓐ clear

  ⓑ refreshing

  ⓒ humid

  ⓓ polluted

339. Her China blue eyes are very cold and inviting. (고려대 대학원)

  ⓐ attractive

  ⓑ ugly

  ⓒ beautiful

  ⓓ clear

340. Feeling irritable may be a side effect of too much medication.

  ⓐ grouchy

  ⓑ drowsy

  ⓒ dizzy

  ⓓ silly

in(not)-

341. An attempt to harmonize the imbalances in my character by means of harsh discipline nearly led me to the same *ignominious* end.

ⓐ disgraceful
ⓑ pitiless
ⓒ honorable
ⓓ dangerous

342. *illegible*: (현대그룹)

ⓐ not able to be read
ⓑ allowed by law
ⓒ against the law
ⓓ not allowed by the rules

343. The politician's *illicit* dealings with organized crime caused him to lose his government position.

ⓐ unlawful
ⓑ immortal
ⓒ secret
ⓓ implicit

344. King Sejong recognized that more than four thousand Chinese characters discouraged the __________. (외무고시)

ⓐ literate
ⓑ literacy
ⓒ illiterate
ⓓ illiteracy
ⓔ literature

345. There was a Frenchman sitting at the next table, *immaculate* in tennis whites.

ⓐ mismatched
ⓑ fashionable
ⓒ very dirty
ⓓ completely clean

346. *immature*: (회계사)

ⓐ shallow
ⓑ unfledged
ⓒ militant
ⓓ experienced

347. Major earthquakes are among nature's most devastating events, causing an *immeasurable* loss of life and property. (태평양그룹)

ⓐ unmentionable
ⓑ unprofitable
ⓒ insurmountable
ⓓ incalculable

348. Unless it stops raining by tomorrow, a flood appears *imminent*.

ⓐ impending
ⓑ threatening
ⓒ futile
ⓓ invariable

349. Since human beings must eventually die, we are not *immortal*.

ⓐ undying
ⓑ nonchalant
ⓒ immoral
ⓓ mortifying

350. He was fortunately *immune* from the disease and could take care of the sick.

ⓐ unstable
ⓑ resistant
ⓒ susceptible
ⓓ venerable

351. Scientists are constantly seeking to discover the immutable laws of nature.

ⓐ undivided
ⓑ unacceptable
ⓒ unlikable
ⓓ objectionable
ⓔ unchangeable

352. Everyone felt that the referee's decision was impartial.

ⓐ wrong
ⓑ biased
ⓒ stupid
ⓓ fair

353. The senators came to an impasse in their attempt to find a solution.

ⓐ a raid
ⓑ a deadlock
ⓒ a break through
ⓓ an affectation

354. The lady became impatient when she heard busy signal on the phone all day long.

ⓐ obsequious
ⓑ soothed
ⓒ flattered
ⓓ exasperated

355. The uncrowned queen of the modern fashion industry, Diana was acclaimed for her impeccable taste.

ⓐ illicit
ⓑ gorgeous
ⓒ faultless
ⓓ hypocritical

356. Completion of the building was impeded by severe weather conditions.

ⓐ assisted
ⓑ encouraged
ⓒ mutated
ⓓ hindered

357. The difference in the greenness of leaves in the morning and in the evening is almost imperceptible.

ⓐ naught
ⓑ unnoticeable
ⓒ strange
ⓓ unattractive

358. This material is though to be impervious to decay. (기술고시, 변리사)

ⓐ vulnerable
ⓑ susceptible
ⓒ subject
ⓓ impenetrable
ⓔ meticulous

359. The great philosopher Socrates was put on trial in Athens in 400 B.C. on charges of corrupting the youth and of impiety.

ⓐ irreverence
ⓑ impurity
ⓒ indignity
ⓓ impotence

360. His version of the story is implausible because it changes every time he tells it.

ⓐ irrelevant
ⓑ versatile
ⓒ prolific
ⓓ unbelievable

Review Test 1　Major 접두어

361. At those times, there were impotent aristocrats talking regularly about the code of chivalry but unable to bring it to life.

  ⓐ powerless
  ⓑ dictatorial
  ⓒ impartial
  ⓓ tainted

362. Again and again, the army unsuccessfully attacked the fortress, only to conclude that it was impregnable.

  ⓐ unconquerable
  ⓑ implicit
  ⓒ fragile
  ⓓ phenomenal

363. Jazzmen generally improvise rather than play prepared pieces.

  ⓐ arrange in advance
  ⓑ play from their memory
  ⓒ invent without preparation
  ⓓ substitute

364. By today's standards, early farmers were imprudent because they planted the same crop repeatedly, exhausting the soil after a few harvests.

  ⓐ stubborn
  ⓑ rotated
  ⓒ imprecise
  ⓓ unwise

365. He didn't return the money he had borrowed from me the other day. Today, he was so shameless as to ask me another loan. (범양상선)

  ⓐ imprudent
  ⓑ impudent
  ⓒ improvised
  ⓓ impulsive

366. He inadvertently wounded her by mentioning about her spectacles.
(고려대 대학원)

  ⓐ deeply
  ⓑ deliberately
  ⓒ unintentionally
  ⓓ tactlessly

367. Racial hatred could have incalculable consequences in the decades ahead.

  ⓐ immutable
  ⓑ insignificant
  ⓒ incessant
  ⓓ immeasurable

368. He was incapacitated for several months after the accident.

  ⓐ traumatized
  ⓑ nervous
  ⓒ disabled
  ⓓ confused

369. It has been suggested that people who watch television incessantly may become overly passive. (전기통신)

  ⓐ seriously
  ⓑ skeptically
  ⓒ constantly
  ⓓ arbitrarily

370. These two statement are incompatible.
(쌍용그룹, 행정고시)

  ⓐ not able to be denied
  ⓑ impossible to change a round
  ⓒ not to be separated
  ⓓ not to be tolerated
  ⓔ not in harmony with each other

371. We must yield to the incontrovertible evidence which you have presented and free your client.

ⓐ disputable
ⓑ incompatible
ⓒ unquestionable
ⓓ incisive
ⓔ inconsequential

372. The famous racehorse Secretariat had to be put to sleep because of a painful, incurable hoof disease.

ⓐ disabling
ⓑ vexatious
ⓒ dangerous
ⓓ irreparable

373. The pictures we took made the memories of our trip indelible. (사법시험)

ⓐ interesting
ⓑ vivid
ⓒ permanent
ⓓ colored
ⓔ long-lasting

374. Insurance companies in certain states do not have to indemnify a diver who causes. (축협)

ⓐ locate
ⓑ compensate
ⓒ penalize
ⓓ prosecute

375. She was filled with indignation at the conditions under which miners were forced to work.

ⓐ pity
ⓑ anger
ⓒ disappointment
ⓓ sympathy

376. In the novel Silent Spring, Rachel Carson forcefully decried the indiscriminate use of pesticides.

ⓐ haphazard
ⓑ innovative
ⓒ unpleasant
ⓓ indispensable

377. Recently the ubiquitous telephone has become indispensable to the Korean way of life. (군법무관)

ⓐ essential
ⓑ indiscreet
ⓒ expensive
ⓓ popular
ⓔ officious

378. My uncle has been fired from three jobs for being indolent. He shows up on time, but he does little work and leaves early.

ⓐ lazy
ⓑ industrious
ⓒ impudent
ⓓ vigilant

379. If Mr. Brown is inept, he should be removed from his position.

ⓐ incompetent
ⓑ obnoxious
ⓒ introvert
ⓓ insolent

380. Neon is an element which does not combine readily with any other element. Because of this property, it is referred to as an inactive element.

ⓐ obsolete
ⓑ inert
ⓒ acute
ⓓ effective

381. It was inevitable that women would be sent into space along with men.

ⓐ unavoidable
ⓑ unlikely
ⓒ influential
ⓓ fantastic

382. The whale's inexplicable predilection for beaching itself is the second greatest threat to its survival.

ⓐ unexplainable
ⓑ unusual
ⓒ unforgettable
ⓓ essential

383. He is infamous for his dishonesty in business matters. (연세대 대학원)

ⓐ notorious
ⓑ dreaded
ⓒ loathed
ⓓ investigated

384. More that 50% of all spouses are reported to be victims of infidelity.

ⓐ charity
ⓑ torpedo
ⓒ disaster
ⓓ unfaithfulness

385. I am accustomed to having my remarks disputed, but this particular remark seemed to me innocuous.

ⓐ harmless
ⓑ fabulous
ⓒ arrogant
ⓓ expressive

386. The workers made inordinate demands. (토지개발공사, 태평양그룹)

ⓐ regulated
ⓑ continuous
ⓒ excessive
ⓓ odious

387. Richer than ever, they're also retailer's dream, with an insatiable desire for the latest in everything.

ⓐ inherent
ⓑ ambitious
ⓒ incredible
ⓓ unquenchable

388. Every single book I touch upon is so insipid that I cannot finish it.

ⓐ grave
ⓑ dull
ⓒ difficult
ⓓ hard-bound

389. The political leader is sometimes accused of being insolent.

ⓐ lazy
ⓑ insensitive
ⓒ arrogant
ⓓ indolent

390. My uncle's company is bankrupt.

ⓐ prestigious
ⓑ lucrative
ⓒ impressive
ⓓ insolvent

391. By facing a problem before it becomes insurmountable, we can take a giant step towards resolving it.

ⓐ not leaving written records

ⓑ untraceable in any case

ⓒ spreading and reacting everywhere

ⓓ too large and difficult to be dealt with

392. He lived on the interest and kept his capital intact.

ⓐ untouched

ⓑ damaged

ⓒ lost

ⓓ hidden

ⓔ created

393. Sound and light are intangible.

ⓐ physical

ⓑ similar in nature

ⓒ impalpable

ⓓ entangling

ⓔ tactful

394. We used to stay into the night engaged in interminable arguments regarding arts and literature. (고려대 대학원)

ⓐ useful

ⓑ unceasing

ⓒ intolerable

ⓓ pointless

395. Clinton could face a legal nightmare as intractable as Nixon's.

ⓐ unruly

ⓑ tragic

ⓒ terrible

ⓓ scandalous

ⓔ shameful

396. Their leader remained intrepid even in the face of great danger.

ⓐ fearless

ⓑ reckless

ⓒ calm

ⓓ stable

397. Since gelatin comes from animal bones, it is pure protein and can easily be digested, which makes it a valuable food for invalids.

ⓐ animals

ⓑ the aged

ⓒ young people

ⓓ convalescents

398. Professor Warner's advice was invaluable to me at that stage of my work.

ⓐ extremely useful

ⓑ very interesting

ⓒ rather overestimated

ⓓ completely worthless

399. It was widely believed that neutrons were massless and their types were invariant.

ⓐ decreased

ⓑ improved

ⓒ uniform

ⓓ outstanding

400. The Boston team this season was invincible.

ⓐ uncomfortable

ⓑ unmanageable

ⓒ unbelievable

ⓓ unconquerable

401. The scientist's claim about the future of the city was irrefutable. (대신증권)

ⓐ incontrovertible
ⓑ impossible
ⓒ understand
ⓓ unconvincing

402. A deficiency of vitamin D can lead to permanent bone deformities.

ⓐ serious
ⓑ irreparable
ⓒ infinite
ⓓ occasional

ob-

403. He had an extremely obese friend whose mind was constantly occupied with the thought of delicacies.
(행정고시, 수자원공사)

ⓐ charming
ⓑ corpulent
ⓒ dirty
ⓓ grotesque
ⓔ thin

404. Do not obfuscate the issues by dragging in irrelevant argument.

ⓐ detonate
ⓑ illumine
ⓒ elucidate
ⓓ obscure

405. The snow was so heavy that it obliterated the highway.

ⓐ distorted
ⓑ blocked
ⓒ froze
ⓓ effaced

406. He is oblivious to criticism and refuses to believe there is anything wrong with his behavior. (대신증권, 기아그룹)

ⓐ unaware of
ⓑ mindful of
ⓒ counterattacking
ⓓ embroiled in

407. They would gladly purchase the emperor's protection by the sacrifice of an obnoxious fugitive.

ⓐ a lustrous
ⓑ an anomalous
ⓒ a random
ⓓ a hypocritical
ⓔ a disagreeable

408. He was thought of as the most __________ man in our company since he accepted whatever his superiors suggested without reflective thought. (CPA)

ⓐ intractable
ⓑ competent
ⓒ suspicious
ⓓ obsequious
ⓔ antagonistic

409. Despite the fact that Harry is an experienced driver, the possibility of his having an accident continues to obsess his mother.

ⓐ haunt
ⓑ obviate
ⓒ obtrude
ⓓ distract

410. I believe that present-day schools will become obsolete. Schools these days constrict the students' freedom and stifle their creativity.

ⓐ substantial
ⓑ outdated
ⓒ established
ⓓ enervating

411. If he insists upon being obstinate we will have to settle this in court. (한국투자신탁)

ⓐ stubborn
ⓑ indignant
ⓒ abject
ⓓ gauche

412. The tree will have to be cut down because it obstructs the view of oncoming traffic. (한국투자신탁)

ⓐ lapses
ⓑ blocks
ⓒ casts
ⓓ reproaches

413. News consists of events which obtrude. (동아일보)

ⓐ thrust forward
ⓑ take place
ⓒ were staged
ⓓ happen

414. Sandra has agreed to lend me the book I need. This obviates my trip to the library.

ⓐ makes unaccountable
ⓑ makes unnecessary
ⓒ makes necessary
ⓓ obsesses

415. The occult rites of the organization were revealed only to members.

ⓐ mystical
ⓑ facile
ⓒ devious
ⓓ peculiar

416. We could take the ostensible goal of the tax cutters more seriously if we saw that they were also at least trying to reduce government spending.

ⓐ malicious
ⓑ specious
ⓒ tactical
ⓓ candid

per-

417. Florida's perennially warm weather allows the state to be the top of citrus production.

ⓐ very
ⓑ world-famously
ⓒ year-round
ⓓ exceptionally
ⓔ mildly

418. An arrow has a sharp head which perforates its target. (담배인삼공사)

ⓐ follows
ⓑ pierces
ⓒ files toward
ⓓ faces toward

419. The card had perforations in the upper left corner.

ⓐ holes
ⓑ numbers
ⓒ symbols
ⓓ lines

420. Mike Anderson overlooked many weaknesses when he inspected the factory in his perfunctory manner.

ⓐ superficial
ⓑ thoughtful
ⓒ scrupulous
ⓓ complete and careful

421. Perjury in a serious court case can result in life imprisonment.

ⓐ Lying under oath
ⓑ Aiding a criminal
ⓒ Destroying
ⓓ Threatening the jury

422. Neon light is utilized in airport beacons because it can permeate fog. (한국전력공사)

ⓐ pass through
ⓑ transmit
ⓒ suspend
ⓓ break up

423. Such pernicious behavior got him sent to prison.

ⓐ costly
ⓑ disgusting
ⓒ harmful
ⓓ healthful

424. The thieves were trying to perpetrate a robbery in the office building.

ⓐ stop
ⓑ view
ⓒ commit
ⓓ interfere with

425. That was a perpetual problem.

ⓐ an additional
ⓑ an occasional
ⓒ a constant
ⓓ a common

426. The odd results of the experiment perplexed the scientist. (현대그룹)

ⓐ disgusted
ⓑ puzzled
ⓒ surprised
ⓓ helped

427. Training is the key to ensure that an individual has a good perspective of what is going on around him. (한진그룹)

ⓐ conviction
ⓑ overview
ⓒ interpretation
ⓓ appreciation

428. Pure, perspicuous, and musical diction is one of the grand beauties of lyric poetry. (동양엘리베이터)

ⓐ linguistic
ⓑ clear
ⓒ limp
ⓓ officious

429. I just wonder if his views are really pertinent to our present situation. (롯데그룹)

ⓐ opposite
ⓑ relevant
ⓒ contagious
ⓓ concerned with

430. As the news of the defeat pervaded the country, a feeling of anger directed at the ruler who had been he cause of the disaster grew.

ⓐ invaded
ⓑ perverted
ⓒ evaded
ⓓ provoked
ⓔ permeated

pre-

431. It is the first part of intelligence to recognize our precarious estate in life. (현대그룹)

ⓐ vulnerable
ⓑ precious
ⓒ valuable
ⓓ invaluable

432. Summer's heat and humidity shouldn't keep you from exercising — you just need to take precautions.

ⓐ avoid going out in the sun
ⓑ take measures to avoid possible dangers
ⓒ practice beforehand
ⓓ take every chance

433. Imposing a lenient sentence for such a serious crime sets a dangerous precedent.

ⓐ controversy
ⓑ preview
ⓒ guide
ⓓ record

434. They tried to live according to his precept that the unexamined life was not worthy of a man. (서울대 대학원)

ⓐ idea
ⓑ pattern
ⓒ teaching
ⓓ wish

435. Do not be precipitate in this matter, investigate further.

ⓐ very steep
ⓑ headlong
ⓒ hasten
ⓓ participant

436. The thieves arranged to steal the rich woman's jewels, but her servant girl precluded them by running away with the jewels herself.

ⓐ forestalled
ⓑ preceded
ⓒ precipitated
ⓓ foretold

437. If Nancy's three-year old brother can read, he must be a precocious child.

ⓐ preposterous
ⓑ retarded
ⓒ mature
ⓓ wise

438. Gray and Burns were precursors of the Romantic Movement in English Literature.

ⓐ attackers
ⓑ torturers
ⓒ pursuers
ⓓ forerunners
ⓔ workers

439. The directors faced a predicament in trying to meet the deadline. (동방기획)

ⓐ an enigma
ⓑ a failure
ⓒ a dilemma
ⓓ an extension

440. Politicians often manifest a predilection for making statements for short term political gain that are either nonsensical or contradictory to past positions they have held.

ⓐ provision for
ⓑ probability of
ⓒ liking for
ⓓ prospect of

441. His premises were simple: twentieth century modernism originated in or resulted in obscurity; nineteenth century romanticism exalted the impalpable and irrational.

ⓐ promises
ⓑ assumptions
ⓒ assignments
ⓓ prompts

442. We ignored these premonitions of disaster because they appeared to be based on children fears.

ⓐ presumptions
ⓑ preeminences
ⓒ forewarnings
ⓓ prescriptions
ⓔ orders

443. His preposterous remark embarrassed his friends.

ⓐ timely
ⓑ ingenious
ⓒ absurd
ⓓ unprecedented

444. There's no prerequisite for Professor Smith's Italian Renaissance course, is there?

ⓐ requirement
ⓑ disadvantage
ⓒ permission
ⓓ disappointment

445. Choose the one that is closet in meaning; prerogative. (사법시험)

ⓐ superior power
ⓑ special privilege
ⓒ written direction
ⓓ higher rank
ⓔ dangerous situation

446. Weight lifting is the gymnastics sport of lifting weights in a prescribed manner. (쌍용그룹)

ⓐ vigorous
ⓑ popular
ⓒ certain
ⓓ careful

447. In 1987 the prestigious British journal Nature published an article linking manic depression to a specific gene.

ⓐ extinct
ⓑ outstanding
ⓒ indecent
ⓓ everlasting

448. I have never seen such a presumptuous person before; she thinks she knows everything.

ⓐ an impudent
ⓑ a sagacious
ⓒ a frivolous
ⓓ a lewd

449. If this is their pretext, it is an insult to me.

ⓐ pretension
ⓑ excuse
ⓒ engagement
ⓓ prestige

450. Under the prevailing system, nobody but the politicians have the power. (석사장교)

ⓐ previous
ⓑ autocratic
ⓒ current
ⓓ pressing
ⓔ compliant

451. It is the prevalent philosophy of life in business circles. (한국가스공사)

ⓐ grand

ⓑ proper

ⓒ widespread

ⓓ rational

pro-

452. In 1863 President lincoln proclaimed all slaves to be free. (서울대 대학원)

ⓐ dedicated

ⓑ requested

ⓒ decided

ⓓ declared

453. procrastinating manner:

ⓐ insolent

ⓑ perverse

ⓒ compliant

ⓓ postponing

454. He ate a prodigious amount of the homemade bread.

ⓐ slight

ⓑ huge

ⓒ tiny

ⓓ moderate

455. Choose the number preceding the phrase which is the closet in meaning to proffer. (군법무관)

ⓐ teach

ⓑ offer

ⓒ accumulate wealth

ⓓ act skillfully

ⓔ cut down

456. She fell into a profound sleep. (롯데그룹)

ⓐ sound

ⓑ long

ⓒ happy

ⓓ sufficient

457. After hatching the eggs, the female of the species seems to lose interest in her progeny.

ⓐ mate

ⓑ nest

ⓒ offspring

ⓓ welfare

458. We must not forget the teachings of our progenitors in our desire.

ⓐ forefathers

ⓑ precedents

ⓒ progenies

ⓓ offsprings

ⓔ descendants

459. What is the prognosis of typhoid?

ⓐ solution

ⓑ symptom

ⓒ problem

ⓓ expectation

460. prognosticate:

ⓐ scoff

ⓑ forecast

ⓒ ravish

ⓓ reject

461. Under these conditions, the bacteria which proliferate live best without oxygen and in fact may die in the presence of this gas.

ⓐ ferment
ⓑ exploit fully
ⓒ stimulate microbes
ⓓ reproduce rapidly

462. Do you think your friend will ever become as prolific a writer as her uncle was?

ⓐ skillful
ⓑ careful
ⓒ faithful
ⓓ fruitful

463. The sawfish is easily recognized by its prominent sawlike head.

ⓐ protruding
ⓑ promiscuous
ⓒ rugged
ⓓ spiked

464. Promiscuous use of drugs is making psychological cripples out of millions of people.

ⓐ Chronic
ⓑ Hazardous
ⓒ Increased
ⓓ Indiscriminate

465. As soon as the board of elections promulgates the list of candidates, a ballot is prepared.

ⓐ informally discusses
ⓑ officially declares
ⓒ quickly contacts
ⓓ critically reviews

466. He has a propensity to exaggerate.

ⓐ talent
ⓑ personality
ⓒ reluctance
ⓓ tendency
ⓔ sanity

467. Conditions were propitious for development.

ⓐ favorable
ⓑ belittling
ⓒ prerequisite
ⓓ discouraging

468. Even though he knew that his mother had been ill, he did not have the propriety to write to her.

ⓐ apathy
ⓑ eulogy
ⓒ posterity
ⓓ decency

469. Some conductors proscribe sound amplification at their concerts.

ⓐ permit
ⓑ propose
ⓒ encourage
ⓓ demand
ⓔ ban

470. The jury's deliberation was protracted because of their confusion over a point of view.

ⓐ lengthened
ⓑ befuddled
ⓒ illuminated
ⓓ distended

471. Maria has a provisional license.

ⓐ corrupt

ⓑ craven

ⓒ permanent

ⓓ makeshift

472. Government economic planners reportedly decided to scrap plants to impose a surcharge on agricultural imports, for fear of provoking protest from trading partners. (대한항공)

ⓐ annexing

ⓑ stirring up

ⓒ extorting

ⓓ dissuading

473. provocation: (서울대 대학원)

ⓐ complete attention

ⓑ natural tendency

ⓒ something that angers

ⓓ test of strength

474. If purported truths turn out to be falsehoods, we naturally become wary and suspicious.

ⓐ implied

ⓑ alleged

ⓒ designed

ⓓ retracted

re(back)-

475. The teacher continually __________ the pupil for the missing assignments. (서울대 대학원)

ⓐ regarded

ⓑ rebuked

ⓒ revoked

ⓓ refined

476. As I wondered how to with him over, I remembered that he'd been pretty recalcitrant ever since kindergarten.

ⓐ defiant

ⓑ pious

ⓒ modest

ⓓ obedient

477. After a rape accusation against the two athletes was recanted, questions arise on the news media's reporting of the case.

ⓐ criticized

ⓑ reinforced

ⓒ repeated

ⓓ withdrawn

ⓔ erased

478. Although old threats have disappeared or receded, new ones have arisen.

ⓐ renovated

ⓑ rearranged

ⓒ withdrawn

ⓓ withstood

479. In a trade agreement, nations generally make reciprocal concessions when setting tariffs.

ⓐ functional

ⓑ enthusiastic

ⓒ mutual

ⓓ graduated

480. The innocent man refuted the accusation.

ⓐ refused

ⓑ fought

ⓒ disproved

ⓓ avoided

481. Mr. Palmer made up his mind to relinquish his seat in the Senate.

ⓐ run for
ⓑ hold on to
ⓒ replace
ⓓ give up

482. Please remit the money you owe her.
(사법시험)

ⓐ send
ⓑ withhold
ⓒ figure up
ⓓ promise to pay
ⓔ censure

483. Because he had so many problems on his mind, he was remiss in performing his duties.

ⓐ negligent
ⓑ scrupulous
ⓒ attentive
ⓓ careful

484. My father renounced smoking and drinking last week. (해태그룹)

ⓐ gave up
ⓑ held up
ⓒ put down
ⓓ wrote down

485. The president repealed the order when he realized it would cause too much friction.

ⓐ enforced
ⓑ broke
ⓒ cancelled
ⓓ issued

486. This material repels water.

ⓐ filters
ⓑ alters
ⓒ extracts
ⓓ sheds

487. It is our reprehensible nature to welcome flattery.

ⓐ amiable
ⓑ ignoble
ⓒ blameworthy
ⓓ commonplace

488. If restaurant food is poorly prepared, I usually reprimand the manager.

ⓐ reproach
ⓑ abuse
ⓒ hate
ⓓ understand

489. The motorist was reproached by the woman trying to cross the street.
(연세대 대학원)

ⓐ approached
ⓑ refused
ⓒ blamed
ⓓ guided

490. There is something morally repulsive about modern activistic theories which deny contemplation and recognize nothing but struggle.

ⓐ disgusting
ⓑ exhausted
ⓒ dominating
ⓓ enormous

491. The president rescinded the order when he realized it would cause too much friction.

ⓐ appealed

ⓑ enforced

ⓒ issued

ⓓ repealed

492. The recession-weary British public has resentment over the royal wealth and life-style. (사법시험)

ⓐ indignation

ⓑ rejection

ⓒ demonstration

ⓓ harmony

ⓔ reservation

493. Some residual problems were very difficult to resolve.

ⓐ domestic

ⓑ global

ⓒ complex

ⓓ remaining

494. Devaluation would only give the economy a brief respite.

ⓐ relief

ⓑ moment

ⓒ peace

ⓓ chance

495. Not surprisingly, those who are averse to surrendering their sovereignty have become increasingly restive of late.

ⓐ agitated

ⓑ obedient

ⓒ resolute

ⓓ forcible

496. David retained his farm. (고려대 대학원)

ⓐ bought

ⓑ enjoyed

ⓒ sold

ⓓ kept

497. There are not many people in this society who one can revere.

ⓐ implicate

ⓑ respect

ⓒ condescend

ⓓ agitate

498. Sandy reverts to her old habit of biting her nails whenever she is nervous.

ⓐ explains

ⓑ converts

ⓒ returns

ⓓ likes

re(again)-

499. From earliest recorded history, humans have tried to farm fertile land reclaimed from flood plains.

ⓐ resorted

ⓑ restructured

ⓒ recovered

ⓓ recanted

500. It has not been always possible to __________ economic development and nature conservation.

ⓐ recommend

ⓑ acquaint

ⓒ reconcile

ⓓ introduce

501. The fertility of the natural world and the ladies of birth, death, and resurrection appear as recurring themes throughout mythology.

ⓐ respected
ⓑ repeated
ⓒ reliable
ⓓ religious

502. Take the voucher to your local branch of Woolworths and it will be redeemed for one toy.

ⓐ revised
ⓑ exchanged
ⓒ saved
ⓓ revived

503. There is a redoubtable plan.
(한국전기통신공사)

ⓐ suspicious
ⓑ vulnerable
ⓒ mundane
ⓓ formidable

504. Your article is full of redundant expressions.

ⓐ exotic
ⓑ superfluous
ⓒ stubborn
ⓓ abstract

505. The refractory horse was eliminated from the race.

ⓐ frail
ⓑ fractious
ⓒ dilatory
ⓓ cruel
ⓔ obedient

506. rehabilitate the slum:

ⓐ live in
ⓑ tear down
ⓒ renovate
ⓓ hate

507. Expense reports would show that the man who bought the drinks was reimbursed by the company for those purchases.

ⓐ withhold
ⓑ reduced
ⓒ waned
ⓓ refunded

508. The foreign minister reiterated his view on the incident.

ⓐ changed
ⓑ repeated
ⓒ publicized
ⓓ presented

509. The American car industry has been rejuvenated by its switch from large to small car production.

ⓐ depressed
ⓑ reinvigorated
ⓒ rewarded
ⓓ rejected

510. Some of technology's negative aspects are extremely hard to remedy.

ⓐ understand
ⓑ identify
ⓒ utilize
ⓓ correct

511. He will not take the job even if the remuneration is generous.

ⓐ employer
ⓑ promotion
ⓒ fund
ⓓ reward

512. A commencement address will be made by Willie Mayer, a renowned football player.

ⓐ confident
ⓑ renamed
ⓒ celebrated
ⓓ humble

513. No one anticipated the unfortunate repercussion of the price freeze.

ⓐ strong impact
ⓑ symbolic meaning
ⓒ violent protest
ⓓ faint echo

514. It takes training to be able to distinguish a replica from an original work of art.
(행정고시)

ⓐ model
ⓑ painting
ⓒ miniature
ⓓ copy
ⓔ production

515. Copyright laws are intended to prohibit the systematic reproduction of published works for the purpose of avoiding their purchase.

ⓐ revision
ⓑ duplication
ⓒ preparation
ⓓ design

516. The infamous Hatfield-McCoy feud began in earnest when, in 1882, the Hatfield requited the slaying of Ellison Hatfield by executing three McCoy brothers.

ⓐ avenged
ⓑ compensated
ⓒ reimbursed
ⓓ accentuated

517. The recession-weary British public has resentment over the royal wealth.
(사법고시)

ⓐ rejection
ⓑ indignation
ⓒ harmony
ⓓ demonstration

518. Toy balloons, spongers, and steel springs are resilient.

ⓐ cheerful
ⓑ reticent
ⓒ fickle
ⓓ inflexible
ⓔ elastic

519. He resolved to act more wisely in the future. (아남산업)

ⓐ promised
ⓑ hoped
ⓒ consented
ⓓ decided

520. He resolutely set out to seek his fame.
(서울대 대학원)

ⓐ hurriedly
ⓑ reluctantly
ⓒ determinedly
ⓓ purposely

521. Taiwan officials are fearful of a resurgence of inflation next year. (고려증권)

ⓐ briskness
ⓑ prosperity
ⓒ decrease
ⓓ renaissance

522. The new chairman brought about the resurrection of the company by firing a few dozen staffs.

ⓐ abandonment
ⓑ revival
ⓒ abolishment
ⓓ revolution

523. Why don's they retaliate? (서울대 대학원)

ⓐ fight back
ⓑ come back
ⓒ return to work
ⓓ complete the work

524. He had been characteristically reticent regarding the details of his own financial affairs.

ⓐ loquacious
ⓑ garrulous
ⓒ taciturn
ⓓ talkative

525. Nature always metes out a retribution for any transgression of her law.

ⓐ reticence
ⓑ lawsuit
ⓒ vengeance
ⓓ discord

526. A team of navy divers was dispatched to retrieve the sunken ship.

ⓐ hurl
ⓑ revive
ⓒ survive
ⓓ salvage

527. Susan is revamping her resume to make it seem more impressive.

ⓐ opening
ⓑ writing
ⓒ attaching
ⓓ revising

528. Labor saving machinery will bring more revenue to the farmer. (서울대 대학원)

ⓐ income
ⓑ taxes
ⓒ produce
ⓓ leisure

529. Many nuclear plant experts are calling for revisions in nuclear plant inspection procedure.

ⓐ reexamining and improving
ⓑ using well
ⓒ doing better than others
ⓓ looking at something closely

530. revitalize: (포항제철)

ⓐ renegade
ⓑ replace
ⓒ violate again
ⓓ renew
ⓔ offset

sub-

531. During his sojourn in Asia, he learned much about native customs. (MBC, 한국통신)

ⓐ exploration
ⓑ performance
ⓒ military service
ⓓ brief stay

532. The mood was somber, reflecting decade of frustration, failure and mounting tragedy.

ⓐ pure or good
ⓑ having had no alcohol
ⓒ serious and sad in appearance or feeling
ⓓ causing or likely to cause strong admiration

533. The flooded river submerged most of the farmland in the valley.

ⓐ subsisted
ⓑ immersed
ⓒ subdued
ⓓ emerged
ⓔ subverted

534. Only after she had been served with the subpoena did Mrs. Arbor turn over the confidential report to Mr. Harris.

ⓐ money paid by the government
ⓑ written order to attend a court of law
ⓒ search warrant
ⓓ money, food, clothes, etc., given to poor people

535. Subsequent events proved the man to be right.

ⓐ Former
ⓑ Earlier
ⓒ Later
ⓓ Latter

536. The outcry against president's policies will subside when a reasonable alternative suggestion is given by the ruling party.

ⓐ die down
ⓑ be postponed
ⓒ cancel
ⓓ be dislodged

537. Two substitutes were used during the basketball game. (일진그룹)

ⓐ replacements
ⓑ players
ⓒ centers
ⓓ referees

538. The lack of substantive discussion of serious issues is slowing down the project.

ⓐ excursive
ⓑ important
ⓒ instinctive
ⓓ obstructive

539. The group was involved in several subversive activities.

ⓐ charitable
ⓑ rebellious
ⓒ preposterous
ⓓ questionable

540. The message from the union was succinct: no workers would report for work the next day.

ⓐ tedious
ⓑ tardy
ⓒ brief
ⓓ final

541. Several children have measles, and the others are bound to succumb. (현대그룹)

ⓐ yield
ⓑ resist
ⓒ covet
ⓓ disparage

542. Science affects our whole ethical outlook by influencing our view as to the nature of the world, in fact, by supplanting mythology. (사법고시)

ⓐ supporting
ⓑ destroying
ⓒ replacing
ⓓ tumbling

543. Although poisonous, many alkaloids are valuable ingredients for medicine, and some can even suppress coughing.

ⓐ cause
ⓑ demonstrate
ⓒ stop
ⓓ worsen

544. The criminal's world is filled with surreptitious acts.

ⓐ clandestine
ⓑ alert
ⓒ anxious
ⓓ profitable

545. Children have a long lifetime of ingesting pesticides ahead of them, and their developing bodies are more susceptible to poisoning.

ⓐ sensitive
ⓑ positive
ⓒ acceptable
ⓓ sustainable

546. All air traffic was suspended during the emergency. (3급고시, 태평양화학)

ⓐ turned back
ⓑ speeded up
ⓒ stopped temporarily
ⓓ checked carefully
ⓔ regulated strictly

trans-

547. A series of rifle shots disturbed the tranquility of the camp grounds.

ⓐ solidarity
ⓑ equanimity
ⓒ excitement
ⓓ peacefulness

548. On the whole, the general led a tranquil life. (현대그룹)

ⓐ calm
ⓑ secluded
ⓒ turbulent
ⓓ self-centered

549. I had to complete several transactions before the house could be sold.

ⓐ deals
ⓑ renovations
ⓒ alterations
ⓓ removals

550. When you transcribe your notes, please send a copy to Mr. Smith and keep the original for our files.

ⓐ subscribe
ⓑ copy
ⓒ inscribe
ⓓ describe
ⓔ explicate

551. Those who transgress the laws of society can be punished.

ⓐ disagree with

ⓑ disperse

ⓒ violate

ⓓ interfere with

552. Love is transitory, but art is eternal.

ⓐ perpetual

ⓑ increasing

ⓒ nothing

ⓓ momentary

553. On our drive form New York to Illinois, we traversed New Jersey, Pennsylvania, Ohio, and Indiana.

ⓐ transferred

ⓑ trespassed

ⓒ transgressed

ⓓ passed through

554. If he couldn't prepare his case properly, the trial would be a travesty.

ⓐ parody

ⓑ tragedy

ⓒ comedy

ⓓ romance

un-

555. In an attempt to experience the unadulterated, they travel up obscure places.

ⓐ filthy

ⓑ pure

ⓒ unknown

ⓓ unusual

556. Despite his unassuming presence, the young composer was, in fact, a great musical genius.

ⓐ pretentious

ⓑ unknown

ⓒ incredible

ⓓ modest

557. Cowbirds lay eggs in the nests of other birds if those nests are left unattended.

ⓐ disorganized

ⓑ incomplete

ⓒ unguarded

ⓓ unwanted

558. He is a writer who has an uncanny power to see through the psychic domain of man.

ⓐ a beautiful

ⓑ an intelligent

ⓒ an extraordinary

ⓓ a natural

559. The workers were hacking their way through uncharted jungle when they came upon the ancient buildings.

ⓐ unknown

ⓑ unconsecrated

ⓒ extraordinary

ⓓ unanimous

560. The country itself is not uncomely, despite the dirty grime of the endless mills.

ⓐ unfortunate

ⓑ ugly

ⓒ understanding

ⓓ beautiful

561. If democratic values are so uncongenial to Asian, why then did Asians from Manila to Beijing, from Rangoon to Seoul, demand them?

ⓐ homogeneous
ⓑ contagious
ⓒ controversial
ⓓ alien

562. Due to the unflagging efforts of the rescue them, the children were found after a few hours.

ⓐ brave
ⓑ unified
ⓒ hurried
ⓓ indefatigable

563. It was an unnerving experience for the cast and crew, since war could have broken out at any time.

ⓐ something that helps to feel comfort
ⓑ something that is likely to be remembered
ⓒ something that makes you feel worried and uncomfortable
ⓓ something that is inappropriate, awkward, or undesirable

564. The unpalatable truth is that the region increasingly relies on the United States to maintain order, all the while complaining about its consequences.

ⓐ unreliable
ⓑ untenable
ⓒ unpleasant
ⓓ undeniable
ⓔ uncertain

565. A basic cause of change was the unprecedented population explosion that stemmed from better health conditions.

ⓐ well prepared
ⓑ remarkable
ⓒ unparalleled
ⓓ predictable

566. Some children display an unquenchable curiosity about every new thing they encounter. (한국야쿠르트)

ⓐ insatiable
ⓑ inherent
ⓒ indiscriminate
ⓓ incredible

567. They tried to unravel the mystery of the missing cashbox.

ⓐ create
ⓑ solve
ⓒ fold
ⓓ entangle

568. unsophisticated: (롯데그룹)

ⓐ unwise
ⓑ hostile
ⓒ naive
ⓓ friendly

정답 ▶ p. 378~381

VOCA MASTER

CHAPTER
2
Minor 접두어

a-

상태 · 진행 (on, in)

live 살다란 동사에 a-를 붙이면 'alive 살아 있는'이 되는데
여기서 접두어 **a-**가 바로 '상태 · 진행'을 만들어 준다.

익힘편 / 공풀편 ablaze

[əbléiz]
불타고 있는

ⓐ 불타고 있는   *afire, aflame, burning*

The house had been **set ablaze.** 그 집은 불타버렸다.

[어원] 『a(on) + blaze(불길) → 불길에 휩싸여 있는』
[TIP] 먼저 blaze(불길)를 알면 여기에 '상태 · 진행'의 접두어 a-가 붙어 '불타고 있는'의 의미가 된 것으로 아주 쉽게 외울 수 있다.

익힘편 / 공풀편 agape

[əgéip]
(입을) 벌리고 있는

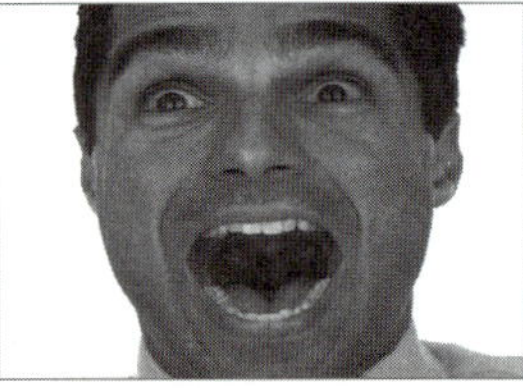

ⓐ (입을) 벌리고 있는   *with your mouth open*

his mouth **agape** in horror 공포로 벌어져 있는 그의 입

[어원] 『a(on) + gap(틈) → (입이) 벌어져 있는』
[TIP] agape 안의 gap(틈)을 읽어내면 agape를 쉽게 외울 수 있다. agape는 또 다른 의미로 '인간에 대한 하나님의 사랑, 이타적 사랑(아가페)'이라는 뜻도 있다.

익힘편 / 공풀편 aghast

[əgǽst, əgáːst]
유령을 만난

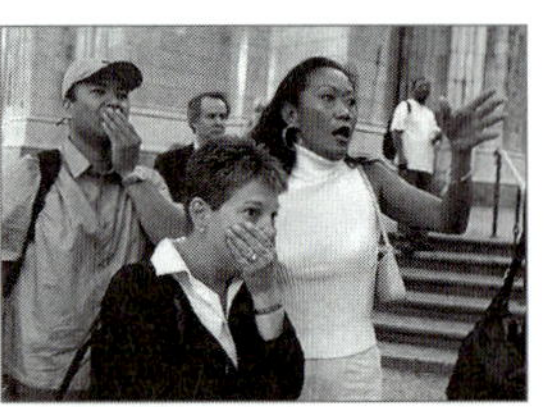

ⓐⓓ 넋을 잃고, 멍하니   *shocked*

look at her **aghast** 그녀를 멍하니 쳐다보다

[어원] 『a(on) + ghast(ghost) → 유령을 만난』
[상상⁺] **ghast**ly 무시무시한, 끔찍한(horrible)
gaze at 멍하니 바라보다(stare at)

aloof ★

[əlúːf]

불어오는 바람 쪽으로

ⓐ 쌀쌀한, 무관심한   deliberately not talking to other people

adⓥ 멀리 떨어져

keep **aloof from** other people 다른 사람들을 멀리하다

[어원] 『a(at) + loof(바람 부는 쪽의) → 불어오는 바람 쪽으로』
[TIP] 해안가에 폭풍우가 몰아치는 상황에서 뱃머리를 바람 쪽으로 향하게 하여 위험한 해안에서 멀리 벗어난 것에서 유래함.
[어법] aloof from : ∼에서 멀리 떨어져

awry ★★

[ərái]

뒤틀려 있는

ⓐ (일이) 뒤틀린, 잘못된   wrong

Our plan had already **went awry**. 우리의 계획은 이미 틀어졌다.

[어원] 『a(on) + wry(뒤틀린) → 뒤틀려 있는』
[어법] go awary : (일이) 잘못되다, 틀어지다

---

ambi-

둘의 · 양쪽의 (two)
주위의 (around)

ambiguous ★★★

[æmbígjuəs]

두 가지를 내미는

ⓐ 애매한, 모호한   equivocal, vague, ambivalent

an **ambiguous** answer   애매한 대답

[어원] 『ambi(two) + (i)g(drive) → (두 가지) 의미를 내미는』
[TIP] 이건지 저건지 두 가지 의미를 내민다는 것은 애매하다는 것이다.

ambivalent ★★

[æmbívələnt]
가치가 두 개인

ⓐ 상반되는, 모호한 ambiguous, equivocal, vague

We are somewhat **ambivalent** about having a baby.
우리는 아기를 갖는 것에 대해 다소 상반된다.

[어원] 『ambi(two) + val(value) → 두 개의 가치가 있는』
[상상⁺] equi**val**ent 동등한, 상응하는

ambience ★

[ǽmbiəns]
주변에 있는 것

ⓝ (주변) 환경, 분위기

  atmosphere, circumstances, environment, milieu

a. ambient 주위의

the unique **ambience** of the cafe 그 카페의 독특한 분위기

[어원] 『ambi(around) + ence(명접) → 주변에 있는 것』
[TIP] 여기서 ambi-는 '주변'의 뜻으로 접두어 'ambi-: two'와 구분하자!

---

a(n)-

둘의 · 양쪽의 (not), ~이 없는(without)

접두어 an-뒤에 자음이 나오면 발음의 편의상 'n'이 탈락하고 a-로만 쓰인다.

apathetic 무관심한 / **a**theism 무신론

abysmal ★

[əbízməl]
밑바닥이 없는

ⓐ 심연의, 끝없는 endless

n. abyss 심연

abysmal failure 완전한 실패

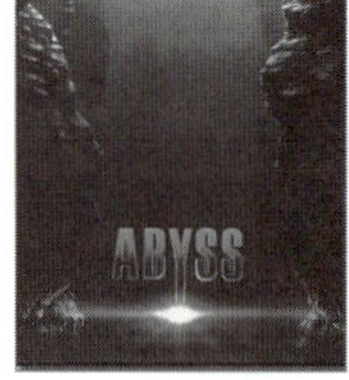

[어원] 『a(without) + bys(base) → 바닥이 없는』
[상상⁺] **base** 기초(를 두다); 비열한 / de**base** (품위를) 떨어뜨리다

amnesty

[ǽmnəsti]
(죄를) 기억하지 않음

ⓝ 사면, 특사 pardon, forgiveness, absolution

grant an **amnesty** 사면해주다

[어원] 『a(n)(not) + mne(memory) → (과거의 죄를) 기억하지 않는 것』
[상상⁺] **amne**sia 기억상실증
[TIP] amnesty → (과거의 죄를) 기억하지 않는 것 → 사면
      amnesia → (과거를) 기억하지 못하는 것 → 기억상실증

anecdote

[ǽnikdòut]
드러나지 않은 이야기

ⓝ 일화, 경험담　episode, story, parable

his amusing **anecdotes** 그의 재미있는 일화들

[어원] 『an(not) + ec<ex(out) + dot(give) → 밖으로 드러나지 않은 이야기』
[TIP] anecdote는 접두어 두 개가 결합된 어휘임을 눈여겨보고 외워야 한다.

anomaly

[ənáməli / ənɔ́m-]
같지 않은 상태

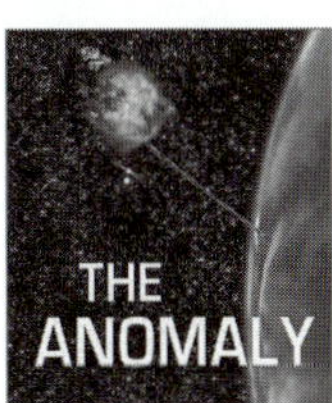

ⓝ 예외, 이례　exception, abnormality

a. anomalous　예외[이례]적인　abnormal

various **anomalies** in the tax system 세제상의 다양한 예외들

[어원] 『an(not) + oma<homo(같은) → (평소와) 같지 않은 상태』

anonymous ★★★

[ənániməs, ənɔ́ni-]
이름이 없는

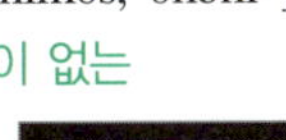

ⓐ 익명의　unknown, unsigned, unidentified, incognito

according to the **anonymous** official
익명의 관리에 따르면

[어원] 『an(without) + onym(name) → 이름이 없는』
[상상+] pseu**donym** 가명, 필명 / syn**onym** 동의어 / ant**onym** 반의어

apathetic ★★

[æ̀pəθétik]
감정이 없는

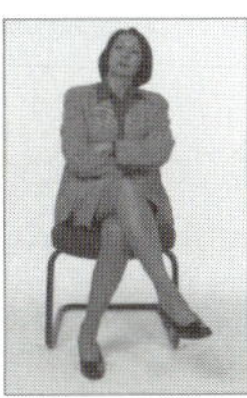

ⓐ 냉담한, 무관심한　indifferent, impassive, callous, nonchalant

n. apathy　냉담함, 무관심

She felt too **apathetic** about politics.
그녀는 정치에 대해 너무도 무관심했다.

[어원] 『a(without) + path(feel) → 느끼는 감정이 없는』
[상상+] **path**etic 불쌍한, 애처로운 / anti**pathy** 반감 / sym**pathy** 동감
com**pat**ible 양립할 수 있는; 호환되는

---

atheism ★

[éiθiìzəm]
신이 없다는 생각

ⓝ 무신론　the belief that God does not exist

n. atheist　무신론자　infidel

He has adhered to **atheism**. 그는 무신론을 고집했다.

[어원] 『a(n)(without) + the(o)(god) → 신(神)이 없다는 생각』

[비교] agnostic 불가지론자 : 인간이 신이나 사후세계를 인식할 수 없다고 주장하는 사람

---

ana-

위로 (up)

---

anachronism

[ənækrənìzəm]
시간을 거스른 것

ⓝ 시대착오　something that seems to belong to the past

a. anachronistic　시대착오적인

The movie is full of **anachronisms**.
그 영화는 시대착오적인 것들로 가득하다.

[어원] 『ana(back) + chron(time) → 시간을 거슬러 올라간 것』

---

analogy ★

[ənæləʤi]
비슷한 이유를 드는 것

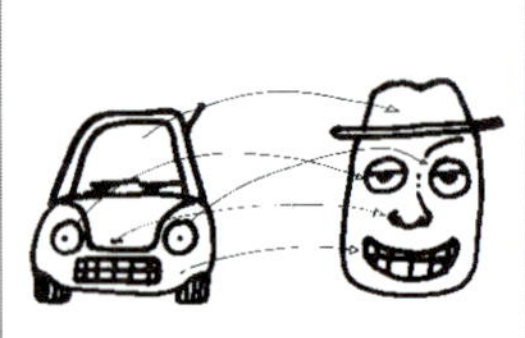

ⓝ 유사, 비유　similarity, likeness, resemblance

a. analogous　유사한　similar

analogies between human and animal behavior
인간과 동물의 행동 사이의 유사점

[어원] 『ana(up) + log(o)(reason) → (비슷한) 이유를 드는 것』
[상상+] **log**ic 논리 / apo**log**y 사과 / pro**log**ue 머리말, 프롤로그
epi**log**ue 맺음말, 에필로그 / **log**istics 배치, 수송

---

ante-

이전의 (before)

[스펠링 변화] ante- 접두어는 anti-로 스펠링이 바뀌는 경우가 있다.

anticipate 예상하다 / **anti**quated 구식의

 **antecedent** ★

[æ̀ntəsíːdənt]
앞서 간 것

ⓝ 1. 선례, 전례　precedent

2. 《복》 조상, 선조　ancestors

historical **antecedents** 역사적 선례들

[어원] 『ante(before) + ced(go) → 앞서 간 것』

[TIP] antecedent는 형용사로 '～보다 이전의(prior to)'의 의미도 있으나 현재는 거의 쓰이지 않는다.

 **antique**

[æntíːk]
옛날 것인

ⓐ 고풍스러운　old and valuable

n. 골동품, 앤틱　an object that is old and valuable

an **antique** oak chair 참나무[오크재]로 만든 골동품 의자

His house is full of priceless **antiques.**
그의 집은 귀중한 골동품들로 가득하다.

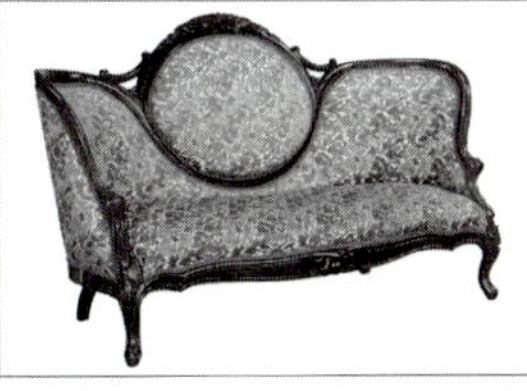

[어원] 『anti<ante(before) + que(형접) → (물건이) 옛날 것인』

[TIP] antique는 골동품을 의미하는 '앤틱'으로도 자주 쓰여 친숙하다.

[비교] antiquated 구식의

 **antiquated** ★★

[æntikwèitid]
옛날 것이라 오래된

ⓐ 구식의, 낡은　outmoded, archaic, obsolete, obsolescent

antiquated equipment[laws] 구식 장비 / 구식이 된 법들

[어원] 『anti<ante(before) + que(형접) → 옛날 것이라 오래된』

[TIP] antiquated와 antique는 어원이 같다.

　　antiquated : '옛날 것인'에서 → (방식·장비 등이) 구식의

　　antique : '옛날 것인'에서 → (물건이) 고풍스러운

[출제포인트] 시험에는 주로 **antiquated**가 출제된다.

anti-
반대 (opposite)

antagonistic ★

[æntægənístik]
강하게 반대하는

ⓐ 1. 적대적인 hostile, inimical   2. 반대되는 opposed, contrary

n. antagonism 적대감; 반대 antagonist 반대자 opponent

vt. antagonize ~의 반감을 사다

They became from **antagonistic** to amicable.
그들은 적대적인 관계에서 우호적 관계가 되었다.
antagonistic to our proposal 우리의 제안과 반대되는

[어원] 『ant(i)(반대) + agon(struggle) → 강하게 반대하는』

antithesis

[æntíθəsis]
반대쪽에 놓인 것

ⓝ 정반대 the complete opposite of something; opposition

Reason is the **antithesis** of instinct.
이성은 본능과 정반대다.

[어원] 『anti(반대) + thes(put) → 반대쪽에 놓인 것』

apo-

분리 · 이탈 (away)

 **aphorism**

[ǽfərìzəm]
기준이 되는 말

ⓝ 격언, 명언   maxim, epigram, proverb, saying

What is your favorite **aphorism**? 어떤 격언을 좋아하니?

[어원] 『ap(o)(away) + horiz(on)(수평선) → (올바름의) 기준이 되는 말』
[TIP] 이 단어는 요즘 '아포리즘'이라는 외래어로도 쓰인다.
『The early bird catches the worm. 일찍 일어나는 새가 벌레를 잡는다.』는 표현은 대표적인 aphorism이다.

 **apocryphal**

[əpákrəfəl / əpɔ́k-]
떨어져 숨어 있는

ⓐ 가짜의, 사실이 아닌   fictitious, bogus, phony, spurious

apocryphal story 사실 무근인 이야기

[어원] 『apo(away) + cryp(hidden) → (진실에서) 떨어져 숨어 있는』
[상상+] **cryp**tic 비밀의 / **cryp**togram 암호문

 **apogee**

[ǽpədʒì:]
땅에서 멀리 떨어진 곳

ⓝ 정점, 최고점   summit, zenith, culmination, apex, acme

His political career reached its **apogee**.
그의 정치 이력은 정점에 도달했다.

[어원] 『apo(away) + gee(땅) → 땅에서 가장 멀리 떨어진 부분』
[TIP] apogee는 천문학에서 원지점(달이 지구에서 가장 멀어지는 지점)이란 의미로도 쓰인다 ↔ perigee 근지점

apostle

[əpásl / əpɔ́sl]
멀리 보내진 사람

ⓝ 1. 사도, 제자 disciple　　2. 신봉[지지]자 proponent, adherent

Christ's 12 **apostles** 예수님의 12사도들
an **apostle** of reform 개혁의 지지자

[어원] 『apo(away) + stle(send) → (복음의 전파를 위해) 멀리 보내진 사람』
[TIP] apostle 은 성경(Bilble)에서 예수님께 선택되어 하나님의 복음을
　　　 멀리 전파하도록 보내진 사람 즉, '사도' 라는 뜻이다. 이 사도라는
　　　 의미에서 '강하게 믿고 받드는 신봉자, 지지자' 의 의미로 발전된 것이다.

arch(i)-

최초의, 원래의 (first)

archetype

[áːrkitàip]
최초의 형태

ⓝ 원형(原型), 본질 original, prototype

the **archetype** of the successful businessman 성공한 사업가의 원형

[어원] 『arch(e)(first) + type(형태) → 최초의 형태』

archipelago

[àːrkəpéləgou]
최초의 바다

ⓝ 군도, 다도해 a number of small islands

Bali is an island in the Indonesian **archipelago**.
발리는 인도네시아 다도해에 있는 섬이다.

[어원] 『archi(first) + pelago(sea) → 최초의 바다』
[TIP] 고대 그리스 문명의 발원지인 에게해(海)가 다도해였던 데서 유래함.
[음원] "archipelago(아기 팰라고)? 그런 사람은 **군도**로 귀향 보내"라고 외우자!

auto-

스스로 (self)
자동의 (automatic)

autocratic ★★

[ɔ̀ːtəkrǽtik]
혼자서 통치하는

ⓐ 독재적인 high-handed, tyrannical, despotic, dictatorial

n. autocracy 독재 정치   autocrat 독재자 dictator, despot, tyrant

an **autocratic** leadership style 독재적인 리더십 스타일

[어원] 『auto(혼자서) + crat(통치) → (모든 것을) 혼자서 통치하는』
[출제포인트] autocrat(독재자)보다 autocratic(독재적인)이 더 자주 출제된다.

autonomy ★

[ɔːtánəmi / -tɔ́n-]
스스로 통치하는 것

ⓝ 자치, 독립 independence, sovereignty

a. autonomous 자치의 self-governing

the people's aspirations for **autonomy** 자치에 대한 국민들의 열망

[어원] 『auto(스스로) + nom(law) → 스스로 통치하는 것』

be-
동사 형성 (make)

beguile ★

[bigáil]

교활하게 굴다

guile

ⓥ 1. 속이다　deceive, delude, dupe, take in

2. 매혹시키다　bewitch, enthrall, mesmerize, hypnotize

a. **guileful** 교활한　sly, cunning

She was **beguiled** by his sweet lie.
그녀는 그의 달콤한 거짓말에 속았다.

[어원] 『be(make) + guile(교활) → 교활하게 행동하다』
[TIP] 《스트리트 파이터2》의 캐릭터 guile(교활)을 연상하면 beguile을 쉽게 외울 수 있다.

bemoan

[bimóun]

신음 소리를 내다

ⓥ (몹시) 안타까워하다, 슬퍼하다　deplore, grieve, lament, mourn

bemoan the lack of fund 자금 부족을 안타까워하다

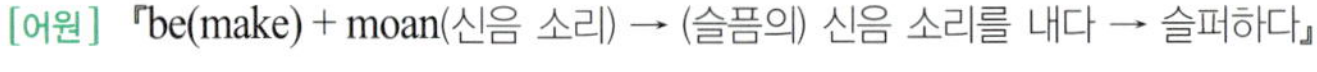

[어원] 『be(make) + moan(신음 소리) → (슬픔의) 신음 소리를 내다 → 슬퍼하다』
[TIP] bemoan은 신음 소리(moan)가 나올 정도로 몹시 안타까워하는 모습에서 탄생된 어휘다.

bemused ★

[bimjú:zd]

깊은 생각에 잠긴

ⓐ 당황한, 멍한　bewildered, embarrassed, perplexed, confounded

a **bemused** expression　당황한 표정

[어원] 『be(make) + muse(깊이 생각하다) → 깊은 생각에 잠긴』
[TIP] bemused는 '(이 상황에서) 어떻게 넘어가야 하나?' 하며 깊은 생각(muse)에 잠긴 모습이다.
[상상+] **music** 음악 / **amuse** 즐겁게 하다

bequest

[bikwést]
말을 남긴 것

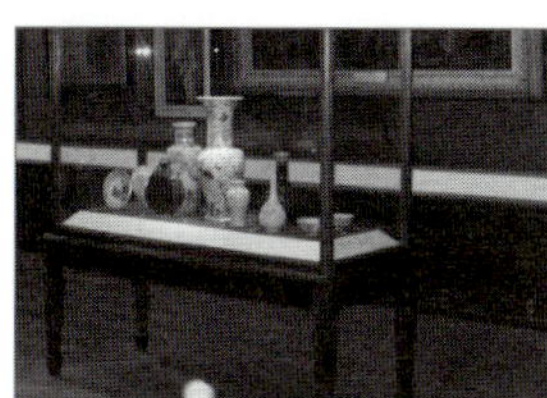

ⓝ 유산, 유증   inheritance, heritage, legacy, patrimony

vt. bequeath   유증하다   hand down

a **bequest** of $500,000   50만 달러의 유산

[어원] 『be(make) + quest(say) → (죽기 전에) 말을 남기다』
[TIP] bequest는 죽을 때 '~에게 물려주어라' 라고 말하는 것이다.
[상상⁺] **quest**ion 질문(하다) / **quest** 탐구 / ex**quisit**e 절묘한

bereave ★

[birí:v]
빼앗다

ⓥⓣ (목숨을) 빼앗다   rob, deprive, divest

a **bereaved** mother 자식을 잃은 어머니

[어원] 『be(make)+reav(rob) → 빼앗다』
[TIP] bereave에서 reav의 스펠링이 rob에서 유래했음을 알면 쉽다.
[상상⁺] **rav**age 약탈하다 / **rap**e 강간 / **rap**acious 강탈하는
[뉘앙스] rob A of ~ : A에게서 (돈 · 물건을)를 빼앗다
　　　　 deprive A of ~ : A에게서 (필요한 것을)를 빼앗다, 박탈하다
　　　　 divest A of ~ : A에게서 (지위를)를 빼앗다 / bereave : (목숨을) 빼앗다

beseech

[bisí:tʃ]
(도움을) 구하다

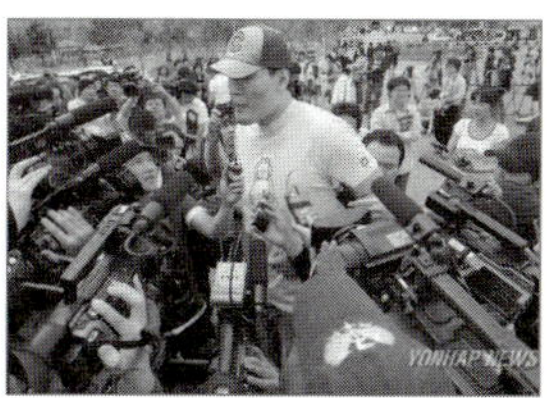

ⓥⓣ 간청하다   entreat, supplicate, implore, importune

beseech him to quit smoking 그에게 담배를 끊도록 간청하다

[어원] 『be(make) + seech(seek) → (도움을) 찾다, 구하다』
[TIP] beseech에서 seech는 seek(찾다, 구하다)의 발음이 약화된 스펠링임을
　　　 먼저 이해하자! 따라서 상대방에게 도움을 찾고 구하는 것이 beseech(간청
　　　 하다)이다.
[어법] beseech + 목적어 + to 동사 : ~에게 ~하도록 간청하다

beset

[bisét]
(주변에) 자리 잡다

ⓥⓣ 에워싸다, 봉착하다   surround, enclose, besiege, encompass

The company was **beset** with financial problems.
그 회사는 재정적인 문제들에 봉착했다.

[어원] 『be(make) + set(놓다, 자리 잡다) → (주변에) 자리 잡다』
[상상⁺] out**set** 시작, 착수 / on**set** 시작 / re**set** 재설정

besiege ★

[bisíːdʒ]
(주변에) 앉다

(vt) 포위하다   surround, blockade, beset, enclose

The palace was besieged by rebels.
그 궁전은 반란군들에 의해 포위되었다.

[어원] 『be(make) + siege(sit) → (주변에) 둘러앉다』
[TIP] besiege는 'sit(앉다)'에서 '둘러앉다'의 의미로 발전된 형태다.

besmirch ★

[bismə́ːrtʃ]
연기에 그을리게 하다

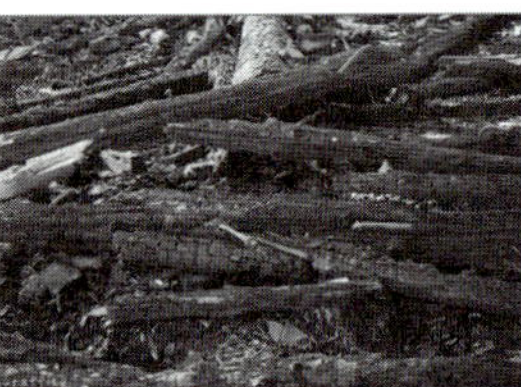

(vt) 더럽히다, 손상시키다   defile, smudge, taint, soil

The scandal besmirched her reputation.
그 스캔들이 그녀의 평판을 더럽혔다.

[어원] 『be(make) + smirch(smoke) → 연기에 그을리게 하다』
[TIP] besmirch에서 smirch란 부분은 smoke(연기)의 발음이 부드럽게 바뀐 형태임을 먼저 이해하자! 따라서 연기에 그을리게 하여 더럽히는 것이 besmirch다.
[상상⁺] **smudge** 더럽히다 : **smog**(스모그)에서 유래

bewitch

[biwítʃ]
마법을 걸다

(vt) 마법을 걸다, 매혹시키다   captivate, enchant, fascinate, allure

I was bewitched by her beauty.
나는 그녀의 아름다움에 매혹되었다.

[어원] 『be(make) + witch(마녀) → 마녀가 마법을 걸다』
[TIP] 우리말에서도 '그녀의 아름다움이 나에게 마법을 걸었다!'라고 하면 '그녀의 아름다움에 매혹되었다!'라는 뜻이 된다.
[상상⁺] **wick**ed 사악한

bene-

좋은 (good)

[스펠링 변화] bene- 접두어는 발음의 편의상 bon-으로 변형되는 경우가 있다.

bonanza 대박 / **boon** 이익, 혜택

benediction ★

[bènədíkʃən]
좋은 말

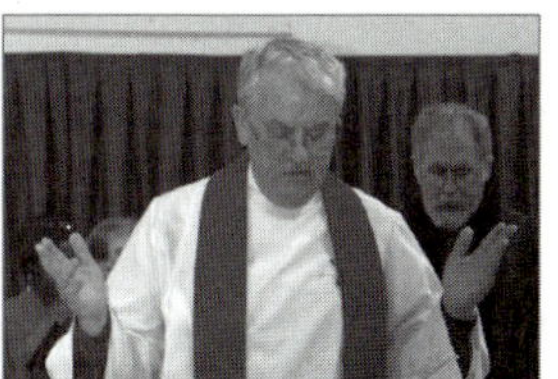

ⓝ 축복, 기도 blessing

The priest gave the **benediction** to the old man.
목사님은 그 노인에게 축복의 말을 해주었다.

[어원] 「bene(good) + dic(speak) → 좋은 말」
[TIP] 현 교황의 이름 역시 '베네딕토'다.
[비교] eulogy (장례식에서의) 축복, 찬사

benefactor ★

[bénəfæktər]
좋은 일을 하는 사람

ⓝ 자선가, 독지가 donor ⇔ malefactor 죄인, 범인 culprit

An anonymous **benefactor** donated $2million.
어느 익명의 독지가가 2백만 달러를 기부했다.

[어원] 「bene(good) + factor(하는 사람) → 좋은 일을 하는 사람」
[TIP] 우리나라 연예인들 중에 가수 김장훈 씨는 자신이 버는 수입의 대부분을
외부에 기부하는 대표적인 **benefactor**다.

beneficent

[bənéfəsənt]
좋은 결과를 만드는

ⓐ 유익한, 이로운 helpful, advantageous, beneficial

the **beneficent** effect of natural remedies
자연 치료의 유익한 효과

[어원] 「bene(good) + fic(make) → 좋은 결과를 만드는」

benevolent ★

[bənévələnt]
좋은 의도를 가진

ⓐ 친절한, 후한   kind and generous ⇔ malevolent   악의 있는

a **benevolent** smile   친절한 미소

[어원] 『bene(good) + vol(will : 의지) → 좋은 의도를 가진』
[상상⁺] **vol**untary 자발적인 / in**vol**untary 비자발적인, 자기도 모르는
     volition 의지

benign ★★★

[bináin]
좋게 태어난

ⓐ 친절한, 상냥한   amiable, affable, genial ⇔ malign   해로운; 비방하다

his **benign** nature   그의 친절한 성격

[어원] 『beni(good) + gn<gen(birth) → 좋게 태어난』
[TIP] benign은 의학 용어로 '종양(tumor)이 양성인' 의 의미로도 쓰인다.
     반대는 'malign(악성인)'이다.

bonanza

[bounǽnzə]
너무 좋은 것

ⓝ 대박, 대성공   great success

a staggering cash **bonanza**
엄청난 수익의 대박

[어원] 『bonus(좋은 것, 보너스)에서 유래하여 좀 더 강조된 말』
[음원] 우리나라에서 가장 '대박' 난 연예인인 배용준 씨는 정말 하늘에서 **보낸 자**
     (**bonanza**)다!
[상상⁺] **boun**tiful 풍부한, 후한 / de**bon**air 활기찬, 명랑한

boon

[bu:n]
좋은 것

ⓝ 이익, 혜택   benefit, help

The bus service is a real **boon** to people in the village.
버스 운행은 그 마을 사람들에게 진정한 혜택이다.

[어원] 『bon<bene(good)의 명사형 → 좋은 것』
[TIP] boon은 접두어 bon(좋은)에서 그대로 길게 발음된 명사형으로 이해하면
     쉽게 외울 수 있다.
[상상⁺] **bon**us 보너스

bi-
둘 (two)

 **biannual**

[baiǽnjuəl]
일 년에 두 번 하는

ⓐ 일 년에 두 번 하는, 반년제의　semiannual

a **biannual** report 일 년에 두 번 나오는 보고서

[어원] 『bi(two) + annual(해마다의) → 해마다 두 번씩 하는』
[상상⁺] **ann**ual 해마다의 / **ann**iversary 기념일
　　　 per**enn**ial 오래가는: 다년생의 / bi**enn**ial 2년마다의

 **biennial ★**

[baiéniəl]
2년에 한 번 하는

ⓐ 2년마다의, 격년제의　every two years

a **biennial** national convention　2년마다 하는 전국 집회

[어원] 『bi(two) + enn<ann(year) → 2년에 한 번씩 하는』
[TIP] 2년마다 열리는 국제 미술전을 뜻하는 말로 '비엔날레(biennale)' 가 있다.
　　　같은 어원이므로 비엔날레를 알면 **biennial**을 외우기 쉽다.

 **bilingual**

[bailíŋgwəl]
2개 국어를 하는

ⓐ 2개 국어를 하는　spoken in two languages

Their kids are **bilingual**. 그들의 아이들은 2개 국어를 한다.

[어원] 『bi(two) + lingual(언어의) → 2개국 언어를 말하는』
[상상⁺] mono**lingual** 1개 국어를 하는 / multi**lingual** 여러 나라 말을 하는

cata-
아래 (down)

cataclysm

[kǽtəklìzəm]
물이 휩쓸어감

ⓝ 대변동, 대격변 upheaval, calamity, disaster, catastrophe

a. cataclysmic 격변하는

the **cataclysm** of World War Ⅱ 제2차 세계대전의 대격변

[어원] 『cata(down) + clys(wash) → (홍수가) 모든 것을 휩쓸어감』
[TIP] 사진에서 보듯 물이 모든 것을 휩쓸어가버리니 그 결과 '대변동, 대격변'이 일어나는 것은 당연하다.

catalyst

[kǽtəlist]
풀어주는 것

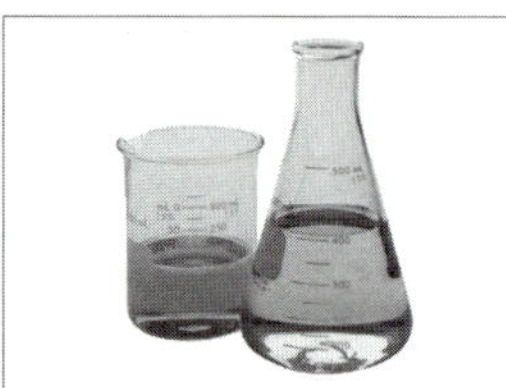

ⓝ 촉매제 stimulus, goad, impetus

vt. catalyze ~의 촉매 작용을 하다   a. catalytic 기폭제의

This case will act as a **catalyst** for political reform.
이번 사건이 정치 개혁의 촉매제로 작용할 것이다.

[어원] 『cata(down) + lys(loose) → (뭉쳐 있는 것을) 풀어주는 것』
[TIP] 촉매제란 원래 다른 물질의 화학 반응의 속도를 빠르게 해주는 것이라는 의미지만, 일반적으로 다른 사건의 발생을 빠르게 해주는 것의 의미로 쓰이고 있다.
[상상+] **analysis** 분석 / **paralysis** 마비

catastrophe ★

[kətǽstrəfi]
아래로 무너져 내림

ⓝ 재앙 disaster, calamity, cataclysm

face ecological **catastrophe** as a result of pollution
환경오염의 결과로 생태학적 재앙을 맞다

[어원] 『cata(down) + strophe(turn) → 아래로 무너져 내림』
[주의] 스펠링에 주의 : catastrophy(X) → catastrophe(O)

---

categorize ★

[kǽtigəràiz]
(각각) 모아두다

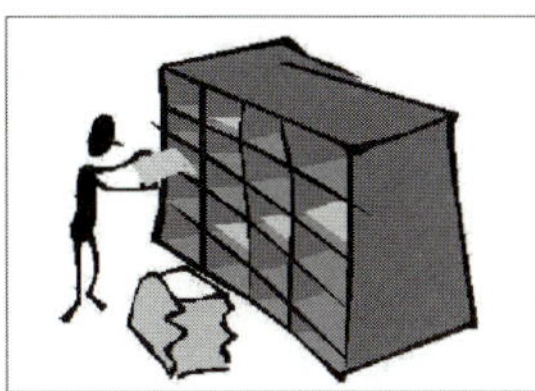

ⓥ 분류하다   classify, assort, break down

The group is **categorized** according to age and sex.
그 집단은 나이와 성별에 따라 분류된다.

[어원] 『cat(a)(down) + egor(agora광장, 모임) → (각각) 모아두다』
[TIP] 외래어로 쓰이는 'category(카테고리 : 범주, 부류)'를 이용해 외우면 쉽다.
agora는 고대 로마에서 사람들이 모였던 **광장**을 뜻한다.
[상상⁺] all**egory** 비유, 우화 / **agora**phobia 광장 공포증 / pan**egyric** 찬사, 격찬

catholic ★

[kǽθəlik]
완전한 것 하의

ⓐ 다방면의, 보편적인 extensive, comprehensive, universal, far-reaching

n. a. 《C-》가톨릭(의)

She has **catholic** tastes. 그녀는 음식을 가리지 않는다.

[어원] 『cat(a)(down) + hol(whole) → 완전한 것 하의』
[TIP] catholic의 어원은 '완전한 것을 따라서'의 의미인데, 종교로서 '완전한
교리'라는 의미이고 이 완전함이 '전체에 통용되는 → 보편적인'의 의미로
발전한 것이다.
[상상⁺] **hol**istic 전체적인

circum-

주위 · 주변 (around)

circumference ★

[sərkʌ́mfərəns]
주변을 빙 두른 부분

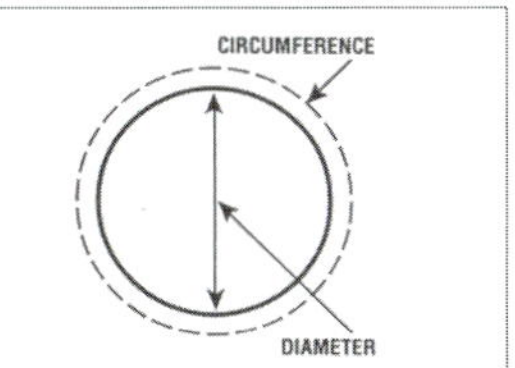

ⓝ 원주, 원의 둘레 perimeter, girth

the **circumference** of the Earth 지구의 원주

[어원] 『circum(around) + fer(carry) → 주변을 빙 두른 부분』
[TIP] 그림은 원주(circumference)가 무엇이고 지름(diameter)이 무엇인지를
명확히 보여주고 있다. 참고로 반지름은 radius다.

 **circumscribe**

[sə́ː*r*kəmskráib]
둘레에 선을 긋다

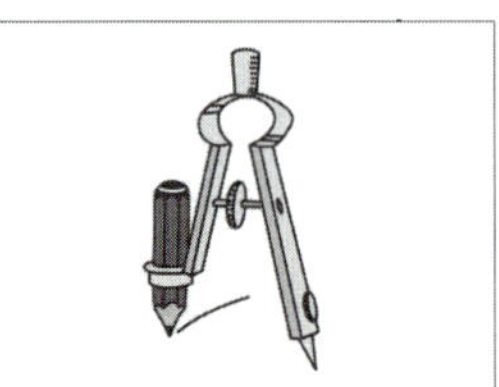

ⓥⓣ 한정[제한]하다   restrict, confine, limit, put a lid on

The President's power is **circumscribed** by Congress.
대통령의 권한은 국회에 의해 제한된다.

[어원] 『circum(around) + scribe(write) → 둘레에 선을 긋다』
[TIP] 그림에서 보듯 빙 둘러 선을 그어놓게 되면 일정한 범위가 생기게 되어
circumscribe가 '한정[제한]하다' 의 의미가 된다.

 **circumspect ★**

[sə́ː*r*kəmspèkt]
주변을 둘러보는

ⓐ 신중한, 주의 깊은   cautious, prudent, discreet, vigilant

His attitude was polite but **circumspect**.
그의 태도는 정중했지만 신중했다.

[어원] 『circum(around) + spec(look) → 주변을 빙 둘러보는』

 **circumvent ★★★**

[sə̀ː*r*kəmvént]
돌아서 (피해)오다

ⓥⓣ 돌아오다, 피하다   avoid, shun, eschew, get around

circumvent the tax laws 세법을 피해가다

[어원] 『circum(around) + ven(come) → 돌아서 (피해)오다』
[TIP] circumvent는 앞에 장애물(obstacle)이 있을 때 빙 돌아서 피해가는
모습을 연상하면 쉽다.

contra-, counter-
반대 (opposite)

---

contraband

[kɑ́ntrəbæ̀nd / kɔ́n-]
금지한 것을 위반함

ⓝ 밀수품 smuggled products

a cargo of **contraband** 밀수품 화물

[어원] 『contra(반대) + ban(금지) → 금지한 것을 위반함』
[TIP] 다음 순서대로 세 단어를 함께 외우면 아주 쉽다.
　　　contraband(밀수품) → smuggle(밀수하다) → traffic in(밀매하다)
　　　: 밀수품을 밀수해 들여와 밀매하다

---

contradict ★★

[kɑ̀ntrədíkt / kɔ̀n-]
반대로 말하다

ⓥⓣ 1. 반박하다 rebut, refute, disprove, gainsay

　　 2. 모순되다 be opposed to

n. contradiction 반박; 모순　　 a. contradictory 반박하는, 모순된

You shouldn't **contradict** your mother. 어머니 말씀에 반박하면 안 돼.
His actions **contradicts** his words. 그의 행동은 그의 말과 모순된다.

[어원] 『contra(반대) + dict(speak) → 반대로 말하다』
[상상⁺] ad**dict** 중독시키다 / e**dict** 칙령, 포고 / in**dict** 고발하다
　　　　 inter**dict** 금지하다 / pre**dict** 예언하다 / ver**dict** 평결; 판단

---

contravene

[kɑ̀ntrəvíːn / kɔ̀n-]
반대로 오다

ⓥⓣ 위반하다 violate, offend, transgress, infringe

a. contravention 위반 breach

contravene the law relating to environment
환경 관련법을 위반하다

[어원] 『contra(반대) + ven(come) → (법에) 반대로 오다』

 익풀 / 공편

controversial ★

[kɑ̀ntrəvə́ːrʃəl / kɔ̀n-]

반대로 바꾸는

ⓐ 논란이 되는 disputable, debatable, doubtful, questionable

⇔ incontrovertible 논쟁의 여지가 없는

the **controversial** issue of education policy
논란이 되고 있는 교육 정책 문제

[어원] 『contro(반대) + vers(turn) → (상대의 의견을) 반대로 바꾸는
→ 반박하는, 논란이 되는』

 익풀 / 공편

counterfeit ★

[káuntərfit]

(진짜에) 반대로 만든

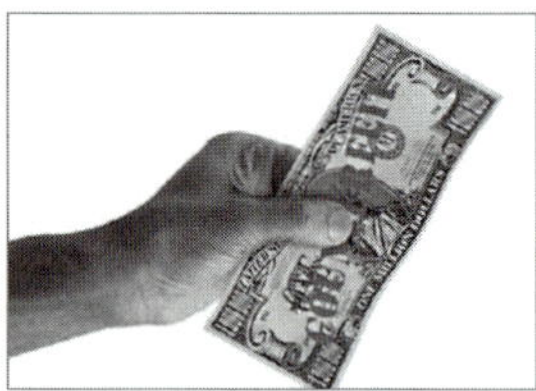

ⓐ 위조의 fake, bogus, phony, spurious

ⓥⓣ 위조하다 forge, fabricate, concoct, manufacture

a **counterfeit** bill 위조지폐
Jason admitted **counterfeiting** documents.
제이슨은 문서를 위조한 것을 인정했다.

[어원] 『countr(반대) + feit<fact(make) → (진짜의) 반대로 만들어낸』

di-, duo-

둘의, 양쪽의 (two)

dichotomy ★

[daikátəmi / -kɔ́t-]
둘로 자른 것

Ⓝ 이분(법), 양분   division, bisection

a **dichotomy** between men and women
남성과 여성 간의 양분(큰 차이)

[어원] 『dicho(two) + tom(cut) → 둘로 자른 것』
[상상+] **atom** 원자 / **anatom**ize 해부하다; 분석하다
　　　 epi**tom**ize 요약하다, 예시하다

dilemma ★

[dilémə]
양쪽에서 잡아당김

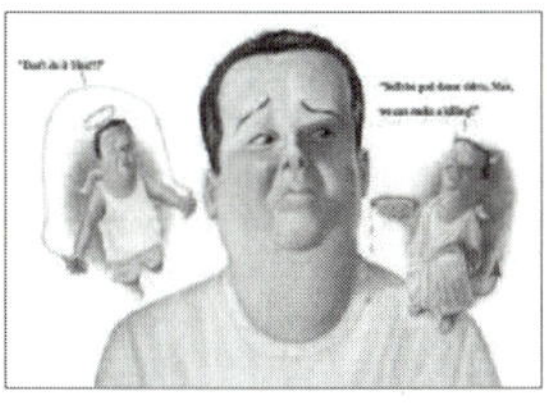

Ⓝ 진퇴양난, 딜레마   quandary, deadlock, impasse, predicament

be faced with a moral **dilemma**
도덕적 딜레마에 직면하다

[어원] 『di(two) + lemma(take) → 양쪽에서 잡아당기는 것』
[TIP] dilemma는 외래어로 쓰이는 '딜레마'로 외우는 것이 딱 좋다.
　　　 이러지도 저러지도 못하는 '진퇴양난'이 바로 딜레마다.

dubious ★★

[djúːbiəs]
두 가지를 가진

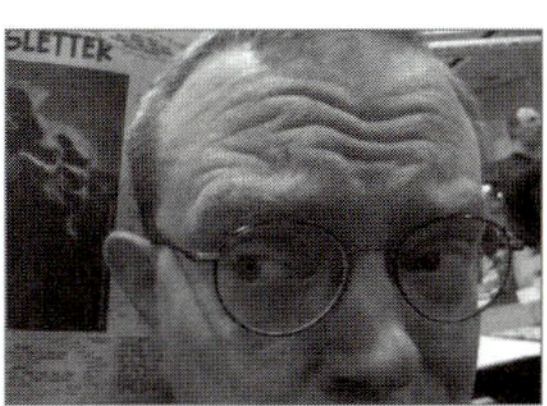

ⓐ 의심스러운   doubtful, uncertain, suspicious, fishy

n. dubiousness   의심스러움

His kindness is highly **dubious**. 그의 친절은 대단히 의심스럽다.

[어원] 『dubi(two) + ous(갖고 있는) → 두 가지를 갖고 있는』
[TIP] 상대방의 태도가 두 가지 모습을 갖고 있다면 당연히 의심스럽다! 또한,
　　　 dubious를 doubt의 형용사로 이해하면 쉽다.
[상상+] **du**et 듀엣, 이중창 / **du**el 결투 / **du**plicate 사본(의); 복사하다(copy)
　　　 duplicity 이중성

익플공편 duplicity ★

[djuːplísəti]

두 겹으로 접음

ⓝ 이중성, 사기 deceit, fraud, dishonesty ⇔ sincerity 진실성, 성실

I won't tolerate neither any lying nor **duplicity**.

나는 어떠한 거짓이나 사기도 참지 않을 것이다.

[어원] 『du(o)(two) + plic(fold) → 두 겹으로 접어놓은 것』

[TIP] duplicity는 진심을 펼쳐놓지 않고 두 겹으로 접어 숨겨놓은 상태,
즉 '이중성 내지 사기'를 의미한다.

익플공편 duplicate

[djúːpləkit]

두 겹으로 접다

ⓥⓣ 복사[복제]하다 copy, replicate, reproduce

The new software was **duplicated** illegally.

그 새로운 소프트웨어는 불법으로 복제되었다.

[어원] 『du(o)(two) + plic(fold) → 두 겹으로 접어 똑같이 만들다』

[TIP] 지금은 복사기(copier)로 쉽게 복사를 하지만, 옛날에는 한쪽 면에 묻은
잉크를 반으로 접어 다른 쪽에 그대로 나타나게 한 데서 duplicate이
'복사하다'의 의미가 되었다. 한쪽에 물감을 묻혀 다른 종이에 그대로
옮기는 데칼코마니를 생각해보면 쉽다.
duplicate은 형용사(복사의) 및 명사(복사본)로도 쓰인다.

익플공편 diagnose ★

[dáiəgnòus]

전반적으로 알아보다

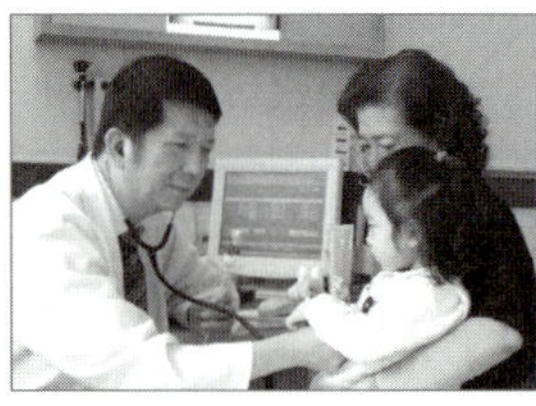

ⓥⓣ 진단하다 analyze, examine, break down

n. diagnosis 진단, 분석

look inside the human body to **diagnose** a disease

질병을 진단하기 위해 신체 내부를 들여다보다

[어원] 『dia(across) + gno(know) → 전반적으로 알아보다』

[TIP] symptom(증세) → diagnose(진단하다) → prescribe(처방하다)
→ dispense(조제하다) : 증세를 진단하여 처방해주고 약을 조제하다

익플공편 diaphanous

[daiæfənəs]

통과해서 보이는

ⓐ (옷이) 비치는, 얇은 almost see through it; flimsy

a **diaphanous** silk gown 속이 비치는 실크 가운

[어원] 『dia(across) + phan(show) → 통과해서 보이는』

[상상⁺] **phe**nomenon 현상 / **empha**size 강조하다

E

epi-

1. ~위에 (on)
2. ~외에 (besides)

 **ephemeral** ★

[ifémərəl]
하루만 사는

ⓐ 일시적인, 덧없는 transitory, transient, evanescent, fleeting

n. ephemera 싸구려들

Fashion is by nature **ephemeral**.
유행은 원래 일시적이다.

[어원] 『epi(on) + hemer(하루) → 하루만 사는』
[TIP] 원래 ephemera는 '하루살이'의 뜻이다. 하루만 살 수 있을 뿐이니
그 얼마나 '덧없는' 삶이겠는가!
[발음주의] 이피머럴(X) → 이**페**머럴(O)

 **epidemic**

[èpədémik]
사람들에게 붙어 있는 병

ⓝ 1. 유행병 plague   2. 급증 proliferation, surge, boom

ⓐ 유행하고 있는 suddenly increasing

an **epidemic** of cholera 콜레라의 유행
an **epidemic** of crime 범죄의 급증

[어원] 『epi(on) + dem(people) → 사람들에게 붙어 있는 병』
[TIP] 우리말에도 '유행병처럼 번지는(급증하는)'이란 말이 있다.

 **epitome** ★★

[ipítəmi]
딱 잘라놓은 것

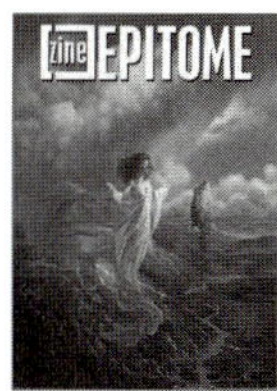

ⓝ 요약 summary   전형 the best example

vt. epitomize 요약하다, 예시하다

the **epitome** of beauty 미의 전형

[어원] 『epi(on) + tom(cut) → 딱 잘라놓은 것』
[TIP] epitome는 '바로 이것이다!'라고 단적으로 보여주는 것을 의미한다.
[상상⁺] ana**tom**y 해부학 / dicho**tom**y 양분법
[출제포인트] 동사 **epitomize**가 주로 출제된다는 것을 알아두자!

epoch ★

[épək / íːpɔk]
중단시키는 것

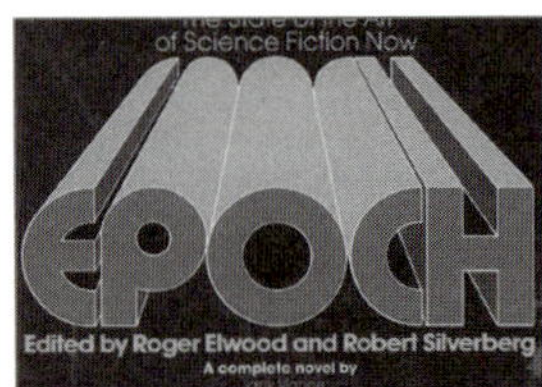

Ⓝ 시대 a period of history; era

a. epoch-making 획기적인, 중대한

create the new epoch of modern science
근대 과학의 새로운 시대를 열다

[어원] 『ep(i)(back) + och(hold) → (과거를) 중단시키는 것』
[TIP] epoch는 역사적으로 획기적인 사건이나 변화에 의해 과거의 시대가 중단(hold back)되고 열리는 '새로운 시대'를 의미한다.
[발음주의] 에폭(X) → 에퍽(O)

---

eu-

좋은 (good)

---

eulogy ★

[júːlədʒi]
좋은 말

Ⓝ 칭찬, 찬사 praise, laud, compliment

vt. eulogize 극찬하다, 찬사를 보내다 pay tribute to

deliver a long eulogy 오래도록 찬사를 보내다

[어원] 『eu(good) + log(speak) → 좋은 말』
[TIP] eulogy는 주로 장례식(funeral)에서 고인(the deceased)에게 바치는 '좋은 말, 찬사'를 뜻한다.

---

euphemism

[júːfəmìzəm]
좋게 해주는 말

Ⓝ 완곡어법, 높임말 a polite expression; circumlocution

'Pass away' is a euphemism for 'die'.
'돌아가시다' 는 '죽다' 의 높임말이다.

[어원] 『eu(good) + phem(speak) → 좋게(높여서) 해주는 말』
[상상+] blaspheme 신성모독하다

extra-

밖 (outside)

extraneous ★

[ikstréiniəs]
외부의

ⓐ 1. 밖의, 외부로부터의 outside   2. 관련 없는 irrelevant

extraneous noises 밖에서 나는 소음
extraneous to the matter in hand 당면 문제와 관련 없는

[어원] 『extra(outside) + neous(형접) → 밖의, 외부의』
[어법] extraneous to : ~에 관련 없는
[출제포인트] extraneous는 '관련 없는' 의 의미로 출제된다.
　　　　　　따라서 extraneous의 동의어가 irrelevant라는 것도 알아두자.

extravagant ★

[ikstrǽvəgənt]
밖으로 나다니는

ⓐ 낭비가 심한, 헤픈 wasteful, prodigal, profligate, squandering

n. extravagance 낭비, 사치

lead an **extravagant** lifestyle 낭비가 심한 생활을 하다

[어원] 『extra(outside) + vag(wander) → 밖으로 나돌아다니는』
[TIP] 집에 있지 않고 밖으로 나돌아다니면 돈을 많이 쓰게 마련이다.
　　　 그런 점에서 착안된 어휘가 extravagant다.
[상상⁺] **vag**ue 모호한 / **vag**ary 변덕 / **vag**rant 방랑자

for-

분리 · 이탈 (away)

forbear

[fɔːrbɛ́ər]
떨어뜨려 참다

ⓥ 참다, 억제하다   endure, abstain, refrain, hold back

Sabina **forbore** to call him names.
사비나는 그를 욕하고 싶었지만 참았다.

[어원] 『for(away) + bear(참다) → (~하고 싶은 마음을) 떨어뜨려 참다』

forsake

[fərséik]
더 이상 찾지 않다

ⓥ (가족 · 습관 등을) 떠나다, 버리다   leave, abandon, abjure, give up

force him to **forsake** his religion 그에게 종교를 버리라고 강요하다

[어원] 『for(away) + sake(seek) → 더 이상 찾지 않다』

fore-
미리, 먼저 (before)

foreboding

[fɔːrbóudiŋ]
미리 알리는 것

ⓝ 예감, 전조 presentiment, premonition, presage, hunch

a **foreboding** of further damage 더 많은 피해의 전조

[어원] 『fore(before) + bodi<bode(알리다) → 미리 알려주는 것』
[뉘앙스] foreboding은 '불길한 예감, 전조'의 의미로서 부정적인 뉘앙스다.

forerunner

[fɔːrrʌ́nər]
먼저 달려간 사람

ⓝ 선구자, 전조 precursor, harbinger, herald, predecessor

The event was the **forerunner** of the war.
그 사건은 전쟁의 전조가 되었다.

[어원] 『fore(before) + runner(달리는 사람) → 먼저 달려간 사람[것]』

forestall

[fɔːrstɔ́ːl]
미리 가 서 있다

ⓥⓣ 미리 막다 prevent, preclude, obviate, avert

take measures intended to **forestall** the enemy's attack
적의 공격을 미리 막기 위한 대책을 취하다

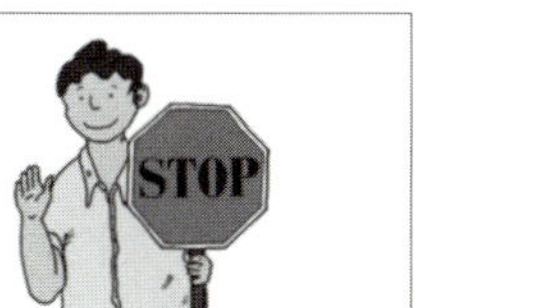

[어원] 『fore(미리) + stall(자리 잡다) → 미리 가서 자리 잡고 막다』
[TIP] forestall은 그림과 같이 미리 앞에 가 서서 못하도록 막는다는 의미로서
우리말의 '선수 치다'란 말과 아주 흡사하다.

---

homo-
같은 (same)

homogeneous ★★

[hòumədʒíːniəs, hʌ́m-]
같은 종류인

ⓐ 같은, 동질의　similar, same kind of ⇔ heterogeneous　이질적인

vt. homogenize　균질화하다

a. homogenized　동질화된　identical

a culturally **homogeneous** society 문화적으로 동질적인 사회

[어원] 『homo(same) + gene<geno(kind) → 동질적인 종류인』

homosexual

[hòuməsé](uəl]
동성애의

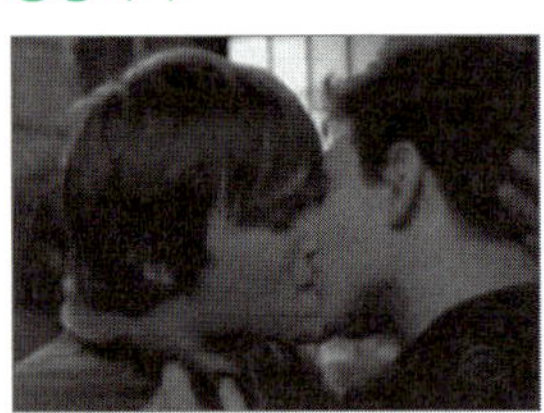

ⓐ 동성애의　sexually attracted to people of the same sex; gay

ⓝ 동성애자

n. homosexuality　동성애

a **homosexual** relationship 동성애 관계

[어원] 『homo(same) + sexual(성적인) → 동성애의』

[TIP] homosexual은 주로 남성 간의 동성애를 뜻하고, lesbian은 여성 간의
동성애를 뜻한다.

hetero-
다른 (different)

heterogeneous ★

[hètərədʒíːniəs, -njəs]
다른 종류인

ⓐ 다른, 이질적인   different ⇔ homogeneous 같은, 동질의

a society with **heterogeneous** ethnics
서로 다른 인종들이 있는 사회

[어원] 『hetero(different) + gene<geno(kind) → 다른 종류인』

hyper-
위의 (over)

hyperbole ★

[haipə́ːrbəlìː]
위로 던짐

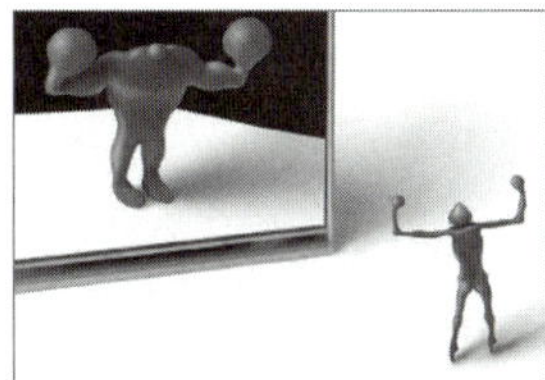

ⓝ 과장   exaggeration, embellishment, embroidering

n. hyperbolic   과장하는

It was not **hyperbole** to call it the worst storm.
최악의 태풍이라 해도 과언이 아니다.

[어원] 『hyper(over) + bole(던지다) → (말을) 위로 던지는 것』
[TIP] 말을 위로 던져 올리다니 당연히 과장일 수밖에!
[발음주의] 하이퍼보울(X) → 하이**퍼**벌리-(O)

hypersensitive

[hàipərsénsətiv]
대단히 민감한

ⓐ 과민한, 대단히 민감한   reacting very badly to something; allergic

a. hypersensitivity   과민 반응

Risa was **hypersensitive** to caffeine. 리사는 카페인에 대단히 민감했다.
Tom was **hypersensitive** to any form of criticism.
톰은 어떤 형태의 비난에도 아주 민감했다.

[어원] 『hyper(over) + sensitive(민감한) → 대단히 민감한』
[어법] **hypersensitive** to : ～에 과민한, 대단히 민감한

hypo-

아래의 (under)

 hypocrisy

[hipákrəsi / -pɔ́k-]
아래에서 평가하는 것

ⓝ 위선　insincerity, pretense ⇔ sincerity　성실함

n. hypocrite 위선자　　a. hypocritical 위선적인

an act of **hypocrisy** 위선적 행동

[어원]　『hypo(under) + cris(judge) → (무대) 아래에서 평가하는 것』
[TIP]　hypocrisy는 원래 '무대 위 배우들의 연기(에 대한 평가)'란 의미에서
'가짜, 위선'이란 의미로 발전되었다. 배우들의 연기는 그 배우의 실제 모습
이 아니라 '가짜' 모습이니까!
[상상⁺]　**crit**ic 비평가 / **crit**icize 비난하다 / **crit**ical 중대한
criterion 표준, 기준 / dis**creet** 분별력 있는 / dis**crete** 분리된
[발음주의]　하이포크러씨(X) → 히**파**크러씨(O)

 hypodermic

[hàipədə́ːrmik]
피부 아래의

ⓐ 피하(주사)의　used in injection beneath the skin

a **hypodermic** needle 피하 주사용 바늘

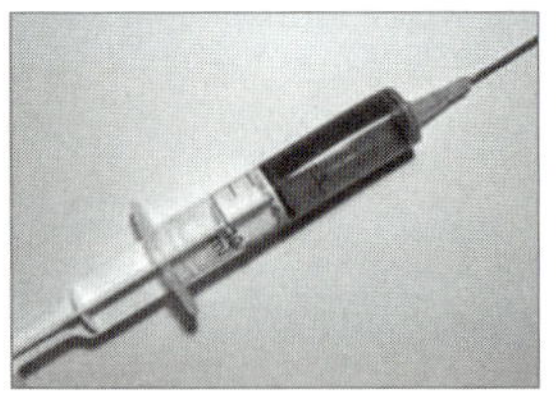

[어원]　『hypo(under) + derm(skin) → 피부 아래의』
[상상⁺]　epi**derm**is 표피, 외피(外皮) / **derm**atology 피부과

 hypothesis

[haipáθəsis / -pɔ́θ-]
아래에 놓인 생각

ⓝ 가설　an idea that is suggested as an explanation for something

a **hypothesis** explaining the extinction of the dinosaurs
공룡들의 멸종을 설명하는 가설

[어원]　『hypo(under) + thes(put) → 아래에 놓인 생각』
[뉘앙스]　hypothesis(가설) : 좀 더 검증이 필요한 증거 불충분 단계
- the efficient market **hypothesis** 효율적 시장 가설
theory(이론) : 많은 증거를 확보하여 진실에 가까운 단계
- the **theory** of revolution 진화론

inter-

~사이에 · 중간에 (between)

---

interact ★

[ìntərǽkt / íntəræ̀kt]
상호작용하다

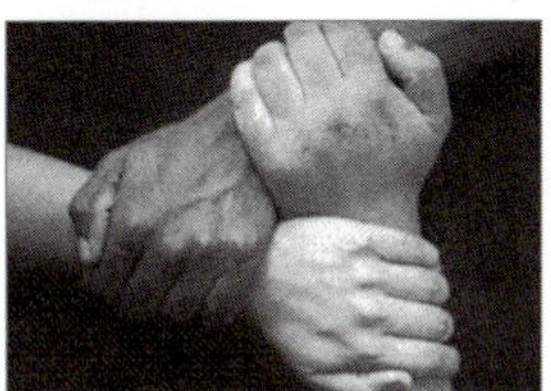

ⓥⓘ 상호작용하다, 서로 영향을 주다   intercommunicate, correlate

n. interaction 상호작용   a. interactive 상호작용하는, 쌍방향의

interact with each other to protect the environment
환경 보호를 위해 서로 교류하다

[어원] 『inter(between) + act(작용하다) → 상호작용하다』
[어법] interact with : ~와 상호작용하다, 잘 지내다
[상상⁺] re**act** 반응하다 / trans**act**ion 처리; 거래
　　　 activate 활성화[작동]시키다⟺ de**act**ivate (장치를) 끄다

---

intercede ★

[ìntərsíːd]
중간에 들어가다

ⓥⓘ 중재[조정]하다   intervene, arbitrate, mediate

n. intercession 중재, 조정; 기도

The government will **intercede with** the strike.
정부가 그 파업을 중재할 것이다.

[어원] 『inter(between) + ced(go) → ~사이에 들어가다』
[어법] intercede with : ~을 중재[조정]하다

---

intercept ★

[ìntərsépt]
중간에서 채가다

ⓥⓣ (중간에서) 가로채다, 빼앗다   interrupt in progress course; seize

n. interception (중간) 차단

a conspiracy to **intercept** the money
돈을 중간에서 가로채려는 음모

[어원] 『inter(between) + cep(take) → 중간에서 잡아 채가다』
[상상⁺] ac**cep**t 받아들이다 / ex**cep**t ~을 제외하고 / in**cep**tion 시작, 발단

 **interim** ★

[íntərim]
중간의

ⓐ 중간[임시]의 temporary, provisional, intermediate

announce the **interim** results of the investigation
중간 수사 결과를 발표하다

[어원] 『inter(between) + im(형접) → 사이의, 중간의』
[TIP] interim은 접두어 inter-에 형용사 접미어 -im이 붙어 만들어진 어휘다.

 **interject** ★

[ìntərdʒékt]
중간에 던져 넣다

ⓥ (말을) 불쑥 내뱉다, 불쑥 끼워 넣다 insert, interpose, interpolate

n. interjection 불쑥 내뱉는 말; 감탄사

"He's the real culprit!" The detective **interjected**.
"그가 진범이야!" 그 탐정이 불쑥 말했다.

[어원] 『inter(between) + ject(throw) → (남의 말) 중간에 던져 넣다』

 **intermarry** ★

[ìntərmǽri]
서로 결혼하다

ⓥⓘ (같은 인종, 종교 내에서) 결혼하다

marry someone of the same race or religion

n. intermarriage 근친결혼

It was natural for royal families to **intermarry**.
왕족간의 결혼은 자연스러운 일이었다.

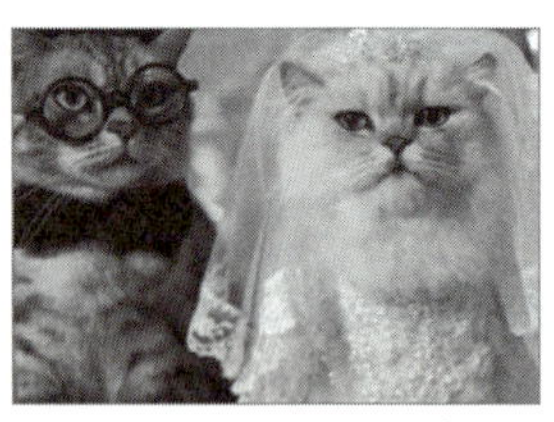

[어원] 『inter(between) + marry(결혼하다) → (같은 집단) 사이에서 결혼하다』
[TIP] intermarry는 원래 '같은 집단 내에서 결혼하는 것' 이다. 여기서 발전하여 '다른 집단 간에 결혼하다' 라는 의미로 쓰이기도 한다.

intermittent ★

[ìntərmítənt]
중간 중간에 보내진

ⓐ 간헐적인, 끊겼다 이어지는 sporadic, periodic, occasional, fitful

n. intermission (중간의) 짬, 휴식, 막간 interlude

intermittent rain showers 간헐적인 소나기

[어원] 『inter(between) + mit(send) → 중간 중간에 보내진[생긴]』

internment ★

[intə́ːrnmənt]
안에 가두는 것

internment camp

ⓝ 억류, 수용   detention, imprisonment, incarceration

vt. n. intern   억류하다; (병원·회사의) 인턴

The captive was sent to an **internment** camp.
그 포로는 수용소로 보내졌다.

[어원] 『inter(within) + nment(명접) → ~안에 가두는 것』
[TIP] 'an internment camp(수용소)'를 한 단어처럼 외우자!
[상상⁺] **inter**nal 안의, 내부의

intervene ★

[ìntərvíːn]
사이에 끼어들다

ⓥⓘ 개입하다, 끼어들다   interfere, meddle, interpose, butt in

n. intervention   개입

The government should not to **intervene in** the market.
정부는 시장에 개입해서는 안 된다.

[어원] 『inter(between) + ven(come) → ~사이에 끼어들다』
[어법] intervene in : ~에 끼어들다, 개입하다
[뉘앙스] intercede(해결할 의지를 갖고) 중재하다
　　　 - ask China to **intercede with** North Korea
　　　 중국에 북한과의 중재 요청을 하다
　　　 intervene (상황을 바꾸기 위해) 개입하다
　　　 - **intervene in** the election 선거에 개입하다

intra-
안에 (within)

intrinsic ★★★

[intrínsik]
안에 있는

ⓐ 본질적인, 내재된   inherent ⟺ extrinsic   외부적인

Diamond has little **intrinsic** value.
다이아몬드의 내재적 가치는 크지 않다.

[어원] 『intra(안에)가 형용사로 변한 형태 → 안에 있는, 내재된』

mal(e)-
나쁜 (bad)

---

maladroit ★

[mǽlədrɔ́it]
솜씨 나쁜

ⓐ 서투른, 솜씨 나쁜 clumsy, awkward, be all thumbs

the government's **maladroit** response 정부의 서툰 대응

[어원] 『mal(bad) + adroit(솜씨 좋은) → 솜씨 나쁜』
[TIP] adroit(솜씨 좋은)을 먼저 외운 상태에서 maladroit을 외우는 것이
순서다!

---

malady

[mǽlədi]
나쁜 상태

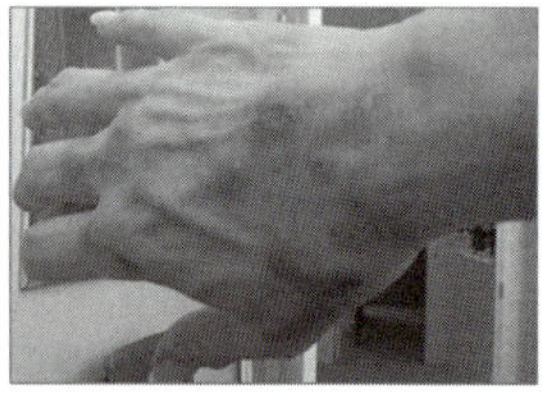

ⓝ 병 illness   병폐 a serious problem

Some doctors still regard menopause as a **malady**.
어떤 의사들은 아직도 갱년기를 병으로 간주한다.

[어원] 『mal(bad) + ad<hab(have) → 나쁜 상태를 갖고 있음』
[뉘앙스] malady는 '병' 이란 의미에 있어서 formal(공식적인)한 뉘앙스를 준다.

---

malediction ★

[mæ̀lədíkʃən]
나쁜 말

ⓝ 저주, 악담 curse ⇔ benediction 축복, 기도

It is a kind of **malediction**. 그것은 일종의 악담이다.

[어원] 『male(bad) + dic(speak) → 나쁜 말』

---

malefactor

[mǽləfæ̀ktər]

나쁜 짓을 하는 사람

ⓝ 죄인, 범인　culprit, criminal ⇔ benefactor 자선가, 독지가

The police rounded up the malefactors.

경찰이 그 범인들을 검거했다.

[어원] 『male(bad) + factor(하는 사람) → 나쁜 짓을 하는 사람』

malevolent ★

[məlévələnt]

나쁜 의도를 가진

ⓐ 사악한, 악의 있는　evil, wicked, malignant

⇔ benevolent 친절한, 후한

He gave her a malevolent look. 그는 그녀에게 악의에 찬 표정을 지었다.

[어원] 『male(bad) + vol(will:의지) → 나쁜 의도를 갖고 있는』
[상상+] **vol**untary 자발적인 / **vol**ition 의지

malign ★★

[məláin]

나쁘게 태어난

ⓐ 해로운　harmful, injurious, deleterious, detrimental

⇔ benign 친절한, 상냥한

ⓥⓣ 비방하다　slander, condemn, censure, reproach

a **malign** influence 해로운 영향
a much **maligned** politician 많은 비난을 받는 정치인

[어원] 『mali(bad) + gn<gen(birth) → 나쁘게 태어난』
[출제포인트] malign은 형용사, 동사 모두 출제되므로 유의해야 한다.

malignant

[məlígnənt]

나쁘게 태어난

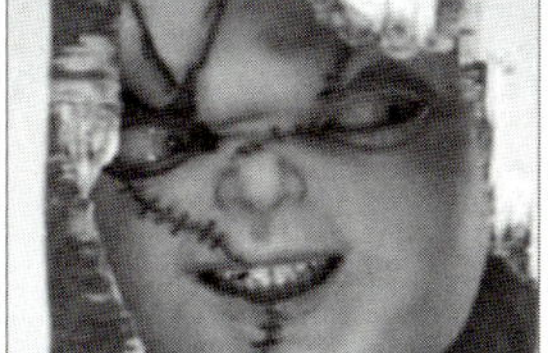

ⓐ 1. 악의에 찬　evil　　2. 악성인　out of control ⇔ benign 양성인

n. malignancy 악의; (악성) 종양

a **malignant** look 악의에 찬 표정
a **malignant** tumor 악성 종양

[어원] 『mali(bad) + gn<gen(birth) → 나쁘게 태어난』
[TIP] malignant는 malign에 다시 형용사 접미어 –ant가 붙은 형태로서
　　　뜻은 똑같다.

malice ★

[mǽlis]
나쁜 상태

ⓝ 악의, 원한　grudge, rancor, vice, ill will

a. malicious　악의적인

His eyes gleamed with **malice**. 그의 눈은 악의로 이글거렸다.

[어원]　『mali(bad) + ce(명사형 접미어) → (마음이) 나쁜 상태』

malnourished ★

[mælnə́ːriʃt, -nʌ́r-]
영양 상태가 나쁜

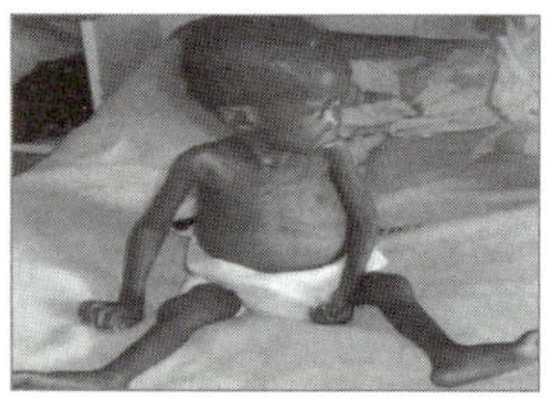

ⓐ 영양실조[부족]의　underfed

n. malnutrition　영양실조

malnourished children in Africa 영양실조인 아프리카 아이들

[어원]　『mal(bad) + nourish(영양분을 주다) → 영양 상태가 나쁜』
[상상⁺]　**nour**ishment 영양, 자양분 / **nur**se 간호사; 돌보다
　　　　nurture 양육(하다), 기르다 / **nutri**ent 자양분
　　　　nutrition 영양 (상태) / **nutri**tious 영양이 풍부한

maltreat ★

[mæltríːt]
나쁘게 다루다

ⓥⓣ 학대하다　treat a person or animal cruelly; abuse, mistreat

n. maltreatment　학대

The children has been **maltreated** for years.
그 아이들은 수년 동안 학대를 받아왔다.
animal **maltreatment** 동물 학대

[어원]　『mal(bad) + treat(다루다) → (사람을) 나쁘게 다루다』

meta-
변화 (change)

metabolism

[mətǽbəlìzəm]
변화시켜 던져냄

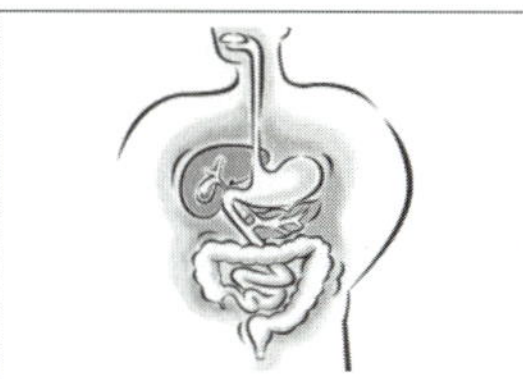

ⓝ 신진대사, 소화 과정 the process of digestion

a. metabolic 신진대사의   vt. metabolize 소화시키다

This drug speeds up your metabolism.
이 약이 당신의 소화 과정을 촉진시켜줄 겁니다.

[어원] 「meta(change) + bol(throw)
　　　　　　　　→ (음식을) 변화시켜 (몸 밖으로) 던져내는 것」

[TIP] metabolism(신진대사)이란 음식물을 섭취해 이를 소화시킨 후 몸 밖으로
　　　'던져내는(배설)' 일련의 과정을 의미한다.

[상상⁺] **symbol** 상징 / **emblem** 상징 / **parable** 비유, 우화 / **hyperbole** 과장

metamorphosis

[mètəmɔ́:rfəsis]
형태의 변화

ⓝ 변형, 변태 transformation, conversion, mutation, changeover

the metamorphosis of China under economic reforms
경제 개혁 하의 중국의 변화

[어원] 「meta(change) + morpho(form) → 형태가 변화된 것」
[상상⁺] **amorphous** 무정형의

 **metaphor ★**

[métəfɔ̀:r, -fər]
(뜻을) 바꿔 옮긴 것

ⓝ 은유

a way of describing something by referring to something else

a. metaphorical 은유적인, 비유의

the writer's creative use of **metaphor** 그 작가의 창조적인 은유의 사용

[어원] 『meta(change) + phor(bear) → (뜻을) 바꿔서 옮긴 것』
[TIP] metaphor(은유) : A를 B에 비유하여 암시적으로 표현한 것
　　　예) 내 마음은 호수요 / 고통의 터널
　　　simile(직유) : 비슷한 성질의 것에 직접적으로 비유한 것
　　　예) 여우처럼 간사한 인간 / 별처럼 맑은 눈
[상상⁺] eu**phor**ia 행복감

---

mis-
잘못된 (wrongly)

 **misdemeanor ★**

[mìsdimí:nər]
나쁜 행동

ⓝ 비행(非行), 경범죄　misconduct, wrong doing

He has no sense of guilt for his **misdemeanor**.
그는 자신의 비행에 대해 전혀 죄책감이 없다.

[어원] 『mis(wrong) + demeanor(행실) → 행실이 나쁨』
[비교] felony 중범죄

 **misgiving ★**

[misgíviŋ]
불편한 생각을 줌

ⓝ 걱정, 불안, 염려　anxiety, apprehension, uneasiness, qualm, jitters

have **misgivings** about the result of the exam
시험 결과에 대해 불안해 하다

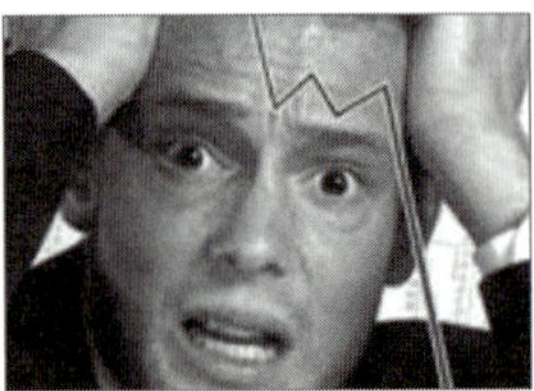

[어원] 『mis(wrong) + giving(주는 것) → 불편한 생각을 가져다줌』
[어법] 실제 문장에서는 주로 복수(misgivings)로 쓰이는 것에 유의!

mishap ★

[míʃæp]
행복하지 못한 일

ⓝ (경미한) 사고, 불운　accident, misfortune

The plan passed off without **mishap**. 그 계획은 차질 없이 진행되었다.

[어원] 『mis(wrongly) + hap(py)(행복한) → 행복하지 못한 일』
[TIP] mishap에서 -hap 부분이 happy의 줄임말임을 파악하면 mishap을 쉽게 외울 수 있다.

misnomer ★
[misnóumər]
잘못된 이름

ⓝ 틀린 이름　false name

King crab is, in fact, a **misnomer**. 사실 킹크랩은 잘못된 이름이다.

[어원] 『mis(wrong) + nom(name) → 잘못된 이름』

mono-
하나 (one)

monopoly

[mənápəli / -nɔ́p-]
혼자만 판매하는 것

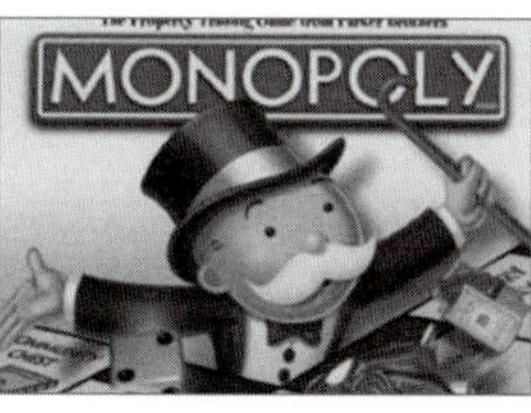

ⓝ 독점

a market in which there are many buyers but only one seller

the sale of the oil **monopoly** 원유에 대한 독점 판매

[어원] 『mono(one) + pol(sell) → 혼자만 판매하는 것』
[TIP] monopoly는 '독점 기업'의 의미로도 쓰인다. 그림에서 보듯 monopoly (독점)란 이름의 재미있는 보드게임(board game)도 있다.

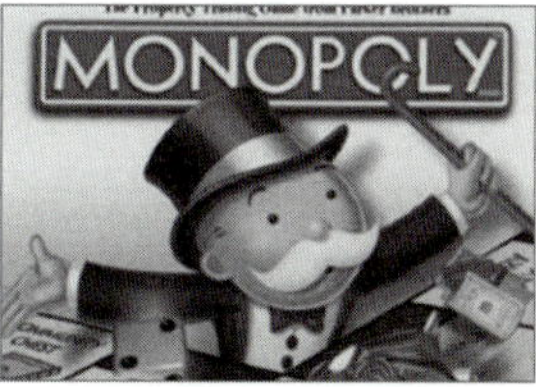

monotonous ★
[mənátənəs / -nɔ́t-]
음조가 하나인

ⓐ 지루한, 단조로운　dull, tedious, humdrum, prosaic

n. monotony 단조로움

a **monotonous** diet 단조로운 식단

[어원] 『mono(one) + ton(e)(음조) → 음조가 하나인』

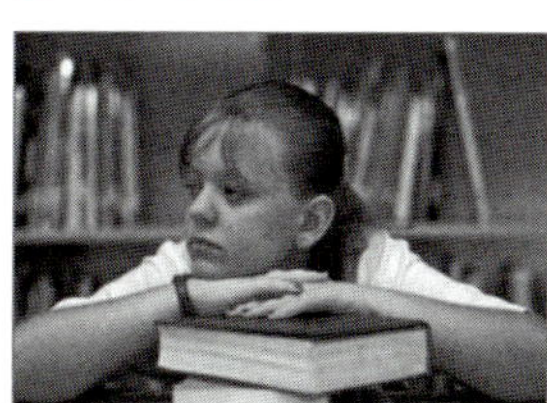

non-
부정 (not)

 **nonchalant** ★

[nὰnʃəlάːnt, nάnʃələnt]
열 내지 않는

ⓐ 무관심한, 태연한　lukewarm, tepid, halfhearted, apathetic

n. nonchalance　무관심, 냉담

nonchalant attitude to life 삶에 대해 무관심한 태도

[어원] 「non(not) + chal<cal(heat)(열) → 열 내지 않는」
[상상⁺] **cal**orie 열량

 **non-partisan** ★

[nɔn-pάːrtəzən]
당원이 아닌

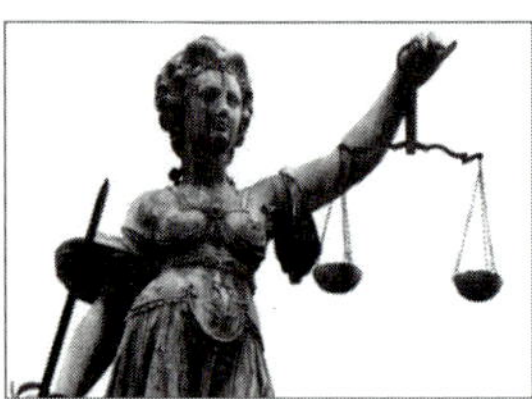

ⓐ 공정한　just, impartial, unprejudiced, detached

a non-**partisan** research group 공정 조사단

[어원] 「non(not) + partisan(당원) → 당원이 아닌」
[TIP] partisan(당원)은 party(당)에 속한 사람, 즉 당원이란 뜻이다.
non-partisan은 어느 당파에도 속하지 않은 상태이므로 '객관적이고 공정
한' 의 뜻이 된다.

omni-
모든 (all)

omnipotent ★
[ɑmnípətənt / ɔm-]
모든 것에 힘이 있는

ⓐ 전능한   almighty, all-powerful

n. omnipotence   전능함

an **omnipotent** military junta 전능한 군사 정부

[어원] 『omni(all) + potent(힘 있는) → 모든 것에 힘이 있는』
[TIP] 슈퍼맨은 모든 문제를 해결하는 omnipotent man!

omniscient
[ɑmníʃənt / ɔm-]
모든 것을 아는

ⓐ 전지의   all-knowing, knowing everything

n. omniscience   전지함

God is **omniscient** and omnipotent. 신은 전지전능하시다.

[어원] 『omni(all) + sci(know) → 모든 것을 다 아는』
[상상⁺] **sci**ence 과학 / con**sci**ence 양심 / con**sci**ous 의식하는

omnipresent
[àmnəprézənt / ɔ̀m-]
모든 곳에 있는

ⓐ 어디에나 있는, 편재하는   ubiquitous, present everywhere

n. omnipresence   도처에 존재함, 편재

Churches are **omnipresent** in Korea.
한국에서 교회들은 어디에나 있다.

[어원] 『omni(all) + present(존재하는) → 모든 곳에 항상 존재하는』
[TIP] 그림에서 보듯 우리나라에서 교회들은 어디에나 있다.
이처럼 어디나 존재하는 것이 바로 omnipresent다.

out-

1. 밖 (outside)
2. 능가 · 초월 (exceeding)

접두어 **out-**이 동사와 결합하면 '능가 · 초월'의 의미로 쓰인다.

outdo 능가하다 / **out**grow ～보다 더 커지다

outweigh 더 중요하다

 outdo

[ὰutdúː]

～보다 잘하다

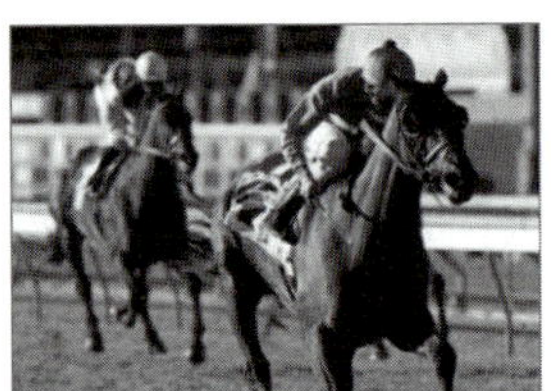

ⓥ ～보다 잘하다, 능가하다   excel, exceed, surpass, go beyond

an effort to **outdo** one's rival 라이벌을 능가하기 위한 노력

[어원] 「out(능가) + do(하다) → ～를 능가하다」

[TIP] outdo와 같이 접두어 out–이 동사와 결합하면 '능가 · 초월'의 의미가 됨을 다시 한 번 기억하재!

 outgrow ★

[ὰutgróu]

～보다 더 자라다

ⓥ 1. ～보다 더 커지다   exceed, grow out of

2. (나이를 먹어) 더 이상 ～하지 않다

no longer do or enjoy something

Consumption may **outgrow** the global oil output.
소비가 국제 원유 생산량을 초과할지도 모른다.
The child **outgrew** the clothes.
아이의 몸이 커져서 그 옷이 맞지 않는다.

[어원] 「out(능가) + grow(자라다) → ～보다 더 크게 자라다」

[TIP] 어린이가 몸이 금방 자라 작년에 입던 옷을 못 입게 되는 경우가 흔히 있는데, 이때 딱 들어맞는 말이 outgrow다.

outmoded ★

[àutmóudid]

(지금) 방식에서 벗어난

ⓐ 구식의　old-handed, obsolete, antiquated, outdated

insist on **outmoded** ideology 구식의 사상을 주장하다

[어원] 『out(밖) + mode(방식) → (지금의) 방식에서 벗어난』

[TIP] 요즘 도시에서 가마솥으로 밥을 해먹는 사람은 없다.
　　　 이처럼 지금의 방식에서 벗어난 옛날식이 바로 **outmoded**다.

outrage ★★

[áutrèidʒ]

분노의 표출

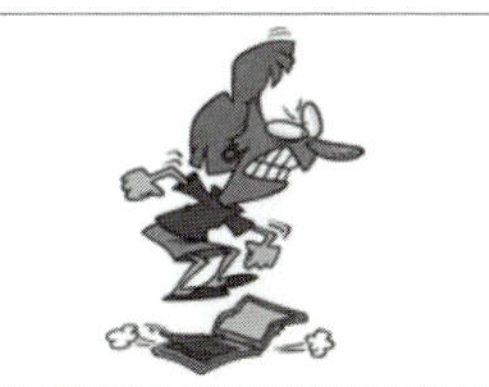

ⓝ 분노, 화　anger, fury, indignation, wrath

ⓥⓣ 격분시키다, 분노하게 하다　enrage, infuriate, exasperate, incense

a. outrageous 난폭한, 터무니없는

provoke public **outrage** 대중의 분노를 일으키다
People were **outraged** by the tax increases. 국민들은 세금 인상에 분노했다.

[어원] 『out(밖) + rage(분노) → 분노를 밖으로 표출함』

outright

[àutráit]

정확히 표현해낸

ⓐ 1. 명백한, 솔직한　frank, candid　　2. 완전한　complete, total

ⓐⓓ 1. 명백히, 솔직히　2. 완전히

his **outright** opposition to the proposal
그 제안에 대한 그의 명백한 반대
an **outright** victory 완전한 승리

[어원] 『out(밖) + right(옳은, 정확한) → (자신의 뜻을) 정확히 표현해낸』
[TIP] out**right**은 형용사와 부사 둘 다로 쓰일 수 있다.
[상상⁺] up**right** 똑바로 선, 직각의; 정직한 / forth**right** 솔직한

outset

[áutsèt]

밖으로 내놓음

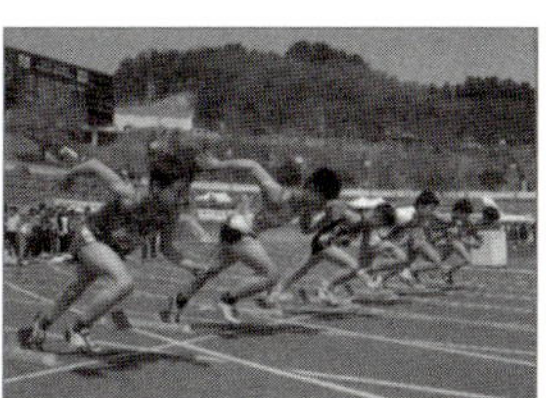

ⓝ 시작, 착수　beginning, start, onset, commencement

the outset of the new project 새로운 프로젝트의 착수

[어원] 『out(밖) + set(놓음) → (발걸음을) 밖으로 내놓음』
[TIP] outset은 원래 set out(시작하다)이라는 숙어의 명사형이다.
[어법] **the outset of** : ～의 시작, 착수

outspoken ★
[àutspóukən]
밖으로 말하는

ⓐ (지나치게) 솔직한 frank, candid, forthright, straightforward

n. outspokenness 솔직함

an **outspoken** critic 솔직한 비평가

[어원] 『out(밖) + spoken(말하는) → (생각을 곧장) 밖으로 말하는』

outweigh ★★★
[àutwéi]
무게가 더 나가다

ⓥⓣ 더 중요하다, 능가하다 exceed, surpass, outdo, eclipse

The profits of the project **outweigh** the losses.
그 프로젝트의 수익이 손실보다 더 크다.

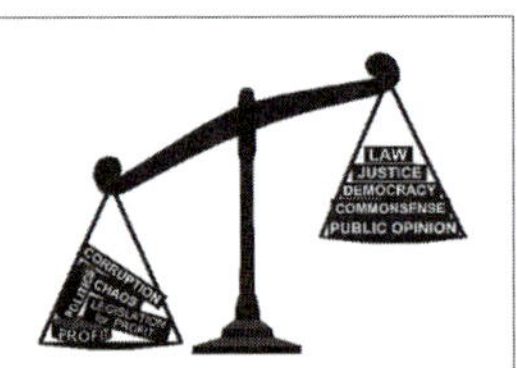

[어원] 『out(능가) + weigh(무게가 나가다) → 무게가 더 나가다』
[상상⁺] A outweigh B : A가 B보다 더 무게가 나가다
　　　 → 더 비중이 크다, 중요하다

over-
~위의, ~를 넘어가는

overarching
[òuvərá:rtʃ]
위에서 아치를 이루는

ⓐ 지배적인, 가장 우선하는 dominant, predominant, prevailing

play an **overarching** role in the negotiation
협상에서 가장 중요한 역할을 하다

[어원] 『over(위의) + arching(아치를 이루는) → 위에서 아치를 이루는』
[TIP] 아치(arch)는 둥근 윗부분을 뜻한다. overarching은 협상이나 경쟁에
　　　 있어 윗부분을 차지하고 있다는 의미에서 '지배적인'의 뜻이 된 것이다.

overdue ★★

[ɔ̀uvərdjú:]
만기일을 넘긴

ⓐ 지불[지급] 기한을 넘긴   late, delinquent

an **overdue** phone bill 지불 기한을 넘긴 전화요금 고지서

[어원] 「over(넘긴) + due(만기된) → 만기일을 넘긴」
[TIP] 우리말에서도 정해진 기한이 지났을 때 기한을 '넘겼다'고 말하는데,
영어의 overdue와 딱 들어맞는다.

overhaul

[ɔ̀uvərhɔ́:l]
위로 잡아당기다

ⓥ 1. (기계를) 점검[수리]하다   examine, repair

2. (제도 · 방법을) 개선하다   improve, revamp, ameliorate, enhance

overhaul the engine 엔진을 수리하다
overhaul English education system 영어 교육 제도를 개선하다

[어원] 「over(위로) + haul(잡아당기다) → 위로 잡아당기다」
[TIP] overhaul은 원래 기계의 겉면을 위로 뜯어내 내부 부품 따위를 수리하는
것을 의미한다. 우리말의 '뜯어고치다'와 딱 맞는 어휘!

overhear

[ɔ̀uvərhíər]
건너 듣다

ⓥ 귓결에[우연히] 듣다   accidently hear what other people are saying

overhear their conversation 그들의 대화를 우연히 듣다

[어원] 「over(넘어) + hear(듣다) → (남들이 하는 이야기를) 건너 듣다」
[TIP] overhear는 듣고자 하는 의도 없이 남들이 하는 이야기를 우연히
넘어[건너] 듣는다는 의미다.
[비교] eavesdrop 몰래 엿듣다

overlook ★★

[òuvərlúk]
넘겨[위에서] 보다

ⓥ 1. 놓치다, 간과하다   miss, neglect   2. 용서하다   forgive, condone

3. (위에서) 내려다보다   command, look down

It is easy to **overlook** those small details.
그런 작은 세부사항들은 간과하기 쉽다.
Let's **overlook** his fault this time. 이번엔 그의 잘못을 용서하자.
Our hotel **overlooks** the vast sea.
저희 호텔에서는 드넓은 바다를 내려다볼 수 있습니다.

[어원] 『over(넘겨) + look(보다) → 넘겨 보다/위에서 보다』
[TIP] 1. 사소한 것을 띄엄띄엄 넘겨 보면 → 놓치다, 간과하다
　　　 2. 상대방의 실수나 잘못을 그냥 넘어가면 → 용서하다
　　　 3. 위에서 아래를 내려다보면 → 내려다보다, 전망하다
[출제포인트] 시험에서는 주로 1. **간과하다**와 2. **용서하다**가 출제되며
　　　　　　 TOEIC에서는 3. **내려다보다**로 출제된다.

override

[òuvəráid]
위에 타서 짓밟다

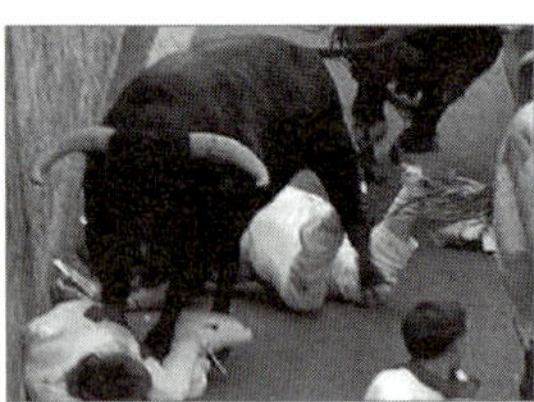

ⓥ 1. (결정을) 무효화하다, 무시하다   ignore, annul, nullify, invalidate

2. ~보다 중요하다   be more important than; outweigh

Congress has the power to **override** the President's veto.
국회는 대통령의 거부권을 무효화할 수 있는 권한을 갖고 있다.

Parents' wishes should not **override** children's ability.
부모들의 바람이 아이들의 능력을 뛰어넘어서는 안 된다.

[어원] 『over(위의) + ride(타다) → (말)위에 타서 마구 짓밟다』
[TIP] override는 '말 위에 타서 말 아래 사람을 짓밟다'라는 어원적 의미에서
　　　 '상대의 결정을 짓밟다 → 무효화하다'로 쓰이게 되었다.
[상상⁺] take A for a **ride**   A를 속이다

overrun

[òuvərʌ́n]

~위를 달리다

ⓥt 1. ~에 들끓다   spread over it in great numbers; infest

2. (땅을) 빼앗다, 점령하다   take control of a place; occupy

The old building was overrun by mice.
그 오래된 건물은 쥐들로 들끓었다.
Korea was overrun by Japan. 한국은 일본에 의해 점령되었다.

[어원] 「over(위를) + run(달리다) → ~위 여기저기를 달리다」
[TIP] overrun은 많은 수의 사람들이나 해충들 따위가 어느 장소 위 여기저기를
마구 달려 다니는 모습에서 연상된 어휘다.
[어법] be overrun by : ~로 들끓다; ~에 점령당하다

oversee

[òuvərsí:]

위에서 내려다보다

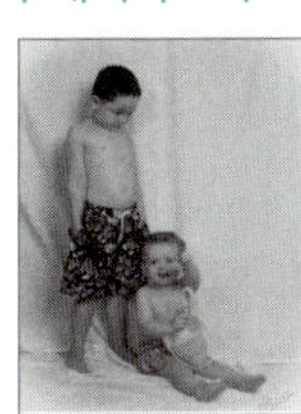

ⓥt 관리[감독]하다   supervise, superintend, conduct, direct

oversee the testing of students 학생들의 시험을 감독하다

[어원] 「over(위) + see(보다) → 위에서 내려다보다」
[비교] overlook 간과하다; 용서하다; 내려다보다

overweening ★

[òuvərwí:niŋ]

이긴다는 생각이 치나친

ⓐ 거만한, 지나치게 자신 있는   arrogant, supercilious, imperious

overweening confidence 거만한 자신감

[어원] 「over(지나치게) + weening(winning) → 이긴다는 생각이 지나친」
[TIP] overweening에서 weening이란 부분은 winning이 길게 발음되어
스펠링이 변한 것임을 알면 외우기 쉽다.

pan-
모든 (all)

panacea ★

[pæ̀nəsíːə]
모든 것을 고치는 약

ⓝ 만병통치약   cure-all, elixir

There is no **panacea** for the country's economic problems.
나라의 경제 문제들에 대한 만병통치약은 없다.

[어원] 『(all) + acea(치료제) → 모든 것을 고치는 약』
[상상⁺] **ac**he 통증

pandemic ★

[pændémik]
모든 사람이 걸리는 병

ⓝ (광범위한) 전염병   plague

the AIDS **pandemic** 에이즈 전염병

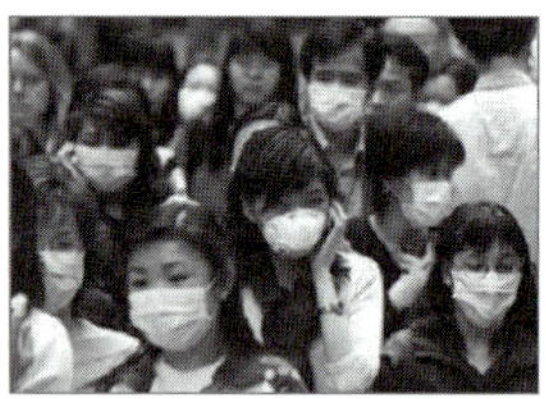

[어원] 『pan(all) + dem(people) → 모든 사람이 걸리는 병』
[TIP] Major편 p.105 endemic을 다시 한 번 꼭 보자!

pandemonium ★

[pæ̀ndəmóuniəm]
모든 악마들이 있는 곳

ⓝ 아수라장   confusion, chaos, a wild uproar

There was complete **pandemonium** in the kitchen.
그 부엌은 완전 아수라장이었다.

[어원] 『pan(all) + demon(악마) → 온갖 악마들이 가득한 곳』
[상상⁺] **demon**iac(al) 악마의

para-

1. ~옆의 (beside)
2. 벗어난 (beyond)

paradigm ★

[pǽrədìm, -dàim]
옆에 놓고 보는 것

ⓝ 1. 사고방식, 패러다임   a set of ideas

2 모범   model, paragon, good example

a. paradigmatic   모범적인   exemplary

the **paradigm** of the new global economy
새로운 국제 경제의 패러다임
The student is a praiseworthy **paradigm**.
그 학생은 칭찬받을 만한 모범생이다.

[어원] 「para(옆) + digm(show) → 옆에 놓고 보는 것」
[TIP] paradigm은 '사고방식, 사고체계'를 뜻하는 외래어 '패러다임'으로 쓰이고 있는 것을 알아두자!

paradox ★

[pǽrədɑ̀ks / -dɔ̀ks]
(정설을) 벗어난 의견

paradox triangle

ⓝ 역설, 모순   a seemingly contradictory statement that may be true

a. paradoxical   역설적인, 모순된

It's a **paradox** that such a rich country has lots of beggars.
그렇게 부유한 나라에 많은 거지들이 있다는 것은 역설이다.

[어원] 「para(벗어난) + dox(opinion) → (정설을) 벗어난 의견」
[TIP] paradox(패러독스)는 외래어로도 많이 쓰이는데 '앞뒤가 맞지 않는 말, 이율배반적인 말'을 의미한다.
[상상⁺] ortho**dox** 전통적인, 정통의 / hetero**dox** 이단의 / **doctrine** 교리, 주의 **dog**ma 교리, 교의 / **doci**le 유순한

parody

[pǽrədi]
바꿔서 부른 노래

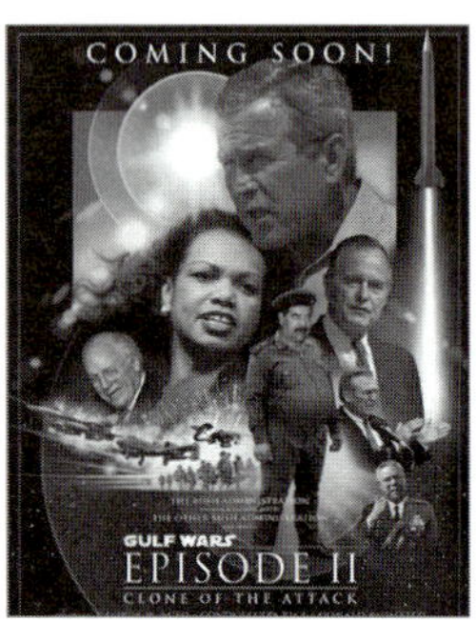

ⓝ (풍자적) 모방   travesty, imitation, mockery

Internet users have posted **parody** pictures to mock the government.
인터넷 사용자들이 정부를 조롱하는 패러디 사진들을 올렸다.

[어원] 『par(a)(바꿔서) + ody<adi(song)(가사를) → 바꿔서 부른 노래』
[TIP] parody는 원래 노래의 가사를 바꿔서 부른 것을 의미한다. 여기서 원래의 것을 우스꽝스럽게 바꿔놓은 것을 **parody**라고 하게 된 것이다. 또 요즘에는 외래어 '패러디'로도 많이 쓰인다.
[주의] parody는 스펠링에 주의 : par**a**dy(X) → par**o**dy(O)

paralyze ★★

[pǽrəlàiz]
느슨하게 하다

ⓥⓣ 마비시키다   disable, cripple, stupefy

n. paralysis 마비

His left leg was **paralyzed** in the crash.
충돌 사고로 그의 왼쪽 다리가 마비되었다.

[어원] 『para(옆) + lyze(loosen) → (감각을) 느슨하게 풀어지게 하다』
[상상⁺] ana**lyze** 분석하다

paramount ★

[pǽrəmàunt]
옆의 것보다 위의

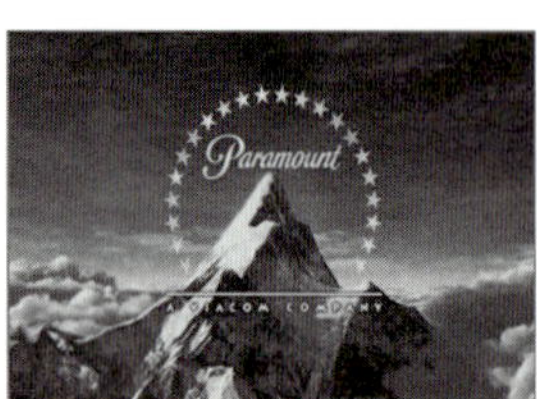

ⓐ 최고의, 보다 중요한   chief, supreme, foremost, predominant

Women's role as mothers is of **paramount** importance.
엄마로서 여성들의 역할은 대단히 중요하다.

[어원] 『par(a)(옆) + amount(위의) → 옆의 것보다 위에 있는』
[상상⁺] 미국의 유명 영화사 중 Paramount社도 있다.

paranoid

[pǽrənɔ̀id]
정상에서 벗어난

ⓐ 편집증의, 남을 불신하는   exhibiting irrational distrust of others

n. paranoia   편집증

She is always **paranoid** about her personal security.
그녀는 개인 안전에 대해 늘 편집증 증세를 보인다.

[어원] 『para(벗어난) + no(mind) + id(~된)
      → (정상적인 심리상태에서) 벗어나게 된』

[TIP] 편집증이란 남을 믿지 못하고 남이 나에게 해를 끼칠 것이라고 믿는
      정신병이다. '파라노이아(paranoia)' 라는 외래어로도 쓰인다.

paranormal ★

[pæ̀rənɔ́ːrməl]
평범한 것에서 벗어난

ⓐ 초자연적인, 과학적으로 알 수 없는   supernatural, unusual

ghosts and other **paranormal** phenomena
유령들과 다른 초자연적인 현상들

[어원] 『para(벗어난) + normal(평범한) → 평범한 것에서 벗어난』

post-

뒤의 (after)

posthumous ★

[pástʃuməs / pɔ́s-]
땅에 묻힌 후의

ⓐ 사후의   after death

ad. posthumously   사후에

gain **posthumous** prestige 사후의 명성을 얻다

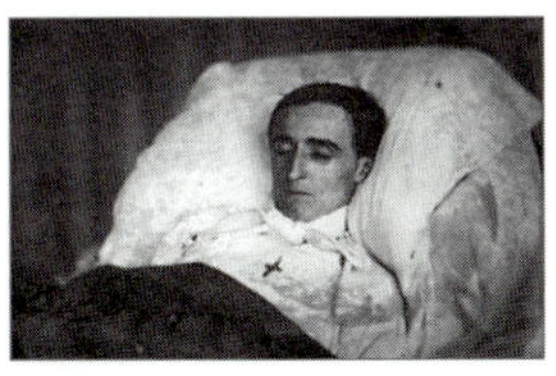

[어원] 『post(after) + hum(earth) → (죽어서) 흙에 묻힌 이후의』

post-mortem

[poustmɔ́ːrtəm]
죽음 이후에 하는 것

ⓝ (시체의) 부검, 사후검시   autopsy

a **post-mortem** on the body 그 시체에 대한 부검

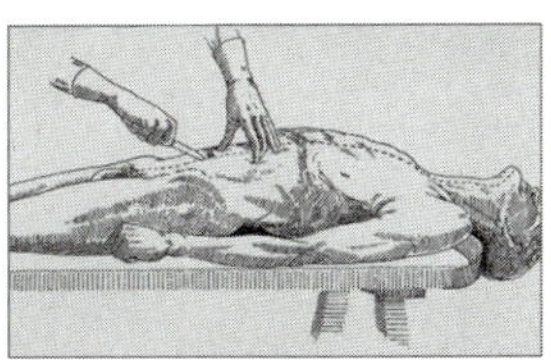

[어원] 『post(after) + mort(death) → 죽음 이후에 하는 것』
[상상⁺] **mort**al 죽을 운명의; 치명적인 / **mort**gage 담보 / im**mort**al 불멸의
      mortify 굴욕감을 주다 / **mori**bund 죽어가는

retro-
뒤로 (backward)

---

retrogress ★ 

[rétrəgrès]

뒤로 가다

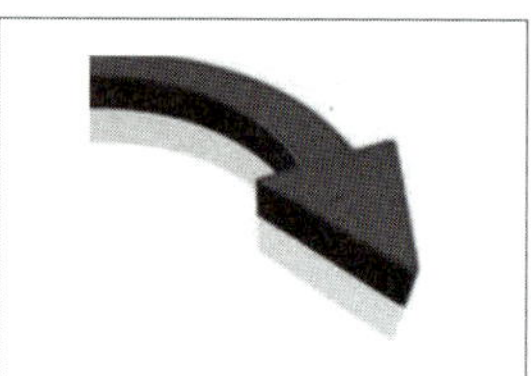

(vi) 후퇴[퇴보]하다   regress, revert, recede, relapse

n. retrogression 후퇴, 퇴보   a. retrogressive 퇴보하는

If they come into power, the history will **retrogress**.
만약 그들이 집권하면 역사는 퇴보할 것이다.

[어원] 「retro(backward) + gress(go) → 뒤로 가다」

---

retrospect ★ 

[rétrəspèkt]

뒤돌아보는 것

(n) 회상, 회고   contemplation of things past; remembrance

In **retrospect**, his opposition was right.
돌이켜보면 그의 반대는 옳았다.

[어원] 「retro(backward) + spect(look) → 뒤를 돌아보는 것」
[어법] in retrospect : 되돌아보면, 회고해보니

se-
떨어져서 (apart)

---

secede ★

[sisí:d]
떨어져 나가다

ⓥⓘ 탈퇴[분리]하다   stop being part of; withdraw

n. secession 탈퇴, 분리

The politician will **secede from** the party.
그 정치인은 탈당할 것이다.

[어원] 『se(apart) + ced(go) → 떨어져 나가다』
[어법] secede from : ～에서 탈퇴하다
[상상⁺] ac**ced**e 동의하다; 취임하다 / con**ced**e 내주다; 인정하다
　　　ex**ceed** 초과하다 / inter**ced**e 중재[조정]하다 / pre**ced**e 선행하다
　　　pro**ceed** 나아가다 / re**ced**e 후퇴하다

---

seclude

[siklú:d]
떨어져 문을 닫다

ⓥⓣ 격리시키다   isolate, insulate, segregate, sequester

n. seclusion 은둔　　　　n. recluse 은둔자 hermit

a **secluded** boarding school 외부와 격리된 기숙 학교
be **secluded** from other students 다른 학생들로부터 격리되다

[어원] 『se(apart) + clud(close) → (다른 사람들로부터) 떨어져서 문을 닫다』
[TIP] secluded는 우리말로 '외딴'이란 말과 딱 맞다. 즉, '홀로 따로 떨어져
　　　있어' 외부와의 접근이 쉽지 않은 곳을 말한다.
[상상⁺] ex**clus**ive 독점적인; 배타적인 / re**clus**e 은둔자(hermit)
　　　pre**clud**e 미리 막다, 차단하다

seduce

[sidʒúːs]
떨어뜨려 끌다

ⓥt 꼬이다, 유혹하다　coax, cajole, entice, inveigle

n. seduction　유혹

The teacher was accused of **seducing** female students.
그 교사는 여학생들을 (성적으로) 유혹한 혐의로 고발되었다.

[어원] 「se(apart) + duc(lead) → 떨어뜨려 끌어내다」
[TIP] seduce는 실제로 이성을 성적으로 유혹하는 것을 의미한다.

segregate

[ségrigèit]
무리에서 떨어뜨리다

ⓥt 격리[분리]시키다　isolate, insulate, sequester, quarantine

n. segregation　격리, 분리 separation　a. segregated　격리된

Schools should not **segregate** children with disabilities.
학교들은 아이들을 장애 아동들과 격리시켜서는 안 된다.

[어원] 「se(apart) + greg(flock) → 모여 있는 무리에서 떨어뜨려내다」
[출제포인트] 명사 **segregation**이 출제되었다.

super-, sur-
위의 (over)

sublime ★★

[səbláim]
경계 위로 떠오른

ⓐ 놀라운, 절묘한　fabulous, marvelous, awesome, amazing

vt. sublimate　승화시키다　　n. sublimity　장엄함, 놀라움

Wow! What a **sublime** meal! 와~ 정말 놀라운 식사다!

[어원] 「sub<super(up) + lim(limit) → (의식의) 경계 위로 떠오르는」
[TIP] sublime은 한 번도 경험해보지 못한 것을 접했을 때 쓰는 '감정을 일깨우
는' 의 의미다. sublime에서 접두어 sub-는 아래가 아니라 super-의
축약형임에 다시 한 번 유의하자!
[비교] subliminal 잠재의식의

superb

[supə́:rb]
(보다) 위에 있는

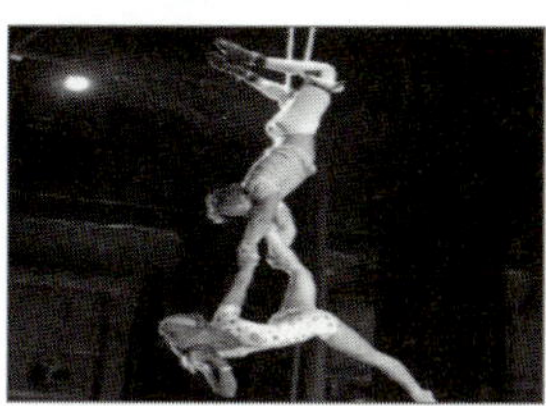

ⓐ 아주 훌륭한 extremely good; excellent, terrific, superlative

What a **superb** performance! 너무 멋진 공연이다!

[어원] 「super(over) + b<be(있다) → (보다) 위에 있는」
[상상⁺] **super**ior 우수한 / **supr**eme 최고의

supercilious ★

[sù:pərsíliəs]
눈꺼풀을 치켜뜨는

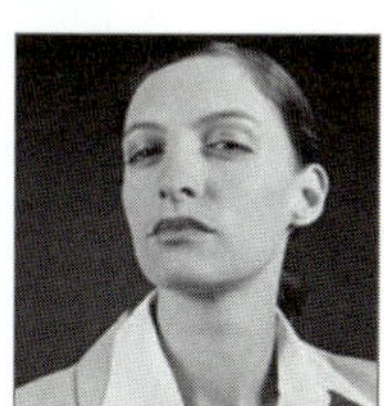

ⓐ 거만한, 오만한 arrogant, haughty, insolent, imperious

n. superciliousness 거만함

her **supercilious** and selfish attitude 거만하면서도 이기적인 그녀의 태도

[어원] 「super(over) + cili(eyelid) → 눈꺼풀을 위로 치켜뜨는」

superfluous ★

[su:pə́rfluəs]
위로 흘러넘치는

ⓐ 남는, 불필요한 unnecessary, excessive, redundant, surplus

n. superfluity 여분, 과다

delete **superfluous** words 불필요한 단어들을 삭제하다

[어원] 「super(over) + flu(flow) → 위로 흘러넘치는」
[상상⁺] **flu**ent 유창한 / **flu**id 유동성의; 유동체 / **flu**sh 홍조
　　　　 fluctuate 변동하다 / in**flu**x 유입

supersede ★

[sù:pərsí:d]
(대신) ～위에 앉다

ⓥⓣ 교체[대체]하다 replace, substitute, supplant, displace

The old tools will **be superseded by** the new machine.
그 오래된 도구들은 새로운 기계로 대체될 것이다.

[어원] 「super(over) + sed(sit) → (대신) ～위에 앉다」
[TIP] supersede는 우리말의 '자리를 내어주다' 와 같은 말이다.
[어법] be superseded by : ～로 대체되다 (수동태로 쓰임)

supervise ★

[súːpərvàiz]
위에서 내려다보다

ⓥ 관리[감독]하다 oversee, superintend, administer, direct

n. supervision 관리   n. supervisor 관리자, 슈퍼바이저

supervise the financial market 금융 시장을 감독하다

[어원] 「super(over) + vis(see) → 위에서 내려다보다」
[TIP] supervisor는 요즘 '슈퍼바이저(관리자)'라는 외래어로도 잘 쓰인다.

---

surmount

[sərmáunt]
~ 위에 오르다

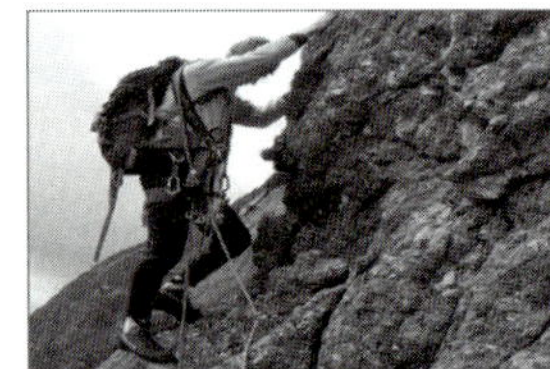

ⓥ 이겨내다, 극복하다 overcome, get over, beat out

a. surmountable 극복할 수 있는 ⟷ insurmountable 극복할 수 없는

try to **surmount** the unfavorable business environment
불리한 기업 환경을 이겨내고자 노력하다

[어원] 「sur(over) + mount(오르다) → ~ 위에 오르다」

---

surveillance ★

[səːrvéiləns]
위에서 살펴보는 것

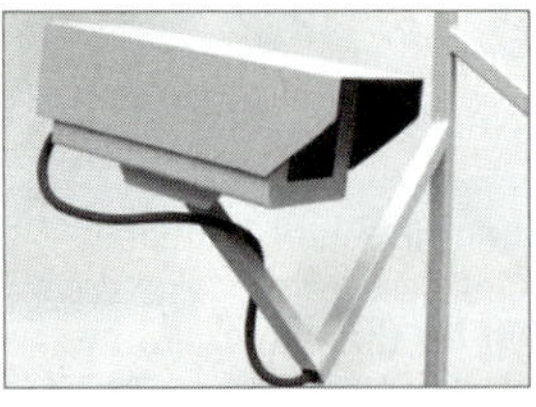

ⓝ 감시 close observation

The suspects were kept under **surveillance**.
그 용의자들은 감시되었다.

[어원] 「sur(over) + vei(see) → 위에서 살펴보는 것」
[TIP] surveillance는 survey에서 유래한 어휘다.
　　　survey(주의 깊게 바라보다) → surveillance(감시)

syn-, sym-
1. 함께 (together)
2. 같은 (same)

synopsis ★

[sinápsis / -nóp-]
모두 볼 수 있는 것

ⓝ 요약, 개요　summary, compendium, recapitulation, epitome

a **synopsis** of the film (한눈에) 모두 볼 수 있는 것

[어원]　「syn(together) + op(see) → (한눈에) 모두 볼 수 있는 것」
[TIP]　옆의 영화 포스터에서 보듯 synopsis란 어떤 내용인지를 한눈에 볼 수 있도록 요약해놓은 것을 말하며 요즘 '시놉시스'라는 외래어로도 많이 쓰인다.
[상상⁺]　**opt**ic 눈의 / **opt**ical 광학의 / **opt**ician 안경사 / aut**ops**y 시체 부검

synchronize

[síŋkrənàiz]
같은 시간에 벌어지다

ⓥ 동시에 발생[진행]하다　coincide, concur

a. simultaneous　동시의

synchronize production **with** marketing campaigns
생산과 마케팅 캠페인을 동시에 진행시키다

[어원]　「syn(same) + chron(time) → 같은 시간에 벌어지다」
[TIP]　'수중 발레'에 해당하는 **synchronized** swimming도 있다.

syndrome

[síndroum, -drəm]
(병과) 함께 달려온 것

ⓝ 1. 증후군　a group of signs and symptoms

2. 행동양식, 신드롬　a characteristic pattern of behavior

suffer from chronic fatigue **syndrome**
만성 피로 증후군을 겪다
the **syndrome** of conspicuous consumption in wealthy towns
부촌에서 눈에 띄는 소비 패턴(행동 양식)

[어원]　「syn(together) + drom(run) → (병과) 함께 달려온 것」
[TIP]　'신드롬'은 요즘 '행동양식'을 뜻하는 외래어로 더 많이 쓰이고 있다.

synthesis

[sínθəsis]

함께 놓은 것

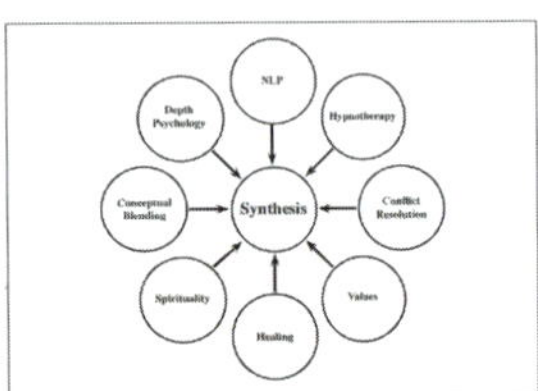

ⓝ 종합, 합성　combination, fusion, union

vt. synthesize　종합[합성]하다　　a. synthetic　합성의

the **synthesis** of different genres　다양한 장르의 결합
synthetic fiber　합성섬유

[어원]　『syn(together) + the(put) → 함께 놓은 것』
[상상⁺]　**the**sis 논제; 논문 / anti**thes**is 정반대 / hypo**thes**is 가설
　　　　photosyn**the**sis 광합성

함께 놓은 것

uni-
하나의 (one)

unanimous ★★

[juːnǽnəməs]

마음이 하나가 된

ⓐ 만장일치의 being of one mind

n. unanimity 만장일치

Ruiz won by **unanimous** decision.
루이즈는 심판 전원일치 판정으로 승리했다.

[어원] 『un(i)(one) + anim(mind) → 마음이 하나가 된』

[TIP] unanimous에서 un-은 '부정'이 아니고 un(i)- '하나인'의 뜻임에 주의하자!

[상상⁺] **anim**ate 살아있는 / **anim**osity 적대감 / equ**anim**ity (마음의) 평정
magn**anim**ous 마음이 넓은

unilateral

[jùːnəlǽtərəl]

한쪽만의

ⓐ 일방적인, 단독의

done by only one of the groups involved in a situation

n. unilateralism 일방주의   ad. unilaterally 일방적으로

a **unilateral** decision of the ruling party 여당의 일방적 결정

[어원] 『uni(one) + later(side) → 한쪽만의』

[상상⁺] **later**al 옆의, 측면의 / bi**later**al 양측의, 쌍방의 /
multi**later**al 다자간의

under-
~의 아래

---

undermine ★

[ʌ̀ndərmáin]
아래를 파다

ⓥⓣ 약화[훼손]시키다   weaken, attenuate, enfeeble, sap

regulations that may **undermine** nation's competitiveness
국가 경쟁력을 약화시킬 수 있는 규제들

[어원] 『under(아래) + mine(파다) → (쓰러뜨리기 위해) 아래를 파다』
[상상⁺] **miner** 광부

---

underlying

[ʌ̀ndərláiiŋ]
아래에 깔려 있는

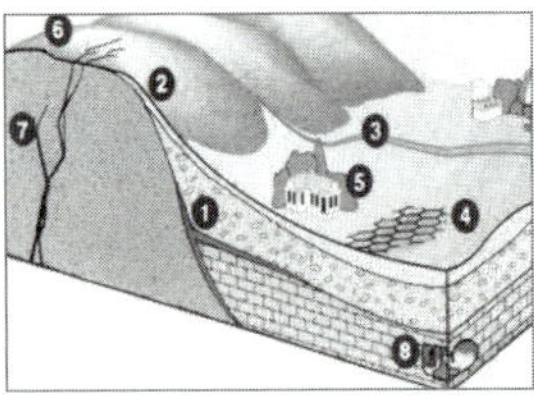

ⓐ 기초[근본]적인   basic, elementary, fundamental, rudimentary

Stress is the **underlying** cause of many diseases.
많은 병들의 근본적인 원인은 스트레스다.

[어원] 『under(아래) + lying(누워 있는) → 아래에 누워[깔려] 있는』

---

underpin

[ʌ̀ndərpín]
아래에 핀을 꽂다

ⓥⓣ (토대를) 보강하다, 지지하다   support, buttress, bolster, prop up

The summit will **underpin** the progress at the six-party talks.
정상회담이 6자회담의 진행을 뒷받침해줄 것이다.

[어원] 『under(아래) + pin(핀을 꽂다) → 아래에 핀을 꽂아 지탱시키다』
[TIP] 그림에서 보듯 지하에 두꺼운 기둥(핀)을 꽂아 지탱시키는 것이 underpin!

---

up-
위로

upbringing ★

[ʌ́pbrìŋiŋ]
기르는 것

ⓝ 교육, 양육   the rearing during childhood; education

build a social foundation for sound **upbringing**
건전한 교육을 위한 사회적 기반을 형성하다

[어원] 「bring up(기르다)의 명사형 → (아이를) 기르는 것」

upheaval ★

[ʌphíːvəl]
위로 들어 올려짐

ⓝ 큰 변화, 대 격변   a big change that cause problems; turbulence

political **upheaval** 정치적 대격변

[어원] 「up(위로) + heav(e)(들어 올리다) → 위로 들어 올려진 상태」
[TIP] upheaval은 heave에 up-이 붙은 명사형이다. 확 들어 올려진 상태를
의미하는데 우리말의 '발칵 뒤집어진 상태'로 이해하면 된다.
[상상⁺] **heav**y 무거운 / **heft**y 크고 무거운

uprising

[ʌ́pràiziŋ / ʌpráiziŋ]
위로 들고일어남

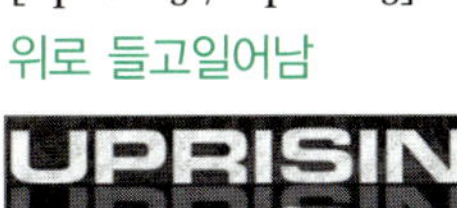

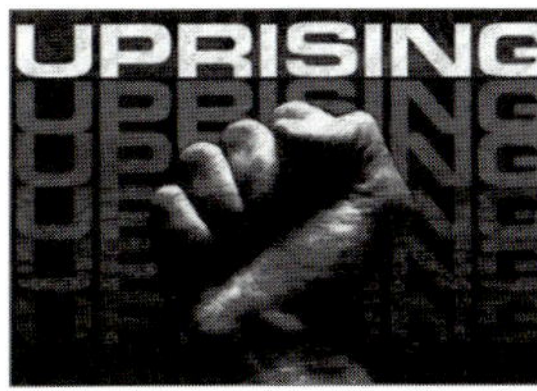

ⓝ 반란   revolt, rebellion, mutiny, insurrection

fail to suppress the **uprising** 반란을 진압하는 데 실패하다

[어원] 「up(위로) + rising(일어남) → 위로 들고일어남」
[TIP] 우리말에서도 '반란이 일어나다'라고 하는데, uprising의 어감과 너무도
딱 들어맞는다.

a-

1. She left the door ajar so as to let the cat go in.

ⓐ slightly open

ⓑ widely open

ⓒ unlocked

ⓓ unfixed

2. The Queen was detached and even haughty. (외무고시, 사법시험)

ⓐ distrustful

ⓑ disgusting

ⓒ unattractive

ⓓ unattracted

ⓔ aloof

3. To keep composure, one has to act with
＿＿＿＿＿＿ . (KBS)

ⓐ placability

ⓑ aplomb

ⓒ pleasure

ⓓ nerve

ambi-

4. Other than a cheerful ambience, the office is going to need space for storing paperwork.

ⓐ person

ⓑ atmosphere

ⓒ large room

ⓓ wallpaper

5. The passenger's remarks were so ambiguous that I could not catch them.
(KAL, 상업은행)

ⓐ invaluable

ⓑ commonplace

ⓒ equivocal

ⓓ fast

6. His ambivalence made it difficult for us to reach a decision. (코리아헤럴드, 동아일보)

ⓐ contrariness

ⓑ absurdity

ⓒ conflicting feelings

ⓓ unreasonableness

an-

7. The mayor is so adamant that he will not purchase more computers.

ⓐ regrettable

ⓑ hesitant

ⓒ inflexible

ⓓ confident

8. a confirmed agnostic:

ⓐ believe in free enterprise

ⓑ pessimist

ⓒ bigot

ⓓ skeptic about the existence of God

9. Amnesty: (고려증권)

ⓐ pardon

ⓑ international agreement

ⓒ cease-fire

ⓓ diplomatic immunity

10. The reviewer criticized the poet's amorphous style. (사법시험, 외무고시)

ⓐ unusual

ⓑ ingenious

ⓒ unimaginative

ⓓ stiff, too ordered

ⓔ lacking in organization and form

11. I tell this trivial anecdote because it is a peculiarly simple example of what I wish now to speak of as the pragmatic method. (행정고시)

ⓐ narrative

ⓑ evidence

ⓒ research

ⓓ conclusion

ⓔ pursuit

12. He was placed in the anomalous position of seeming to approve procedures which he despised. (롯데그룹)

ⓐ dangerous

ⓑ unusual

ⓒ intriguing

ⓓ pleasant

ⓔ unhappy

13. The professor received an anonymous letter. (사법시험)

ⓐ a friendly

ⓑ a unsigned

ⓒ a hostile

ⓓ a congratulatory

14. He felt apathetic about the conditions he had observed and did not care to fight against them.

ⓐ sympathetic

ⓑ indifferent

ⓒ pathetic

ⓓ engrossed

ⓔ concerned

15. atheism:

ⓐ disorder

ⓑ envy

ⓒ unbelief

ⓓ weak purpose

ana-

16. It is an anachronism to say that Shakespeare typed his manuscripts. (롯데호텔)

ⓐ anarchy

ⓑ error in time order

ⓒ anemia

ⓓ chronicle

17. The fear of smallpox, which terrorized the eighteenth century, has no analogy today. (연세대 대학원)

ⓐ occurrence

ⓑ remnants

ⓒ witnesses

ⓓ parallel

18. I certainly got something analogous to religious satisfaction out of it. (연세대 대학원)

ⓐ different from

ⓑ similar to

ⓒ suggestive of

ⓓ contrary to

ante-

19. The antecedent of the horse was a small four-toed animal.

ⓐ breeder

ⓑ predecessor

ⓒ competitor

ⓓ rival

20. We anticipate that we'll be able to have our vacation in July. (한국전력공사)

ⓐ agitate

ⓑ extirpate

ⓒ expect

ⓓ allocate

21. There is no progress for someone whose views are so antiquated.

  ⓐ beside the times

  ⓑ behind the times

  ⓒ above the times

  ⓓ after the times

22. The chair was made in the 10th century; it is now regarded as __________ . (범우화학)

  ⓐ chronic

  ⓑ antique

  ⓒ erudite

  ⓓ inserted

anti-

23. She is rather antagonistic to the church members.

  ⓐ opposed

  ⓑ ignorant

  ⓒ charitable

  ⓓ curious

  ⓔ in favor of

24. an intense __________ to the enemy
(한국이동통신)

  ⓐ antipathy

  ⓑ sympathy

  ⓒ antidote

  ⓓ symptom

25. In the 1950's college students in the United States were often criticized for being apathetic.

  ⓐ intolerant

  ⓑ uninvolved

  ⓒ depressed

  ⓓ unprepared

26. What is the antiseptic? (서울대 대학원)

  ⓐ remedy for poison

  ⓑ germ-killing substance

  ⓒ stain remover

  ⓓ soothing ointment

apo-

27. He was apologetic about his late arrival.

  ⓐ full of sympathy

  ⓑ careless

  ⓒ lying

  ⓓ full of excuses

arch

28. Stockholm in Sweden is spread over scattered islands between Lake Malaren and the archipelago.

  ⓐ small channels

  ⓑ beautiful lakes

  ⓒ big rivers

  ⓓ a number of small islands

auto-

29. She denounced his autocratic methods.

  ⓐ high-handed

  ⓑ unsafe

  ⓒ careless

  ⓓ routine

30. Within their courtrooms, judges are virtual autocrats. (동아일보)

  ⓐ automatons

  ⓑ dictators

  ⓒ dealers

  ⓓ coaches

31. In the past, colonial peoples who asked for autonomy were usually told that they were not ready to govern themselves.

ⓐ hierarchy

ⓑ independence

ⓒ automation

ⓓ government

be-

32. Bemused by the sudden change in events, the authorities were slow to respond.

ⓐ Amused

ⓑ Conceited

ⓒ Bewildered

ⓓ Dubious

33. Illustrations of this sort could be multiplied by reference to the belated identification of uranium fission.

ⓐ beloved

ⓑ tardy

ⓒ related

ⓓ famous

ⓔ premature

34. During the war, many families were bereft of sons.

ⓐ adopted

ⓑ deprived

ⓒ dispatched

ⓓ forbore

bene-

35. Jack and Jill were married without their parent's benediction.

ⓐ blessing

ⓑ being informed

ⓒ donation

ⓓ attendance

36. Called the great benefactor of humanity, Osiris brought to the people knowledge of agriculture and civilization.

ⓐ patron

ⓑ conjurer

ⓒ deceiver

ⓓ client

37. Because animals such as hedgehogs, shrews and moles live on insects, they are very beneficial to humans.

ⓐ distressing

ⓑ helpful

ⓒ forgiving

ⓓ careful

38. An heir is defined as the legal beneficiary of the money or property of a person who has died without leaving a will.

ⓐ relative

ⓑ associate

ⓒ recipient

ⓓ ancestor

39. He was happy to live in a peaceful land ruled by a benevolent king.

ⓐ an unkind

ⓑ a generous

ⓒ a malevolent

ⓓ a vulgar

40. Sylvia has a benign personality. She is not at all unpleasant to be with.

ⓐ an intense

ⓑ an ordered

ⓒ a weak

ⓓ a gentle

41. He placed himself as close as he could to the information booth, just beyond the ring of people besieging the clerks.
(고려대 대학원)

ⓐ surrounding

ⓑ catching

ⓒ telling

ⓓ asking

42. The scandalous remarks in the newspaper besmirched the reputations of every member of the society.

ⓐ defiled

ⓑ supplemented

ⓒ misled

ⓓ disorganized

43. Hairdressing, the art of caring for the hair, has existed as a bona fide profession since the 1700s.

ⓐ dominant

ⓑ dubious

ⓒ casual

ⓓ genuine

bi-

44. The plant bore flowers biennially.
(한국전기통신공사)

ⓐ twice a year

ⓑ twice a month

ⓒ every two years

ⓓ every two months

cata-

45. The result was the balkan cataclysm.
(현대기출)

ⓐ disaster

ⓑ confusion

ⓒ entanglement

ⓓ conflict

46. Plants without leaves, such as algae and fungi, are the first forms of life to grow back after a natural catastrophe.

ⓐ disaster

ⓑ event

ⓒ phenomenon

ⓓ explosion

47. Nutritionists categorize food into seven basic groups.

ⓐ clarify

ⓑ classify

ⓒ grind

ⓓ channel

48. This is not just a local idea; it's catholic.

ⓐ bounded

ⓑ official

ⓒ religious

ⓓ universal

circum-

49. The circumference of the property has only been estimated.

ⓐ caliber

ⓑ expenses

ⓒ perimeter

ⓓ territory

50. circumscribe: (THE KOREA TIMES)

ⓐ describe

ⓑ encircle

ⓒ ascertain

ⓓ accumulate

51. Don't jump to a conclusion before considering all the facts. Be circumspect.

   ⓐ discrete

   ⓑ conspicuous

   ⓒ discreet

   ⓓ introspective

52. The politician circumvented the problem. (기술고시)

   ⓐ solved

   ⓑ discovered

   ⓒ copied

   ⓓ avoided

   ⓔ described

contra-, counter-

53. The manager wouldn't listen to any contradiction of his opinions. (한진그룹)

   ⓐ accord

   ⓑ verification

   ⓒ confirmation

   ⓓ disagreement

54 I will not attempt to contravene your argument, for it does not affect the situation.

   ⓐ disregard

   ⓑ mediate

   ⓒ intervene

   ⓓ intercede

   ⓔ uphold

55. Postmodernism is a prominent yet controversial movement in the field of architecture.

   ⓐ unanimous

   ⓑ disputable

   ⓒ ancient

   ⓓ unique

56. Whether the liger belonged to the lion or tiger was a matter of zoological contention for years. (TOEFL 유형)

   ⓐ controversy

   ⓑ confusion

   ⓒ concern

   ⓓ examination

57. A bank teller can easily distinguish the genuine ten-dollar bills from the counterfeit ones.

   ⓐ authentic

   ⓑ contraband

   ⓒ counterpart

   ⓓ forged

di-, duo-

58. We'll also start looking for dichotomies like victimization and oppression, poverty and wealth, selfishness and altruism.

   ⓐ divisions

   ⓑ correlations

   ⓒ goals

   ⓓ purposes

59. When I adopted a box turtle, she said he was of dubious value as a pet.

   ⓐ precious

   ⓑ harmless

   ⓒ suspicious

   ⓓ poisonous

60. Can this be a duplicate of the document? (서울대 대학원, 쌍용그룹)

   ⓐ a summary

   ⓑ a revision

   ⓒ an outline

   ⓓ a copy

   ⓔ none

Review Test 2 — Minor 접두어

61. Having discovered that he had invented the details of his past, Frank's friends were appalled by his duplicity.

ⓐ creativity

ⓑ congruence

ⓒ deceit

ⓓ ingenuity

epi-

62. Back when the telephone was a relatively new contraption, people often regarded it as too ephemeral for important communications. (행정고시)

ⓐ inefficient

ⓑ slow

ⓒ transient

ⓓ clumsy

ⓔ inconvenient

63. Federal aid was granted to the depressed area where unemployment had risen to epidemic proportions.

ⓐ epidermis

ⓑ rampart

ⓒ widespread

ⓓ epigrammatic

ⓔ pandemic

64. Bill Gates and Microsoft epitomize the concept of capitalism: survival of the fittest, aggressive action, and flexibility.

ⓐ invent

ⓑ rectify

ⓒ criticize

ⓓ exemplify

65. Two composers having very similar personalities but living in two different epochs would inevitably produce music of two different styles. (쌍용그룹)

ⓐ cultures

ⓑ periods of history

ⓒ sets of financial circumstance

ⓓ countries

eu-

66. A speech full of great praise for a particular person is __________ .
(CBS)

ⓐ a eulogy

ⓑ a tirade

ⓒ an epilogue

ⓓ an incantation

extra-

67. Your comment is actually extraneous to the topic.

ⓐ essential

ⓑ demonstrated

ⓒ irrelevant

ⓓ exchanged

68. His extravagance explains why he is always in debt. (행정고시)

ⓐ being sensuous

ⓑ strange personality

ⓒ overflowing

ⓓ wasteful habit

ⓔ enthusiasm

fore-

69. As he set out on his last mission, the hero had a foreboding that he might not return.

ⓐ foresight

ⓑ prejudice

ⓒ foreshadow

ⓓ fortune

ⓔ presentiment

70. We didn't take our bathing suits, because we could foresee that the water would be cold.

ⓐ anticipate

ⓑ forebode

ⓒ forlorn

ⓓ preview

71. Experience tells us that the ecological indicators of today foreshadow the economic trends of tomorrow. (서울대 대학원)

ⓐ circumvent

ⓑ presage

ⓒ propagate

ⓓ transmit

72. Strict sanitary procedure can help to forestall outbreaks of disease.

ⓐ prevent

ⓑ promote

ⓒ minimize

ⓓ preview

hetero-

73. Discourse analysis is uniquely heterogeneous among the many subdisciplines of linguistics.

ⓐ ubiquitous

ⓑ geological

ⓒ diverse

ⓓ logical

homo-

74. Doing business in a homogeneous culture is less complicated for people who live in that culture.

ⓐ sophisticated

ⓑ similar

ⓒ diverse

ⓓ well-developed

75. Milk is generally sold today in a homogenized condition. (롯데그룹)

ⓐ uniform

ⓑ solid

ⓒ liquidized

ⓓ sanitized

hyper-

76. An example of hyperbole is "I've told you a million times not to use that word." (연세대 대학원)

ⓐ exaggeration

ⓑ euphemism

ⓒ persuasion

ⓓ oxymoron

hypo-

77. I resent his hypocritical posing as a friend, for I know he is interested only in his own advancement.

ⓐ random

ⓑ deceiving

ⓒ potential

ⓓ lagging

78. The doctor took out a hypodermic needle.

ⓐ large

ⓑ for use in the stomach

ⓒ for use on the skin

ⓓ for use under the skin

inter-

79. Throughout the 1980s and 1990s, a growing number of creative entrepreneurs settled in Austin to take advantage of an atmosphere that nurtures experimentation.

ⓐ artists

ⓑ musicians

ⓒ enterprisers

ⓓ entertainers

80. Bellow's characters interact with society.

ⓐ agree

ⓑ identify

ⓒ compete

ⓓ mingle

81. A neutral nation volunteered to intercede in the interest of achieving peace.

ⓐ mediate
ⓑ intercept
ⓒ organize
ⓓ participate

82. The government is taking interim measures to help those in immediate need.

ⓐ solid
ⓑ temporary
ⓒ desirable
ⓓ unreflected

83. Every now and then the speaker interjected a joke or story to keep us interested.

ⓐ supported
ⓑ inserted
ⓒ questioned
ⓓ transacted

84. Interlude: (삼성물산, 삼성그룹)

ⓐ interval
ⓑ change of fortune
ⓒ intermediate
ⓓ quiet

85. Our picnic was prohibited by intermittent rains.

ⓐ sporadic
ⓑ uncomfortable
ⓒ continuous
ⓓ long drawn out
ⓔ brief

86. The audience interrupted the speaker several times. (행정고시)

ⓐ cheered
ⓑ heckled
ⓒ scolded
ⓓ praised
ⓔ stopped

87. They refused to intervene in the quarrel. (벽산그룹)

ⓐ take the blame for
ⓑ compromise in
ⓒ intercede in
ⓓ back away from

intra-

88. Diamonds have little intrinsic value and their price depends almost entirely on their scarcity.

ⓐ normally considered
ⓑ belonging naturally
ⓒ rarely recognized
ⓓ usually mistaken

89. Lately, Jean always seems to be in an introspective mood. (MBC)

ⓐ querulous
ⓑ outgoing
ⓒ contemplative
ⓓ abstract

90. Bill has a tendency to be introverted.

ⓐ biased
ⓑ haughty
ⓒ reserved
ⓓ devious

male-

91. maladroit tactics:

  ⓐ smart

  ⓑ clumsy

  ⓒ generous

  ⓓ sympathetic

92. The king, facing his enemies, uttered a malediction upon them.

  ⓐ joke

  ⓑ godsend

  ⓒ curse

  ⓓ prophecy

93. His stare was malevolent, his mouth a thin line, but his eyes bright and glittering.

  ⓐ violent

  ⓑ friendly

  ⓒ scary

  ⓓ wicked

94. You malign a generous person when you call him a stingy person.
(대한전선, 한국냉난방공사)

  ⓐ dissent

  ⓑ apprise

  ⓒ slander

  ⓓ slake

95. We were surprised to be surrounded by many boys who all looked malnourished.

  ⓐ underfed

  ⓑ tired

  ⓒ adamant

  ⓓ restive

mis-

96. Hundreds of people were waiting in a long line to stand summary trial for misdemeanors. (범양상선)

  ⓐ violations

  ⓑ petty offenses

  ⓒ felonious offenses

  ⓓ mischiefs

97. Opponents of nuclear energy have deep misgivings about its safety.

  ⓐ distrust

  ⓑ mischief

  ⓒ misconception

  ⓓ disenchantment

98. Though many scientific breakthroughs have resulted from mishaps, it has taken brilliant thinkers to recognize their potential.

  ⓐ misunderstandings

  ⓑ accidents

  ⓒ misfortunes

  ⓓ incidentals

mono-

99. Because the company had a monopoly on the grain market, they were able to charge whatever they wanted for grain.

  ⓐ rule by a few

  ⓑ exclusive control

  ⓒ monarchy

  ⓓ autonomy

non-

100. He is nonchalant about his financial problems. (한국통신, 태평양그룹)

  ⓐ worried

  ⓑ indifferent

  ⓒ interested

  ⓓ depressed

101. We were annoyed by his noncommittal reply, for we had been led to expect definite assurances of his approval.

   ⓐ incomplete

   ⓑ agreeing completely

   ⓒ clever

   ⓓ neither consenting nor dissenting

   ⓔ ignorant

102. Tax collection agencies should be nonpartisan.

   ⓐ economical

   ⓑ party-spirited

   ⓒ just

   ⓓ prejudiced

omni-

103. It is a very dangerous idea that science has become omnipotent. (삼성그룹)

   ⓐ means of life

   ⓑ ultimate target

   ⓒ almighty

   ⓓ aggrandizement

out-

104. One out of five bridges in the United States is outmoded.

   ⓐ narrow

   ⓑ reinforced concrete

   ⓒ illegal

   ⓓ old-fashioned

105. I was outraged to see she had gone ahead with her plans without consulting us. (쌍용그룹)

   ⓐ excited

   ⓑ ecstatic

   ⓒ angered

   ⓓ relieved

106. Lukewarm acceptance is much more bewildering than outright rejection.

   ⓐ resentful

   ⓑ prudent

   ⓒ direct

   ⓓ judicious

107. It has been said that the essayist Henry David Thoreau was outspoken and unusually put forth little effort to please others. (한국통신)

   ⓐ talkative

   ⓑ annoying

   ⓒ blunt

   ⓓ alienated

108. We must pay attention to the side effects of some drug, which often outweigh the possible benefits.

   ⓐ maximize

   ⓑ minimize

   ⓒ promote

   ⓓ exceed

over-

109. Your remittance is overdue.

   ⓐ too large

   ⓑ late

   ⓒ in the mail

   ⓓ canceled

110. You must not override other's happiness in pursuit of your own. (동아일보)

   ⓐ reside

   ⓑ drench

   ⓒ ignore

   ⓓ stimulate

111. American journalists often overstate a situation to make the news more stimulating.

ⓐ exaggerate
ⓑ animate
ⓒ inspire
ⓒ misinterpret

112. The department store guards were nearly overwhelmed by the crowds of shoppers waiting for the sale to begin.

ⓐ overthrown
ⓑ clutched
ⓒ overrun
ⓓ crushed

pan-

113. But what are we going to do about it? There are no panaceas at all; and we had better face that. (행정고시)

ⓐ ideas
ⓑ wisdom
ⓒ technologies
ⓓ remedies for all disease
ⓔ paradise

114. There was pandemonium when the company announced it was cutting wages.

ⓐ gloom
ⓑ luxury
ⓒ a wild uproar
ⓓ a diseased state

para-

115. Among the educated classes the tension may result in a profound melancholy and a paralysis of the will.

ⓐ a sensitive response
ⓑ a loss of power of action
ⓒ an utter confusion
ⓓ the state of not being tolerant
ⓔ the imposed on one by oneself

116. The doctor warned her that adequate diet was of paramount importance.

ⓐ healing
ⓑ saving
ⓒ moving
ⓓ chief

117. She is an investigative journalist who becomes embroiled in the world of the paranormal after calls to her cell phone.

ⓐ scientific
ⓑ unusual
ⓒ rational
ⓓ valid

post-

118. They preserved a large number of rate books for posterity. (동아일보)

ⓐ youth
ⓑ fortune
ⓒ neighbors
ⓓ descendants

119. The critics acclaimed him after the posthumous publication of his novel.

ⓐ in the rear
ⓑ occurring after death
ⓒ moist
ⓓ popular
ⓔ rich and fertile

petro-

120. Because the law was retroactive to the first of the year, we found he was eligible for the pension.

ⓐ directing
ⓑ degenerating
ⓒ backdated
ⓓ acting again
ⓔ hindsight

121. Medical services retrogressed after funding had been cut.

  ⓐ progressed

  ⓑ modernized

  ⓒ transformed

  ⓓ regressed

122. In his reminiscent moods he used to tell us about his early life as a factory worker. (서울대 대학원)

  ⓐ serious

  ⓑ sad

  ⓒ retrospective

  ⓓ regretful

se-

123. The Southern states seceded from the Union in 1860.

  ⓐ benefited from

  ⓑ withdrew from

  ⓒ terminated

  ⓓ discriminated against

124. The political dissident was arrested because he made a seditious speech.

  ⓐ sedentary

  ⓑ rebellious

  ⓒ sedulous

  ⓓ sensual

  ⓔ critical

125. Birmingham is probably the most thoroughly segregated city in the United States. (행정고시)

  ⓐ democratic

  ⓑ bureaucratic

  ⓒ racially divided

  ⓓ united

  ⓔ held together

126. Microsurgery is now used successfully to reattach severed limbs.

  ⓐ burned

  ⓑ disconnected

  ⓒ reorganized

  ⓓ divided

super-

127. We should not forget to appreciate the beauty and sublimity of nature. (범양상선)

  ⓐ grandeur

  ⓑ marble

  ⓒ mystery

  ⓓ subtlety

128. The world deserves better than testosterone on one side and superciliousness on the other.

  ⓐ pride

  ⓑ attraction

  ⓒ contempt

  ⓓ puzzlement

129. The paper published a very superficial analysis of the situation. (서울대 대학원)

  ⓐ artificial

  ⓑ shallow

  ⓒ hypocritical

  ⓓ false

130. The commentary is superfluous. (석유공사)

  ⓐ essential

  ⓑ excessive

  ⓒ fluent

  ⓓ detailed

  ⓔ extraordinary

131. Jet propulsion aircraft superseded airplanes driven by propellers. (동아일보)

ⓐ supplanted

ⓑ maintained

ⓒ enhanced

ⓓ transgressed

132. It is important for a manager to supervise the work of his staff.

ⓐ oversee

ⓑ estimate

ⓒ undertake

ⓓ aid

133. In her lifetime she surmounted many difficulties. (행정고시)

ⓐ overlooked

ⓑ escaped

ⓒ stirred up

ⓓ overcame

ⓔ complained about

134. The movie, Friendly Fire(1979), is concerned with government surveillance and intimidation of their antiwar activity.

ⓐ serious speech

ⓑ legal obligation

ⓒ close observation

ⓓ habitual negligence

syn-

135. The figures drawn on the blackboard are all symmetrical.

ⓐ well-proportioned

ⓑ systematic

ⓒ upside down

ⓓ similar

136. Synchronous actions: (THE KOREA TIMES)

ⓐ simultaneous

ⓑ immoral

ⓒ dangerous

ⓓ simple

ⓔ uneven

137. Since she did not have time to read the entire play before class, she read a synopsis instead. (사법시험)

ⓐ a symmetry

ⓑ a synthesis

ⓒ an outline of the plot

ⓓ a synonym

ⓔ a symposium

138. During the twentieth century, many synthetic products have replaced the natural products. (행정고시)

ⓐ doubled

ⓑ flexible

ⓒ fiscal

ⓓ modern

ⓔ artificial

under-

139. Today's fatal shooting underscores the need for stricter gun control legislation.

ⓐ emphasizes

ⓑ eliminates

ⓒ ignores

ⓓ undermines

140. From 1775 to 1776, the Americans undertook an unsuccessful campaign against the British. (무역협회)

ⓐ waged

ⓑ headed

ⓒ paid for

ⓓ attended to

uni-

141. The vote for the treaty was unanimous.
(태평양그룹)

ⓐ limited
ⓑ by common consent
ⓒ acrimonious
ⓓ unsightly

142. There is a tendency today in corporations toward consensus decisions by management rather than unilateral ones by individual executives.

ⓐ monotonous
ⓑ unimaginable
ⓒ one-sided
ⓓ equivocal

up-

143. In Europe, political turmoil and socio-economic upheavals marked nations entering the industrial age.

ⓐ disturbance
ⓑ satisfaction
ⓒ insensitivity
ⓓ evolution

정답 p. 382

1	ⓐ	41	ⓑ	81	ⓓ	121	ⓒ
2	ⓑ	42	ⓓ	82	ⓐ	122	ⓑ
3	ⓑ	43	ⓑ	83	ⓐ	123	ⓐ
4	ⓒ	44	ⓐ	84	ⓑ	124	ⓓ
5	ⓑ	45	ⓓ	85	ⓓ	125	ⓓ
6	ⓒ	46	ⓐ	86	ⓑ	126	ⓐ
7	ⓑ	47	ⓓ	87	ⓑ	127	ⓓ
8	ⓓ	48	ⓒ	88	ⓔ	128	ⓒ
9	ⓒ	49	ⓓ	89	ⓑ	129	ⓔ
10	ⓓ	50	ⓒ	90	ⓓ	130	ⓑ
11	ⓐ	51	ⓑ	91	ⓓ	131	ⓒ
12	ⓑ	52	ⓒ	92	ⓓ	132	ⓐ
13	ⓐ	53	ⓐ	93	ⓒ	133	ⓑ
14	ⓐ	54	ⓑ	94	ⓒ	134	ⓐ
15	ⓑ	55	ⓑ	95	ⓒ	135	ⓓ
16	ⓐ	56	ⓑ	96	ⓓ	136	ⓓ
17	ⓓ	57	ⓓ	97	ⓓ	137	ⓒ
18	ⓔ	58	ⓓ	98	ⓒ	138	ⓓ
19	ⓒ	59	ⓐ	99	ⓑ	139	ⓑ
20	ⓐ	60	ⓑ	100	ⓐ	140	ⓐ
21	ⓒ	61	ⓑ	101	ⓓ	141	ⓓ
22	ⓒ	62	ⓐ	102	ⓑ	142	ⓐ
23	ⓒ	63	ⓒ	103	ⓐ	143	ⓒ
24	ⓒ	64	ⓑ	104	ⓔ	144	ⓐ
25	ⓓ	65	ⓔ	105	ⓑ	145	ⓐ
26	ⓒ	66	ⓐ	106	ⓓ	146	ⓒ
27	ⓐ	67	ⓒ	107	ⓒ	147	ⓐ
28	ⓓ	68	ⓑ	108	ⓐ	148	ⓑ
29	ⓐ	69	ⓐ	109	ⓑ	149	ⓓ
30	ⓐ	70	ⓐ	110	ⓐ	150	ⓒ
31	ⓒ	71	ⓒ	111	ⓐ	151	ⓓ
32	ⓓ	72	ⓑ	112	ⓑ	152	ⓑ
33	ⓒ	73	ⓑ	113	ⓐ	153	ⓐ
34	ⓒ	74	ⓑ	114	ⓑ	154	ⓒ
35	ⓐ	75	ⓒ	115	ⓑ	155	ⓒ
36	ⓐ	76	ⓒ	116	ⓓ	156	ⓑ
37	ⓐ	77	ⓓ	117	ⓔ	157	ⓑ
38	ⓑ	78	ⓒ	118	ⓑ	158	ⓐ
39	ⓐ	79	ⓔ	119	ⓐ	159	ⓑ
40	ⓓ	80	ⓒ	120	ⓑ	160	ⓓ

|1장|

161	ⓑ	201	ⓑ	241	ⓒ	281	ⓑ
162	ⓑ	202	ⓑ	242	ⓓ	282	ⓒ
163	ⓓ	203	ⓑ	243	ⓑ	283	ⓐ
164	ⓐ	204	ⓑ	244	ⓐ	284	ⓑ
165	ⓒ	205	ⓔ	245	ⓑ	285	ⓑ
166	ⓐ	206	ⓒ	246	ⓓ	286	ⓑ
167	ⓐ	207	ⓒ	247	ⓓ	287	ⓐ
168	ⓑ	208	ⓑ	248	ⓑ	288	ⓓ
169	ⓓ	209	ⓐ	249	ⓓ	289	ⓒ
170	ⓒ	210	ⓒ	250	ⓒ	290	ⓑ
171	ⓓ	211	ⓒ	251	ⓒ	291	ⓐ
172	ⓐ	212	ⓐ	252	ⓓ	292	ⓐ
173	ⓐ	213	ⓒ	253	ⓒ	293	ⓓ
174	ⓒ	214	ⓓ	254	ⓑ	294	ⓔ
175	ⓒ	215	ⓑ	255	ⓑ	295	ⓐ
176	ⓐ	216	ⓐ	256	ⓑ	296	ⓒ
177	ⓑ	217	ⓓ	257	ⓓ	297	ⓒ
178	ⓓ	218	ⓓ	258	ⓒ	298	ⓓ
179	ⓓ	219	ⓐ	259	ⓓ	299	ⓓ
180	ⓑ	220	ⓑ	260	ⓒ	300	ⓐ
181	ⓒ	221	ⓒ	261	ⓑ	301	ⓒ
182	ⓑ	222	ⓒ	262	ⓓ	302	ⓒ
183	ⓑ	223	ⓑ	263	ⓑ	303	ⓐ
184	ⓓ	224	ⓒ	264	ⓐ	304	ⓑ
185	ⓐ	225	ⓑ	265	ⓓ	305	ⓓ
186	ⓓ	226	ⓑ	266	ⓓ	306	ⓐ
187	ⓑ	227	ⓐ	267	ⓑ	307	ⓓ
188	ⓔ	228	ⓑ	268	ⓐ	308	ⓐ
189	ⓑ	229	ⓑ	269	ⓐ	309	ⓐ
190	ⓓ	230	ⓐ	270	ⓓ	310	ⓐ
191	ⓑ	231	ⓑ	271	ⓓ	311	ⓑ
192	ⓒ	232	ⓒ	272	ⓒ	312	ⓐ
193	ⓓ	233	ⓒ	273	ⓒ	313	ⓑ
194	ⓑ	234	ⓐ	274	ⓓ	314	ⓒ
195	ⓑ	235	ⓐ	275	ⓐ	315	ⓒ
196	ⓑ	236	ⓐ	276	ⓒ	316	ⓐ
197	ⓐ	237	ⓓ	277	ⓓ	317	ⓐ
198	ⓑ	238	ⓓ	278	ⓒ	318	ⓑ
199	ⓐ	239	ⓐ	279	ⓐ	319	ⓒ
200	ⓓ	240	ⓑ	280	ⓑ	320	ⓓ

1장

1장							
321	ⓑ	361	ⓐ	401	ⓐ	441	ⓑ
322	ⓑ	362	ⓐ	402	ⓑ	442	ⓒ
323	ⓒ	363	ⓒ	403	ⓑ	443	ⓒ
324	ⓑ	364	ⓓ	404	ⓓ	444	ⓐ
325	ⓓ	365	ⓑ	405	ⓓ	445	ⓑ
326	ⓓ	366	ⓒ	406	ⓐ	446	ⓒ
327	ⓐ	367	ⓓ	407	ⓔ	447	ⓑ
328	ⓐ	368	ⓒ	408	ⓓ	448	ⓐ
329	ⓑ	369	ⓒ	409	ⓐ	449	ⓑ
330	ⓑ	370	ⓔ	410	ⓑ	450	ⓒ
331	ⓓ	371	ⓒ	411	ⓐ	451	ⓒ
332	ⓒ	372	ⓓ	412	ⓑ	452	ⓓ
333	ⓓ	373	ⓒ	413	ⓐ	453	ⓓ
334	ⓒ	374	ⓑ	414	ⓑ	454	ⓑ
335	ⓔ	375	ⓑ	415	ⓐ	455	ⓑ
336	ⓓ	376	ⓐ	416	ⓑ	456	ⓐ
337	ⓐ	377	ⓐ	417	ⓒ	457	ⓒ
338	ⓑ	378	ⓐ	418	ⓑ	458	ⓐ
339	ⓐ	379	ⓐ	419	ⓐ	459	ⓑ
340	ⓐ	380	ⓑ	420	ⓐ	460	ⓑ
341	ⓐ	381	ⓐ	421	ⓐ	461	ⓓ
342	ⓐ	382	ⓐ	422	ⓐ	462	ⓓ
343	ⓐ	383	ⓐ	423	ⓒ	463	ⓐ
344	ⓒ	384	ⓓ	424	ⓒ	464	ⓓ
345	ⓓ	385	ⓐ	425	ⓒ	465	ⓑ
346	ⓑ	386	ⓒ	426	ⓑ	466	ⓓ
347	ⓓ	387	ⓓ	427	ⓑ	467	ⓐ
348	ⓐ	388	ⓑ	428	ⓑ	468	ⓓ
349	ⓐ	389	ⓒ	429	ⓑ	469	ⓔ
350	ⓑ	390	ⓓ	430	ⓔ	470	ⓐ
351	ⓔ	391	ⓓ	431	ⓐ	471	ⓓ
352	ⓓ	392	ⓐ	432	ⓑ	472	ⓑ
353	ⓑ	393	ⓒ	433	ⓒ	473	ⓒ
354	ⓓ	394	ⓑ	434	ⓒ	474	ⓑ
355	ⓒ	395	ⓐ	435	ⓑ	475	ⓑ
356	ⓓ	396	ⓐ	436	ⓐ	476	ⓐ
357	ⓑ	397	ⓓ	437	ⓒ	477	ⓓ
358	ⓓ	398	ⓐ	438	ⓓ	478	ⓒ
359	ⓐ	399	ⓒ	439	ⓒ	479	ⓒ
360	ⓓ	400	ⓓ	440	ⓒ	480	ⓒ

1장							
481	ⓓ	521	ⓓ	561	ⓓ		
482	ⓐ	522	ⓑ	562	ⓓ		
483	ⓐ	523	ⓐ	563	ⓒ		
484	ⓐ	524	ⓒ	564	ⓒ		
485	ⓒ	525	ⓒ	565	ⓒ		
486	ⓓ	526	ⓓ	566	ⓐ		
487	ⓒ	527	ⓓ	567	ⓑ		
488	ⓐ	528	ⓐ	568	ⓒ		
489	ⓒ	529	ⓐ				
490	ⓐ	530	ⓓ				
491	ⓓ	531	ⓓ				
492	ⓐ	532	ⓒ				
493	ⓓ	533	ⓑ				
494	ⓐ	534	ⓑ				
495	ⓐ	535	ⓒ				
496	ⓓ	536	ⓐ				
497	ⓑ	537	ⓐ				
498	ⓒ	538	ⓑ				
499	ⓒ	539	ⓑ				
500	ⓒ	540	ⓒ				
501	ⓑ	541	ⓐ				
502	ⓑ	542	ⓒ				
503	ⓓ	543	ⓒ				
504	ⓑ	544	ⓐ				
505	ⓑ	545	ⓐ				
506	ⓒ	546	ⓒ				
507	ⓓ	547	ⓓ				
508	ⓑ	548	ⓐ				
509	ⓑ	549	ⓐ				
510	ⓓ	550	ⓑ				
511	ⓓ	551	ⓒ				
512	ⓒ	552	ⓓ				
513	ⓐ	553	ⓓ				
514	ⓓ	554	ⓐ				
515	ⓑ	555	ⓑ				
516	ⓐ	556	ⓓ				
517	ⓑ	557	ⓒ				
518	ⓔ	558	ⓒ				
519	ⓓ	559	ⓐ				
520	ⓒ	560	ⓑ				

2장	1	ⓐ	41	ⓐ	81	ⓐ	121	ⓓ

2장	1	ⓐ	41	ⓐ	81	ⓐ	121	ⓓ
	2	ⓔ	42	ⓐ	82	ⓑ	122	ⓒ
	3	ⓑ	43	ⓓ	83	ⓑ	123	ⓑ
	4	ⓑ	44	ⓒ	84	ⓐ	124	ⓑ
	5	ⓒ	45	ⓐ	85	ⓐ	125	ⓒ
	6	ⓒ	46	ⓐ	86	ⓔ	126	ⓑ
	7	ⓒ	47	ⓑ	87	ⓒ	127	ⓐ
	8	ⓓ	48	ⓓ	88	ⓑ	128	ⓐ
	9	ⓐ	49	ⓒ	89	ⓒ	129	ⓑ
	10	ⓔ	50	ⓑ	90	ⓒ	130	ⓑ
	11	ⓐ	51	ⓒ	91	ⓑ	131	ⓐ
	12	ⓑ	52	ⓓ	92	ⓒ	132	ⓐ
	13	ⓑ	53	ⓓ	93	ⓓ	133	ⓓ
	14	ⓑ	54	ⓐ	94	ⓒ	134	ⓒ
	15	ⓒ	55	ⓑ	95	ⓐ	135	ⓐ
	16	ⓑ	56	ⓐ	96	ⓑ	136	ⓐ
	17	ⓓ	57	ⓓ	97	ⓐ	137	ⓒ
	18	ⓑ	58	ⓐ	98	ⓒ	138	ⓔ
	19	ⓑ	59	ⓒ	99	ⓑ	139	ⓐ
	20	ⓒ	60	ⓓ	100	ⓑ	140	ⓐ
	21	ⓑ	61	ⓒ	101	ⓓ	141	ⓑ
	22	ⓑ	62	ⓒ	102	ⓒ	142	ⓒ
	23	ⓐ	63	ⓒ	103	ⓒ	143	ⓐ
	24	ⓐ	64	ⓓ	104	ⓓ		
	25	ⓑ	65	ⓑ	105	ⓒ		
	26	ⓑ	66	ⓐ	106	ⓒ		
	27	ⓓ	67	ⓒ	107	ⓒ		
	28	ⓓ	68	ⓓ	108	ⓓ		
	29	ⓐ	69	ⓔ	109	ⓑ		
	30	ⓑ	70	ⓐ	110	ⓒ		
	31	ⓑ	71	ⓑ	111	ⓐ		
	32	ⓒ	72	ⓐ	112	ⓓ		
	33	ⓑ	73	ⓒ	113	ⓓ		
	34	ⓑ	74	ⓑ	114	ⓒ		
	35	ⓐ	75	ⓐ	115	ⓑ		
	36	ⓐ	76	ⓐ	116	ⓓ		
	37	ⓑ	77	ⓑ	117	ⓑ		
	38	ⓒ	78	ⓓ	118	ⓓ		
	39	ⓑ	79	ⓒ	119	ⓑ		
	40	ⓓ	80	ⓓ	120	ⓒ		

INDEX
어원편
HOTEL REGINA
PARK HOTEL
NICE
SAVOY
FLORENCE
METROP